谨以此书
向历史学家、思想家罗荣渠先生（1927—1996）致敬！

THINKr
新思

新一代人的思想

From Baghdad to Istanbul

从巴格达到伊斯坦布尔

历史视野下的中东大变局

昝涛 著

中信出版集团 | 北京

图书在版编目（CIP）数据

从巴格达到伊斯坦布尔：历史视野下的中东大变局 / 昝涛著. -- 北京：中信出版社, 2022.5（2024.7重印）
ISBN 978-7-5217-4236-7

Ⅰ.①从… Ⅱ.①昝… Ⅲ.①中东问题－研究 Ⅳ.
① D815.4

中国版本图书馆 CIP 数据核字（2022）第 059222 号

从巴格达到伊斯坦布尔：历史视野下的中东大变局
著者：昝涛
出版发行：中信出版集团股份有限公司
（北京市朝阳区东三环北路 27 号嘉铭中心　邮编　100020）
承印者：　北京通州皇家印刷厂

开本：880mm×1230mm 1/32　　印张：15.75　　字数：333 千字
版次：2022 年 5 月第 1 版　　　　　印次：2024 年 7 月第 9 次印刷
书号：ISBN 978-7-5217-4236-7
定价：78.00 元

版权所有·侵权必究
如有印刷、装订问题，本公司负责调换。
服务热线：400-600-8099
投稿邮箱：author@citicpub.com

目录

推荐序一　全球史视野下的中东　　iii

推荐序二　百年未有大变局下的中东　　ix

自序　通识视野下的伊斯兰文明　　xv

第一部分　历史的背影

引　言　何为"中东"？　　3

第一章　阿拉伯的故事　　13

第二章　从奥斯曼到土耳其　　29

第三章　伊朗的骄傲与"纠结"　　65

附　言　分裂的中东　　79

第二部分　从霍梅尼革命到"阿拉伯之春"

引　言　中东国家的政治合法性问题　　85

第四章　伊朗的革命与变迁　　89

第五章　外来势力主导下的伊拉克重建　　113

第六章　埃及的两场"革命"　　141

第七章　陷入长期动乱的叙利亚　　163

附　言　中东政治变迁的一些特点　　191

第三部分 土耳其模式

引　　言　历史上的"土耳其模式"　199
第 八 章　凯末尔主义及其转型　207
第 九 章　正发党、埃尔多安与总统制　239
第 十 章　"大历史"视野下的土耳其军人政变　267
第十一章　圣索菲亚：历史记忆与现实政治　295
第十二章　土耳其"向东看"？　313
附　　言　所谓的"新奥斯曼主义"　353

第四部分 全球化、极端主义与世界秩序

引　　言　极端主义与现代性　359
第十三章　极端主义的政治-社会维度　367
第十四章　欧洲的中东移民问题　393
第十五章　全球化与中东的冲突　429

结　　语　从世界历史看"后IS时代"的中东　463
参考书目　473

推荐序一

全球史视野下的中东

有一种美好且非常中国式的习俗,也就是由成熟的学者为同一领域的新晋学者的作品撰写序言。话虽如此,我仍然不能确定自己是否配得上为昝涛教授这样杰出的学者作序。但至少我比他年长,由于他好心地请我这么做,我认为写这篇序言是一种荣幸。

我想借此机会讨论一下历史研究中的"位置性"(positionality)这一概念。大约是在刚进入 21 世纪的时候,我开始对日本普遍使用的历史研究框架的有效性,以及理解当代世界的框架的有效性产生严重怀疑。这些框架包括"东亚"、"欧洲"和"伊斯兰世界"(the Islamic World)。这种怀疑始于我意识到"伊斯兰世界"一词中隐含的和内在的偏见之时。"9·11"袭击事件发生后,日本和世界各地开始发生激烈的针对穆斯林的抨击。起初,我无法理解为什么善良的穆斯林会成为这种毫无根据的指责的对象,并对这种情况感到愤怒。然而,随着时间的推移,我意识到了这次袭击的原因。

我开始意识到,世界上的穆斯林中存在着巨大的多样性,但将他们全部归入"伊斯兰世界"的统一框架中,从而将他们生活的空间塑造成类似于"他者"的东西,这是很成问题的。换句话说,问题恰恰在于西方人或日本人等非穆斯林的那种无意识地看待世界的方式。我也不能忽视这样一个事实，即一些穆斯林团体也使用相同的术语，他们认为所有穆斯林构成一个独立于非穆斯林的单一共同体。区别在于，前者描绘的"伊斯兰世界"是负面的，而后者描绘的是一个正面的"伊斯兰世界"。

因此，我决定考察"伊斯兰世界"这个概念最早出现的时间和地点。这项研究的成果于 2005 年发表在《"伊斯兰世界"概念的形成》一书中。该书的中文译本于 2012 年出版。在书中，我揭示出，是 19 世纪"欧洲"的知识分子"发现"了被称为"伊斯兰世界"的他者的空间。我邀请您阅读这本书以了解完整的内容，但在下面我会给出一个简短的摘要。

在 19 世纪上半叶，在世界范围内取得政治和军事进步的西欧人确信，他们在政治制度、社会和经济结构、军事力量以及其他各个方面都远远优于世界其他地区的人民。他们还认为，被称为"欧洲"的空间已经摆脱了基督教的宗教束缚，而他们体现了自由、平等、民主、科学和进步等所有积极价值观。同时，作为这个空间的对立面，他们"发现"了他们所谓的"伊斯兰世界"，在这个空间里，虔诚的穆斯林只生活在压抑、不平等、专制、宗教和停滞等消极价值观下。需要注意的是，这里所描述的"欧洲"和"伊斯兰世界"都不是一个真实存在的地方。它们都是想象的虚构。一些穆斯林利用这种二元世界观，将"伊斯兰世界"定位为具有正面价值的空间，将"欧洲"定位为具有负面价值的空间，借以创造伊斯兰主义运动。

直到出版了这本书，讨论了"伊斯兰世界"概念的起源，我才敏锐地意识到世界历史是如何被描绘的。在日本，伊斯兰世界的历史是与欧洲、东亚、南亚等地的历史一起按时间顺序进行解释的，而世界历史被理解为这些地区性编年史的总和。但是，如果"伊斯兰世界"的框架被认为天生具有负面价值，而"欧洲"被认为具有正面价值，那么，使用这些框架描述的世界史就存在严重问题。我们应该如何理解和描述世界历史呢？我花了10多年的时间来处理这个具有挑战性的问题。

在考虑如何描述世界历史时，我们有必要了解世界不同地区的人们是如何理解他们自身之过去的。有鉴于此，在2020年新冠病毒传播之前，我积极地走访了世界各地，分享我的想法，并听取历史学者及其学生们的意见。我还邀请了学者们到东京，在这里我们就世界历史交换了不同意见。通过这个过程，我真正明白了一个现在看起来是显而易见的结论，即来自世界各地的人们对世界之过去的理解是不一样的。

例如，在日本和中国，人们通常将自己的国家与世界其他地方区分开来，并将后者的历史称为"世界历史"（World History）。虽然看起来是一样的，但是，在日本所教授的世界历史（其中，中国当然是很重要的部分），与在中国所教授的、不包括中国史的世界历史，在内容上是非常不同的，虽然它们都被称为"世界历史"。

西欧国家和北美对过去两个世纪的世界历史观产生了重大影响，在那里，一种被称为"全球史"（Global History）的历史研究方法论正在成为主流，尤其是在21世纪。在世界日益全球化的背景下，这种趋势很可能是由于学者们对以往历史研究的自我反省，也就是，既有的历史研究对西方以外地区的历史关注不够。

10年前，一位访问东京的俄罗斯历史学家告诉我，随着苏联解体，马克思主义对世界历史的理解在俄罗斯被抛弃了，正在发展的是一种新的理解国家和世界历史的框架。我还听到了中东和非洲国家的历史学家们的声音，他们优先考虑的是描述自己的历史，而在那个时候他们对世界历史的概念还无暇顾及。可以说，世界历史既嵌入他们，也有他们的参与，试图理解这样的世界历史本身就需要一种定位。

无论如何，世界每个地区都有自己的世界历史观，并以不同的方式描绘它。无论你走到哪里，1加1总是等于2，但看待世界之过去的方式因地区而异。换句话说，这取决于书写和讲述历史的人们以及阅读或聆听历史的人们的周围环境。再换句话说，历史——不仅仅是世界历史——被以许多不同的方式解释和理解，这取决于那些回顾过去的人的价值观和世界观，以及这些人所居住的国家里与历史相关的教育。人们并不都住在同一个地方，所以这是很自然的。没有一种全世界共享的单一版本的世界历史。

如果是这样，历史学者应该做的就不是试图追求对历史的唯一的、正确的解释和描述。相反，我们必须从我们自己的国界之外寻求对历史的不同的、多样化的解释和描述，与世界各地的同行交流意见，了解不同的历史解释和描述，理解为什么会出现这些差异。简而言之，我们必须意识到历史被解释和描述的位置性，以加深我们对其背景的理解。

从这个意义上说，我对昝涛教授关于中东当代史的研究非常感兴趣。毋庸置疑，清晰而具体的史实是本书最大的优点。但与此同时，同样重要的是，我们可以通过本书的结构和作者处理问题的框架，来了解这位中国优秀的中东研究者看待过去的立场。大约10年前，我查看了一本中国高中使用的历史教科书的内容。我了解到，与日本不同的是，中国的世界历史教科书并不强调用"伊斯兰世界"的框架来进行历史描述。从昝涛教授这本书的目录以及我阅读的本书摘要可以发现，作者没有怎么使用"伊斯兰世界"这个术语。此外，从这本书的书名"从巴格达到伊斯坦布尔"，以及作者还讨论了"伊朗革命"等主题来看，这本书显然包含了对伊斯兰教及其社会影响的解释。这应该会与日本经常过分强调"伊斯兰世界"的那种做法有所不同吧。

这本书重点关注了土耳其的现当代史。即使仅仅考虑昝涛教授的专长，这也是合理的。从结构上看，这段历史是在中东史的框架内处理的，它被和伊朗、阿拉伯国家的现当代历史放在一起。西方学者也倾向于使用同样的框架来分析和理解该地区的过去。从这个意义上说，本书的方法是合理的，它忠实地遵循了过去的进路。然而，我个人是不同意将"欧洲"与"伊斯兰世界"分开的那种世界历史观的，而我当前的兴趣是全球史，我还期待看到的是以不同的情境和框架对土耳其现当代历史的讨论。

土耳其是奥斯曼帝国解体后成立的几个国家之一。考虑到这一点，如果将土耳其与一些从奥斯曼帝国获得独立的东欧国家（例如保加利亚和罗马尼亚）的现当代历史放在一起考察，而不是与伊朗一起的话，那也将是非常有趣的。作为一个崩溃了的帝国的核心部分，奥地利也与土耳其相似。人们可以通过从不同的角度考察两个国家的异同，来审视这两个国家的现当代历史。当然，昝涛教授的书将土耳其的现当代史置于中东历史的背景之下进行考察，也是值得期待的。

值得注意的是，在本书的第四部分，昝涛教授就将中东的历史和穆斯林移民问题与欧洲的发展结合起来进行了考察，并将这种关系放到了全球视野中，这样处理是非常精彩的。

当然，以上有些只是我一时想到的方面。毫无疑问，这本书是对中东现当代史研究领域的重大贡献。我祝贺一位有前途的学者出版了这项富有创造性的研究。

羽田正

东京大学副校长、教授

2022 年 5 月 17 日

推荐序二

百年未有大变局下的中东

我和昝涛教授已认识多年，可以说是忘年交。他的新书《从巴格达到伊斯坦布尔：历史视野下的中东大变局》在正式出版前找我写一个推荐序，作为老朋友自然很乐意，但也不无点金成铁之虑。然而，在读了样书之后，我耐不住想说的一句话是：你想像读一本科普书那样了解纷纭复杂的中东吗？那你就来读一读昝涛先生的这本书吧！昝涛教授以他对中东研究的深厚功底，把他的研究成果和深邃思考融化到这本著作中，兼顾了学术性与可读性，对中东上下几千年、纵横数万里的发展轨迹进行了梳理，对于盘根错节的中东文明和历史脉络，他如数家珍，娓娓道来，读来令人如沐春风。作为与中东打了半个世纪交道的外交人，我非常高兴能向广大读者推荐昝涛教授的这本书并分享感受。

中东地区位于亚欧非三大陆的交界之处，具有特殊重要的地缘政治位置，自古以来这里就是兵家必争之地，是帝国和强权人物施展抱负的舞台，各种力量的斗争与博弈成为中东历史的重要特征。在国外尤其是西方，对中东这个地区的关注与研究由来已久，可以说是有着千百年的历史。而对中国来讲，这里是比一般所说的"西域"还要往西的地方。在漫长的历史时期中,这里是古丝绸之路通向的"远方"和"天方",当然它和中国的实际利益关切也极为有限,可以说,我们国家对于中东的知识积累也非常薄弱。

但是,随着全球化的快速发展和中国的崛起,以及我国在世界范围内各个层次和领域的地位迅速上升,我国对世界重要地区和国家的相关知识的需求也就同时迅速增加。然而,知识的生产与一般的商品制造是非常不一样的,它需要长期且深厚的积累与钻研,因此可以说,我们关于世界的知识生产在短期内和中国快速崛起的世界地位是难以匹配的,这就要求中国的学者特别是一流学者更应该立足中国、面向世界、奋起直追,以知识和思想服务国家与社会。

昝涛教授的这本书,就是这样一种时代背景的产物。它应该被看作中国学者积极参与关于世界重要地区的知识生产的一项重要成果。中东地区的地位如此重要,而我们又知之甚少,这本书因而就有了重要的学术价值与现实意义。昝涛教授的专业是历史学,尤其擅长奥斯曼-土耳其史和世界近现代史。在这个领域,过去10多年来,他出版和发表的论著数量和质量都非常令人瞩目,我也经常通过各种方式阅读和了解他的研究成果。这对我来讲是有益的体验,因为,奥斯曼-土耳其史可以说是近现代中东历史中最为重要的一块。昝涛教授有这样的一个学术背景,由他来书写历史视野下的中东大变局,应该说是很合适的。

昝涛教授不是只顾埋首于故纸堆的历史学者,他也善于勾连历史与现实,通过现实提供的灵感来阐述历史,再通过历史的经验来理解现实,他的这个路子,对于专业学者和一般读者来说,都是比较好的进路。近些年来,昝涛教授从全球史和区域国别研究的角度,致力于对奥斯曼-土耳其史和中东问题的研究，闯出了一条别具一格的学术道路。尤其是，中国的区域与国别研究正在蓬勃发展，中东研究的研究力量也越来越壮大，作为一个40岁出头的中年学者，昝涛的积累和思考力正是进入了最好的时候，能在此时出版一本这样有着作者鲜明个性的巨著，可以说是中国学术界和出版界的一件幸事。

在读完这本书的初稿后，我一个很深的感受是根深才能枝繁叶茂。作者在对中东悠久历史和文明发展演进做精心梳理之余，将笔墨重点放到了人们普遍关心的政治与社会转型方面，这成为这本书的一个突出特点。中东地区的数十个国家，各有特色，但作者把伊朗、埃及、伊拉克、叙利亚和土耳其作为重要的研究对象。这种案例选择，可以说是抓住了中东历史和政治发展的要害，并且涉及伊朗、土耳其和阿拉伯三大伊斯兰民族的历史与现状，具有代表性和典型性。

本书第三部分是对于土耳其模式的专门探讨和研究，篇幅较大，但可以看得出来，这并非只是因为作者擅长这个领域，而是和冷战结束以来土耳其在中东地区各方面地位的迅速提升（也可以说是土耳其的迅速崛起）密切相关。进入21世纪，土耳其俨然成了中东地区举足轻重的大国与强国，多次被西方标榜为中东其他国家的模式和榜样，所以，研究和探讨"土耳其模式"这个主题是思考中东大变局的极为重要的一环，也可以说是比较新的变量，所以，这本书中给予这个问题以较大的分量和比重，不但不会给人某种失衡的感觉，相反，这样的结构性安排更加有利于我们理解土耳其在中东地区乃至更大范围内的特殊角色和重要影响力。近期，欧亚大陆的局势发生了重大变化，典型的表现就是俄罗斯与乌克兰的冲突所带来的一系列地缘政治、国际形势与世界市场等方面的重大变化。而在这个过程中，我们发现，土耳其这个国家纵横捭阖、左右逢源，发挥了不可替代的重要作用，它的一系列举动受到西方以及乌克兰、俄罗斯的共同认可与倚重。为什么会这样呢？昝涛教授的这本书在截稿的时候虽然还没有出现俄乌冲突的升级这样一个重大的历史节点，但因为他的研究是基于长时段的历史视野，因此，书中的多个洞见对理解当下正在发生的俄乌冲突，尤其是土耳其的地位和角色，具有重要的参考意义。

昝涛教授的这本书不止是关注中东，而且还将中东放在世界历史和全球视野下进行讨论，可以说视角非常宏阔，并非像一般性的学术著作那样局限于一个小问题或某个狭隘的视角。昝涛教授这本书的第四部分聚焦全球化、欧洲政治和极端主义这些问题与中东的关系，应该说，这并不是为了赶时髦而拼凑出来的部分，而恰恰是对中东这一特殊重要区域的一种如其所是的评价，因为，中东地区的任何重要事情因其地理位置、资源禀赋和文明特质而具有极强的对外辐射力，所以，我们不能就中东而研究中东。总之，大视野是这本书的一个重要特点，堪称枝繁叶茂。

在世界面临百年未有之大变局的形势下，中东又站在一个新的十字路口，中国与中东地区国家的关系日益密切，用命运共同体来形容越来越恰如其分。我本人在工作期间一次次访问过中东各个国家，深深地感受到中东地区的各国人民对中国有着特殊的友谊和好感。这既源于古老文明之间交流互鉴的根脉，更出于在当今充满不确定世界中命运与共的感悟。尤其是"一带一路"倡议提出以来，

"共商、共建、共享"的理念逐步变为现实，中东地区在中国的对外关系中地位更加突出，中东各方也期待中国在中东事务中发挥更大作用。

可能限于篇幅等原因，昝涛教授对于中国与中东关系的探讨，埋藏在字里行间，浅尝辄止，读来感觉意犹未尽。从一名实际外交工作者的角度来说，这本书对于我们既是百科全书式的知识梳理，又是提纲挈领式的思路指南。在热诚向广大读者推荐这本书的同时，我更建议相关工作者把这本书作为案头书，遇到各类问题时都会展卷有益。同时，在最后，我也期待昝涛教授在未来能够更多地关注中国与中东的关系，希望他在学术的道路上不断奋进、再结硕果。

是为序。

外交部外交政策咨询委员会委员
中国前中东问题特使
前驻沙特大使
前驻埃及大使兼驻阿拉伯国家联盟全权代表
第十一届全国政协委员

自序

通识视野下的伊斯兰文明

一

如今，很多人在谈论区域与国别研究（Area Study），尤其是在高校里，跟外国研究或教学有关的人，似乎正越来越多地被"裹挟"进这个时代的潮流之中。的确，随着中国的迅速发展，了解外国、探讨中国与世界的关系，已越来越多地被需要。从上到下，区域与国别研究被如此频繁地提及和鼓励，可能也是某种智识上供不应求的表现。

做历史研究，当然并不意味着只关注过去。现实常会帮助我们提出新的问题。历史既可以是一个专业，也可以是一种视野或方法。在关注和讨论当代问题的时候，历史只是图式（approach）或方法的一种而已。对区域与国别研究的理解，笔者会在别的著作中详细讨论。但有一点需要在此指出来，那就是，对于从事区域与国别研究的高校学者或学生，基础研究是十分重要的，甚至是根本性的。服务国家与社会，也有不同的层次，有的是短平快的，有的则是中长期的。从中长期的角度来看区域与国别研究，对文明的研究是颇为重要的。

人创造文明，文明也定义了人。文明囊括了古往今来人类所创造的一切物质、制度与精神的成就。文明也一直是人类基本的认知规范。作为思维图式的文明，普遍存在于物质、话语、符号和信仰之中，或隐或显地成为建构现实的重要动力。全球化与跨区域活动的发展，已使更多人得以超越或跨越国家和文明的边界，但这不仅没有使人失去对某个文明内核的主观感受，反而是在更密切的跨文明体系交流中强化了对自我的认同，尽管其中可能有很多想象的成分。在此意义上，文明范式的认识论仍然建构着我们的存在方式与生活意义。

从宏观历史的角度看，文明并非必须以文字为前提；文明的变迁也并非简单的一种文明取代另一种文明，而是在断裂中存在着延续，断裂与延续是交织在一起的。我们当下所使用的许多历史、地理、理论的概念皆是西方的产物，而近代以来西方的崛起和殖民-帝国主义对全球的宰制，将这些概念"普世化"了，也就是隐藏了其背后的权力和霸权机制。

在西方思想史上，"文明"一词曾以单数形式出现，指不同于蒙昧与野蛮的文化状态，预示着人类史上不可逆转的思想进步。然而，在对文明的历史学、考古学和民族学观察中，学者们发现，文明元素往往是超越疆界的，是可以在不同文明间流动和相互借用的，成为不同社会间关系的共同产物。其结果是使历史的样貌复杂多样、变动不居，通过相互交融而得以再造自身。因此，直面文明的多元性和复合性现象，不仅将拓展我们历史视野的纵深，也将带给我们直面不确定性未来的勇气。

在中国的大地上，文明的危机感肇始于西力东渐，这也是我们从外部视角反思自身的认识起点。能够跳出自我中心反思自身，突破传统窠臼，是很重要的。

如今，技术的进步已经大大拓展了文明交往的范畴和深度，也极大地提升了我们探究历史和传统的能力。面对全球化与逆全球化、民粹主义与激进主义、技术暴政与瘟疫流行，在新的时代条件下思考和研究文明，既是一项充满挑战的智识活动，也是当代学人思考某种可欲之未来的使命担当。

在浮躁的氛围和僵化的机制之下，尽可能避免异化和自我殖民化，重建学术与学者的尊严，也是当务之急。这不是职业的使命，而是文明意义上的使命。这就要求我们在努力探索中国文明的认识论意义的基础上，去认识世界，从而认识自我，进而超越各类狭隘的自我中心主义。唯有如此，我们才能从脚下的土地出发，去理解和拥抱世界。

二

这本书是关于中东文明的，主要涉及历史、文化和政治等方面。这既是长时间专业性思考的产物，同时也是写给大众的普通读物，在这个意义上，笔者觉得，它应该算是广义的"通识教育"的一部分。* 所以，笔者还要跟大家分享一下自己在"通识教育"意义上对中东伊斯兰文明的理解，当然，作为大学里的教育工作者，笔者首先还是从大学通识教育的角度对学习伊斯兰文明做了

---

* 有人在讨论"通识能力"问题时，曾引用著名历史学家许倬云先生的话："今天的中国专家常见，而知识分子罕有。"论者认为：'这些人要么是智识与良知脱节，要么是功利压过真理，还有就是很多专业学者只耕耘自己的一亩三分地，通识能力太弱。"（《大先生们：他们走过九十年，仍以"垂暮"之姿回应时代命题》，"澎湃新闻"，2020 年 12 月 23 日，https://www.thepaper.cn/newsDetail_forward_10489586。）

初步的思考，我想强调如下几点：（1）通识教育应当肩负起"促进多元文明交流碰撞"的重任；（2）当下的通识教育要注意把全人类的不同文明，尤其是各民族的所谓"轴心文明"[*]，放到平等的地位上对话；（3）在解读外国文化和文明时，应主动和积极地借助于我们自身的知识传统，发掘中外共享的价值之间的关联，使其成为对中国读者友好的外国研究；（4）改善当前的通识教育，一方面需要反思西方启蒙主义的话语和知识体系在中国落地的前提，另一方面也要放眼中外在人性、文明等方面的共通性。

从2008年开始，笔者开了一门叫《伊斯兰教与现代世界》的通识教育选修课。学校在组织申报"通识教育核心课程"时强调，通识教育核心课程的定位是"以推动经典阅读为重点，通过经典阅读培养学生的思考能力"；课程主要包括四个系列："（1）中国文明经典系列，主要集中于中国古典文明传统的经典著作；（2）西方文明经典系列，主要集中于西方文明传统中的经典著作；（3）现代社会及其问题系列，主要集中在社会科学领域中，深入探讨现代社会在政治、经济、法律、国际关系等领域中面临的根本性问题；（4）人文与自然系列，主要集中在文化艺术和自然科学领域，

---

[*] 德国哲学家雅斯贝尔斯（Karl Jaspers，1883—1969）曾经提出"轴心时代"（Axial Period）的重要概念，认为在公元前500年前后，人类至今赖以构建自我意识的世界几大文化模式（中国、印度、西方）大致同时确立起来，在古希腊、以色列、印度和中国几乎同时出现了伟大的思想家，他们都对人类关切的问题提出了独到的看法。古希腊有苏格拉底、柏拉图，中国有老子、孔子，印度有释迦牟尼，以色列有犹太教的先知们。这些文化传统经过两三千年的发展已经成为人类文化的关键精神财富，而且这些地域的不同文化，原来都是独立发展出来的，并没有互相影响。"人类一直靠轴心时期所产生的思考和创造的一切而生存，每一次新的飞跃都回顾这一时期，并被它重燃火焰……轴心期潜力的苏醒和对轴心期潜力的回归，或者说复兴，总是提供了精神的动力。"［德］雅斯贝尔斯：《历史的起源与目标》，魏楚雄、余新天译，北京：华夏出版社，1989年，第14页。

探讨人文与自然之间的互动,用全新的眼光来看待自然科学发展对人类文明的影响。"这门课程被列入第3个系列。

之前,提倡通识教育的人给我一种印象,好像通识教育是从西方来的。尤其是搞西学的人,多多少少有点启蒙的情怀在,立志将学生教成心目中的样子。这个定位很厉害。我很惭愧一直没有把自己提高到这个层次上思考。我开通识教育选修课主要有一个想法,就是促进对多元文明和不同文化的理解。

我们的通识课是在中国开的,而且绝大多数情况下是给母语为汉语的大学本科生开的。严格意义上的中国传统教育在大学以前基本上是缺失的,在这种情况下,一个学生刚上大学就要接受西学的启蒙,是不是会有些"不接地气"的感觉?西方文明的知识体系搬到中国课堂上,有些前提是不是应该得到反思?然而我看到的更多是启蒙情怀,很少听到这样的反思。

一种观点认为,通识教育的主要目标是育人,培养健全、包容的人。这个目标很好。话说回来,人类有几十亿,大约有五分之一是穆斯林。如果通识教育强调"通"的话,那这个"通"既应该包含通古今之变,也应该包括通不同文明。就是说,应该把全人类的不同文明放到平等的地位上对话。诚如习近平总书记在亚洲文明对话大会开幕式上的主旨演讲中所说:"每一种文明都扎根于自己的生存土壤,凝聚着一个国家、一个民族的非凡智慧和精神追求,都有自己存在的价值。人类只有肤色语言之别,文明只有姹紫嫣红之别,但绝无高低优劣之分。"[*]很多人讲柏拉图、苏格拉底、亚里士多

---

[*] 习近平:《深化文明交流互鉴 共建亚洲命运共同体——在亚洲文明对话大会开幕式上的主旨演讲》,新华社北京2019年5月15日电。

德、孔子、孟子，其实都是回到那个已经很有争议的所谓"轴心时代"，大家如此看重"轴心时代"，无非是因为相信它们奠定了人类不同文明在后世思考问题的框架、概念和基本主题。

在笔者授课的过程中，也需要有意识地回到所谓"轴心时代"的希伯来传统，所以，会聚焦"亚伯拉罕宗教"*，也就是将犹太教、基督教和伊斯兰教三大一神教互相对比、观照。可以说，对这些宗教的理解基本上是站在文明对话的角度上进行的，这种对话不只是不同的宗教之间，更是不同的"文明"之间的。

我们有一个基本的认识前提是，母语是汉语的大学生，几乎没有受过什么系统的传统教育，但是，他们在理解柏拉图、苏格拉底，以及《圣经》《古兰经》的时候，能够寻找的坐标系还是中国的传统本身。即使他们没有接受过系统的传统教育，但是，他们受过民间教育，这个教育来自长辈、新闻媒体、影视作品、民间宗教、民间文学、民俗文化等等，可以是耳濡目染的。所以，在讲授外来文明的思想时，我们或许还得回溯自己的传统。通识教育需要讲人性或人类间的共性，并努力去发掘这个共性。《圣经》里巴别塔的故事，暗示人类曾为一个共同体；尼采不也说过嘛，人类有数百种语言，你学习那么多外语，也不会学到什么真正全新的东西。

课上会讲到"圣训"（大约就是先知穆罕默德的言行录）。在我们的传统里，《论语》其实也是后来的儒者编纂起来的圣人言行录。当然，其中有很大的差别，但这个编纂圣人言行的传统做法，还是有一定相似性的。

---

* "亚伯拉罕宗教"即亚伯拉罕诸教（Abrahamic religions），主要是指犹太教、基督教与伊斯兰教，它们均给予《圣经》中的亚伯拉罕以崇高地位。

《论语》里讲到子贡问孔子:"师与商也孰贤?"子曰:"师也过,商也不及。"曰:"然则师愈与?"子曰:"过犹不及。"这个典故是讲过犹不及的,这个词大部分中国人都懂得。在讲《古兰经》和"圣训"的时候,我们会提到伊斯兰教特别强调"中正"之道,《古兰经》里会提到,真主是不喜欢过分的人的,"圣训"中更有鲜活的例子来讲"过犹不及"的道理:有一个人问先知穆罕默德,一个人吃喝睡觉都顾不上,一心只想多做礼拜,是不是会得到真主的报偿多一些?先知穆罕默德说,不是这样的,你首先要保证自己身体健康、精神饱满,这样礼拜才好,你的身体不只是你自己的,你的身体还属于你的亲人和家庭,你要为他们负责,所以,你不能牺牲自己的身体健康。笔者做这个对比,就是想说明,不同传统中的很多道理是相通的。

　　笔者所开课程虽然也强调阅读经典,但不是完全在阅读经典,其主题还是历史,也就是要关注伊斯兰文明的基本历史线索,同时涉及教义、原则、经典等等。阅读经典固然重要,但我们实际上是浅尝辄止的。《古兰经》和"圣训"中的很多话,即便是在穆斯林中也有比较多的争议,从我们的角度来说,主要还是去发掘与我们共享的价值之间的关联,其最终的效果,追求的那种智识状态,无非是不要把世界上的那五分之一的人看成与我们完全不同。包括对所谓"伊斯兰的复兴"这个话题,我们也不要过于觉得突兀,现在很多民族和国家都在讲文化复兴,或有相通之处。

　　笔者的一个体会是,在中国的课堂上用中国的语言来讲述另外一个文明,而且是在我们的知识体系当中比较边缘、所占比例非常小的知识体系,本身就是一个很大的挑战。

总之，现在谈通识教育，主流还是围绕着西学意义上的"古典学"展开的，明显地具有启蒙主义的情怀，而较少询问这套知识体系在中国落地的前提，似乎是将其视为必然且"普世"的，可能读"大书"即有此种倾向。占世界人口五分之一的穆斯林的传统及其现代探索，也应被纳入"通识"的视野，尤其是在寻求不同古典文明在经典意义上的共通性方面，这当然也是不可或缺的。我们需要在人性、文明层面意识到存在着共通的东西，进而去寻求"文明间共性"，这该是"通识教育"的应有之义吧。在有了这样的认识之后，我们就可以逐渐进入对中东历史和文明的初步探索了。

三

从一开始，这就是一本让我自己感觉很惭愧或尴尬的书。一来是它出得有些晚，或者说不够及时，甚至可以说已经错过了出版的最佳时机；二来是与前面的理由相关，有些部分的写作时间隔得比较远，在知识或信息方面时效性不够。尽管自己是历史学专业出身，但这本书里的文字有不少是为了因应或回答一个现实问题而写作的，它们都曾努力呈现出某种所谓"历史的深度"，但这样的"挣扎"可能会使其显得不伦不类：既不是扎实的史学考证，也不是高深的理论探讨。

这本书的较大篇幅给了土耳其。之前也有人催我写关于土耳其的书，但我一直觉得把土耳其放在中东里边写更合适。就跟今天很多人的感受一样，土耳其是在中东有特殊重要性的一个国家，所以，给予土耳其较大的篇幅，并不全是因为自己专业方向上的"敝帚自珍"，其实也是和土耳其在现实中的影响力密切相关。

还有一点就是，它也不是完全按照时间或国别顺序写成的，对某些时段、主题的多次讨论也难免使人觉得不够简练。但经过笔者很长时间的"死磕"，这些问题还是没有完全处理妥当，如果直接删掉，可能又会妨碍一些读者的阅读理解，权衡再三，只好这样留着了，只能请大家原谅。另外，为了阅读的方便，本文删除了大部分脚注，只保留了一些直接引文的出处以及必要的知识性的或提示性的注释。本书写作过程中使用的参考书很多，但在参考书目部分仅列出主要的。

虽然说这同时也是为"大众"写作，但在这个智能互联的时代，在某些领域，大众和专业之间不再那么泾渭分明，有的时候是因为专业不够发达，更多的时候是因为"大众"水平太高！所以，如何协调书中篇目深浅之差，也让笔者颇费周折，目前看，还是深浅不一。

最后，我非常感谢中信出版社的编辑对我的信任和宽容。我答应这本书的出版计划时，还是颇为自信的，对能够及时交稿似乎也很有信心。但在那种短暂的冲动平复之后，当真正沉下心来审视这千头万绪的书稿的时候，我才发现其中的"坑"可以说是多到数不过来；这样，交稿的时间就不得不一拖再拖。更不必说人到中年，上有老，下有小，各种不期而至的事情，又经常打乱工作的节奏。如今，它总算是"面世"了。这个时候，自己竟然没有什么喜悦或如释重负的感觉。我知道，更多的挑战还在后面。

2021 年 7 月 23 日 初稿于北京大学威海海洋研究院

2021 年 12 月 31 日 修改于北京大学李兆基人文学苑 5 号楼

第一部分

历史的背影

引言

何为"中东"？

一、何为"中东"及中东文明？

历史并没有终结。世界历史上的中东，既是过去的中东，又是现在的中东，还是未来的中东。中东作为一个地理现实存在既久，但"中东"这个政治地理术语本身，却是近代欧洲中心主义话语的一个产物。近代资本主义在西欧崛起之后，欧洲人对世界政治地理的划分便同时开始了。那当然是以西方为标准和参照的，从欧亚的划分来说，欧洲的边界似乎是清晰的，根据欧洲保守主义的界定，欧洲有三大传统——罗马帝国、基督教文明、启蒙现代性，欧亚大陆不具有这些传统的部分便成了亚洲。在欧洲列强向东方探索和征服的过程中，它们按照离自己的远近，分别把东方不同的地区称为"远东""中东""近东"，这三个概念后来就通用于国际社会了。"远东"基本上就是东亚（包括中国在内的那些太平洋西岸的亚洲国家），"近东"指距离西欧较近的国家和地区，过去主要指欧洲的巴尔干国家、亚洲的地中海沿岸国家和东地中海岛国塞浦路斯。第一次世界大战后，人们一般不再把巴尔干国家称为近东国家了。目前在国际上,"近东"一词已比较少用。

"中东"最早特指伊朗和阿富汗,后来这一概念的内涵和外延大大拓展了。目前,学术界将"中东"分为狭义和广义两种,狭义的中东指亚、非、欧三洲接合部的西亚北非国家和地区(阿富汗除外),广义的中东则泛指东起阿富汗,西到非洲大西洋沿岸的摩洛哥和毛里塔尼亚,北边包括土耳其,南边涵盖阿拉伯半岛南端的广大地区。由于中东地区大多数国家的居民信奉伊斯兰教,"中东"又常与伊斯兰国家相联系。

历史地看,中东地区出现过多个重要的世界性文明。中东地区的文明,曾经是人类文明的至高点之一,产生了影响全世界的文明成果。中东地区的美索不达米亚(两河流域)、巴勒斯坦、埃及、伊朗等地,都出现了重要的古代文明。在古犹太教的基础上,基督教、伊斯兰教相继出现。基督教文明、伊斯兰文明等更是影响至今,遍布全球,也持续对中国产生重要影响。

中东在多个方面具有某种"中间"地位。一是地理方位的"中间"。自古以来,中东就是东西方交通的要道。自郑和下西洋以及15世纪后期开始的欧洲人的大航海以后,人类历史进入全球交流的新时代,中东则是东西方交流的枢纽。二是文明意义上的"中间"属性。从政教关系的传统看,基督教欧洲是"一神教+教会",亚洲是"非一神教+非教会",伊斯兰中东则是"一神教+非教会"。这样笼统地看,中东文明在某种意义上也是处于一种"中间"状态。

中东文明断裂与延续并存。所谓断裂,最重要的是指7世纪以后,随着伊斯兰教的兴起与扩张,原属于基督教文明的东罗马帝国的大部分地区,包括马格里布、埃及、叙利亚、小亚细亚等地区,以及拜火教（琐罗亚斯德教）的伊朗、两河流域出现了伊斯兰化。然而，这种断裂中也存在着某种意义上的延续，如黎巴嫩、埃及等国家，仍然存在一些基督徒。从一神教（亚伯拉罕宗教）的角度来看，东罗马帝国基督教地区的伊斯兰化，仍然是一神教的延续。如果把现代性视为一种新的文明形态，其所带来的理性化和世俗化，在19世纪以来的中东地区，又造成了另外一种断裂，那就是穆斯林社会的世俗化和现代化。

古代的文明对现代中东仍然意义重大。对现代人而言，古代文明虽然主要是存放在博物馆里供人参观的东西，但是，在20世纪的历史上，古代文明又成为各种现代政治意识形态所利用的资料和资源，主要表现为其在长久的历史断裂之后，又重新被建构为现代民族国家的民族认同的一部分，土耳其、伊朗、伊拉克、埃及等地都发生了类似的情况。

对于概念不能做简单化的理解。人们在谈论中东的时候，又会提及北非。国内学界往往还会把西亚、非洲放在一块儿说。这些都已经成为人们在使用概念时的习惯，我们只要拿出地图来一看就明白，没必要细究。但深入来说，这不光是因为地缘上的接近，也是因为这里的民族和宗教在历史上发生过大融合；从较近的历史来说，波斯人、阿拉伯人与讲突厥语族语言的不同族群都曾在这里建立起过大帝国，而这些帝国最终把伊斯兰教作为国教，因此，基本上可以说，中东就是一个穆斯林占主导的地区。这个地区的外延特别广大，往南越过撒哈拉，往东则到达中亚、中国西部、南亚和东南亚地区。伊斯兰文明的扩大在不同方向上有所反复，但这一进程目前仍在进行中。

二、"伊斯兰世界"辨

"伊斯兰世界"已经是一个司空见惯的、被笼统使用的概念，但作为一个概念，它具有很大的争议性，人们也很难对它进行严谨的界定。在日本学者羽田正的《"伊斯兰世界"概念的形成》一书中，作者对日本学界惯用的"伊斯兰世界"概念进行了反思，这个反思其实也适用于整个学界。通过梳理日本学界代表性学者的用法，羽田正总结得出了"伊斯兰世界"一词包含的四种意思：（一）理念意义上的穆斯林共同体；（二）伊斯兰会议组织（2011年6月改名为伊斯兰合作组织）；（三）居民多数为穆斯林的地区；（四）统治者为穆斯林且按照伊斯兰教法（sharia）进行统治的地区（历史上的"伊斯兰世界"）。

第一个用法其实是超越时代的、理念意义上的，实际上并不完全能被当作一个有边界的实体，它是理念意义上的穆斯林共同体，实际上也可以用"乌玛"（ummah）来代替。不论如何，它都是一个不易被具体化的概念，因为不清楚它代表谁，其领导是谁，边界何在，等等，人们也就不容易把握它，当然它在穆斯林的理念中仍然是存在的。第二个是现在的伊斯兰合作组织，也就是伊斯兰国家构成的组织，它与现代主权国家构成的世界相关，而且有相对明确的地理范围，但对近代以前没有清晰划分国界的时代而言，边缘部分的归属并不明确。另外，还有成员国内部有大量的非穆斯林，还有一些非成员国有大量的穆斯林，使情况更为复杂，因此，伊斯兰合作组织是不是构成了所谓的伊斯兰世界，也是有争议的。第三种将居民大多是穆斯林的地区说成伊斯兰世界，这显然是不严谨的。最后一种，历史上统治者是穆斯林而且按照伊斯兰教法进行统治的地区，当然这比较符合历史上的情况，无论是阿拉伯的、突厥的还是波斯的政权，确实都有过这种情况，其指代是比较清晰的。但是对现代世界来说，这种界定又不太适用，因为现在没有统治者的观念了，领导人大部分都是民众选出来的，而真正实行伊斯兰教法的现代国家也十分罕见。

所以说，"伊斯兰世界"如果作为一个历史概念，就简单易懂，有明确的地理空间，也就是传统穆斯林的统治势力能够达到的范围。就像历史上穆斯林学者所做的划分那样，把这个世界分为伊斯兰的（Dar al-Islam，意为和平之家）和非伊斯兰的（Dar al-Harb，意为战争之地），还是可以的。但那只更多地是为了强调在不同的地区，穆斯林的宗教义务存在差异性。在今天，无论是穆斯林还是非穆斯林，绝大多数人已经不对世界做这样的划分了，而且也无法清晰地予以划分。所以，在盲从地使用"伊斯兰世界"这个概念时，我们需要和羽田正一样去追问：为什么过去的概念到了21世纪仍然在被使用？

综观全球，用一个宗教性的概念来指称一个（实在的或想象的）地域，"伊斯兰世界"是极为特殊的，可能也是唯一的。一般地，我们称中国或者东亚这个地区时，不会说"儒教世界"，也很少用"中华文明圈"，大部分人要么说一个国家，要么说一个地理概念：东亚、东南亚、东北亚……那么，为什么人们又会未经省察地使用"伊斯兰世界"来指代一个想象中的更为广大的地方？这是值得反思的。同样地，我们称"西方"比较多，这当然主要是一个文化范畴，但是，一般也不会称其为"基督教世界"。再比如，我们说美国,一般也不会说基督教美国、新教美国。对比之下,对于很多穆斯林生活的区域,我们用一个不严谨的"伊斯兰世界"去称呼,就是令人费解的。

羽田正指出,这就像萨义德曾批判过的一样,上述局面是东方主义(Orientalism)的认知路径所造成的,因为西方力图塑造一个对立面,去确立欧洲的正面性。这个塑造的过程至迟自十字军时代就开始了。后世东方学家们深受这个传统的影响:欧洲无疑是正面的,不断扩张的伊斯兰就是其对立面。当然,单纯就"伊斯兰世界"这个概念的表面来看,它并没有什么负面元素,也没有明确的地理范围,但是,当在东方学这一视域下看问题时,它就有了帮助欧洲确立自身的主体性之作用。经过启蒙的欧洲是理性的、法治的、正面的,从相对意义上看,伊斯兰世界就变成了负面的、宗教狂热的和非理性的。其结果就是,当说"伊斯兰世界"的时候,西方在潜意识中就带有某种负面性,比如可怖的、充满肉欲的、非理性的、人治的……在东方学辅助建立的意识形态下,此种观念一旦形成,就不言自明,就像有了"阳",就对应有了"阴"。

也就是说,"伊斯兰世界"是西方在长期面对伊斯兰扩张的过程中创造出来的一个"他者"。在这之后,人类共有的很多特质,因其负面性,而被仅仅归属于非西方。就像我们说"原教旨主义"(fundamentalism),客观地讲,任何思想和意识形态里面都有原教旨主义的层面,可是,经过西方长时间的"运用",现在"原教旨主义"已经被等同于伊斯兰的、穆斯林的原教旨主义。这些都是在我们认识世界的时候被灌输进大脑中的分类,其背后当然有一套权力机制。如果对这些分类没有进行自觉的反思,接受它们也就意味着接受其背后的一套价值观。反过来说，这些东西已经成为西方的"软实力"，它们能够让人在所谓理性和科学的意义上接受它们的定义和分类，而基本上不再质疑它们的合理性，也就使人逐渐丧失了反思能力。现在，我们知道，那可能是掉进了一个陷阱而不自觉。你在随口说出"伊斯兰世界"这个概念的时候，就为其中所蕴含的价值观不自觉地进入我们的头脑开了一扇门。

发生上述现象，也不难理解。因为，近代世界历史有个很重要的特点，那就是西欧崛起并把世界历史整合进它开创的现代进程，这里面当然含有实力和权势的因素，但又不只是船坚炮利，还包括学术、思想与意识形态，欧西成为世界的观察者、研究者和范式/规范的创造者、引领者。相对来说，没有同步发展上来的、仍在原来水平上的地区，如东亚的中国、西亚的奥斯曼帝国，就陷入了衰落。实际上，权势的兴衰往往都是一个相对的概念。其造成的一个问题就是，你在追问自身为什么衰落的时候，就一定会发现是自己出了各种问题，器物、制度、文化–文明……甚至外人还会强加上负面的标签：奥斯曼帝国是"欧洲病夫"，中国是"东亚病夫"。但历史地看，同样在这些地方，帝国/政权曾有过多次的起落，但从无被说成是"病夫"的情况，有的只是王朝更替，但是从没有对自身文明的否定。

到了近代以后，这个世界变了，对中国来说是所谓"三千年未有之大变局"。这是我们理解后面要说的现代化进程的一个重要前提，也就是说，对近代的非西方而言，衰落不只是因为战斗力不行，而是因为整个文明体本身已经需要更新或推倒重来，这是更为悲剧性的、彻底的自我否定，意味着方方面面都不如人。

对有着悠久传统的东方社会来说,这个血淋淋的残酷现实是很难被轻易接受的。近代世界不再是一个像传统社会那样的王朝更迭、帝国兴衰的世界,而是出现了一个被后人叫作"现代性"(modernity)的新文明,且不管它为何首先出现在欧西,它规定的是全人类的命运。欧西不光自己崛起,还要溢出原本的地域,利用现代文明的优势来扩张,乃至压迫、侵略和殖民东方,从而使得这个新文明超出了狭隘的西方范畴,并造就新的世界秩序,"顺之者昌,逆之者亡"。在这样的情况下,非西方一方面是衰落的,另一方面还要反抗。作为反抗者,非西方可能是由不同时空的无数个体构成的,但作为落后者,它又是整体性的。

对穆斯林社会来说,既然对方(西方)已经塑造出"伊斯兰世界",过去是相对于十字军,近代是相对于启蒙了的欧西;那么,作为落后的反抗者,既然已经没有了话语权,也就只能接受那个被塑造出的、具有潜在的负面内涵的"伊斯兰世界",并在这样的立场上发言,尤其是对认同伊斯兰传统价值的伊斯兰主义者(Islamist)而言,接受"伊斯兰世界"这个概念并不难。从反抗者的角度来说,接受这个概念时,也会逐渐意识到其原有的负面内涵,从而作为反抗者来重新定义它,并赋予其正面的意义和属性。因为,只有化被动为主动,化负面为正面,化消极为积极,才能号召他们所想象的那个范围广阔的穆斯林共同体——也就是全世界的穆斯林——去自强或反抗。在此情形下,起源于欧西思想发展产物的一个代名词——"伊斯兰世界"——就日益被穆斯林所接受了。

萨义德的《东方学》和羽田正的《"伊斯兰世界"概念的形成》这两本书非常相似。羽田正的书考证更为详细,萨义德的书更广博，考察了大量西方的文学作品。之后，西方又出现了关于"伊斯兰世界"很重要的学问，比如伊斯兰世界史。当这些学科出现的时候，问题就更严重了，穆斯林社会就更没有话语权了。"伊斯兰世界"自身的历史书写本来是带有浓厚宗教色彩的王朝史，不是所谓的"世界史"，穆斯林原本没有这个观念，当然也就没有书写这样的历史。但是，由于西方既提出分类，又通过学术的研究让对方接受这套观念，随着西式教育的普及，以及东方人对西方的日益仰视，这套分类体系和概念也就深入人心了。

到今天，东西方都接受了"伊斯兰世界"这个概念。上述简单追溯可以说明，这样一个自西方灌输来的概念，尽管容易使人丧失独立思考的能力，但迫于西方自近代以来建立的话语霸权，大家又不得不接受。现代的"伊斯兰世界"概念，跟古代几乎没有什么关联，这是西方关于东方的意识形态的产物，是一个强加给全世界的定义和观念。只是，作为接受方的伊斯兰主义者，也不是完全被动的，他们接纳了这一被西方强加的概念标签，又使其成为反西方意识形态的基础。

我们如果仍然使用"伊斯兰世界"这个概念，就需要注意其背后的意识形态问题。现在，尚不可能出现一套能够自圆其说的、不同于已有知识分类体系的表述。语言不只是一个工具，它还会传达一套政治的、文化的价值观念，"伊斯兰世界"就是那套强加给全世界的意识形态的产物。羽田正找到了一个还不太常用的替代性的概念，那就是，他比较倾向于使用"人口上穆斯林占大多数的地区"这样的表述，但是，这样一个描述性概念既不严谨，也不够简练。

第一章

阿拉伯的故事

一、阿拉伯的起源传说

当代中东有五大主要民族：阿拉伯人、波斯人、土耳其人、库尔德人和犹太人。其中，阿拉伯人主要分布在西亚、北非的阿拉伯国家，占这些国家居民人口的绝大多数，还有一小部分在伊朗、土耳其、阿富汗、印度尼西亚、埃塞俄比亚、索马里以及美国、英国、法国等西方国家，人口总计近 4 亿。在旧的知识体系中，阿拉伯人被归于欧罗巴人种的地中海类型，北非和南阿拉伯的部分人混有尼格罗人种特征。阿拉伯语为阿拉伯国家的官方用语，属闪含语系闪语族，自 6 世纪起使用源于阿拉米字母的阿拉伯文字书写。今天，绝大多数阿拉伯人信仰伊斯兰教，阿拉伯穆斯林占世界穆斯林总人口（约 16 亿）的约四分之一，多数属逊尼派（Sunni），少部分属什叶派（Shia），这些问题，我们后面还会细讲。此外，在埃及、黎巴嫩、叙利亚、巴勒斯坦、约旦等地，还有一些阿拉伯人信仰基督教。

阿拉伯人是历史悠久的民族。世界上的每个民族都有关于自身起源的古老传说。通过口耳相传和典籍记载，这些传说构成和表达了丰富多彩的历史记忆，并进而塑造了历史。近代的民族主义就是仰赖这些虽无法被确切考证但被广泛接受的历史神话（记忆），塑造了现代意义上的各个民族。在这部分，我们来了解一下关于阿拉伯人起源的故事。

阿拉伯人的传说，首先需要在普世的"圣经"叙事传统中寻找。随着现实中自然灾害的增多，大洪水毁灭人类和"挪亚方舟"的故事也不断地被人们熟知。这里我们不谈末世与信仰的复杂问题，单讲故事后来的发展。《圣经》和《古兰经》都记载了大洪水毁灭人类的故事，尽管细节上略有差别，但共同之处是通过保留少数"义人"（或信奉上帝／真主之人），相对简化了人类演生的谱系。也就是说，后代人类基本上都可以把自己的祖先追溯到挪亚及其三个儿子——闪、含和雅弗。

根据宗教经典的故事脉络，阿拉伯人和以色列人都是亚伯拉罕［《古兰经》称之为易卜拉欣（Ibrahim）］的后裔。今天的阿拉伯人就把亚伯拉罕奉为本民族的始祖。《圣经》上说亚伯拉罕是闪的第九世孙，也就是挪亚的第十世孙。根据《圣经》记载的年代推算，亚伯拉罕出生于大洪水之后的第291年。无论是在《古兰经》中还是在《圣经》当中，亚伯拉罕都享有崇高的威望，被奉为先知。因为得蒙神的眷顾，他的后代中出现了一系列先知。2020年9月15日，在美国的斡旋下，阿联酋、巴林与以色列在白宫签订了所谓的《亚伯拉罕协议》（Abraham Accords），标志着阿联酋和巴林正式承认以色列的国家主权且与之建交，这被视为中东和平进程的重要里程碑。先不说其对当代中东和平与国际关系的影响，这个协议的命名就体现了犹太教、基督教和伊斯兰教都把亚伯拉罕视为自己远祖的历史记忆，寓意是希望亚伯拉罕的后裔能不再彼此为敌，从而携手成为兄弟姊妹。

根据传说，亚伯拉罕的妻子撒拉（Sarah）很漂亮，但一直没能生育。撒拉于是劝说丈夫纳自己的使女哈泽尔（Hazer，《圣经》中称其为夏甲）为妾。之后，哈泽尔果然为亚伯拉罕生下一子——易司马仪（Ismail，《圣经》中称其为以实玛利）。母以子贵，生了儿子的哈泽尔就骄傲起来，并经常和撒拉吵架。亚伯拉罕为此很苦恼。在神的启示下，亚伯拉罕就把哈泽尔母子迁到了麦加河谷，而自己又回到巴勒斯坦与撒拉同住。《古兰经》上还记载了易卜拉欣（亚伯拉罕）和易司马仪重建被洪水冲毁的克尔白（Kaaba，又称天房）的事（3：96—97，2：125—127）。天房被认为是由人类始祖亚当所建，象征着神的居所。说亚伯拉罕重建天房，其实也反映了亚伯拉罕在伊斯兰教中的先知地位。

回家后，伤心的亚伯拉罕再次向神求子。结果，年老的撒拉竟真的生下一个儿子，这就是伊斯哈格（Ishaq，就是《圣经》中的以撒）。伊斯哈格有两个儿子——以扫和雅各，雅各继承了家业。雅各〔即《古兰经》中的叶尔孤白（Yaqub）〕后来改名为以色列，他就是以色列人的祖先。雅各的后裔后来迁入埃及，直至摩西带领以色列人逃离埃及，摆脱法老的统治。这就是著名的"出埃及记"了。

接着说说在麦加河谷的哈泽尔母子。根据《古兰经》的记载，麦加河谷本来是不毛之地，哈泽尔带着易司马仪初到麦加时，曾奔走在萨法与麦尔卧两山之间寻找水源，神出于怜悯，在克尔白附近放出了清泉，后称渗渗泉（Zamzam Well）。直到今天，到麦加朝觐的穆斯林必须在克尔白附近的萨法与麦尔卧两座山之间疾行 7 次，疾行之后再饮渗渗泉水。这都是有依据的,是为了表达对古圣先贤的怀念和对真主的感恩。在麦加周围游牧的主尔胡姆人得知有泉水出现后,纷纷赶来,以牲畜换得对渗渗泉的使用权。哈泽尔母子于是在麦加河谷安顿下来。易司马仪长大后,娶了一个主尔胡姆族姑娘为妻,他们的后裔就发展成为今天的阿拉伯人。

不过,关于上面这个故事,《古兰经》与《圣经》的记载有出入。根据《圣经》,以撒(伊斯哈格)的长子以扫是阿拉伯人的祖先,次子雅各(叶尔孤白)是犹太人的祖先,而以实玛利(易司马仪)流亡埃及不知所终。但不管怎么说,根据宗教经典的记载,今天势同水火的犹太人和阿拉伯人在起源上是很近的。

根据学者的考证,亚伯拉罕可能出生在两河流域的下游,他后来随父亲穿越沙漠,西迁到迦南(Canaan,今巴勒斯坦)。所以,实际情况或许是这样的:阿拉伯人是他们西迁过程中途经阿拉伯半岛时留下的一支后裔。《古兰经》中说易卜拉欣(亚伯拉罕)反对偶像崇拜,被其宗族驱逐而不得不迁离故乡(这与后来先知穆罕默德的命运类似),但《古兰经》并没有提到亚伯拉罕的迁徙路线。

传说毕竟只能提供隐约的线索,很难有确凿的论据去证明。从历史的角度看,"阿拉伯"这个词最早出现在公元前 9 世纪,也就是公元前 853 年的亚述文献中的"阿拉伯人"。公元前 530 年的波斯楔形文字中出现了"阿拉比亚"。后来,希腊-罗马的历史学家用"阿拉伯人"指称住在今天阿拉伯半岛上的人。"阿拉伯"在闪米特语(Semitic)中有"沙漠"的意思。在伊斯兰教诞生之前,"阿拉伯人"是指半岛上游牧的贝都因人(英文 Bedouin 来自阿拉伯语 badawī,意思是"沙漠的居民"),他们生活与世隔绝,是血统、语言比较纯粹的"闪族人"代表。"贝都因人"的阿拉伯文意思是"荒漠中的游牧民"。中世纪至近代早期的欧洲人习惯称阿拉伯人为"萨拉森人",此称呼之来源向无定论,一种说法是源自阿拉伯文的"东方人"这个词。最近又出现一种论点,说这个词来自欧洲语言中的"荞麦",荞麦这种作物在意大利语中叫"grano saraceno",在法语中是"sarrasin",源自凯尔特语;用"萨拉森"来称呼阿拉伯人,可能是以肤色指人,也就是说阿拉伯人的肤色跟荞麦的颜色很像。在早期的罗马帝国时代,"萨拉森人"主要指称西奈半岛上的游牧民族,后来,东罗马帝国用之称呼所有阿拉伯人。公元7世纪伊斯兰教兴起以后,特别是十字军运动之后,欧洲人更普遍地用"萨拉森人"来称呼所有居于亚洲与北非的穆斯林。

二、阿拉伯的民族传统

1. 沙漠游牧

说起阿拉伯人,不能不讲一下阿拉伯半岛的环境。阿拉伯半岛面积约 300 万平方千米,是世界上最大的半岛。地形上,阿拉伯半岛西部较高。半岛西南角的也门地区土地肥沃,宜于耕种,素有"阿拉伯乐园"之称。半岛内部的平原和部分高原被沙砾覆盖,沙漠约占半岛全部面积的三分之一。阿拉伯半岛上无常年河流,为热带沙漠气候,酷热干燥,农业和生活都不易,主要靠地下水。骆驼是古代阿拉伯人最常见的交通工具——需要注意的是,阿拉伯的骆驼是单峰驼。

由于地理环境的限制，阿拉伯半岛农作物缺乏，主要适合牛、羊、马、骆驼生活，因此，在古代，当地的生活和生产方式是以游牧为主导，这里是广阔的内陆亚洲草原向北非游牧地带的过渡带，属于沙漠游牧类型。游牧民居住在毡制帐篷里，逐水草而居，生活较为简单、原始；他们尚武且擅骑射，生活半径比定居民大很多，土地财产观念也比较淡薄。机动性强的游牧骑兵是冷兵器时代世界上最好的战士，经常对定居社会形成巨大的压力，游牧和定居社会之间的战争、贸易、征服一直是世界历史上尤其是内陆亚洲-西南亚-北非地区的重要主题。直到近代，火器的大规模使用才使得游牧骑兵的优势丧失。这些历史主题，对于理解后来阿拉伯人的征服具有重要的意义，同时也是理解古代突厥人和蒙古人在世界历史上崛起的一个重要思路。

主要生活于14世纪的阿拉伯著名学者伊本·赫勒敦（Ibn Khaldun，1332—1406）就认为，历史进程取决于游牧文明和定居文明两股力量的消长与均衡。他认为，游牧民生活简朴，性格坚毅，容易成就伟业，一旦变成了定居民尤其是城镇居民，锦衣玉食的生活就会使他们堕落。赫勒敦相信，每一个部落、国家都在苦难、匮乏、战争中逐渐壮大，而奢侈、贪图享乐只能使其慢慢走向衰败。* 赫勒敦的观点对穆斯林和西方都影响很大，和古代中国史家将游牧民斥为野蛮的观点颇不一样。†

阿拉伯半岛南部是绿洲农业社会，定居性的城镇生活发达；北部生活条件相对艰苦。在社会组织上，阿拉伯人以氏族部落为基本

---

* ［突尼斯］伊本·赫勒敦：《历史绪论》，李振中译，银川：宁夏人民出版社，2015年。
† 司马迁：《史记》，卷一百十·匈奴列传第五十，北京：中华书局，1959年。

单位。牧场、水源、沙漠绿洲地区的可耕地是部落的共同财产。古代阿拉伯人的职业以养骆驼、养羊、狩猎、经商和劫掠为主。

2. 民族传统

虽然也有一小部分阿拉伯人经营农业和商业，但古代阿拉伯人的总体特征是以游牧部落生活为主，财富不易积累，文化不发达。阿拉伯人的民族传统，一是崇尚"个人主义"，喜欢游牧，不喜约束，强调自由，生活环境开阔，喜欢野外。时至今日，阿拉伯人中仍存在着这样的普遍特征：好面子，自尊心强；痛恨压迫，好反抗。

二是强调部落感情，重血缘，这是一个部落-氏族社会的典型特征。在阿拉伯人中，每顶帐篷代表一个家庭，每块宿营地代表一个氏族。氏族由上溯五代有共同祖先的人组成，是军事单位；部落由四五个氏族组成，是政治单位。为了加强实力，部落还会联合成部落联盟。今天，在阿拉伯国家中，部落传统依然盛行。例如，萨达姆政权就曾依靠萨达姆的生父、继父和母亲的三大部落，政权领导人之间都是亲戚关系。阿拉伯社会中，熟人效应普遍，人们极端关注血缘，氏族部落的酋长称"谢赫"（sheikh），负责仲裁纠纷、寻找牧场和保护水源。古代阿拉伯人崇尚血亲复仇，某家族的男性被杀，上下五代的男性都有义务为之报仇，而报仇的对象是仇人本人或其上下五代中的任何一个成年男性。仇人为了避免被杀，可以交纳"血金"，但这种方式比较耻辱。对阿拉伯人来说，最可怕的是失去氏族和部落的保护。没有了氏族和部落的保护，个人的生命财产随时都处于危险之中。后来，伊斯兰教的先知穆罕默德也曾因传播伊斯兰教而失去了所属氏族和部落的保护。*

三是尚劫掠。古代阿拉伯人冲动好战，但也极其冷静。劫掠是部落间关系的常态，以劫掠致富被视为光荣而高贵的职业。对此有诗为证："我们以劫掠为职业／劫掠我们的敌人和邻居／倘若无人可供我们劫掠／我们就劫掠自己的兄弟。"† 贸易和劫掠被视为向城镇居民索取生活资料的手段。

四是极好客。贝都因人以好客闻名，若有沙漠旅人叩门，他们必定毫不吝啬、不求回报地招待旅人及其随从，并照看他们的牲畜。主人乐于彰显自己的热忱和对宾客的尊重。

五是古代阿拉伯人普遍存在歧视女性的现象，例如活埋女婴。值得注意的是，这类现象在伊斯兰教出现后被禁止了。关于伊斯兰教对女性的态度，有一些观点值得我们了解。美国学者邓尼丝·卡莫迪（Denise Carmody）说："学者们一致认为，穆罕默德的启示对于妇女来说是给她们带来了相当大的好处，因为伊斯兰教产生之前，阿拉伯妇女几乎还没有任何权利。"‡《古兰经》在谴责当时人们歧视女孩的丑态时讥讽道："他们的一个人听说自己的妻子生女儿的时候，他的脸黯然失色，而且满腹牢骚。他为这个噩耗而不与族人会面，他多方考虑，究竟是忍辱保留她呢？还是把她活埋在土里呢？真的，他们的判断真恶劣。"（16：58—59）如一位学者所说："禁止活埋女婴也反映了伊斯兰教的人道主义色彩，这是伊斯兰教带来的一大进步。"所以，我们对这些问题需要历史地看待。

---

* 金宜久主编：《伊斯兰教史》，南京：江苏人民出版社，2006年，第46—47页。
† ［美］菲利浦·希提：《阿拉伯通史》，马坚译，北京：新世界出版社，2008年，第21—22页。
‡ 潘世杰：《从〈古兰经〉看伊斯兰的妇女赋权思想》，《伊斯兰文化》2013年第1期。

三、先知的教谕

1. 在两大帝国之间

在伊斯兰教兴起前,阿拉伯半岛长期处于拜占庭和波斯两大帝国之间。半岛上也曾建立一些大大小小的政权。在 6 世纪末 7 世纪初,半岛西北部的叙利亚、北部的小亚细亚、西南部的埃及和埃塞俄比亚属于拜占庭的势力范围,东部伊拉克主要是波斯帝国的势力范围。

历史学家威廉·罗森(William Rosen)指出,东罗马帝国在查士丁尼(Justinian I,527—565 年在位)时期进入黄金时代,收复了意大利和北非,颁布了法典,小亚细亚和黎凡特地区也出现了繁荣的自由城市,但这一切都在 6 世纪的多次瘟疫中被毁灭了,欧洲损失了 2 500 万人口,罗马帝国再也没有恢复元气,古典文明随之衰落。而在欧亚大陆的东边,几乎同时进行的是中国隋唐王朝的统一运动,盛唐成功地建立了疆域广阔的统一帝国,奠定了此后中国历史发展的基础(或模式)。此为东西方之不同。对欧洲来说,紧接着迎来的是伊斯兰文明在近东的崛起及其挑战,直到 1453 年奥斯曼土耳其人攻陷君士坦丁堡。在此过程中,欧洲再无统一帝国,最终走向所谓的"威斯特伐利亚体系"。*

拜占庭和波斯两大帝国长期争雄,但均无力深入阿拉伯半岛的沙漠腹地。波斯帝国扶植拜火教对付马兹德教派起义,并趁机夺取也门,于 575 年将埃塞俄比亚人驱逐出去。拜占庭从此失去了

---

* William Rosen, *Justinian's Flea: Plague, Empire, and the Birth of Europe*, New York: Penguin Group, 2007.

对红海出海口的控制。到 7 世纪，局势更加混乱。波斯帝国攻占叙利亚和埃及，进逼小亚细亚；拜占庭的东方沦陷。622 年，也就是先知穆罕默德带领穆斯林从麦加迁徙到麦地那这一年，希拉克略（Flavius Heraclius，约 575—641）成为拜占庭皇帝，相继收复西亚和埃及失地。波斯方面则因连年征战和宫廷政变，已无力对外发动战争。两大帝国之间的消耗使它们两败俱伤，这对后来阿拉伯人的崛起是一个重要的外部有利条件。

商业贸易对于当时的阿拉伯人来说至关重要。当时有两条重要的商路：一条是东线，沿波斯湾，经底格里斯河，穿过叙利亚沙漠到巴勒斯坦；一条是西线，在红海海岸。商贸给荒凉的沙漠赋予了勃勃生机。由于波斯人和拜占庭之间的战争，位于阿拉伯半岛西侧的汉志商道发展起来。麦加由于奉行中立政策，地位上升，成为控制汉志商道的国际贸易枢纽。先知穆罕默德所属的哈希姆家族最初就是靠组织阿拉伯部落建立"商业联盟"而起家的，他们经营的是驼队"物流"产业。可以说，波斯和拜占庭两个帝国的敌对使阿拉伯人在某种程度上得益了。

2. 伊斯兰之前阿拉伯人的信仰

在伊斯兰教诞生前，阿拉伯人的信仰是多神崇拜和拜物教（按照伊斯兰教的历史观念，多神崇拜的阿拉伯人已经背弃了他们的先祖也就是建造天房的易卜拉欣的一神教传统）。每个部落都有自己崇拜的神灵（偶像）。据称，当时麦加的克尔白里有各部落的偶像 360 尊。克尔白每年举行盛大的典礼和祭祀，半岛各地的人多来朝拜。可见，在伊斯兰教之前，到麦加朝拜就是阿拉伯人重要的宗教事务。在今天，每年约有 200 万穆斯林到麦加朝觐。当然，这么大规模的人员聚集，也会带来很多的问题，比如踩踏事件。2020 年新型冠状病毒疫情的暴发，也迫使沙特取消了当年的全球性朝觐活动，只允许沙特的 1 万人参加朝觐。朝拜天房是穆斯林的朝觐内容之一，克尔白的墙中嵌有黑色陨石（玄石），伊斯兰教兴起后，偶像崇拜被禁止，但玄石得以保留，至今仍为圣物。

在伊斯兰教兴起之前，巴勒斯坦的犹太教、罗马和埃塞俄比亚的基督教、伊朗的拜火教给阿拉伯人带来了不同形式的一神观念，但均未能在广大阿拉伯人中扎根，大部分阿拉伯人仍信奉原始拜物教，只有很少人接受了基督教。

贸易的兴盛使得麦加成为通往也门、叙利亚和内志的枢纽。当时的麦加人生活富足，整日吃喝玩乐，出现了明显的"堕落"迹象，比如有人围着天房喝酒，更不用说到处都是偶像。麦加人不允许别人非议自己的宗教和信条，同时反对亵渎偶像者。当时，各个部落是独立的，过着独立的生活。不过，商业和信仰环境已经使麦加具备了超越部落的条件。当然，这对部落而言是危险的。

当时，麦加出现了传闻，说要有先知出现了。麦加的古莱什部落（Quraysh）地位很高，他们负责掌管天房的钥匙。以后，包括先知穆罕默德在内的早期穆斯林重要领导人，基本上都出身于古莱什部落，这个部落堪称阿拉伯人中的"黄金家族"。当时，针对传言，作为麦加重要管理者的阿布·苏富扬（Abu Sufyan，约 565—约 650）尤其警惕，他来自属于古莱什部落的倭马亚家族（Umayyads）。他强调，修道者们需要先知在宗教上开导启迪他们，但他自己是靠偶像接近神的人，因此，不需要什么先知。通过周边影响以及经商活动，有些麦加人还是了解了一些一神教信仰的观念，这种信仰带来了一种信念——救赎（salvation）是可能的。这当然是一个有吸引力的思想。可以说，这个时候，麦加已经处于等待先知引领的状态，这个即将出现的人，就是伊斯兰教的先知和圣人穆罕默德，他将协调不同宗教的不同理念。

3. 伊斯兰教的诞生

中东地区是当今几大一神教的起源地，至于为什么这个地区会产生一神教，通常让人感到很神秘和困惑。当然，按照神学给出的解释就是源于上帝的意志。这个一神教体系的形成大约要追溯到4 000年前的巴勒斯坦，这里诞生了犹太一神教的传统。这可以参考"出埃及记"的故事。犹太人自视为上帝的"选民"，迦南地（巴勒斯坦）被视为上帝赐予犹太人的土地，是流亡的犹太人必然回归并重建其"千年王国"的地方。公元元年前后，基督教诞生了，基督教后来成为罗马帝国的国教，在地中海世界占据主导地位。

到了公元7世纪初，也就是中国历史上的隋末唐初，红海东岸的麦加-麦地那地区出现了伊斯兰教的先知穆罕默德的宗教和政治活动。在一神教的序列中，伊斯兰教是新出现的，那它一定需要解决一个问题，就是如何来自证其"合道性"（legitimacy）。

"伊斯兰"（Islam）的意思是"顺从"，"穆斯林"（Muslim）的意思就是"顺从（真主）的人"。从穆斯林的视角看，先知穆罕默德其实是伊斯兰教的"复兴者"。因为，按照伊斯兰教的历史观,真主曾在之前多次给人类以启示。我们前面提到,亚伯拉罕就是伊斯兰教认可的先知,《古兰经》里提到他和儿子重建麦加的天房,本身就是"顺从"神的表现。当然,后来有多重原因导致了对真主(上帝)"信息"的扭曲,以及人们又"堕落"到拜物教的状态。而真主不曾放弃人类,继续怜悯人类,就又拣选了多个伟大的先知和使者来传递他的"信息",比如摩西、耶稣。而穆斯林将穆罕默德视为最后一位先知,即"众先知的封印"(The Seal of Prophethood)。值得注意的是,在伊斯兰教的观念中,《古兰经》记载的都是真主的语言,先知穆罕默德是真主的使者,也就是真主"信息"的传递者。

7世纪之前,中东地区的宗教面貌是多元的,这里有基督教、犹太教,伊朗那边的人信奉拜火教。仅过了100多年,伊斯兰的势力范围就扩大到阿拉伯半岛、两河流域、西南欧、伊朗、北非以及中亚地区。在数百年中,这些地方经历了深刻的伊斯兰化,此后,除了在西班牙,其他地方的伊斯兰化不仅没有收缩,反而得以巩固,并不断向外拓展。即使经过11—13世纪的200多年的十字军运动的"反扑",这个态势也没有改变。

当十字军打着"圣战"旗号来到中东时,他们惊愕于医学与法律相当完备的"异教徒"们的先进文明,甚至有人干脆留下来学习穆斯林的先进文化。换个角度看,十字军东侵时,在伊斯兰世界发现了当时的"现代性"。*十字军觊觎的是三教(基督教、犹太教、伊斯兰教)圣城——耶路撒冷。《古兰经》里曾提到先知穆罕默德

---

* [美]乔纳森·莱昂斯:《智慧宫——阿拉伯人如何改变了西方文明》,刘榜离等译,北京:新星出版社,2013年。

"夜行"(Isra)和"登霄"(Miaraj)的故事,对此,穆斯林是坚信不疑的——先知穆罕默德在621年7月的某个夜晚乘天马在天使陪伴下刹那间从麦加到了耶路撒冷,并从那里"登霄"见到了真主本体。这是耶路撒冷成为穆斯林圣城的依据之一,当然,后来阿拉伯帝国对耶路撒冷的统治和建设是更重要的依据。这是我们理解当代巴以问题或阿以冲突的必备知识。秉持伊斯兰主义的哈马斯认为巴勒斯坦是先知留给穆斯林的神圣财产,具有不可转让的神圣性。它拒绝承认以色列,拒绝以和平方式实现与以色列的和解,执意要消灭以色列,并要在巴勒斯坦建立政教合一的伊斯兰国家。起初,伊斯兰的事业在麦加遇到过挫折,先知穆罕默德在622年带领穆斯林迁徙到了麦地那,并在那里建立了稳固的穆斯林公社,后又以麦地那为中心统一了包括麦加在内的阿拉伯半岛。先知在麦地那时曾与犹太人签订过《麦地那宪章》(Sahifah Al-Madinah/Constitution of Medina),并短暂地要穆斯林也向耶路撒冷朝拜过。

  先知穆罕默德于632年突然去世后,阿拉伯的历史进入"四大哈里发"时代。先知本人对于继承人没有明确指定,他自己也无直系男嗣。早期哈里发(Khalifah,意思就是"继承者")的产生要么是推选,要么是"禅让"或指定。经过穆斯林的推选,先知的岳父阿布·伯克尔(Abu Bakr al-Siddiq,约573—634)成为第一任哈里发,不过两年后他就去世了。第二任哈里发为欧麦尔(Umar ibn al-Khattab,约586—644),他也是先知的岳父,由伯克尔指定为哈里发。在欧麦尔执政的10年里,穆斯林的征服业绩显赫,控制了叙利亚、两河流域、伊朗和埃及。欧麦尔在伊斯兰国家的管理方面也确立了很多制度与立法的典范,他本人也没有留下什么有争议的瑕疵，被公认为是先知之后最伟大的穆斯林统治者。

欧麦尔被刺杀身亡后，年约七旬高龄的奥斯曼（Uthman ibn Affan，约577—656）被推选为第三任哈里发，他来自颇具势力的倭马亚家族，这个家族和先知的家族——哈希姆家族——都属于麦加的古莱什部落。同时，奥斯曼是先知的女婿，他先后娶了先知的两个女儿。他虽已年逾古稀，但执政长达12年，可是他的统治后期问题很多，以至于穆斯林内部产生了矛盾，奥斯曼后来死于叛军之手。656年，先知的堂弟兼女婿阿里（Ali ibn Abi Talib，约601—661），作为跟先知在亲缘关系上最近的人，在纷扰之中被推上了哈里发的位置。

阿里上台后不久就宣布迁都，离开麦地那，到了今天伊拉克南部的库法。如今，伊拉克南部的穆斯林主要是什叶派（阿里的追随者）。虽然阿里继任了哈里发，也得到大多数人的承认，但他遭到了当时的叙利亚总督、出身倭马亚家族的穆阿维叶（Muawiya ibn Abi Sufyan，约597/603/605—680）等人的反对，他们以为奥斯曼报仇为由，对阿里兴师问罪。于是，双方发生了战争。在657年的隋芬之战中，胜利明显属于阿里一方，但他接受了对方狡诈的"以《古兰经》裁决"的和谈要求，这遭到了阿里阵营中主战派的反对，他们脱离了阿里的领导，成为哈瓦立吉派。"哈瓦立吉"（Khawarij）即"出走"的意思，哈瓦立吉派是教义上比较极端的一派。"《古兰经》裁决"的结果竟然是让阿里和穆阿维叶都放弃哈里发职位，这对军事上本来已经取得胜利的阿里来说是重大挫折。661年，哈瓦立吉派派出杀手分头刺杀穆阿维叶和阿里，但结果是穆阿维叶受伤，阿里被刺身亡。这是伊斯兰教历史的一个重要拐点。

阿里死后，他与先知的女儿法蒂玛所生的两个儿子，也就是先知的两个外孙（哈桑、侯赛因）先后继任，但都死于倭马亚家族之手，倭马亚家族从此背上了杀害圣裔的恶名。倭马亚家族最终自立哈里发，建立了倭马亚王朝（Umayyad Dynasty，661—750，中国史称白衣大食），这是阿拉伯历史上的第一个世袭王朝。倭马亚王朝之后是阿拔斯王朝（Abbasid Dynasty，750—1258，中国史称黑衣大食）。

拥护阿里的一派即阿里党人，被简称为"什叶派"（"什叶"即党人的意思）。最初，这只是一个政治派别，后来逐渐发展出独立的宗教思想体系，伊斯兰教也就分成逊尼派（又称"正统派"）和什叶派两大派别（两大派别之下还有支派）。逊尼派承认四大哈里发都是合法继任者，因此获得历代哈里发国家的扶植而广泛流传，当今世界上的穆斯林多属逊尼派；而什叶派只承认阿里及其后裔才是合法的继任者，信奉什叶派的人数量相对较少，现主要分布于伊朗、伊拉克等地。

总之，伊斯兰教使得在恶劣环境中多年默默无闻的阿拉伯民族走上世界历史舞台，成就了一番伟业。通过创立伊斯兰教，先知穆罕默德以其雄才伟略初步完成了阿拉伯半岛的统一。团结起来的阿拉伯人，旋即释放出多年沉寂生活中被隐藏的激情与活力。对财富的追求在宗教的旗帜下也变成了对信仰的践行。在先知穆罕默德去世之后，阿拉伯人以摧枯拉朽之势展开了对外征服，建立了规模庞大的帝国，雄踞古代近东历史数百年。随着阿拉伯穆斯林的对外征服与帝国的崛起，半岛之外也加速伊斯兰化与阿拉伯化。不过，在1258年定都巴格达的阿拔斯王朝被蒙古人正式灭亡之后，最终继承了中东伊斯兰帝国遗产的是奥斯曼土耳其人。伊斯兰世界的中心也逐渐向北移动到了伊斯坦布尔。

第二章

从奥斯曼到土耳其

一、奥斯曼帝国的兴衰

关于奥斯曼人的起源其实并无可靠的史实支撑,大致上说,他们的核心在源头上是不断向西迁徙的、来自内陆亚洲的游牧部落成员,其在迁徙过程中皈依了伊斯兰教。来自内陆亚洲的游牧部落早在 11 世纪曼齐刻尔特之战后就进入了小亚细亚半岛,这同时开启了小亚细亚地区的伊斯兰化。11 世纪末,塞尔柱王朝分裂,从中分出的罗姆苏丹国,以科尼亚为中心,控制了小亚细亚的重要地区。13 世纪中叶,蒙古人的到来对罗姆苏丹国造成重创,后者成为蒙古人的附庸,于 14 世纪初灭亡。与此同时,蒙古人在 1258 年灭亡了阿拉伯人的阿拔斯王朝。蒙古人的征服给小亚细亚地区带来了巨大动荡,游牧民族向西的迁移更加频繁。正是在这一过程中,奥斯曼人趁机崛起。他们混合了流民、游牧部落、对战利品的追逐和宗教狂热等多种元素,一般认为奥斯曼人是一个生长于边疆社会的、混杂的"劫掠集团",最终从一个边疆地区的公国发展为一个规模巨大的中东帝国。*

奥斯曼集团的核心,是有着内陆亚洲游牧社会背景的、讲突厥语族语言的奥斯曼家族,信奉伊斯兰教。不过,至迟到13世纪末的时候,奥斯曼部落已不再是一个典型的游牧群体了,其失去了很多游牧特征,比如,季节性的转换牧场这种做法,最晚到奥斯曼一世时代(1280—1324)初期就已经不存在了,相应地,奥斯曼人的传统部族纽带也不重要了,但一种新的能够把人们团结起来的方式出现了,这就是备受争议的参与伊斯兰"圣战"(gaza)的"加齐"(gazi,为信仰而战的武士)的共同体意识。奥斯曼及其儿子奥尔汗(1324—1362年在位)都有"加齐"称号,并率领同辈的战士们参与"圣战"。但这不是正统伊斯兰神学所谓的"圣战",他们所做的就是一种集团式劫掠,还与周边的、同属突厥系的公国冲突不断。†

需要注意的是,尽管奥斯曼帝国经常被误以为是由来自内陆亚洲的游牧民族所创立的"大陆帝国",但实际上,奥斯曼帝国在很长时期内也算一个海陆复合型帝国,无论是北边的黑海,南边的地中海还是波斯湾以东地区,奥斯曼人要么将其收入囊中,要么在那里开展海上行动。鼎盛时期的奥斯曼帝国的疆域涵盖从巴尔干、东

---

* Heath W. Lowry, *The Nature of the Early Ottoman State*, New York : State University of New York Press, 2003.
† 小笠原弘幸:《オスマン帝国繁栄と衰亡の600年史》,东京:中央公论新社,2018年,第28—29页。关于gaza与圣战的关系,学界已经进行了很多研究,基本上,在奥斯曼帝国早期,人们对gaza的理解,并不是宗教意义上对异教徒的那种圣战(holy war),而是更多地等同于劫掠,是对战利品的觊觎。奥斯曼人自己的后世作品在描述这些现象时候,使用了针对异教徒的圣战的话语,但这更多是一种后世的正统宗教意识对自身历史的投射,以及一种有政治目的的文学修辞。相关讨论参考Heath W. Lowry, *The Nature of the Early Ottoman State*, pp. 9-11, 30-31, 43-44。

南欧地区到小亚细亚再到阿拉伯地区和北非，地中海沿岸大部分地区在相当长的一段历史时期是奥斯曼帝国的实际控制范围。所以，我们不能简单地把奥斯曼帝国视为一个大陆帝国，还应该考虑到它在地中海地区长期的霸主地位。历史上奥斯曼帝国在地中海东部曾拥有非常强大的海军力量，北非地区的领土主要也是靠海军的力量来维持的。当然奥斯曼帝国的海军有那个时代比较普遍的特征，就是主要利用海盗作战。

历史上，奥斯曼人其实并不喜欢别人称呼自己为"土耳其人"（Turk，或者突厥人），他们也不会这么自称。这是为什么呢？简单来讲，自古以来，某个群体如何称呼自己（自称）和别人怎么来称呼或看待它（他称），这中间往往是有差异的。随着奥斯曼人力量逐渐发展壮大，西方人把活跃在小亚细亚地区的这些长相、语言、习俗、宗教相似的部落或者是部落联盟，都称作土耳其人，欧洲人长期称奥斯曼帝国为土耳其帝国。欧洲人这种说法，至少可以追溯到马可·波罗（Marco Polo，1254—1324）的同代欧洲人所使用的 Turquie。讲突厥语族语言的部落当然有自己的部落身份或认同，比如，奥斯曼部落的名称来自一个叫奥斯曼的著名酋长，这往往是内亚游牧民集团命名的一种习惯，建立塞尔柱帝国（Seljuk Empire，1037—1194）的游牧民集团的名称，其实也是来自一个叫塞尔柱的著名的部落酋长。这些游牧部落都有各自的身份和认同，但自身没有一个统一的所谓"土耳其人"或者"突厥人"的认同。外人可能对他们有这样的一个界定，比如，在波斯人和阿拉伯人的认知里面就会将他们统称为"突厥人"，前面讲到的欧洲人对这些游牧部落的指称也是这样，所以我们可以看到，这里讲到的"土耳其"或

"突厥"是比较泛化的一种统称，显然不是今天意义上的民族认同，所以，两者不能混为一谈。

奥斯曼人的国家继续发展，它以后怎么自称呢？就是叫"伟大国家"（Devlet-i Aliyye），大概有"天朝上国"的意思。奥斯曼人当然也知道波斯-阿拉伯的那个认知传统，而且波斯-阿拉伯这个认知传统也进入了奥斯曼的文化或历史书写中，这对奥斯曼人是有（再）教育意义的。所以，也不能说奥斯曼人对土耳其或突厥没有认识，或者说他们完全遗忘了出身，他们至少也会承认自己说的语言是突厥语；但是，精英阶层、统治阶层的人还是不愿意认同"突厥"，而更喜欢自称为"奥斯曼人"（Osmanlı）。在当时，如果日常说起"土耳其人"或"突厥人"，主要是指有游牧背景的、较为不开化的那些部落民。这是奥斯曼帝国历史上长期存在的一个情况。

奥斯曼帝国统治着广袤的领土，内部有着非常多元的文化身份，这常常体现在奥斯曼帝国君主的称号上。这些头衔中包括跟伊斯兰有关的"加齐"（字面意思是为信仰而战的武士），跟中东地区历史传统有关的"苏丹"（Sultan），然后，还有跟内陆亚洲有关系的"汗"或"可汗"（Khan），以及跟波斯有关的"帕迪夏"（Padişah，意思是"大王"），此外还有跟欧洲传统有关的"恺撒"（Caesar）等。当然跟穆斯林关系最密切的，是在16世纪奥斯曼帝国达到鼎盛后更多采用的"哈里发"（指的是先知的继承人）这个头衔，一直延用到1924年。

所以，仅仅从这些表面的现象就可以看得出来，奥斯曼帝国是一份非常复杂的遗产。研究奥斯曼帝国史的著名专家哈里勒·伊纳尔哲克（Halil İnalcık）打过一个比方，说奥斯曼帝国就像一把伞，伞下面罩着一群有着不同文化传统的族群以及次级政治体。奥斯曼帝国作为一把伞，苏丹就是这个伞的顶尖，维系帝国需要的就是对苏丹的效忠。这个帝国是建立在多族群、多文化、多宗教的基础上的。理想意义上的民族国家是建立在"一族一国"基础上的，但实际上当然很难完全做到。奥斯曼帝国的文化和族群是多元的，在传统的技术条件下，就跟其他很多规模较大的政治体一样，很多时候它都要通过"间接统治"来维持运转。

在从安纳托利亚西北部的一个小公国向国家和帝国的转变过程中，奥斯曼政权首先着力经营和征服的是基督教地区，尤其是东南欧巴尔干半岛，而且取得了巨大的成功，发展成为一个巴尔干大国。到1356年，奥斯曼人已经控制了达达尼尔海峡，打开了通向欧洲的大门。之后，他们渡过达达尼尔海峡，开始在欧洲攻城略地，用了差不多100年的时间征服了整个巴尔干半岛，其中最重要的，是1453年"征服者"穆罕默德二世（Fatih Sultan Mehmet II，1444—1446年、1451—1481年在位）率军攻陷君士坦丁堡。到15世纪晚期，土耳其人已经据有整个小亚细亚以及巴尔干半岛上的保加利亚、马其顿、塞尔维亚、波斯尼亚、黑塞哥维那和阿尔巴尼亚等地。可以说，随着奥斯曼人在欧洲的扩张，其治下的人口中基督徒的比例逐渐提高。

进入16世纪，奥斯曼土耳其人继续征战扩张。苏丹塞利姆一世（Selim I，1512—1520年在位）时期，其扩张主要表现为对伊斯兰世界的领土兼并。奥斯曼人的军队于1514年在小亚细亚东部的查尔迪兰（Chaldiran）重创什叶派的萨非王朝（Safavid Dynasty，1501—1736）伊思迈尔一世（Ismail I，1501—1524年在位）的军队。此后，奥斯曼帝国将扩张的矛头主要指向了以埃及为基地的马穆鲁克王朝

（Mamluk Dynasty，1250—1517）。1516—1517 年，奥斯曼人征服了马穆鲁克王朝，把叙利亚、埃及和阿拉伯半岛的汉志地区纳入统治范围，结果之一就是帝国的穆斯林人口比重明显上升。

征服埃及之后，奥斯曼土耳其人继续在北非、欧洲和地中海上取得一系列进展，1529 年攻陷阿尔及尔，1574 年占领突尼斯。在东南方向，奥斯曼军队将亚美尼亚大部、格鲁吉亚一部分以及包括巴格达在内的美索不达米亚平原南部都纳入了帝国版图。在东北方向，衍生自蒙古四大汗国之一金帐汗国的克里米亚汗国奉奥斯曼帝国为宗主，黑海北岸（今属乌克兰的草原地带）也被纳入了帝国版图，黑海成为奥斯曼帝国真正的内湖，成为定都伊斯坦布尔的奥斯曼帝国最重要的地缘政治安全保障。在西北方向，土耳其人于 1504 年吞并了罗马尼亚，1521 年攻陷贝尔格莱德，1526 年占领布达佩斯。1529 年苏莱曼大帝（Süleyman I，1520—1566 年在位）率军进攻维也纳受阻，此后奥斯曼土耳其人与哈布斯堡王朝（House of Habsburg）在中欧对峙一个半世纪。奥斯曼帝国在海上的扩张也很成功：1522 年征服了罗得岛，1538 年占领亚丁，1570 年攻占塞浦路斯岛，1669 年夺取了克里特岛。

奥斯曼帝国在 16 世纪初已成为地跨欧亚非三大洲的大帝国。随着帝国版图的迅速扩大，其人口总数也从 1500 年的 900 万增至 1600 年的 2 800 万，但这大部分是由帝国版图扩大带来的。1600 年后，随着帝国领土面积的缩小（如 19 世纪初希腊的独立），奥斯曼的人口总数下降到了 2 400 万，这种情况一直持续到 19 世纪晚期。1500 年，小亚细亚地区有 600 万人，1600 年后达到 750 万人，到 1800 年增长到 900 万人。根据布罗代尔的估算，在 1600 年左右,奥斯曼帝国的人口在 2 200 万到 2 600 万,其中,欧洲领土上约 800 万,亚洲领土上约 800 万,埃及有 200 万到 300 万,突尼斯和阿尔及利亚有 200 万到 300 万。土耳其学者巴尔坎(Barkan)认为,1520—1530 年,小亚细亚和巴尔干共有 1 200 万到 1 300 万人,1580 年左右时有 1 700 万到 1 800 万人,到 1600 年左右,奥斯曼帝国可能有 3 000 万到 3 500 万人,不过布罗代尔认为这个估计过高。[*]

在奥斯曼帝国的非穆斯林中,最多的是希腊正教徒,不过,大叙利亚地区和伊拉克还有叙利亚正统教会[雅格派(Jacobites)]和聂斯托利派(Nestorians),埃及还有比较多的科普特人(Coptic)。小亚细亚东部和伊斯坦布尔有相当多的亚美尼亚人,不过,亚美尼亚教派的中心在伊朗。黎巴嫩有马龙派(Maronites),他们跟威尼斯和教皇关系密切。耶路撒冷的情况也比较复杂。杜布罗夫尼克(Dubrovnik,在今克罗地亚)和阿尔巴尼亚还有相当多的天主教徒,此外,伊斯坦布尔的加拉塔地区也有一些天主教徒。在匈牙利,奥斯曼苏丹允许新教徒和天主教徒的存在。有学者曾认为新教徒很受奥斯曼帝国的欢迎,因为加尔文派在匈牙利激烈反对奥斯曼人的最大敌人哈布斯堡王朝。不过,这并未导致奥斯曼人正式地支持匈牙利的新教徒。天主教的主教则不被允许住在奥斯曼领土上。

关于在征服阿拉伯地区后奥斯曼帝国境内非穆斯林的人口比例问题,学界并无统一看法,估算的比例大约在 20%—40%。可靠数据的缺乏是最大的障碍。在 19 世纪晚期之前,奥斯曼帝国统计的是

---

[*] [法]费尔南·布罗代尔:《菲利普二世时代的地中海和地中海世界》(第一卷),唐家龙等译,北京:商务印书馆,1996 年,第 595 页;更详细的讨论参考 Halil İnalcık, "Impact of the Annales School on Ottoman Studies and New Findings", in *Review*, I, 3/4, Winter/Spring, 1978, pp. 69-96。

臣民的财富，而不是人口。如果说有统计的话，也只是针对那些需要缴税的人，通常也就是男性户主，或者是需要服兵役的人。因此，在 19 世纪晚期之前，关于奥斯曼帝国某个地方的人口数量，人们只能估计。在 16 世纪初期奥斯曼帝国征服阿拉伯地区之前，其人口结构中非穆斯林仍占较大比重，而这些非穆斯林主要是希腊正教徒、亚美尼亚教派信徒和犹太教徒。根据巴尔坎的统计，在整个帝国范围内，即便是在征服了阿拉伯地区以后，穆斯林人口也并未占据明显的优势，在 1520—1535 年的奥斯曼帝国人口中，基督徒的比重虽然已经少于一半，但可能仍然超过 40%；可以说，其与穆斯林人口相比只是略低，几乎是大体相当的。到 16 世纪中期的时候，巴尔干地区的人口中约有 18% 是穆斯林，城市地区的伊斯兰化要比农村地区的程度深。从有限的数据可以推算出来，巴尔干地区的人口密度一直是小亚细亚的两倍，阿拉伯地区的人口密度则更小。1850 年的时候，尽管希腊此前已经独立出去了，巴尔干地区的人口仍占奥斯曼帝国总人口的一半。1906 年，尽管帝国能够掌控的巴尔干领土已经不多了，但巴尔干地区的人口仍然占了奥斯曼帝国总人口的四分之一。所以，巴尔干地区的经济比重长期以来都很大，而巴尔干地区的绝大部分人口是基督徒。一般认为，直到 19 世纪晚期之后，随着大量基督教人口占优势的省份的失去，奥斯曼帝国才第一次成为穆斯林占绝对优势的帝国。

既然奥斯曼帝国大部分时间里都统治着大量的非穆斯林人口，那么，他们总需要想一些办法来汲取非穆斯林的人力资源。他们有一个饱受争议的制度——"德武舍迈"（devşirme，本义为"征召"），简单来说就是从基督徒的边远农村征召主要是 10 岁到 15 岁左右的男孩。这些人被送到奥斯曼帝国的首都,大部分成为禁卫军的一员,极少数出类拔萃者,经过严格且长期的教育,最终会成为帝国大员(统治精英),当然他们都皈依伊斯兰教了。"德武舍迈"就是所谓的"奴官制",有时也被称为"血税"(blood tax)。*

此外,在奥斯曼帝国的后宫里面,有大量奴隶出身的甚至是从奴隶市场购买来的不同民族的女性(主要是白人)。到后来奥斯曼帝国的苏丹其实是没有真正法律意义上的婚姻的,他们的后宫有大量的女性,可以说都是他们的生育工具。像苏莱曼大帝和许莱姆(Hurrem Sultan,约1502—1558)正式举行婚礼这种事,都算非常特殊的例外情况,而且在当时就争议很大。

还有一点需要关注,就是所谓的"米勒特制度"(millet system)。一般认为,米勒特制度就是伊斯兰帝国赋予境内不同宗教团体以较大自治权的一种安排。学界对所谓"米勒特制度"问题曾经有很多争议。一种观点认为奥斯曼帝国在19世纪以前并没有一种明确的制度设计意义上的"米勒特制度",只有一些临时性、特殊性的安排(ad hoc arrangements);另外一种观点认为,奥斯曼帝国尽管可能没有明确地设计一种叫作"米勒特制度"的体制,但在实践中,又的确存在给予非穆斯林宗教共同体较大自治权的做法,而这是奥斯曼帝国内部治理的一个重要特点,因为帝国要统治这么一个国土广袤、文化多元、人口构成复杂的帝国,就必须倚重已有的传统,实行某种"因俗而治",才能最大程度地节约管理和行政

---

* Ingvar Svanberg and David Westerlund, *Islam Outside the Arab World*, Oxfordshire: Routledge, 1999, p. 140.

成本。[*]

奥斯曼帝国给人留下过很多谜团。关于它的建立，人们在过去常感困惑的是：那群仅有百十顶帐篷的突厥人，怎么就能建立这么伟大的一个帝国？关于它的崩溃，一般的理解也是西方崛起了，奥斯曼帝国落伍了，没赶上西方的步子，成了西亚"病夫"，所以，在面对西方人时就被打败了。这样说很简单，似乎也能说服大部分人。但其实，奥斯曼帝国的建立并不仅仅是蛮族部落靠军事强力推动的结果，它是中东-地中海文明的优秀继承者。至于它的衰落和解体，也不只是欧洲人推动的，在奥斯曼帝国面对真实的西方冲击之前，它的内部并没有出现欧洲那样的走向工商业文明的突破，后来它向欧洲学习也并不顺利。更不必说，它内部还在 18 世纪后出现了强大的地方分裂主义势力，而对这些，奥斯曼帝国无法通过内部的体制改革予以消化，这是它解体的内部原因。也就是说，对奥斯曼帝国的解体，不能完全从西方与奥斯曼之间的"冲击-回应"这个视角来看。

分分合合这种事儿，对人生和历史来说，都是经常出现的主题，只是每个人、每个民族因其特殊性而处于不同的阶段罢了。近代欧洲的崛起的过程也是所谓民族国家兴起的过程，这个模式在欧洲出现得最早。从近代君主国到主权国家，有一个从贵族制/分权制到官僚制/集权制的转变过程，中央政府的效能提高了，国家强大了。欧洲长期存在封建战争，尤其是三十年战争（1618—1648）虽然带来了长期战乱和纷争，但残酷的竞争也增强了欧洲人的国家

---

[*] 昝涛：《"因俗而治"还是奥斯曼帝国的文化多元主义？——以所谓"米勒特制度"为重点》，载《新史学》，第十三卷，北京：社会科学文献出版社，2020 年。

认同，带来了军事、技术和财政革命，使得近代欧洲国家的强大成为现实（这就是所谓"战争造就国家"的命题）。

面对新形势，19世纪改革时代（Tanzimat，1839—1876）的奥斯曼帝国中央政府考虑给予国内所有民众平等的地位（公民权），这当然是受到西方国家的影响，尤其是法国大革命的影响，同时也是一种外交上应付列强干预其内政的一个姿态或策略。这种平权主义的改革理念被称为"奥斯曼主义"（Ottomanism），这意味着奥斯曼人想打造一个近代意义上的奥斯曼国家。在整个国家内，无论你是穆斯林还是非穆斯林，不论你是哪个民族、哪个族群或哪个教派的人，在奥斯曼国民这个公民身份的意义上大家都是平等的。这是一种建立现代公民权的国族主义，这个努力方向是值得肯定的。这可以视作奥斯曼国家要把自己整合成一个像西欧式的近代民族国家（nation state）所做出的努力，但遗憾的是最终并没有成功。

奥斯曼主义倾向的改革之所以没有挽救帝国，究其原因主要是民族主义的发展以及外部列强的干涉。在构建一个新型的、基于平等公民权的现代主权国家的努力失败后，奥斯曼帝国最终被内部的民族主义严重削弱，它以往统治的领土上出现了一系列的民族国家。希腊在19世纪上半叶率先独立，后来巴尔干地区的不同基督教民族在帝国解体前都陆陆续续获得了自治或者独立的地位。

之后，奥斯曼帝国境内讲土耳其语的穆斯林，也就是土耳其人，也不得不寻找和建构自己的民族身份（national identity）。关于什么是突厥人/土耳其人，作为一套近代民族观念，最初也不是土耳其人自己提出来的。除了历史上的波斯-阿拉伯语文献那个传统之外，对近代奥斯曼土耳其人来说，更重要的是他们从东方学里找到

第二章　从奥斯曼到土耳其

的"土耳其"。从土耳其思想家的叙述中,我们很容易了解这个过程。在现代土耳其共和国选择"土耳其"(Türkiye)为国名时,政治精英们也强调,欧洲人长期以来就是这么称呼他们的,即欧洲人长期称奥斯曼帝国为土耳其帝国。[*]但实际上,"土耳其"在欧洲几乎就跟"伊斯兰"同义。欧洲人对"土耳其"的认知,经历了一个从肯定/赞赏到恐惧再到蔑视的过程,变化主要是在启蒙运动之后发生的,经历启蒙的欧洲将奥斯曼土耳其帝国塑造为一个野蛮、专制和暴政的社会。[†]

落后了的土耳其人逐渐被迫或主动去西方学习。留学时,他们会读到很多西方人关于东方的著述。当然,那些著述的材料也是从东方获取的,比如大量关于突厥-蒙古的历史知识,就是来源于中国的古代史书(当然也有波斯-阿拉伯的史书),但是,经过西方人的加工,这些知识又变成西方知识体系中所谓东方学的一部分。这是西方表述东方的方式,也是相对中性意义上文化帝国主义的一部分。对土耳其人来说,将东方学中有关土耳其的部分译介回奥斯曼帝国,就是通过西方的那个知识系统来了解自身,并建构自身的认同的必经之路。与此同时,那也是利用西方的知识和思想资源来消除对土耳其的蔑视性史观的手段。强势的西方所带来的有关东方(土耳其)的知识,就成为东方与西方抗争的"子之矛",因为,土耳其民族

---

[*] 昝涛:《现代国家与民族建构——20世纪前期土耳其民族主义研究》,北京:生活·读书·新知三联书店,2011年。
[†] Asli Cirakman, "From Tyranny to Despotism: The Enlightenment's Unenlightened Image of the Turks", *in International Journal of Middle East Studies*, Vol. 33, No. 1., Feb, 2001, pp. 49-68. 本文中文版(《从暴政到专制主义:启蒙对土耳其人的无知图画》,昝涛译)收入林国华主编:《欧罗巴与亚细亚》,上海:上海人民出版社,2010年。

主义兴起后，其与西方的话语相对抗的武器，说到底还是西方生产的知识。这就跟我们在这一部分的引言中讨论的"伊斯兰世界"这个概念类似，只不过在主题上，它们一个是民族的，一个是宗教的。

到 19 世纪末，大规模的连续丧权失地、经济崩溃、列强入侵，已使奥斯曼帝国沦为一个半殖民地国家。到 20 世纪初，民族主义的趋势已经很明显了。帝国辖下欧洲各省份大部分已经丧失或正在闹独立，其中的一个关键因素是宗教，而且欧洲列强也利用宗教作为瓦解奥斯曼帝国的工具。1912 年的巴尔干战争是该地区基督徒民族主义运动发展的顶峰，奥斯曼政府被巴尔干同盟国击败。战争中巴尔干地区的穆斯林群众被大量屠杀，很多清真寺被毁掉，奥斯曼的文武官员大量逃亡，广大穆斯林也被迫逃亡至伊斯坦布尔和安纳托利亚。不过，这些就跟 20 世纪 90 年代南斯拉夫危机时穆斯林遭遇屠杀的情况类似，西方主流舆论是不太会关注的。1913 年，巴尔干战争结束。

人们一般把帝国的解体看成是它失败的最重要标志。在 20 世纪初的时候，奥斯曼帝国就已经名存实亡了；"一战"后，它被彻底肢解，从此一去不复返。"一战"中奥斯曼帝国失败后，就出现了土耳其人的民族自决问题。这样的一个简单回顾使我们发现，在奥斯曼帝国解体的过程中，不光是西方列强，实际上是所有原先属于帝国的民族最终都抛弃了奥斯曼帝国。土耳其人可能是其中的最后一批，他们最终也抛弃了奥斯曼帝国，所以，才会出现后文我们将提到的土耳其民族主义者对待帝国的那样一种认知和态度，而当代所谓"新奥斯曼主义"（neo-Ottomanism）则是与此相对的另一种心态了。

二、法国大革命的影响

　　法国大革命输出了"自由、平等、博爱"的意识形态。19世纪70年代，苏丹阿卜杜勒·哈米德二世（Abdul Hamid II，1876—1909年在位）上台，他很快将新颁布的宪法悬置，使议会瘫痪，开始大规模地集权，并镇压反对派。1908年，土耳其发生青年土耳其革命，其实质是军人政变，当时最重要的组织是联合与进步委员会（İttihat ve Terakki Cemiyeti/Committee of Union and Progress，简称联进会），他们成功地渗透了帝国的新军。为了制约联进会党人，帝国的"大佬"们在议会中联合，使联进会被排挤。随后联进会从萨洛尼卡（Salonika, 今称塞萨洛尼基）调来军队，最终取得了所谓民主革命的胜利。联进会一直统治帝国直至其彻底崩溃。

　　法国大革命到底对奥斯曼帝国产生了什么样的影响？实际上，当时的人不可能马上就意识到其进步意义。伯纳德·刘易斯（Bernard Lewis，1916—2018）指出，奥斯曼帝国的统治精英最初将法国大革命及其扩散视为"法国或（最多是）基督教的内部事务"，认为奥斯曼帝国不会受到这一"基督教变局"的搅扰，甚至还有不少人视之为可乘之机。* 1792年1月18日，苏丹塞利姆三世（Selim III，1789—1807年在位）的秘书艾哈迈德·埃芬迪（Ahmed Efendi）在日志中写道，革命转移了欧洲强国的焦点，并设下吸引其贪欲的诱饵，从而改善奥斯曼帝国的处境，"奥斯曼帝国必须根据血缘关系与近邻关系对法国的叛乱者进行远征……很快，真主就会让法国

---

* ［英］伯纳德·刘易斯：《穆斯林发现欧洲：天下大国的视野转换》，李中文译，北京：生活·读书·新知三联书店，2013年，第47页。

革命像法国病（梅毒）一样蔓延到奥斯曼帝国的敌人身上，导致长期的纷争，这就会为伟大国家（奥斯曼帝国）创造有利的结果"。*这种事不关己的想法使奥斯曼土耳其人拒绝了俄国共同抵制法国的提议，并拒绝了奥地利、普鲁士和俄国共同提出的请求，即"禁止在土耳其的法国人佩戴新的三色帽章"。† 直到1798年，奥斯曼人才察觉到法国大革命新的意识形态之危险的迹象，拿破仑对埃及的入侵造成了更迫切的新威胁。面对法国革命带来的世俗主义思潮，奥斯曼帝国苏丹在一份文告中警告自己的臣民，"提防法国的骗术"，"法国（愿真主摧毁他们的住处，扳倒他们的旗帜，因为他们是残暴的不信道者、抱持异议的罪人）并不认天地之主的独一，也不相信审判日的代理人的使命，还废除了所有宗教，否认了来世及其惩罚"。之后，奥斯曼帝国长期都对法国大革命主要持负面评价，直到19世纪后期的改革时代，在立宪派的倡导下，法国大革命才获得比较正面的评价。‡

不过，著名土耳其学者谢里夫·马尔丁（Şerif Mardin）引述过一段1799年的奥斯曼政府的声明，当时法国入侵了奥斯曼帝国的叙利亚，帝国政府发表的声明中有这样一段话："人类之中所有的人都是平等的，所有的人作为人都是平等的，没有任何人优于或地位高于其他人，每个人都有权安排自己的生活，决定自己谋生之道。"

---

* Ahmed Efendi, *III. Selim'in Sırkâtibi Ahmed Efendi Tarafından Tutulan Rûznâme*, ed. by V. Sema Arıkan, Ankara, 1993, pp. 59-60，转引自历史学研究会编：《世界史史料——帝国主义と各地の抵抗：南アジア·中東·アフリカ》，东京：岩波书店，2009年，第112页。
† ［英］伯纳德·刘易斯：《穆斯林发现欧洲：天下大国的视野转换》，李中文译，第47页。
‡ ［英］伯纳德·刘易斯：《穆斯林发现欧洲：天下大国的视野转换》，李中文译，第183—185页；Bernard Lewis, "The Impact of the French Revolution on Turkey: Some Notes on the Transmission of Ideas", in *Cahiers d'Histoire Mondiale I*, Paris : Librairie des Méridiens, 1953, pp. 105-125。

马尔丁教授将这段声明解读为西方思想尤其是法国大革命在奥斯曼帝国的渗透已经比较深,"它成为19世纪中叶奥斯曼自由思想的标志"。

最初,奥斯曼人愿意考虑西方的思想,主要还是因为战场上接二连三的失利。他们意识到,自己一方在军事上肯定是落后了,而且政治也必须进行改组。在1789年继位的塞利姆三世就是一个深受欧洲思想影响的改革派君主,早在做亲王的时候,他就曾派密使去法国搜集政治、军事技术和科学方面的情报。甚至当执政大臣因前任苏丹不热心于改革而发动政变时,塞利姆三世也积极参与其中。

可见,早在18世纪末,对于西方技术的先进性,奥斯曼帝国的部分精英是了解的。帝国境内的基督徒尤其是希腊人作为欧洲思潮的"掮客",以及驻在伊斯坦布尔的西方外交官等群体,对传播新思想也都起到了重要的作用。这也是19世纪中叶进行深层次改革的重要历史条件。

到19世纪40年代到60年代末,奥斯曼人开始更加注意自由和立宪制度,说明法国大革命思想在土耳其已经深入人心。这样我们就不难理解,苏丹阿卜杜勒·阿齐兹一世(Abdulaziz, 1861—1876年在位)是被一批改革派官员废黜的,更不难理解1876年8月31日继位的苏丹阿卜杜勒·哈米德二世(Abdul Hamid II, 1876—1909年在位)为什么在后来被称为"血腥苏丹"(kızıl sultan)。西方人对于苏丹哈米德二世的了解,主要是他在位期间曾经残酷镇压了亚美尼亚起义。但他33年的君王生涯并不是只有这一件事值得关注。实际上,哈米德二世在西方的名声甚至影响到土耳其人对他的评价。这主要是围绕着他的所谓民主和专制的争议。

对他评价不好的当然包括土耳其的自由派，包括推翻了他的青年土耳其党人。首先也是最经常被诟病的是，哈米德二世悬置了土耳其的1876年宪法，停开议会，并建立警察国家。但我们仍然需要注意历史的细节。首先，哈米德二世上台不久即同意了改革派关于颁布自由主义宪法、选举包容多族群的新内阁的要求。哈米德二世所处的时代环境是极其不利的。1877年4月，俄国向奥斯曼帝国宣战。俄国的动机是多重的，除了夺取对博斯普鲁斯海峡的战略主导权，染指巴尔干地区之外，还有一个不容忽视的方面，那就是俄国当时是整个欧洲专制主义的堡垒和捍卫者，一个实施了立宪君主制的奥斯曼帝国，一个表面上开始团结起来的奥斯曼帝国（奥斯曼帝国新议会中非穆斯林占接近一半的比例），是俄国不愿意看到的。在国家面临战争的情况下，奥斯曼帝国各民族在起初是支持哈米德二世的政策的，并暂时止住了俄国侵略者的脚步。

但议会中慢慢出现了不和谐的声音，议员逐渐开始诟病政府处理冲突的方式。在战场上，俄国也开始占据上风，并直逼伊斯坦布尔城下。在议会征求意见时，议员们表达了对哈米德二世的不满，并宣称议会对当前的形势不负任何责任。

这实际上是哈米德二世不相信议会的重要原因，他觉得，"议会对国家事业来说是障碍而非助力"。哈米德二世很快就中止实施宪法，解散议会，并把一些核心议员软禁了起来。苏丹也只能接受俄国的城下之盟。*

在1878年的柏林会议上，奥斯曼帝国遭受较大领土损失。紧接

---

* İlber Ortaylı, *İmparatorluğun Son Nefesi: Osmanlı'nın Yaşayan Mirası Cumhuriyet*, Istanbul: Timaş Yayınları, 2019, pp. 99-103.

着，英国先后把塞浦路斯和埃及变为殖民地，法国占领突尼斯。这样的危机局面，让哈米德二世觉得只能以铁腕统治奥斯曼帝国，以确保国土之完整。在这种状态下，保障自由派所期待的公民政治权利已经变成了一种奢望。

接下来的斗争，从奥斯曼帝国内政角度来说，就成了专制与自由的斗争。尤其是青年土耳其派的出现，其目标就是抵制苏丹专制，恢复宪政，重开议会。这些人遭到镇压，他们只好跑到奥斯曼帝国在巴尔干的残留领土上活动，比如在阿尔巴尼亚、马其顿和色雷斯。

马其顿驻扎着奥斯曼帝国的第三军团，这支部队已经被青年土耳其党人渗透。1908年，在苏丹逮捕其核心成员之前，他们发动了起义，最初只有200名士兵和一些平民参加，但这个盖子开启之后，应者云集，整个马其顿都起来要求苏丹恢复宪政。后来大名鼎鼎的恩维尔也是这个时候崛起的。第三军团的起义迫使哈米德二世宣布恢复宪政。奥斯曼帝国进入第二次立宪（İkinci Meşrutiyet）时期。宪政革命的成功让很多人情绪高昂，也暂时营造了一种各民族大团结的氛围，一种奥斯曼主义的情绪裹挟了不同族群和不同宗教的人民。青年土耳其党领袖们保留了哈米德二世的君主地位，并把管理权交给了赛义德帕夏（Mehmed Said Paşa，1838—1914），他们自己则退居监督地位。

立宪革命的激情很快就被残酷的现实冲散了：通货膨胀，物价飞涨，罢工不断。欧洲也没有因为奥斯曼帝国实现了宪政民主制度，就给予其平等的尊重，而获得欧洲的尊重本是大部分奥斯曼人的期待。相反，欧洲列强趁乱进一步吞并奥斯曼领土。"土耳其的民主转向并没有赢得欧洲列强的支持，反而使国家更为脆弱。"

在 1908 年底的选举中，青年土耳其党人控制了下议院，苏丹也假意表示忠于宪法。但奥斯曼帝国的政治没有青年土耳其党人想的那么简单，不是恢复宪法或赢得选举就万事大吉了。宗教保守势力反对这些世俗青年精英，军队也出现了支持改革派和支持苏丹的分裂，议会里的自由派则担心青年土耳其党的专制，他们利用媒体和欧洲外交官抨击青年土耳其党人，哈米德二世也在暗自鼓励反对者。

1909 年 4 月，苏丹的军队发动哗变，并召集了神学院的学生，要求重新组阁和恢复伊斯兰教法。青年土耳其党人的代表被迫逃离首都。哈米德二世夺回了领导权。

但在马其顿的第三军团已经被青年土耳其党人牢牢掌控，他们组织武装力量在 1909 年 4 月底攻下伊斯坦布尔，并废黜了苏丹哈米德二世。青年土耳其党人重新掌权。* 在之后的土耳其共和国的历史上，尽管剧本经常改变，但类似的剧情不断上演。

三、伊斯坦布尔的荣耀

虽然很多人不太了解土耳其，但近些年来土耳其因为种种原因经常占据国际新闻的头条，尤其是自从土耳其被宣布为中国旅游目的地后，这个神秘国度已经在信息时代的人们心目中变得日益清晰。现在，或许还有人不知道土耳其的首都是安卡拉，但是，国人大概对土耳其的第一大城市——伊斯坦布尔已经更加了解了。这是一个有着 2 000 多年历史的世界名城，曾经还和北京竞争过奥运会的主

---

* 对相关历史过程的描述，参见［土耳其］悉纳·阿克辛：《土耳其的崛起（1789 年至今）》，吴奇俊、刘春燕译，北京：社会科学文献出版社，2017 年，第八、九章。

办权。10多年来，笔者多次访问伊斯坦布尔，长则一两月，短则两三日，对这个城市算是比较熟悉。伊斯坦布尔既是土耳其的，又是世界的。有人说伊斯坦布尔是欧洲城市；有人说伊斯坦布尔太西化，不能代表真正的土耳其；还有人说伊斯坦布尔是半个土耳其。不管怎样，没有伊斯坦布尔，土耳其肯定不是今天这个样子，很难说是土耳其界定了伊斯坦布尔，还是伊斯坦布尔定义了土耳其。"呼愁"（hüzün）是一个来自阿拉伯语的土耳其词，意思大致类似于"忧伤"，这是土耳其诺贝尔文学奖得主奥尔罕·帕慕克（Orhan Pamuk）在他的《伊斯坦布尔：一座城市的记忆》*中描述的伊斯坦布尔的一种特质。"呼愁"的内涵是：伊斯坦布尔曾经有过辉煌的过往，而如今它既失去了历史上那种高度的荣耀，也失去了"本我"，但它又随处可见历史的遗迹和废墟，在在提醒着伊斯坦布尔人再也难以恢复过去的荣光，这便产生了渗透进伊斯坦布尔这座城市之精神的"呼愁"。

1. 地跨欧亚的大都市

伊斯坦布尔地处亚欧两大洲的交会处，是世界上唯一地跨两块大陆、拥抱着两大洲的城市，也是古代丝绸之路的终点。从地图上容易看出，位于黑海（Karadeniz）和马尔马拉海之间的伊斯坦布尔海峡（İstanbul Boğazı，即博斯普鲁斯海峡）及金角湾（Haliç）横贯该城。横跨海峡有三座大桥，而由英国工程师设计、建成于1973年、

---

* ［土耳其］奥尔罕·帕慕克：《伊斯坦布尔：一座城市的记忆》，何佩桦译，上海：上海人民出版社，2007年。

全长 1 560 米的博斯普鲁斯海峡大桥（Boğaziçi Köprüsü）被土耳其人习惯地称为"第一桥"，它宛如一根纽带将伊斯坦布尔的欧、亚两部分连接为一体，成为伊斯坦布尔最耀眼的风景。2016 年 7 月 15 日，土耳其发生未遂军人政变，政变军人一度控制了博斯普鲁斯海峡大桥，但第二天即投降；十天后，该桥被命名为"7·15 烈士大桥"（15 Temmuz Şehitler Köprüsü）。

从战略角度看，伊斯坦布尔位于巴尔干半岛东端，扼守着黑海出入门户，地处欧亚交通要冲，战略地位十分重要，因此，这里历来是兵家必争之地。

伊斯坦布尔市是伊斯坦布尔省的首府，现在有 1 500 多万人口，它也是土耳其最大的城市和全国贸易、金融、新闻、文化、交通的中心。它还是土耳其最大的商埠，在土耳其的地位举足轻重；伊斯坦布尔很快将拥有世界上最大的机场，预计每年可容纳 2 亿人次的吞吐量，全部工程将于 2023 年竣工，一期工程已经投入使用。在这之前，伊斯坦布尔最大的国际机场叫"阿塔图尔克机场"，是以土耳其国父命名的。伊斯坦布尔的机场不仅规模大，而且地理位置优越，3 小时航程几乎可以覆盖欧洲各大城市及中亚、中东、北非等地。在 21 世纪，埃尔多安领导下的正义与发展党（AKP，简称正发党）提出了"2023 政治愿景"，其中包含的很多具体项目都与伊斯坦布尔有关，这主要就是因为其区位优势非常突出。土耳其在 21 世纪的崛起，更是强化了其欧亚大陆中枢的地位。正是在这个背景下，土耳其提出了建设国际航空中心的计划，此外还有经由博斯普鲁斯海峡隧道的从北京到伦敦的丝绸之路计划、黑海和地中海贸易港口和路线的建设计划（包括海底隧道建设），以及将伊斯坦布尔建设成为新的金融中心的计划，等等。这些都是基于土耳其尤其是伊斯坦布尔本身的地缘优势，即它处于欧、亚、非三大陆之间，具有整合的条件。

此外，伊斯坦布尔还是享誉世界的文化名城，这里有很多名胜古迹，是土耳其旅游业的窗口城市和重要支柱。这座城市在土耳其平民和政府官员以及西方国家心目中的地位是其他城市所不可比拟的。2016年6月28日夜间，阿塔图尔克国际机场发生连环自杀式爆炸袭击事件，造成数百人伤亡，土耳其政府指认系"伊斯兰国"*所为。恐怖分子选择打击伊斯坦布尔，无异于击中了土耳其的"心脏"。

2. 从君士坦丁堡到伊斯坦布尔

夕阳西下时，伫立在伊斯坦布尔海峡大桥的桥头，看着对岸的窗户在落日余晖的映照下射出点点橘红，海湾金光闪闪，两岸青山苍翠，在这样的背景下，古堡、清真寺、教堂、宫殿、房舍、渡轮等，为这座城市平添了不尽的神圣色彩。这时你会被伊斯坦布尔的

---

* 所谓"伊斯兰国"，最初是指成立于2013年4月的"伊拉克和沙姆伊斯兰国"（Islamic State of Iraq and al Shams，缩写为ISIS），2014年6月后其宣称建立哈里发国，直接称"伊斯兰国"（Islamic State，缩写为IS），这是一个2013—2018年活跃于伊拉克和叙利亚的极端恐怖组织。"伊斯兰国"的前身是2006年在伊拉克成立的"伊拉克伊斯兰国"。沙姆地区（al Shams）指的是"大叙利亚"，包含了叙利亚、黎巴嫩、约旦、以色列和巴勒斯坦。该组织宣称的目标是消除二战结束后现代中东的国家边界，并在这一地区创立一个由其统治的伊斯兰国家。2014年6月，该组织建立的政权更名为"伊斯兰国"后，宣称自己对于整个伊斯兰世界（包括历史上阿拉伯帝国曾统治的地区）拥有权威地位。2018年底，叙利亚和伊拉克清除IS势力的主要军事行动已经结束。2019年10月，美军击毙了"伊斯兰国"的头目巴格达迪。关于"伊斯兰国"的问题，更多论述请参考本书第十三章。

美丽所折服，也就会理解若干世纪前的人们为何选择了这个地方。入夜，在充满神奇色彩的灯火辉煌中，你会情不自禁地追忆这座历史古城的悠悠岁月。

一个城市的名气与地位往往和它的历史密不可分。按照一般的说法，伊斯坦布尔创建于公元前658年，其雏形是当时希腊殖民者建立的一个居民点。据考古发现，在亚洲海岸今天被称作卡迪科伊的地方，还有一个更早的希腊人殖民地。这样算来，伊斯坦布尔已有近3 000年的历史。

伊斯坦布尔曾先后是拜占庭帝国、奥斯曼帝国的首都，它同欧亚大陆政治、宗教和艺术史上的许多重大事件联系在一起。且不说那些扩张性的征服，也不必说那一次次的战争，单单是宗教、文化的历史就足以让伊斯坦布尔在各大文明圈中备受瞩目。

基督教历史上长期存在着东西教派之间的冲突。公元330年，罗马皇帝君士坦丁一世迁都于今日的伊斯坦布尔，当时称君士坦丁堡。此后，东西两派在谁居教会首席问题上争斗激烈。395年罗马帝国分裂为东西两部分后，君士坦丁堡成为东罗马帝国（即拜占庭）的首都。到1054年，终于酿成东西教会大分裂。此后，罗马教皇曾发动数次针对穆斯林的十字军运动，对拜占庭帝国也产生了影响，其中，在第四次十字军运动期间，十字军于1204年4月攻陷了君士坦丁堡，对这座历史古城进行了肆无忌惮的烧杀淫掠，造成了重大的人员、财富和文化的损失，著名的圣索菲亚教堂也遭到劫掠，大大损伤了拜占庭的元气。再加上来自东部的突厥人的攻击，拜占庭帝国终于日薄西山。

1453年5月，君士坦丁堡被奥斯曼帝国年轻的苏丹"征服者"

穆罕默德二世率军攻占，拜占庭帝国彻底灭亡，这被认为是践行了伊斯兰教先知穆罕默德的圣训，真正把伊斯兰教的领土向西扩张到了东罗马帝国的腹地。这里此后被称为伊斯坦布尔，不过欧洲人长期仍愿意称之为君士坦丁堡。

"征服者"穆罕默德二世着手重建伊斯坦布尔，要把它改造成一座与伊斯兰帝国首都相称的城市。征服君士坦丁堡之后，穆罕默德二世将著名的圣索菲亚大教堂变成了清真寺。他软硬兼施，鼓励或强制一些为改善城市环境所必需的技术人员迁入城内定居并修复城墙。美丽的公共建筑、浴室、旅馆、商场和清真寺一一建立。土耳其人利用大自然赋予这座山城的优越地位，在山顶上建筑了雄伟的清真寺，使伊斯坦布尔的轮廓成为世界上令人惊叹的城市景观之一。

奥斯曼帝国历任统治者都支持宏伟的建设方案，他们赞助学者、诗人和艺术家，在伊斯坦布尔城市史与伊斯兰文化史上留下了自己的印记。细密画（miniature）的画师们在皇宫内外的工作室里进行创作。达·芬奇（Leonardo da Vinci，1452—1519）虽然没有到过伊斯坦布尔，但曾为金角湾设计过一座桥梁，并把设计图寄给了奥斯曼政府，不过奥斯曼人因为找不到适合的工匠而最终放弃了该方案。我们无法确切知道，达·芬奇的这个设计是受到奥斯曼帝国的邀约还是自愿为之。16 世纪初，奥斯曼帝国的苏丹还曾通过方济各会邀请米开朗琪罗（Michelangelo Buonarroti，1475—1564）到伊斯坦布尔，希望他能够给金角湾设计一座桥梁，米开朗琪罗当时真的很想去伊斯坦布尔，但最终被劝阻而留在了佛罗伦萨，从而无缘与奥斯曼帝国最伟大的建筑师希南（Mimar Sinan，约 1490—1588）

相遇。*

建筑师希南设计建造了伊斯坦布尔历史上的多个地标性建筑。比如，他为苏莱曼大帝建造的苏莱曼尼耶清真寺气势恢宏，立于伊斯坦布尔最高处；16 世纪 70 年代，希南为苏丹塞利姆二世在埃迪尔内设计建造了塞利米耶清真寺，这被视为希南的杰作，在伊斯兰建筑史上具有重要地位。2015 年 10 月，笔者在埃迪尔内访问时曾参观过塞利米耶清真寺，同行诸君莫不为其在澄澈蓝天下一览无余的建筑美所折服。希南的弟子还在 17 世纪初建造了著名的蓝色清真寺（Blue Mosque）。

在奥斯曼土耳其人的统治下，旧貌换新颜的都城开始重现勃勃生机，到 16 世纪末，这个城市的人口已经达到了 70 万，成为当时欧洲人口最多的城市。奥斯曼帝国又对伊斯坦布尔城的外观进行了大刀阔斧的改造。拜占庭帝国在长达 1 000 多年的统治期间，只在城墙所包围的地区建了许多豪华的基督教建筑，如大教堂等。而奥斯曼人带给伊斯坦布尔的则是更多的伊斯兰风格，除了在城墙内许多不起眼的小丘上建了一批著名的清真寺和大皇宫外，还向城墙外扩展，使城区越过金角湾和博斯普鲁斯海峡，并在新区也大兴土木，使城市的框架日趋合理，为后人留下了百看不厌的众多历史文化遗迹。

伊斯坦布尔作为帝国首都，成为奥斯曼帝国最壮观的城市。甚至到了 20 世纪 20 年代，当两个美国飞行员从华盛顿起飞进行首次世界航行之时，在那个没有雷达导航的时代，他们把伊斯坦布尔作

---

* ［土耳其］易卜拉欣·卡伦：《认识镜中的自我：伊斯兰与西方关系史入门》，夏勇敏等译，北京：新世界出版社，2018 年，第 180—181 页。

为自己的中途降落地，因为只有在到达这个城市的上空时，他们才能发现那几乎完全异于欧洲的典型风格，看到这个，他们就知道他们到达了刚刚逝去的奥斯曼帝国的故都。

奥斯曼帝国土崩瓦解后，1923 年，凯末尔（Mustafa Kemal, 1881—1938）领导的土耳其共和国建立，新国家定都安卡拉。伊斯坦布尔遂失去了其首都地位，但是，作为重要的经济、文化中心，它的地位仍然是无法撼动的。土耳其国父凯末尔也是在伊斯坦布尔的奥斯曼帝国王宫中逝世的。

3. 历史遗迹

伊斯坦布尔的历史遗迹多得不可胜数。整体上看，现在的伊斯坦布尔新旧城区划分非常明显。旧城区保护得非常好，古老街道两侧那些红色屋顶的建筑同典型的伊斯兰风格的小楼交相辉映。新城区街道相对宽阔笔直，两旁现代化大厦高耸，城郊高速公路上各种车辆风驰电掣。商业区不断扩大，十分繁华。除了旅游业，作为土耳其最大的工业中心，伊斯坦布尔的纺织、机械、船舶修理等工业也很发达。伊斯坦布尔还是一座文化古城，拥有伊斯坦布尔大学、海峡大学等几十所高等学府，近些年来，各种小规模的私立大学更是如雨后春笋般纷纷建立。

伊斯坦布尔市内现在保存着一批古代建筑的杰作，其中许多建筑对欧亚两洲都产生过重大影响，是人类极为宝贵的历史文化遗产。早在 1985 年，联合国教科文组织就将这个城市的考古公园、苏莱曼尼耶区、泽雷克区和城墙区列入世界文化与自然遗产保护名录。众多的建筑中值得一提的至少有以下三种：

首先是宫殿建筑。坐落在旧城区的托普卡帕博物馆（Topkapı Sarayı），是按照"征服者"穆罕默德二世的意愿建于1460—1478年的土耳其苏丹的王宫，现在已经是著名的博物馆，收藏有土耳其历史上的许多珍贵文物。托普卡帕宫被作为王宫使用了近380年。之后，奥斯曼帝国的苏丹移居多尔玛巴赫切宫（Dolmabahçe Sarayı），这是19世纪后期奥斯曼帝国苏丹使用的新王宫，带有欧洲建筑风格，宫内重达4.5吨的巨型吊灯是举世闻名的稀世珍品。土耳其国父凯末尔即逝世于多尔玛巴赫切宫。

其次是清真寺。历史上，伊斯坦布尔的清真寺以数目众多、规模巨大而举世闻名，现保存完好的至少有450座，仅历史悠久的大清真寺就有数十座之多。久负盛名的是苏丹艾哈迈德清真寺。这座清真寺建于1616年，那庄严肃穆的圆顶和耸入云天的宣礼塔引人注目，寺内礼拜厅宽敞明亮，四壁镶嵌着2万多块蓝色瓷砖，以"蓝色清真寺"闻名于世。

再次是古教堂。在伊斯坦布尔的众多宗教建筑中，历史最悠久的要算拜占庭帝国统治时期兴建的各种教堂。圣索菲亚大教堂从1935年到2020年是作为博物馆使用的，不过，从2020年7月起，又被改为清真寺。后文中我们会专门分析这个问题。圣索菲亚是座长方形的拜占庭式建筑，由查士丁尼一世下令建造，于公元6世纪建成。1453年，奥斯曼土耳其人征服君士坦丁堡之后，直到1935年，圣索菲亚是作为一座清真寺使用的。它宽大的圆顶直径达31米，离地面55米，还装饰了漂亮的拜占庭马赛克，今天人们依然可以看到基督教的圣像和天使。

其他著名的景点还有阿塔图尔克革命博物馆、女儿塔（Kızkalesi）、卡帕勒市场（Kapalı Çarşı，意思是封闭的市场）、埃及市场（Mısır Çarşısı）、王子群岛（Prens Adaları，又称 Kızıl Adalar）[*]、独立大道（İstiklal Caddesi）、塔克西姆广场（Taksim Meydanı）等。伊斯坦布尔城墙、狄奥多西方尖碑、青铜蛇纹柱和康斯坦丁大柱等都是游人颇为向往的去处。

4. 文明的交汇

伊斯坦布尔给人的整体印象是现代与传统的和谐共存，这从上面所描述的建筑风格、城市布局等方面就可以看出。多年前，一个在土耳其工作过的德国朋友告诉我，土耳其如何巧妙地使传统与现代相处如此和谐，这是一个颇有学术价值的课题。在人们看来，伊斯坦布尔不仅是一座历史悠久的古城，还是一座华丽、迷人而又充满活力的现代城市。如今，"在圆屋顶和伊斯兰教寺院高高的尖塔映衬的天际线下，川流不息的各类车辆沿着鹅卵石古街道前进的隆隆声，穿梭来往的街头售货者的叫卖声和繁忙的港口进出船只的汽笛声汇成一片，构成一幅十分动人的壮丽画卷，使过去与现在、历史与未来在这里紧密地相连"。[†]

前些年，在伊斯坦布尔遭受连续恐怖袭击后，有人竟然说这些是针对犹太人的恐怖活动，进而还煞有介事地讨论这个城市里存在

---

[*] 王子群岛位于马尔马拉海（Marmara Sea）中，在伊斯坦布尔东南方约 20 千米，由 9 个岛屿组成。拜占庭帝国和奥斯曼帝国都有将获罪的王子或其他王室成员流放至这些岛屿的惯例，"王子群岛"因而得名。
[†] 向三久：《古文明的光辉在这里闪烁——伊斯坦布尔巡礼》，《世界博览》，2000 年 07 期。

的宗教冲突问题。其实，这种说法是一种误解，说明他对伊斯坦布尔乃至土耳其的历史和现在不了解。

在奥斯曼帝国时期，主要的宗教团体除了穆斯林外，还有东正教徒、亚美尼亚格列高利教派信徒和犹太教徒。东正教徒多是巴尔干半岛的农民，亚美尼亚的格列高利教派信徒多为安纳托利亚东部的农民，犹太人则大多为城市居民。不过，当时的各教派并不是按地区划分和安置的，相反，在整个帝国内，所有宗教团体往往是混杂在一起的，相互都有交往。历史上，曾有一位英国旅行家的仆人这么写道："在土耳其所有的城市里，每周有三种安息日：土耳其人逢周五休息，犹太人逢周六休息，而基督徒则在周日休息。"

然而，这些宗教派别之间尽管有交往，却总体上仍处于宗教隔离状态，按照一般的说法，征服伊斯坦布尔之后，穆罕默德二世就任命东正教的一位头面人物为帝国境内东正教徒的大牧首（Patriarch）和文职首领。同样，他也任命了伊斯坦布尔的犹太教大拉比和亚美尼亚教派的主教分别为各自"米勒特"的首领（milletbaşı）。这就是我们在前文中曾讨论过的所谓"米勒特制度"。在古代，"米勒特"主要是指宗教共同体，在现代则有民族的意思。"米勒特制度"造成的一个后果是，宗教共同体具有了政治性。除了刑事犯罪案件的审理权归苏丹手下的法官外，其他的宗教、教育与世俗事务很多都归大牧首等首领及其手下的教士阶层管理。这种制度成了奥斯曼帝国政府统治不同宗教臣民的工具，所以也谈不上是完全的自治。

苏丹承认各米勒特享有（半）自治权，但是，这并不意味着各宗教间的平等。穆斯林地位最高，非穆斯林受到较多的限制，比如基督教堂不得使用大钟。不过，从世界范围来看，当时的西欧正处于宗教迫害时代，相对而言，奥斯曼帝国境内的非穆斯林处境要好得多。因此，很多犹太教徒从西班牙和葡萄牙涌入萨洛尼卡、伊斯坦布尔等奥斯曼帝国的城市，他们带来了丰富的经济、财政、医学等方面的知识，对奥斯曼帝国的发展做出了贡献。

土耳其共和国建立后，确立了世俗的现代政治，实行政教分离，而且实现了各宗教平等与信仰的自由。这已非过去那种"米勒特制度"的政策可比了。在当今的伊斯坦布尔，不同信仰者可以和谐相处。在同一座楼房里，穆斯林的邻居是犹太人这种事情并不罕见。在土耳其，特别是伊斯坦布尔这样的国际大都市，不仅达到了现代与传统的基本和谐，还实现了不同信仰者的友好相处。

一位到过伊斯坦布尔的俄罗斯记者就非常细致地感觉到这里存在的东西两种文明的碰撞。这位俄罗斯记者观察到两种情形：（1）西化的城市。市中心灯红酒绿，五光十色的广告令人眼花缭乱，汽车也是川流不息。餐馆和酒吧里的音乐在大街上也能听到。街上穿着现代的美丽姑娘很多，这情景和欧洲大城市没有什么两样。（2）伊斯兰传统。在 2003 年美国攻占伊拉克时，伊斯坦布尔的土耳其穆斯林参加了大规模的反战游行，他们将伊拉克人视作"信仰上的兄弟"。这里尽管有非常西化的人，但也有非常多坚持做礼拜、尊重传统的人，尤其是在较为正统的法蒂赫区更是如此。

5."呼愁"

加缪（Albert Camus，1913—1960）曾说："习惯于绝望的处境

比绝望的处境本身还要糟。"这是来自《鼠疫》的感悟。2020年，新型冠状病毒引发的疫情肆虐全球，土耳其的疫情数据也令人很不乐观。今天，我们似乎仍然无法确定疫情何时可以过去，但仍有很多事值得关注：我们和土耳其人，天涯共疫苗（科兴）；2020年，除了中国，只有土耳其的经济是正增长的（1.8%）；海峡大学的学生们坚持不懈地抗议总统任命的校长，还得到了不少家长的支持……跟很多人一样，我这两年赴土耳其的学术交流计划不得不取消了。在瘟疫大流行的困顿中，在所有人的生活都蒙上阴霾的时期，在各种"云享"之外，拥有回忆，未尝不是幸福，而带着回忆阅读，有时候就是对幸福的"加持"。

读帕慕克的《伊斯坦布尔：一座城市的记忆》，扑面而来的是一种深沉的忧郁之感，甚至仅仅阅读了开头几页，就让人不能不断定，与伊斯坦布尔这座城市纠缠在一起的记忆是灰色而忧郁的。帕慕克这样描述伊斯坦布尔那从过去一直绵延至今的忧伤：

> 奥斯曼帝国瓦解后，世界几乎遗忘了伊斯坦布尔的存在。我出生的城市在她两千年的历史中从不曾如此贫穷、破败、孤立。她对我而言一直是个废墟之城，充满帝国斜阳的忧伤。我一生不是对抗这种忧伤，就是（跟每个伊斯坦布尔人一样）让她成为自己的忧伤。

此前，在个人有限的阅读经历中，我还从未读到如此描述故乡的文字。游子思乡的情绪自然是忧伤的，但那忧伤不是故乡本身赋予的，而是由对故乡的思念引起的。更何况，1952年出生于伊斯坦布尔的帕慕克并不是作为一个远在异乡的游子在写作，他几乎从未离开生他养他的这座帝国古都，但他却表达了这样的关于故乡的忧伤。帕慕克从小到大喜欢玩的一个游戏竟是"我想象我坐的地方实际上是别处"这样的白日梦。

只有从前述的历史中去感受伊斯坦布尔的忧郁，才能真实而深切地体会它。18世纪的奥斯曼抒情诗人如此赞颂他们的首都：

> 伊斯坦布尔，无与伦比的城市，你就像举世无双的宝石，
> 横跨两海，发出闪闪光芒！
> 你的小石一块，我想，就远远超过伊朗的所有宝藏！
> 灿烂辉煌，犹如普照世界的太阳。
> 你的花园，你的美景，乃是乐神的模样，
> 你的绿荫深处，散发着玫瑰花香，充满着爱神的魅力，比美真主的天堂。

《伊斯坦布尔：一座城市的记忆》的第十章就以"呼愁"为标题，在这一章的开头，作者写道："'呼愁'一词，土耳其语的'忧伤'，有个阿拉伯根源：它出现在《古兰经》时（两次写作'hüzn'，三次写作'hazen'），词义与当代土耳其词汇并无不同。先知穆罕默德指他妻子和伯父塔里布两人过世的那年为'Senetül hüzn'，即'悲伤之年'，证明这词是用来表达心灵深处的失落感。但如果说'呼愁'，起先的词义是指失落及伴随而来的心痛与悲伤，我自己所读的书却指出，伊斯兰历史在接下来几百年间有一小条哲学断层线逐渐形成。"

帕慕克描述的伊斯坦布尔的精神特质之一"呼愁",是属于这个城市集体的,不是个人的,是整体的,不是个别的,是社群的情绪,而不是个人的感受,是"某种集体的感觉、某种氛围、某种数百万人共有的文化":"'呼愁'不是某个孤独之人的忧伤,而是数百万人共有的阴暗情绪。我想说明的是伊斯坦布尔整座城市的'呼愁'。"他想描述的,"不是伊斯坦布尔的忧伤,而是那映照出我们自身的'呼愁',我们自豪地承担并作为一个社群所共有的'呼愁'"。他罗列了近百种景象,那些被唤起的回忆,成为伊斯坦布尔"呼愁"的写照。

从荣耀到"呼愁",反映出的恰恰是在历史进程中伊斯坦布尔的失落,可能也是土耳其文化中的某种失落。它不是旁观者可以轻易感受到的东西,是属于伊斯坦布尔人的,是属于像帕慕克这样的土耳其人的。帕慕克说,在土耳其的一些音乐形式中可以感受到这种情绪,"一种介于肉体痛苦与悲伤忧虑之间的感觉","伊斯坦布尔的'呼愁'……是自愿承载的'呼愁'"。的确,对于如我这样的匆匆过客,伊斯坦布尔那过去的荣耀和现实的灰暗都是外在的,很难将自己融入它们,或将它们融入自己。终究,我是一个外来者。如果不是研习历史,如果不是阅读帕慕克,恐怕现在的体会将更加肤浅。

对帕慕克来说,"呼愁"是伊斯坦布尔的集体意识和历史记忆,源于某种忧伤,但那是历史的,既是千年的历史,更是近150年来的历史,那是笼罩、覆盖、渗透着伊斯坦布尔城市的空气和每一个角落的"呼愁"。更重要的是,它还由伊斯兰神秘主义的苏非派精神"加持"过,这种"加持",简单来说就是对"呼愁"的主动接纳，并将其内化于个人的或集体的精神之中，最终因这种"呼愁"的存在、被感受到以及对其的承载，而感到自豪，成为自我意识和思想的一部分。

为什么是150年的历史？那无非是因为奥斯曼帝国的衰亡以及与此同时伊斯坦布尔的黯淡。对帕慕克来说，伊斯坦布尔有太多历史的废墟，它们的存在，提示着这座城市的人，以及这个民族的人，他们再也不可能恢复历史上的荣耀了；因而，这种"呼愁"是与生俱来的。

当土耳其如凤凰涅槃般从奥斯曼帝国的废墟上建立起来之后，伟大的革命领袖、土耳其共和国第一任总统穆斯塔法·凯末尔却迟迟不愿造访这座曾经辉煌数个世纪的古都，而宁可待在安纳托利亚那如饱受贫困与战争创伤的"乡村"——安卡拉，并立志要把这里建成新的首都，他对伊斯坦布尔应该是没有"赶考"的心态的。在我看来，这正是现代伊斯坦布尔"呼愁"的早期写照。直到1927年，也就是共和国建立四年之后，凯末尔才重新回到这座他熟悉的老城。他不是游子返乡，而是以胜利者的姿态来的。这个已经巩固了自己政权的民族主义领导人的心态变了，他不再把伊斯坦布尔看作自己早年政治失意的场所，他泰然、坦然搬进了帝国皇帝曾经居住的、建造于19世纪的新王宫——多尔玛巴赫切宫。

但这个过程里有些细节仍值得我们玩味。伊斯坦布尔的舒适留不住这个共和国领袖的心。他虽然病逝于此，但在他去世之前的日子里，他日夜想念的是回到首都安卡拉，每当他手捧一杯咖啡独自呆坐的时候，他那漂亮的钢青色眼睛里满是对安卡拉的思念。他逝世之后，遗体被护送到安卡拉举行国葬。与国父凯末尔不同的是，土耳其现任领导人埃尔多安以不喜欢待在首都安卡拉而闻名，他更喜欢伊斯坦布尔。埃尔多安政治生涯的第一次成功，是在1994年当选为伊斯坦布尔市长；而现在他对伊斯坦布尔的偏爱，可能还跟他偏爱奥斯曼帝国的元素有关，至于现在很热的一个词"新奥斯曼主义"及其特殊含义，我们后面还会专门谈。

伊斯坦布尔的被遗忘，不仅仅是一个时移世易的自然过程，它曾经也是被刻意疏远和遗忘的。在21世纪，伊斯坦布尔发誓要恢复这座城市往昔的荣耀。这也是实际的情况。当然，它会被帕慕克这样的知识分子耻笑为一种浅薄的民族主义之举，比如所谓的"新奥斯曼主义"。但是，再一次，我作为一个伊斯坦布尔的过客，仍然认为那也是真实的。"呼愁"，对我这个主要靠阅读书籍了解一座城市的匆匆过客来说，它既是源于奥斯曼土耳其历史的，又是作家所想象、塑造和投射给这座城市及其历史的某种情绪，作家使自己"沉迷"其中，才能写出震撼心灵的、深刻的文字。

第三章

伊朗的骄傲与"纠结"

在 7 世纪中叶,伊朗被阿拉伯军队入侵和征服。伊朗人对这段历史很敏感。他们经常提醒有些西方人,说这些人已经忘记了伊朗人民从来没有想要变成阿拉伯人或者拥抱阿拉伯的文化,他们也没有寻求被置于任何的阿拉伯主宰之下!

在某种宿命论的意义上,不只是伊朗人,而且那些敌视伊朗的人也相信,上帝为伊朗的未来有一个特定的安排。古犹太先知耶利米(Jeremiah)曾提到一个上帝的启示,说在末日的时候,上帝要在以拦*设立宝座:"我要在以拦设立我的宝座,从那里除灭君王和首领。"(《耶利米书》49∶38)这是不是说,到那时,伊朗将再次成为"西方"必须应对的一个重要的地区性力量?对那些相信宗教预言的人来说,耶利米传递的这个信息,是在提醒人们注意伊朗在未来的重要性。†

---

* 伊朗地区的最早文明是以拦(Elam,又译埃兰),位于今伊朗的西南部,大部分人相信,今天的伊朗文明和古代的埃兰文明是有继承性的。
† https://www.eternalgod.org/q-a-10313/(获取于 2021 年 11 月 30 日)。

一、什叶派大国的形成

16世纪,当信奉伊斯兰教逊尼派的奥斯曼帝国在欧洲、北非继续扩张之时,紧邻它的东部地区崛起了一个新的伊斯兰国家,这就是位于今天伊朗的、信奉什叶派的萨非王朝。奥斯曼与萨非展开了近两个世纪的竞争,这也反过来制约了奥斯曼人在西方的行动。

1. 萨非王朝的建立

萨非王朝的基础是萨非教团与来自中亚的游牧部落的联合。13世纪与14世纪之交,库尔德人萨非·阿丁(Safi ad-Din,1252—1334)在伊朗西南部创立了教团。1392年以后,萨非教团尊奉什叶派的十二伊玛目派(Twelver Shi'ah)[*]。伊朗地处阿拉伯伊斯兰帝国的边缘,就语言、民族和文化而言,伊朗都自成一体。伊朗长期在政治和文化上抵制阿拉伯的征服,易于形成地方割据局面,也方便了作为反对派的什叶派的生存与发展。这些事实可以解释,为什么伊斯兰教什叶派一旦在伊朗本土化,且不再被视为阿拉伯的舶来品,伊朗人就较容易地接受了它。这样,对伊朗人来说,所谓被阿拉伯人主导的一种深深的历史性介怀,也就释然了。在很多方面,伊朗是主动地孤立于阿拉伯世界之外的。伊朗人的什叶派身份使其与周围的穆斯林区别开来,这为后来波斯民族的统一与发展奠定了基础。奥斯曼帝国在扩张的过程中迫害什叶派,也引起了小亚细亚东部与

---

[*] 十二伊玛目派是伊斯兰教什叶派主要支派之一,尊奉阿里及其直系后裔中的11人为伊玛目。

伊朗邻近地区的不满。萨非教团与受到奥斯曼人迫害的什叶派游牧部族联合起来，在 15 世纪中期发展成为具有强烈政治色彩的什叶派运动。我们说过，什叶派是尊奉先知穆罕默德的女婿阿里这一系的伊斯兰教派别，只承认阿里及其后裔才是合法的继任者，他们是穆斯林中的少数派。

萨非王朝的开创者是我们已经提到过的伊思迈尔一世。15 世纪末，作为萨非教团的首领，伊斯迈尔自称是阿里的后裔和隐遁伊玛目[*]的代理人。1502 年，伊斯迈尔进军阿塞拜疆和亚美尼亚，进而占领大不里士，开始自称"沙"[†]，是为伊斯迈尔一世，萨非王朝由此建立。伊斯迈尔一世所率领的是讲突厥语族语言的游牧民与萨非教团的联军，他们以"红头军"（Kızılbaş）闻名，因为每个士兵都头戴深红色的帽子，上有十二个黑色流苏或折角，以纪念什叶派的十二位伊玛目。伊斯迈尔自称是先知穆罕默德的女儿法蒂玛的后裔（阿里是法蒂玛的丈夫），有利于加强自身的宗教正统性；此外，他还自称是被阿拉伯人灭亡了的波斯帝国——萨珊王朝（Sassanid Empire，224—651）——的后裔。

1500—1510 年，伊斯迈尔凭借强大军队，以"圣战"的名义东征西讨，征服了整个伊朗高原、里海沿岸、呼罗珊、中亚部分地区以及伊拉克，建立起萨非帝国。萨非帝国有两个主要竞争对手：东边是乌兹别克人，西边是奥斯曼土耳其人，二者都是逊尼派。

伊斯迈尔一世的扩张最初进行得颇为顺利，在西边突进到现代土耳其境内。在东边，伊斯迈尔的军队于 1510 年在今土库曼斯坦境

---

[*] Imam，原意为领拜人，引申为学者、领袖；什叶派只承认阿里及其后裔为伊玛目。

[†] shah，波斯国王的称号，中亚、南亚一些国家的统治者也曾使用这一称号。

第三章　伊朗的骄傲与"纠结"

内打败了乌兹别克人,并杀死其领袖。他还用武力吞并了深受伊朗文化影响的阿富汗地区。这些开疆拓土之举为萨非帝国奠定了基础。但奥斯曼人旋即展开报复。

1512年,对萨非王朝采取和解政策的奥斯曼苏丹巴耶济德二世(Bayezid Ⅱ,1481—1512年在位)被迫退位,"冷酷者"苏丹塞利姆一世取而代之。塞利姆迅即镇压了奥斯曼帝国境内的什叶派。他还对萨非王朝实行经济封锁,干扰其作为主要收入来源的丝绸出口。1514年,在查尔迪兰(位于小亚细亚东部)战役中,伊斯迈尔的军队被奥斯曼军队打得大败。当时伊斯迈尔还沉迷于传统的骑兵,而奥斯曼的禁卫军已采用来自欧洲的热兵器技术(滑膛枪)。伊斯迈尔一世也被击中受伤,从此一蹶不振。在接下来的100多年中,尽管萨非王朝能够继续挑战奥斯曼土耳其人,甚至在1508—1534年和1623—1638年两度统治巴格达,但是,查尔迪兰战役的失败,迫使萨非王朝的权力中心从东安纳托利亚退回到伊朗高原,并最终定都在伊斯法罕。查尔迪兰战役也基本上奠定了之后伊朗和土耳其势力的边界,直接影响了当代中东格局。

伊斯迈尔之后,最著名的萨非君主是第五位统治者阿巴斯一世(Abbas Ⅰ,1587—1629年在位)。阿巴斯进行了军事改革,将传统的部落兵制改为募兵制,军队由"沙"统一指挥。阿巴斯还雇用两位英国冒险家帮助建立了火炮部队。阿巴斯一世鼓励对外贸易,改革政府机构,采取"远交近攻"的策略,与欧洲国家(如神圣罗马帝国)合作。萨非帝国在对外战争中打败了中亚的乌兹别克人,征服了波斯西北地区、高加索南部和美索不达米亚,并将来犯的葡萄牙人驱逐出霍尔木兹海峡。阿巴斯把伊斯法罕扩建成为宏伟壮丽的城市，兴建了数百座清真寺以及众多的园林、政府机构、宫殿、皇家陵墓和广场，使其成为伊斯兰文化的中心。在阿巴斯的统治下，萨非帝国达到了鼎盛。但是，萨非帝国与奥斯曼帝国之间始终存在严重矛盾。由于宗教问题和领土问题，双方军事冲突不断。

2. 萨非帝国的治理

在萨非王朝的领土上，原有的波斯文化传统非常浓厚。萨非王朝则推行了伊斯兰化，极大地改变了伊朗的文化面貌。萨非王朝建立之前，波斯人大多信奉逊尼派伊斯兰教。1501年进入大不里士之后，伊斯迈尔就宣布将十二伊玛目派尊为官方宗教，实行强制皈依的政策，并在钱币上铸上什叶派的口号。与奥斯曼帝国不同的是，萨非王朝治下并没有人数可观的非穆斯林族群。萨非王朝一方面强调伊斯兰教的神权原则，另一方面继承了波斯帝国的政治传统，实行教俗合一的政治制度，国王兼有什叶派宗教领袖与世俗君主的双重权力。萨非王朝将什叶派宗教学者纳入王朝的官方体系。官方的什叶派宗教学说则赋予了国王神圣的外衣，巩固了国王的权力，并成为与乌兹别克人和奥斯曼人进行斗争的意识形态武器。

在萨非时代的伊朗，什叶派的传统教法学派长期占据主导地位，强调伊玛目的绝对权威和宗教学者的从属地位，进而成为维护教俗合一体制下君主政治的理论工具。但在王朝末期，随着王权的衰微，新出现的教法学派倡导理性和创制的法律实践，否认世俗君主的宗教权威，进而主张什叶派穆斯林要绝对顺从教法学家，而不是顺从世俗君主，这使什叶派的宗教阶层迅速成长为一支重要的政治力量，并开始挑战王权，成为长期影响之后伊朗历史发展的一个重要因素。

此外，源自中亚游牧部族的"红帽军"也一度极大地制约了王权。中亚游牧部落的迁徙浪潮、蒙古帝国的西征、帖木儿帝国的统治以及黑羊王朝与白羊王朝的角逐，深刻地改变了伊朗社会的人口结构，游牧部落成为支配伊朗政治生活的重要因素。伊斯迈尔统治时期，游牧部族是萨非王朝的重要兵源。萨非王朝曾将大量土地分封给红帽军作为军事封邑，红帽军首领大都出任萨非王朝的军政要职，作为省区总督的红帽军势力在所辖范围内拥有广泛的统治权力，日益呈现出离心倾向。伊斯迈尔的儿子曾暂时控制住红帽军，并大力引进新的军事技术。

萨非王朝也有类似于奥斯曼人的"奴官制"做法，不过，他们征召的是格鲁吉亚人、切尔克斯人和亚美尼亚人。在阿巴斯时代，通过更多地使用"奴官"，萨非王朝建立起一支强大的全部装备滑膛枪的禁卫军，另外还建立了炮兵团，从而逐渐摆脱了对红帽军的依赖。萨非王朝将红帽军的土地收回，变成了王室土地，并任命非突厥系的新军将领出任省区总督，进一步削弱了红帽军集团。通过组建职业化的新军和控制税收，萨非王朝加强了中央集权，极大地提升了国力，在与乌兹别克人和奥斯曼人的竞争中一度处于上风。

在对外关系方面，萨非王朝比较开放，实行远交近攻的策略。阿巴斯曾寻求与莫卧儿帝国和欧洲大国建立外交关系，借以对抗奥斯曼人和乌兹别克人。他将波斯湾开辟成重要的贸易路线，避开了奥斯曼人和乌兹别克人的领土。在1507—1515年，葡萄牙人企图巩固他们在印度洋的霸主地位，占领了波斯湾和印度洋之间海峡中的霍尔木兹岛。阿巴斯无力收复该岛。恰好英国东印度公司和荷兰东印度公司都在与葡萄牙人竞争,它们迫不及待地想与伊朗发展贸易关系。1622年,为了报答贸易优惠权,英国人帮助阿巴斯赶走了葡萄牙人。到1635年,英国人又和荷兰人一起打败了葡萄牙人。总体上,欧洲的商人、外交家、传教士在伊朗受到了统治者的欢迎和保护,这个时期的伊朗呈现出一派开放繁荣的景象。

3. 文化成就

萨非的统治者重视资助文化事业,包括书籍出版和艺术。在帝国的极盛时期,以波斯细密画为代表的艺术也迎来了其发展高峰。

细密画是波斯地区颇为流行的艺术形式,是在手抄经典或民间传说、科学等书籍中和文字相配合的一种小型插图,内容多涉及波斯和印度的寓言、传说以及帝王、英雄传记中的人物,宗教内容反而很少。在13世纪,蒙古征服带来了中国绘画的影响,细密画的创作方法和风格因而融入了中国传统的元素。细密画本质上是贵族艺术,是上流社会珍视的礼品和奢侈品,画师多数聚集在宫廷中。

萨非时期是波斯细密画史上的黄金时期,历代统治者大力赞助艺术,涌现出大批卓越的艺术家。大不里士、设拉子、赫拉特、伊斯法罕都是波斯细密画的艺术中心。15世纪下半叶,赫拉特画派形成,将中国和拜占庭艺术的元素巧妙地融化于本民族艺术中,其代表人物是毕扎德(Kamaleddin Behzad,约1450—约1535)。赫拉特画派使萨非王朝的细密画走向盛期。

伊斯迈尔一世也热衷于艺术。他将都城大不里士发展成为当时的文化艺术中心。伊斯迈尔攻陷赫拉特城后，以毕扎德为代表的艺术家来到大不里士。在这一时期毕扎德创作出很多传世作品，如设拉子的萨迪（Saadi of Shiraz，1210—约1291）的诗集《果园》的插图；毕扎德最大的贡献是主持了菲尔多西（Abul-Qâsem Ferdowsi Tusi，940—约1020）的大型民族史诗《列王传》（Shahnama）插图的绘制，该史诗自11世纪以来就在中亚和西亚地区广为流传，讲述了波斯远古的神话传说、英雄故事和中古时的大事。毕扎德主持绘制的《列王传》配图抄本成为当时宫廷藏书中装帧最豪华的图书。伊斯迈尔死后的50多年，是萨非王朝细密画的黄金时期。这一时期的画坛魁首当数宫廷画师苏丹·穆罕默德，他的名作《情人》描绘了一对男女恋人，色调和背景都呈现出一种唯美情调。*

　　阿巴斯一世将都城迁往伊斯法罕，在他统治的40余年间，萨非国力达到鼎盛，细密画继续发展。伊斯法罕画派的代表性人物是礼萨·阿巴西（Reza Abbasi，约1565—1635），其作品给人以清雅的视觉效果。1627年，伊斯法罕画派的重要代表人物之一穆罕默德·卡西姆（Muhammad Qasim Tabrizi，？—1659）为阿巴斯一世画了一幅细密画，现收藏于巴黎卢浮宫，题为《阿巴斯一世与他的侍从》（Shah Abbas and his Page Boy），这幅画表现的是年老的国王与其年轻男侍从的亲密关系。这幅画描绘树的枝节的风格显然受到中国和欧洲画法的影响。画的右侧附有一首小诗："愿生活用爱人的唇、河流的水与酒杯的琼浆满足你所有的渴念。"† 如果不是画中的侍

---

* 关于波斯细密画的介绍，参见穆宏燕：《波斯札记》，开封：河南大学出版社，2014年，第185—191页。
† https://collections.louvre.fr/en/ark:/53355/cl010321123（获取于2021年12月3日）。

从戴着伊斯兰缠头,他其实就会被认为是一个女性。这是极少的反映帝王私生活的画面,而且是当时人画的。如前述,阿巴斯一世是一个文治武功颇有建树的帝王,他打败过奥斯曼土耳其人和乌兹别克人。在这幅画中,他的头上戴着征战高加索得胜回朝时得到的当地特产,国王与侍从的衣服都是奢华的波斯丝织品,欧洲人只能通过亚美尼亚商人才能得见这些奢侈品。

阿巴斯一世之后的萨非王朝在与土耳其人的交战中接触到西方文明,尤其受到意大利文艺复兴艺术的吸引,从此,传统的波斯细密画开始走向衰落。

二、伊朗的骄傲与纠结

2012年9月,笔者在伊朗做了为期十天的考察。作为一次短暂的文化之旅,可以说,此次伊朗之行收获颇丰。对于笔者个人而言,首先是获得了丰富的感性知识。所谓"读万卷书,行万里路",哪一样都是缺不了的。

笔者在伊朗看到了某种文化或文明上的"纠结"。这当然是一个很不规范的、非学术性的观察,毕竟,又有谁不纠结呢?但笔者还是宁愿以这种方式而不是任何别的方式来分享自己对伊朗的一些感悟,哪怕是片面的。

伊朗人的纠结首先体现在人地关系上。所谓人地关系,指的是人口与资源的关系。伊朗当然有非常丰富的油气自然资源,但在伊朗高原走上一遭,你就会发现,它真正适合人类居住的地方并不多,大片的戈壁与沙漠在在说明这里严重缺水。我们看到的几条历史上著名的河流，都是最近这些年开始干涸的。伊朗人口增加很快，但文明的故乡却面临着日益严重的生态危机。

伊朗文化的纠结更多的是历史性的纠结。一般情况下，讲到文化，就不能不说历史。因为，历史并不全是（甚至大部分不是）死去的东西，它是活的，就活在我们当下的日常生活中，所以说，历史一定是有延续性的，这种延续性主要也不是物质的，而更倾向于是精神性的，作为一种思想、潜意识或者文化心态存在于某一群人的内心深处。因此，文化源于历史，亦归为历史。

在德黑兰，我们请德黑兰大学的学者乌苏吉教授为我们讲述伊朗文化史。他的第一句话就是："我们要讲伊朗的历史，不管是文化的还是政治的，通常划分为两个部分：伊斯兰之前和伊斯兰之后。"历史是客观的存在，但关于历史的认知却总无法避免人为观念的影响。确实，伊朗的历史很明显地以伊斯兰教的到来为标志，前后呈现鲜明的差异，伊斯兰作为一种文明极大地重塑了伊朗的文化，可以说，这种断代方式所体现的历史认知确实是符合伊朗历史的客观实在的。但在伊朗短暂的停留却使我感觉到客观之外的内在的、更深层次的精神性张力，而这也同样是伊斯兰文明为伊朗所带来的。

伊朗，古代又被称为波斯。说伊朗文明源远流长，绝非民族主义的虚言。伊朗文明与华夏文明发展与繁荣的程度是不相上下的。仅从政治的角度来说，在阿拉伯人于公元7世纪崛起于西亚之前的1 000多年时间里，在西亚-中东-地中海文明圈里唯一"玩得转"的亚洲人，就是波斯人。而阿拉伯帝国的崛起部分也是得益于波斯人与拜占庭人之间长期的帝国争雄。在伊斯兰教出现之前，从居鲁士、大流士的阿契美尼德王朝（Achaemenid Empire，前550—

前330）到安息王朝［即西方所称的帕提亚帝国（Parthian Empire），前247—公元224］再到萨珊王朝（224—651），波斯帝国不仅拥有悠久的历史，更重要的是它的文明成就影响深远，波及中国、印度、中亚和西亚的广大区域。长期以来，伊朗语在这些地区交会之处是通用语言，也是丝绸之路上重要的通用语言。

在中东地区，有两个民族历来自视甚高，他们分别是犹太人和伊朗人。犹太人与中东的历史纠葛我们撇开不讲，在中东的伊斯兰文明大家庭里，只有伊朗人历来是文化上最为骄傲的民族。这一点至今犹然。显然，这跟伊朗人拥有悠久的波斯帝国历史以及繁盛的伊朗文明有直接的关系。伊朗人的这种骄傲，在伊斯兰文明到来之前，是没有受到过什么真正挑战的。但后来伊朗还是伊斯兰化了。今天提起伊朗人，人们首先想到的就是他们的穆斯林身份。甚至在很多外国人眼中，伊朗人与阿拉伯人没有什么分别。但伊朗人对别人的这种并无恶意的混淆是非常敏感的。在世界上首先指出并且不断强调伊朗人与阿拉伯人之重大不同的，就是伊朗人自己。

这可能会首先被解读为伊朗式的骄傲、自尊与自信，如一位学者所言：伊朗人坚信，在他们的内心深处，他们是崇尚精神自由的，并拒绝像温顺的骡子一样任人驾驭。但在这里面，我看到的更多的是"纠结"。这个"纠结"就是，对一个历史悠久的伟大民族而言，它最终接受了异族人所带来的另一种文明。尽管从信仰的角度可以有一套神学的说辞，但历史并不都是由信仰来支配的，对于伊朗人来说，这样的历史性的现实一直绵延不绝。

伊朗人的历史性"纠结"集中地体现在宗教方面，具体体现为对阿拉伯人入侵这段历史的极度敏感。伊朗人经常说他们从来没有想变成阿拉伯人或者拥抱阿拉伯文化,也没有寻求被置于任何的阿拉伯主宰之下。伊朗人皈依了伊斯兰教,但伊朗人接受的是作为少数派的什叶派。伊朗人对此的解释是,伊朗人之所以接受了什叶派,是因为它首先在波斯人的土地上实现了本土化,这样一来就不能再被视为阿拉伯的"舶来品"。伊朗人这么说,反映的恰恰就是一种特殊的文化"纠结"心态。

伊朗人的这种"纠结"集中地附着在了我们前面提到过的古代诗人菲尔多西及其作品上。菲尔多西在 1010 年左右完成了著名的波斯史诗巨著《列王传》。这部史诗依据古波斯的故事编辑而成,记述的是从创世开始到被阿拉伯征服之前的波斯历史。《列王传》对伊朗人而言具有多重意义。它出现的背景是阿拉伯的征服,在阿拉伯文化横扫波斯时期,以波斯语书写的《列王传》更多强调的是波斯的历史与文化认同,菲尔多西所效忠的位于中亚的萨曼王朝(Samanid Empire,819—999)也曾致力于复兴波斯的文化传统。在巴列维王朝(Pahlavi Dynasty,1925—1979)时期,菲尔多西及其《列王传》备受官方和民间的推崇,原因就是:致力于现代化的新王朝力图突破伊斯兰教对伊朗人的束缚,通过彰显伊斯兰化之前波斯文化的伟大与辉煌,倾向于世俗化的伊朗统治精英将自身的成就与古代波斯帝国的复兴联系了起来,而这个联系客观上将使伊斯兰教被边缘化(尽管这实际上并不成功)。

1979 年的伊斯兰革命成功之后,宗教氛围日趋浓厚,菲尔多西热的回落,就是可以理解的了。但在民间,菲尔多西所表征的伊斯兰之前的波斯文化认同依然盛行。无论如何,当代伊朗人的文化骄傲仍然主要是建立在伊斯兰之前的波斯传统之上。从伊斯法罕到波斯波利斯再到设拉子,一路走来,我们这种感受非常明显。正是因此,在伊斯兰革命政权统治之下的伊朗人所感受到的"纠结"是更为深刻的。

伊朗的"纠结"是一种精神性的纠结,它主要地体现在三个层面。

首先是不同传统之间的纠结,伊斯兰之前的波斯传统与伊斯兰文明的纠结。伊斯兰传统与前伊斯兰传统之间在某种程度上构成竞争关系,但两者都已经内化于伊朗人的民族精神之中。伊斯兰化带来的是新的文明、新的世界观,它摧垮了伊朗固有的信仰体系,即琐罗亚斯德教,这是基督教诞生之前中东最有影响力的宗教。在伊斯兰教之前,琐罗亚斯德教已经盛行千年,实际上对犹太教、基督教和伊斯兰教都有影响。伊朗伊斯兰化之后,琐罗亚斯德教徒最终成了残存的异端。简言之,伊斯兰化使之前的波斯传统弱化了。

其次是伊斯兰文明内部的纠结。最终在伊朗落地生根的是伊斯兰教什叶派,这是伊斯兰文明内部的反对派和少数派(占穆斯林人数的百分之十几)。什叶派是先知穆罕默德的堂弟兼女婿阿里的追随者,在起源上充满悲情意识:开始是最有继承资格的阿里长期被排斥,后来被暗杀,然后是阿里后人经受了各种悲惨遭遇。什叶派信徒在宗教节日上通过自虐的方式表达历史性的沉痛。伊朗在中东面对的首先是逊尼派国家的包围,它与以色列的关系并不是一直像现在这么糟糕的。叙利亚当权的什叶派少数派政权,是伊朗伸进逊尼派阿拉伯世界的拳头,现在的叙利亚仍处于危机之中。

再次是不同现代性间的纠结。后面我们会专门讨论,1979年的霍梅尼革命不是宗教势力的复古行动,而是基于伊斯兰传统并结合现代社会原则进行的一次"创制",是前无古人的。它与民主制的形式不矛盾,但对自由有着不同的理解。但伊朗的年轻人向往西方式的人民主权基础上的自由民主制度,其求变之情也时时可见可闻。

行程之末,笔者在远不如想象中那么肃穆的霍梅尼陵墓清真寺静坐沉思:正在经历外部威胁和内部危机的伊朗将何去何从?短短的行程还是给我们留下了两个深刻印象:一是伊朗人对自由生活的热切期盼,二是伊朗人对过更好日子的不懈追求。有了这些,能源丰富、教育水平和国民素质较高的伊朗,就仍然是个充满希望的国家。

附言

分裂的中东

历史的主角是人。如果中东是一个可以被讨论的单位，那么，中东人为什么总给人以一种四分五裂的感觉？

我们不禁要问：伊斯兰教到底对阿拉伯人产生了什么样的历史性影响？现在阿拉伯国家有二十几个，这其实也就是说，阿拉伯人处在一种碎片化的分裂之中。众所周知的是，在当代阿拉伯社会中，部落传统依然盛行。那为什么伊斯兰教没有促成阿拉伯人最终的团结和统一？历史地看，伊斯兰教当然是一种普世的一神教信仰，为阿拉伯人提供了超越部落认同的纽带，但血缘纽带、部落认同以及民族传统中某些与伊斯兰正统教义并不完全符合的因素，并不容易克服。这与人性有关。就像玄石仍然被保留在天房中一样，借用汤因比的话来说就是，一神教是高度理性化的宗教，对人的要求极高，但人性中自然崇拜的因素也是强大的，不会因为理性化的一神教之出现而彻底消失，它仍然会以变化了的形式潜伏在日常生活和人的精神深处。这就像在一个教育普及、科学昌明、信息发达的社会里，你不会期待就能彻底消灭所谓迷信、偏执或反智一样。部落认同因与血缘、归属感、传统、利益和权势等紧密相关，从而有着强大的历史延续性。

当代阿拉伯国家既没有一个以"为人民服务"为宗旨的强大执政党，也基本上不存在建立在理性的公民认同和市民社会基础上成熟的政党制度，更没有能够大规模解决人民就业的制造业体系。在某种意义上，对处于东、西方之间的阿拉伯人来说，其民族国家建设（nation building）的任务还未完成。

与其问为什么伊斯兰教没有团结起所有的阿拉伯人，倒不如去强调，在人类社会中，经典中的理想与现实生活之间，永远存在着较大的距离。我们也不宜把历史上的阿拉伯帝国理想化，将其作为一面照亮当代现实的镜子。倭马亚王朝最大的问题就是阿拉伯人和非阿拉伯人之间的不平等，倭马亚就亡于波斯人的不满。阿拔斯王朝中波斯因素很重，其虽延续了500多年，但大部分时间是四分五裂的，哈里发的权威也日益衰减。奥斯曼帝国对阿拉伯人也是分而治之的。奥斯曼帝国解体后，西方人更不会再允许中东这个地缘位置如此重要的地区出现一个统一的阿拉伯-伊斯兰国家。种种内外因素，使得处于中东核心地带的阿拉伯社会至今仍然是碎片化的、分裂的，短期内，也看不到重构之可能。

在阿拉伯半岛之外，叙利亚地区、两河流域、北非都是被阿拉伯人征服后出现了伊斯兰化与阿拉伯化，不过，这是一个漫长的过程。当地的历史传统也并未完全消失，不管是部落传统还是习俗，都还在继续，并不存在一个同质化的阿拉伯社会或阿拉伯民族。阿拉伯民族主义在20世纪遭遇巨大挫折，更是让今天和未来阿拉伯人团结一致的可能性微乎其微。

所以，当我们追问，为什么过去的阿拉伯人能够借助伊斯兰教建立强大帝国,而现在的阿拉伯人反而陷入了四分五裂的时候,我们就需要知道,阿拉伯帝国的强盛与其说是一个长期的历史现象,毋宁说有其特殊的历史阶段性,而阿拔斯帝国之后,巴格达不再是伊斯兰世界的中心,在伊斯兰世界占据主导地位的也已经不是阿拉伯人。我们也说过,阿拔斯帝国虽然是阿拉伯帝国,但促成这一帝国的其实是波斯因素,阿拔斯帝国具有很强的波斯属性。波斯的复兴后来接续上什叶派的萨非王朝,使其与阿拉伯人最终分道扬镳。而从内陆亚洲来的游牧的突厥人,虽然在小亚细亚-巴尔干-阿拉伯地区先后建立了塞尔柱王朝和奥斯曼帝国,但最终退缩为今天的土耳其共和国,成为与阿拉伯、波斯分立的中东伊斯兰民族。这些因素都是今日中东格局形成的历史性因素。

犹太人在犹太复国主义兴起之前,其长期的传统是特定的上帝选民意识和安于流亡的精神,将流亡作为自身的宿命和认同;因此,犹太人在中东地区的影响力,长期并不在巴勒斯坦。在奥斯曼时代,犹太人在希腊人聚居的城市萨洛尼卡、首都伊斯坦布尔都很有影响力。但犹太复国主义和阿拉伯民族主义的发展,以及西方帝国主义国家的干预和不公,最终造成了至今难解的巴以问题。

至于现在有3 000多万人口的库尔德人,他们在奥斯曼-萨非帝国时代被伊朗和土耳其两个力量所拉扯。主要生活在奥斯曼治下的库尔德人,享有较高的自治,保留了部落结构。虽然库尔德人在20世纪以后形成了统一的民族意识,并在不同时期得到了域外大国的支持或利用,但他们仍然没有一个合适的历史机遇建立自己的国家,而只能依附于周边的土耳其、伊朗或阿拉伯势力。

除了内部的多样性和分裂,还有外部因素需要注意。在伊斯兰文明崛起后，中东地区的统一帝国长期对欧洲基督教文明造成重大压力。到奥斯曼帝国后期，已经崛起的欧洲人之所谓解决"东方问题"，其实就是消除其所认定的历史性威胁。"一战"后欧洲人瓜分和分裂中东（奥斯曼帝国）的战略，也可以放在这个视野下来看待。

中东地区是欧亚大陆的交通枢纽，这一重要的地缘战略位置，也使其成为多种外部力量长期争夺的对象。属于埃及的苏伊士运河，连接着红海和地中海，被认为是连接非洲、亚洲和欧洲的最重要、速度最快的航道。全球有25%的集装箱运输需要经过苏伊士运河，而在亚欧海运集装箱贸易中，经过苏伊士运河的比例更高，其对全球供应链的影响甚大。2021年3月，一艘名为"长赐号"的货轮在苏伊士运河新航道搁浅，堵塞航道一个星期，各方预估这引起的全球经济损失达到数十亿乃至上百亿美元。苏伊士运河带来的收入长期是埃及国家财政收入和外汇储备的主要来源之一，尽管受新冠疫情的冲击，2020—2021财政年度（2020年7月至2021年6月）苏伊士运河带给埃及的收入仍达到了58.4亿美元，创历史新高。

更不用说，中东1 500多万平方千米的土地上蕴藏着占世界65%的石油资源。石油资源作为工业的"血液"，长期以来，其对工业化世界的意义不言而喻。在过去一百年间，帝国主义国家为了自身利益而图谋控制中东石油，在中东地区造成了持续的动荡。中国目前每年进口5亿多吨的原油，有一半来自中东地区。近10年来，随着美国的"页岩革命"，美国日益减少了对中东地区石油的依赖，美国从中东的战略收缩，使得中东的地区性大国日益活跃，中东形势更加复杂化了。

第二部分

从霍梅尼革命到"阿拉伯之春"

引言

中东国家的政治合法性问题

进入21世纪的第二个十年,由2010年底的突尼斯"茉莉花革命"开始,中东多个伊斯兰国家发生了以反抗现政权为主要意图的群众性政治-社会运动,尤其是北非的几个国家已经出现了政权更替。这显然是有深刻历史根源且具有明显联动效应的政治动荡,最初被叫作"阿拉伯之春"(Arab Spring),也有人叫"阿拉伯觉醒"(Arab Awakening)或"阿拉伯起义"(Arab Uprising)。席卷诸中东国家的剧变,无论是否可以被冠以"革命"之名,也无论人们如何称呼它,它都具有了重要的世界历史意义。阿拉伯人民的社会运动矛头直指国家,最终改变了本国的政治体制,一些统治者被推翻了,其他的则死的死,逃的逃,退的退。但像叙利亚、也门和利比亚等国家则长期陷入内战和动荡,难怪又有人称之为"阿拉伯之冬"。无论如何,毫无疑问的是,事实一再表明,中东一些国家出现了普遍的政治合法性危机,从这个角度考察近些年来的中东局势是有必要的。

有人的地方就有政治。政治的本质之一就是统治,统治必然涉及正当性/合法性的问题。马克斯·韦伯(Max Weber,1864—

1920）指出，在人类历史中出现过的合法统治形式有三个基础：一、理性的基础——相信法律，规章必须合乎法律，统治与服从都基于对法律的共同信守；二、传统的基础——相信传统的神圣不可侵犯，拥有权威的人依照传统实施统治，统治与被统治都基于对传统价值的服从；三、卡里斯马（charisma）的基础——对具有超凡魅力人物的服从。[*] 韦伯提出的合法统治的三种类型具有理想型的意义，反过来也可以为我们解释政治合法性的危机提供重要的视角。

从大中东的角度来说，中东有27个国家，包括22个阿拉伯国家和5个非阿拉伯国家，其中除以色列、塞浦路斯外都是伊斯兰国家。按照政体的不同，中东国家大致可以分为君主制（如沙特阿拉伯、科威特、卡塔尔、巴林、阿曼、阿拉伯联合酋长国、约旦、摩洛哥等）与共和制（如伊拉克、也门、黎巴嫩、叙利亚、利比亚、伊朗、埃及、突尼斯、以色列、土耳其等）。中东大多数国家都规定伊斯兰教为国教。

一个国家政治的合法性，既有历史基础，又有现实因素。笼统地看，中东国家的政治合法性基础主要包括革命（民族主义）、改革（发展、进步）、传统（伊斯兰教）、公民社会（个人权利、自由与尊严等）等。

中东现代国家建立之初，其政治合法性的来源是多元的。但普遍来看，革命（反帝、反殖）与改革（发展、进步）是其主要来源。这在凯末尔的土耳其、纳赛尔的埃及、礼萨汗的伊朗是非常明显的。虽然这些国家在当时都属于威权主义政治，但其统治的合法性是牢固

---

[*] ［德］马克斯·韦伯：《经济与社会》（上卷），林荣远译，北京：商务印书馆，1997年，第241页。

的。但随着主权的巩固、卡里斯马式人物的去世以及改革带来的经济—社会大发展，政权的合法性基础也将随之位移，以往的革命和改革意识形态将逐渐成为过时的东西，新一代公民关注的更多的是民生、权利、价值和尊严的问题。一个威权主义的政权能否通过进行有效的变革来满足人民群众的新需求，是其政治合法性面临的最大考验。土耳其通过漫长的民主化过程基本建立了稳定的世俗民主制度；伊朗因伊斯兰革命而改变了国体和政体；埃及先是经历了穆尔西（Mohamed Morsi，1951—2019）领导的穆斯林兄弟会（简称穆兄会）通过选举上台，而后穆尔西政府又被塞西将军领导的军方推翻。从某种意义上说，埃及正在经历的颇类似于20世纪后半期土耳其的历史。

对沙特和伊朗这样典型的神权国家而言，其政治合法性主要是建立在伊斯兰教法基础上。但沙特和伊朗又差别很大。沙特更像是一种传统型统治，它的合法地位来自伊斯兰教以及王位的世代相袭。现代沙特王国没有成文的宪法和立法机构，伊斯兰教法是法律的依据，甚至国王的废立与继承也遵循古老的伊斯兰传统——舒拉（Shura，协商），王国所推行的每一项政策，往往都要从伊斯兰教的经典中找依据。对伊朗而言，抛开其神权特征，其表面上则更像一个现代的西式民主共和国，有着非常复杂的权力制衡机制与选举制度。对教权国家最大的挑战来自西方的所谓"现代性"，即以人民主权为基础的西式自由民主制度、公民社会传统及相关意识形态。

从近年来中东政治动荡的普遍特征来看，中东多数国家面临着政治合法性危机的巨大考验。这一考验的根本在于，多年当政的当权者囿于自身固有的局限性，无法与时俱进地满足广大群众的新要求，换句话说，这是国家政治—经济发展与社会现实脱节/失衡造成的。以"阿拉伯之春"中最为典型的埃及为例,它的合法性危机表现为:新自由主义经济发展没有惠及广大普通民众,专制主义政体严重损害了公民个人的自由和权利,亲美国和以色列的外交政策使埃及人在阿拉伯世界失去了尊严。可以说,这是后纳赛尔时代埃及政治合法性危机的总爆发。

对几乎所有的中东国家而言,它们的政治合法性还面临一个共同的挑战,那就是,在有原教旨主义倾向的伊斯兰主义势力看来,几乎现在所有的中东政权都是非法的,因为它们把广大的穆斯林置于世袭的专制王权或非伊斯兰政权的统治之下,受到西方列强的制度和价值观的控制,丧失了穆斯林自身的主体性,从这个角度说,这些政权最终都是应当被推翻的。另外,温和的伊斯兰现代主义者从伊斯兰传统中既寻找支持世俗变革的依据,也寻找挑战现政权的思想和政治资源。

虽然当前中东国家普遍的政治合法性危机主要表现为权威的历史中断、国内的发展问题、极端的或温和的伊斯兰主义复兴等,但有必要指出的是,中东国家的政治发展问题远为复杂,因为,这里面还包含了发展与民生问题、教派问题、族群问题、巴以冲突、美西方等境外势力的因素等。现代民族国家的建立自身就蕴含着同质性与多样性之间的内在冲突与危机,土耳其的库尔德问题就是一个典型案例。而黎巴嫩、伊拉克、巴林乃至沙特这样的国家,则有着不同程度的教派冲突问题;像利比亚和也门这样的国家,源于部落主义的冲突是主流……西方自由民主意识形态在某种程度上也造成了中东政治合法性的危机,它既可以被世俗主义的反对派利用,也可以被伊斯兰主义者利用。

第四章

伊朗的革命与变迁

托克维尔说过:"革命总是造就出更为强大的国家。"纵观20世纪伊朗的历史,"革命"无疑是一个重要主题:20世纪20年代,哥萨克军官出身的礼萨汗发动政变,革了恺加王朝(Qajar Dynasty,1796—1925)的命;20世纪60年代,礼萨汗的儿子巴列维发动"白色革命",实行了一系列"跃进式"的现代化改革,把相对稳定的伊朗传统社会结构搞了个地覆天翻;1979年,霍梅尼发动"伊斯兰革命"推翻了巴列维王朝,建立了延续至今的伊斯兰共和国。在观察和分析当代伊朗时,伊斯兰革命是最重要的切入点。这将吸引我们进一步去追问:当代伊朗是个什么样的国家?在很多人眼中(大概是受到西方媒体的影响),伊朗被视为一个"不正常国家"。要比较清晰地了解和认识伊朗,可能我们首先要做的就是抛弃这种先入为主的判断。

伊朗是重要的波斯湾国家、世界主要的石油输出国和中东大国。伊朗与中国有着悠久、友好、复杂而微妙的关系,它长期以来也是中国在中东地区伸张和维护自身利益的重要通道。

多年来,伊核问题成为人们关注和了解伊朗的焦点与切入口,但这主要是一个国际问题，并不能使我们深入了解伊朗的内部问题。实际上，保守派与改革派的斗争是现代伊朗历史的一条重要线索。在1979年的霍梅尼革命后，这条线索仍然延续。我们看到，最高领袖哈梅内伊发挥的主要角色，就是在捍卫伊斯兰革命成果的前提下，尽力维系伊朗国内微妙的平衡。而观察这一线索的重要节点应该是2009年6月的伊朗总统大选，时任总统内贾德以超过60%的得票率成功连任，但大选期间及大选后的一段时期内，伊朗国内局势陷入了不稳定之中：以穆萨维为首的改革派领导人在伊朗掀起了此起彼伏的街头抗议，声称大选存在舞弊行为，宣布不承认大选结果。2013年，有改革派色彩的鲁哈尼当选伊朗第11届总统。2015年，伊朗与以美国为首的六国达成伊朗核问题协议（简称伊朗核议），鲁哈尼于2017年得以连任。但伊核协议的立与废、美国对伊朗政策的松与紧、石油价格的长期低迷等问题，既困扰着伊朗的民生，又直接影响到伊朗国内政局的发展。改革派的前总统拉夫桑贾尼于2017年去世，具有保守色彩的拉里贾尼在近些年地位上升，保守派明星人物、前司法总监萨伊德·易卜拉欣·莱西在2021年6月成为第13届总统，具有民粹主义色彩的前总统内贾德尽管呼声很高，但最终仍没有获得总统候选人资格[*]，这些都是观察伊朗国内政治走向的重要切入点。

---

[*] 伊朗议会还曾在2013年和2017年两次取消了内贾德的选举资格。

一、革命：从巴列维到霍梅尼

现代伊朗的面积有 164.5 万平方千米，与我国新疆的面积大致相当。伊朗现有人口 8 400 万，其中 91% 为什叶派穆斯林。在某种程度上，伊朗的历史命运跟中国有可以比较的相似性。伊朗也是一个有着数千年悠久文明史的古国。从 16 世纪开始，伊朗的萨非王朝立什叶派（十二伊玛目派）伊斯兰教为国教。近代伊朗也面临严重的内忧外患：内部王权衰落，境内各民族纷纷反抗中央政府；外部西方国家向伊朗推进，企图将它纳入各自的势力范围。19 世纪初以来，伊朗逐渐沦为英、俄的半殖民地。1907 年，英俄两国终于签约瓜分伊朗，北部归俄国，南部成为英国的势力范围。

"一战"后，伊朗出现了一位英雄人物——礼萨汗。他于 1921 年发动政变夺权，并在 1925 年自封为王。他成为巴列维王朝的开国君主。巴列维王朝历经礼萨汗和巴列维父子两代，统治伊朗达半个世纪之久。在巴列维统治时期（1941—1979），伊朗倒向西方，坚持走西化道路。巴列维认为可以依靠美国人的力量抵消苏联的威胁。巴列维在位期间，访美 11 次，聘请了大量的美国军官当顾问，邀请美国经济专家做财政总监，并派了大量的学生去美国留学。美国的商品也大量倾销伊朗。除了政治制度不变以外，巴列维是一心想学习美国，走资本主义道路。

巴列维认为最大的威胁是左翼政治，害怕他们在伊朗发动阶级革命。早在 1949 年，巴列维就取缔了伊朗共产党，并在此后持续打击左翼运动，抓捕了大量活跃的左翼人士。1953 年，在英国的怂恿下，美国中情局策划和支持了一场政变，推翻了由民选的摩萨台

（1882—1967）担任首相的伊朗政府。摩萨台因坚定落实石油国有化政策，而得罪了长期垄断伊朗石油利润的英国。摩萨台是有左翼倾向的民族主义者，其出身显赫，威望很高，曾协助英国迫使老国王礼萨汗让位给巴列维，他还采取过一些限制国王和王室权力的措施，对巴列维国王的地位也是一个威胁。美国中情局参与推翻摩萨台，有冷战背景下担心伊朗落入苏联势力范围的考虑，其所用手法无非是通过贿赂王室成员，坚定国王支持美国的决心，并通过收买当地人等方式煽动大型示威活动和街头暴力，以及策动上层内部的反对派包括军方的行动，等等，这些在后来的各种"颜色革命"中可谓屡见不鲜。此事泄露后，成为伊朗民众长期反美的一个重要原因。摩萨台的西化措施虽然不受伊朗宗教保守派的待见，但他本人至今在伊朗民众中仍然享有很高的声望。

巴列维政权与美国的紧密关系，是其治下伊朗国家发展的外部环境。除了经济建设方面，美国还支持巴列维政权搞专制独裁。北京大学历史学系牛可教授对东亚发展型政权与美国关系的研究，对我们理解巴列维时代的伊朗及其与美国的关系具有一定的启发意义。牛可教授指出，在冷战期间，美国对作为自身附庸政权的、威权主义的发展型国家（地区）是支持的，典型的就是东亚的日本和"四小龙"。这些政权本来是掠夺型政权，美国出于自身国家安全和意识形态利益的考虑，在当时支持了这些政权。美国对它们的"指导"也没有使其市场化的目标，而是强化其政权的控制和规划能力，也就是说，美国更加关注这些威权主义政权的政治稳定，这也使得这些政权某种程度上在一定时期内避免了内部冲突的破坏性爆发。*

从社会发展的角度来说，巴列维王朝的建立是伊朗现代化进程的一个新起点，从此伊朗踏上了振兴国家、走向现代化的道路。在这半个多世纪的时间里，巴列维父子一面巩固政权，一面致力于发展国家经济，使伊朗的工业化达到了世界先进水平。巴列维在 20 世纪 60 年代发动"白色革命"，伊朗政府在土地改革、现代企业建设、民间卫生事业、扫除文盲等问题上提出了一系列"跃进式"措施，力度之大，前所未有，目标之高，不逊英美。伊朗国内气氛当时也为之一振，人民似乎看到了国家振兴的曙光。这个时期的伊朗，在工业化、城市化、基础设施建设、教育等领域都取得了突飞猛进的发展，其国家实力得到显著提高。

20 世纪 70 年代，得益于开采量的不断扩大以及 1973 年石油危机†造成的国际油价的快速上涨，伊朗的国家财富迅速积累。据统计，1972—1973 年度，伊朗政府的石油收入为 25 亿美元，1975—1976 年度就上升到 200 亿美元。伊朗政府的财政收入，一多半来自石油。巨额的石油美元使伊朗一跃成为富裕国家。长期在伊朗从事外交工作的华黎明大使曾回忆说："1973 年我初次陪同姬鹏飞外长访问伊朗时，看到首都德黑兰一片繁荣的景象，高楼大厦鳞次栉比，高速公路四通八达，200 万辆小汽车使首都的交通拥挤不堪。这一切对于我这个来自当时温饱还成问题的国度的外交官来说着实有点

---

* 牛可：《"发展型国家（地区）"：条件和限度》，《世界知识》，2018 年第 5 期，第 20—23 页。
† 1973 年 10 月，第四次中东战争爆发，为了打击以色列及其支持者，石油输出国组织（OPEC）的阿拉伯成员国当年 12 月宣布收回石油标价权，并将原油价格从每桶 3.011 美元提高到 10.651 美元，使油价猛然上涨了两倍多，从而触发了第二次世界大战之后最严重的全球经济危机。这被称为第一次石油危机，此次危机持续了三年，对发达经济体造成了严重的冲击。

第四章　伊朗的革命与变迁

眼花缭乱。"*

伊朗的"白色革命"因为官员贪腐、裙带关系等造成严重不公，且主要是上层社会受益。当然，这种情况并非伊朗所独有，而是很多国家都经历过的普遍情况。诚如有学者所言，在中东地区，"无论是公有制还是军人统治或者其他形式的威权主义模式，它们都没有在提高人民的日常生活水平方面做出什么贡献。石油出口国（沙特阿拉伯和波斯湾的酋长国）很富有，但它们只有一个阶层受益：它们是'食利'（rentier）国家，人口少而收入多……在这些国家（巴基斯坦、埃及、阿富汗和伊朗）中，很多人患有营养不良症。另一方面，精英阶层却生活得很好，他们对老百姓的生活毫无同情之心；那里的政府腐败无能"†。

伊朗的现代化是在君主专制条件下实行的。巴列维王朝的专制统治有三个重要支柱：军队、官僚和顺从的司法机构。巴列维还在美国帮助下创设了秘密警察组织"萨瓦克"（SAVAK）和高级特务机构"王家调查委员会"；组建了官方政党"民族复兴党"，取缔了其他一切政党；削弱了议会权力，控制了议会活动；下大力气建设军队，加强威慑力量；任人唯亲，强化对权力的控制。伊朗的这种政治体制在应对社会动荡方面缺少"泄洪"渠道，政府和人民之间缺少一个可以沟通谈判的缓冲机制，人民要么不敢反抗，要么就甘冒杀头的危险走上革命道路。

发展政治学认为，现代化意味着不稳定。激进的现代化迅速地

---

* 华黎明：《28年前，在伊朗感受"革命"》，《世界知识》，2007年第7期，第56页。
† ［美］霍华德·威亚尔达主编：《非西方发展理论——地区模式与全球趋势》，董正华等译，北京：北京大学出版社，2006年，第97—98页。

破坏了伊朗传统的稳定社会结构，造成了社会体系的失序与崩溃。改革未注意兼顾效率和公平，没有充分考虑底层人民日益恶化的生活状况以及沉重的现代生活负担，反而造成了大量"反现代化"的群体。巴列维改革的社会后果，是造成了严重的贫富两极分化，广大工农群众的生活日益恶化，而上层社会和统治集团则过着骄奢淫逸的腐化生活。这种情况无疑将激化社会矛盾，造成社会的剧烈动荡。

"白色革命"触动了伊朗传统的毛拉阶层的土地权利，导致双方积怨爆发。毛拉们认为，巴列维王朝的改革侵犯了他们的经济利益，世俗化更是严重削弱了他们的社会和政治地位，也背叛了伊斯兰传统，传播了西方腐朽和堕落的文化。巴列维咒骂宗教界为寄生虫，并公开说："宗教领袖们在他们自己的粪堆里打滚，他们像蛆虫一样在污泥浊水里蠕动。你们应该像摆脱野兽一样摆脱这个污秽肮脏的阶级。"

对巴列维政策的最重要批评者是什叶派教法学家霍梅尼。他指责"白色革命"违反了伊斯兰教法，比如，1963年伊朗赋予女性投票权。霍梅尼对巴列维政权与美国和以色列的亲密关系感到气愤，他将以色列视为伊斯兰教的最大敌人。霍梅尼因为公开的反国王立场而被捕，这曾引发数千名神学院学生的暴动。霍梅尼被释放后仍然不改变其反国王的立场，1964年，他又因为发表反政府言论而被驱逐出境，此后，霍梅尼长期流亡伊拉克和欧洲，直到1979年回到伊朗。

20世纪70年代后半期，伊朗出现大规模的民众骚乱，革命浪潮风起云涌。工人罢工、学生罢课游行，伊朗全国陷入瘫痪状态。

抗议者以民主、平等为号召，要求结束君主制。自1978年下半年开始，反对王权的街头示威不断壮大，并得到不同势力的支持，"世俗主义者和马克思主义者也逐渐地与伊斯兰主义者站到一起，要求结束国王那高度西方化的政权"[*]。当时有反独裁的伊朗人士说："这个自称'万王之王'的人，在现实中是个魔鬼……我们的这位国王正在犯罪道路上越走越远，而且比希特勒有过之而无不及……这位伊朗国王时日无多了。伊斯兰世界憎恨他，不仅仅是阿拉伯人，而是所有的穆斯林——印度尼西亚的、美国的，但主要是伊朗国内的波斯人……他是个恶魔！我们波斯人都憎恨他。"最后，连国王赖以维持统治的军队也发生了动摇，美国在关键时刻改变了一贯支持巴列维的态度，转而寻求与霍梅尼合作。在美国的秘密干预下，伊朗军队的高级军官不再追随巴列维。1979年1月26日，巴列维国王在美国的压力之下乘飞机出国流亡。随后，霍梅尼就从巴黎回到伊朗，建立了伊斯兰政权。

霍梅尼领导的伊斯兰革命往往被看成伊朗现代化的挫折、倒退或"逆流"，被看成历史的退步。这样的认识前提使人难以看清伊斯兰革命的实质。一个社会的历史发展轨迹，是多种力量动态博弈的结果，而不能被简单地视为某个小团体的阴谋。其实，伊朗的伊斯兰革命之所以会发生，是因为伊朗已经具备了发生革命的条件。

首先是社会条件。伊朗当时的情况是经济增长、政治高压和腐败的"三结合"。伊朗的现代化是在威权主义专制王权下进行的经济与社会变革，但这种变革不仅没有给广大人民带来和平、稳定和

---

[*] John W. Garver, *China and Iran: Ancient Partners in a Post-Imperial World*, Seattle: University of Washington Press, 2006, p. 57.

繁荣幸福，反而加深了社会矛盾、贫富差别，引起了极大的不满。巴列维王朝其实已经把自己送到革命的火山口上了。

其次是革命的领导阶层已经具备，这就是以霍梅尼为代表的毛拉阶层。毛拉们天生就是领导阶层。伊朗民众把反国王的斗争与伊斯兰教联系起来，主要是因为以霍梅尼为首的什叶派宗教领袖在斗争中所发挥的突出的组织和领导作用。另外，左派和自由派的世俗主义者出于反专制、反独裁的目的，也加入了伊斯兰主义阵营。

在上述情况下，伊朗革命的发生就无法避免。民众与毛拉都觉得无法忍受现行体制，他们共同把矛头对准了王权。换句话说，在巴列维家族统治末期，伊朗的变革已经到达一个瓶颈，即"不惊动政治权力就再也走不下去的地步"[*]。

我们要理解伊朗的伊斯兰革命，首先就需要超越简单化的"教-俗"框架和目的论的现代化史观，而应把它提到20世纪深刻的社会革命的高度加以认识。"它是一场由普通人民构成的、非精英的大众发动的起义，推翻了统治这个社会数十年之久的制度。""它是一场群众运动，参与者十分广泛，而这场运动也造成了经济权益以及政治权力的重大转移，这个转移又开展了——或更确切地说，是延续了——一场大型社会转化的历程。""这场革命不管是在它的缘起，在它所具有的示范作用，甚至是在它最终的结局方面，都可以拿来和法国大革命以及俄国革命相比较。"[†]

当然，跟以往人们熟知的各类"大革命"不同的是，伊朗这场

---

[*] 伯纳德·路易斯：《中东：自基督教兴起至二十世纪末》，郑之书译，北京：中国友谊出版公司，2004年，第389页。

[†] 同上。

革命的定语是"伊斯兰"。这是由伊朗特殊的宗教国情决定的。在巴列维王朝统治下的伊朗,传统的什叶派伊斯兰教作为国教被保留下来。如我们在前文提到伊朗的什叶派传统时所说,教权阶层在伊朗有着深厚的根基,他们既掌握着底层社会的精神-文化生活,还拥有大量的财富。与正统的逊尼派不同,什叶派信徒要选择追随一个毛拉,且一般是终生追随。因此,在什叶派信徒的生活中,作为宗教精英的毛拉发挥着巨大影响力。毛拉上面有大毛拉,再往上是阿亚图拉乃至大阿亚图拉,这种以毛拉为中心的什叶派宗教等级体系是严密的,因此,它的组织和动员能力很强。另外,在巴列维王朝以前,伊朗的什叶派也已形成反抗王权的革命传统。保守的伊朗什叶派信徒,一向坚持伊斯兰规范的至高地位,崇尚宗教生活与世俗生活在制度上的统一,并常常因此与权力当局发生对抗。巴列维王朝的改革,在物质和精神层面都触动了毛拉们的利益。毛拉们以伊斯兰理想和追求平等号召人民"革"现政权的"命",是容易获得支持的,伊朗人民因而迸发出反抗暴政的革命激情。

因此,我们看待伊朗的伊斯兰革命,一方面,要看到它的伊斯兰特性,另一方面,更要看到它反专制、反独裁、尚平等的一般政治和社会革命的特征。

二、共和国:妥协与矛盾

反专制、反独裁的伊斯兰革命胜利之后,伊朗建立了一个政教合一的伊斯兰共和国。这在形式上首先是全民公决的结果,当时的支持率是99%(投票率也很高,2 100万选民中有2 000万人参加投票)。当然，在革命后的伊朗建立一个什么样的政权，伊朗国内也不是一开始就存在明确共识的。当时，伊朗精英阶层之间曾存在两派争论，霍梅尼及其支持者主张贯彻"教法学家监国"（Velâyat-e Faqih）的理念，即建立一个政教合一的神权国家；而持自由派立场的开明穆斯林精英，力图仿效戴高乐的法兰西第五共和国，建立一个以伊斯兰为名、以民主为实的国家。霍梅尼激烈地反驳自由派，说伊斯兰就是一切，它是完美的，不需要任何定语，包括"民主的"。全民公决的结果显示，建立一个伊斯兰共和国是绝大多数伊朗人民的选择，尽管并不是所有伊朗人的选择。

这场反专制、反暴政的人民革命所带来的，是国家政治的神权化和社会生活的全面宗教化，其主要内容[*]有：（1）宣布伊朗为伊斯兰共和国。（2）践行"教法学家监国"的理念，重新制定伊斯兰共和国宪法，确定伊斯兰教法是国家法律制度的基础，以伊斯兰准则治理国家，并宣布"一切民法、私法、行政、金融、经济、文化、军事、政治以及其他所有法规都必须建立在伊斯兰标准之上"。（3）在政治组织方面，霍梅尼设立了"革命法院"，对革命的敌人和尘世间的腐化者给予审判。（4）成立"革命卫队"，其使命是保卫伊斯兰革命的成果和宗教领导集团的安全。（5）成立"伊斯兰共和国党"，该党对内主张政教合一，实行伊斯兰神权统治，推行"百分之百的伊斯兰化"，对外主张"不要东方，也不要西方"。（6）在

---

[*] 相关内容参见董正华：《伊斯兰复兴运动中的"原教旨主义"：现实与历史的成因》，《战略与管理》，2001 年第 6 期；David W. Lesch, *1979: The Year that Shaped the Modern Middle East*, Oxfordshire: Westview, 2001, pp. 58-73; Ervand Abrahamian, *A History of Modern Iran*, Cambridge: Cambridge University Press, 2008, p. 148; Con Coughlin, *Khomeini's Ghost: The Iranian Revolution and the Rise of Militant Islam*, New York: Harper Collins Publisher, 2009。

社会生活中，一切与西方和现代有关的娱乐形式，如电影、音乐，统统被禁止；大学在1980年全部关闭，以推行"伊斯兰文化革命"；银行利息被取消；农村土地改革停止；妇女必须戴面纱，商店不准卖东西给不戴面纱的妇女。(7)在意识形态方面，霍梅尼系统地提出了一套"伊斯兰意识形态"，强调伊斯兰的自足性、独立性和自我发展属性，他认为，伊斯兰教是无所不包的，它既是精神上的指导原则，又是社会政治理论。伊斯兰革命既不是民主革命，也不是民族革命。它不分民族，没有国界，诚如霍梅尼在1980年3月讲话时所言："我们必须努力向全世界输出我们的革命……因为伊斯兰不仅拒绝承认伊斯兰国家之间有任何差别，而且认为它也是一切被压迫人民革命的倡导者。"*

但仔细分析当代伊朗的宪法，不能不说这仍然是妥协的产物，而并非原教旨主义宗教主张的全面胜利。它既强调了教法学家监国，又有共和国的特点；既强调了神圣权利，又维护人的权利；既有神权政治的特征，又有民主政治的性质；既确定了教士权威，也没有排除人民主权。伊朗政治的民主性、共和性以及人民性主要体现为人民的选举权和权力部门相互之间复杂的制约关系。伊朗宪法规定的复杂政治体制使权力制衡、依法治国、平等共和这些现代政治价值观与伊斯兰教什叶派教法结合在了一起。这些特点体现在如下几个方面。

根据宪法，最高领袖是伊朗国家的最高领导人，也是伊朗政教合一的象征。宪法赋予最高领袖广泛权限：任免宪法监护委员会（简

---

* Imam Khomeini, *Islam and Revolution: Writings and Declarations*, Translated and annotated by Hamid Algar, London: KPI, p. 286.

称宪监会）宗教成员、司法总监、音像组织主席、武装部队参谋长、革命卫队司令以及武装部队和安全部队的司令；宣战或宣布停战；协调国家三权机构领导人之间的关系；颁发总统委任状，在总统有渎职行为或议会认为总统政治上无能的条件下罢免总统，等等。最高领袖的权威是连此前的巴列维国王也难以想象的，他行使的是神圣权力，代表了神的声音。

作为一个具有超凡魅力（卡里斯马）的领导者，霍梅尼在当权的 12 年中，靠其个人威望维持着伊朗政坛的稳定运转。但霍梅尼本人很清楚，要在自己死后找到一个能折服政坛、一言九鼎的教法学家当接班人是不可能的。1989 年 4 月，霍梅尼下令修改宪法，从而确立了他身后的分权制原则。这主要体现为专家会议与最高领袖之间的相互制约关系。此后，最高领袖由专家会议选举产生，专家会议可在领袖不称职或失去担任领袖的必要条件时废黜领袖。专家会议由权威教法学家组成，成员 88 人，根据伊朗各省市的人口比例选举产生，一般任期 8 年。专家会议发挥的主要是法律功能而非神学功能。最高领袖对专家会议也有制约作用。专家会议所有候选人必须通过宗教考试，获得保卫者委员会批准，才有竞选资格，而保卫者委员会成员却是由最高领袖任命的。

伊朗宪法规定，伊朗实行行政、立法、司法三权分立；政府采用总统制。总统是精神领袖之后的最高领导人，既是国家元首，又是政府首脑，负责协调三权。总统由民众直接选举产生，任期四年，可以蝉联一届。总统可授权第一副总统掌管内阁日常工作，有权任命数名副总统协助主管专门事务。

为了保证议会决议不违背伊斯兰教义和宪法原则，伊朗宪法规定成立宪监会。宪监会有权审查议会通过的一切决议和提案,监督总统选举、议会选举和公民投票。伊斯兰议会是伊朗的最高立法机构,实行一院制。议会有权批准同外国签订的一切条约、协议和合同,有权随时对总统和部长进行质询和弹劾,还有权批准政府需要采取的紧急措施等。但是,议会通过的任何议案必须得到宪监会的批准后才能成为法律。议员也由选民直接选举产生,任期4年。

伊朗还设有直接由最高领袖领导的确定国家利益委员会,其成员直接受最高领袖的领导和任命,是最高领袖的顾问和智囊团,直接服务于最高领袖,负责调解、裁决伊朗议会与宪监会之间的分歧,就国家大政方针问题以及最高领袖提出的有关问题提供咨询意见。可见,确定国家利益委员会的权力和影响很大。

最高领袖有权任命司法总监,司法总监则是司法方面的最高首脑,任期5年。最高法院院长和总检察长由司法总监任命,任期5年。司法部长由司法总监推荐,总统任命,负责协调政府和议会间的关系。在司法总监领导下,伊朗还设有行政公正法庭和国家监察总局,分别审理民众对政府机关的诉讼和监督国家机关的工作。

伊朗这种复杂的政治体制,恰恰是伊斯兰主义与现代主义妥协的产物,体现出伊斯兰主义政治对现代社会的一种调适。它既不是东方的(先知时代的伊斯兰理想),也不是西方的(民主政治),从某种程度上讲,它是两者结合与妥协而产生的、披着伊斯兰外衣的"第三条道路"。

这里还有一个事实值得特别指出来,那就是,在1979年12月就宪法进行全民公决之前,伊朗的世俗主义者并不赞同它那强烈的宗教色彩。他们当时想抵制这部宪法,但在关键时刻碰上美国总统卡特允许流亡的伊朗国王抵美治病,这激起了伊朗国内人民的强烈愤慨。在这股反美潮流下,世俗主义者的主张不但被湮没不闻,甚至还被批评为背离了伊斯兰的原则。在这一时刻,霍梅尼将宪法诉诸全民公决,从投票的结果来看,有约83%的人支持宪法。这个结果暗示,伊朗伊斯兰共和国的本身是建立在一个矛盾的基础之上的,概言之,这个矛盾就是改革派和保守派的冲突。在当时,这个矛盾只是通过人民政治的"少数服从多数"原则暂时掩盖起来了而已。在霍梅尼之后的伊朗,这个矛盾将有更突出的表现。

三、变迁:后霍梅尼时代

如前所述,伊朗一直有改革派和保守派这两支重要力量。最高领袖只能在这两者之间维持平衡,这也是他的职责所在。而伊朗复杂的权力架构,在实际运行中有时不免会形成保守派与改革派"共治"的情况,当然,大权基本是掌握在任期终身的最高领袖手中。作为政教合一的象征,最高领袖的存在又决定了伊朗政治中伊斯兰主义和保守特性占据主流,也决定了政府首脑在推行改革和务实政策时的弱势地位。在霍梅尼之后,最高领袖的主要任务就是在维护伊朗国家利益的前提下维持国内政治的微妙平衡。

1989年霍梅尼去世后,时年50岁的哈梅内伊(生于1939年)当选为伊朗国家最高领袖。但具有改革思想的拉夫桑贾尼(生于1934年,1989—1997年任伊朗总统)及其继任者哈塔米(生于1943年,1997—2005年任总统)先后任总统。尤其是在哈塔米时代,他经过与保守派的较量,牢固掌握了行政大权,使伊朗在改革道路上稳步前进。与霍梅尼时代相比，在后霍梅尼时代的伊朗，国家政治发生了重要的改变，宗教对政治生活和政府工作的指导、干预作用也减弱了很多。

作为伊斯兰革命的元勋级人物，哈梅内伊和拉夫桑贾尼之间保持了良好的合作关系。两个人一个管实务，一个管道义和精神问题，这种合作一度非常默契，以至于被称为"骑着双人自行车"的政治模式。但是，拉夫桑贾尼不断加强中央集权，培植自己的势力，重用大多是受过西方教育、务实温和的世俗知识分子，从而直接威胁到宗教领袖的地位和极端保守派的利益，并对伊斯兰政权的性质产生了重要影响，这时，哈梅内伊就不得不与之拉开距离。

在哈塔米时期，拉夫桑贾尼担任确定国家利益委员会主席，影响力依然很大。哈塔米上台后，其与哈梅内伊的关系逐渐恶化，拉夫桑贾尼则在两人中间扮演"和事佬"。拉夫桑贾尼和哈塔米的精英主义改革倾向，引起了保守派的不满，其政府在民众中的威信也大打折扣，其政治资本的耗尽为保守派再次执政提供了良机。哈塔米任期结束后，拉夫桑贾尼曾力图再次竞选总统职位，但最高领袖哈梅内伊支持的、平民出身的内贾德当选为总统。

2005年6月，49岁的内贾德当选为伊朗总统，这标志着以哈塔米为首的改革派的失败与保守派势力的全面回归。以"政治黑马"身份正式上台后，内贾德便在国内外掀起了一场世人瞩目的"内贾德旋风"。在国内，他大刀阔斧地更换外交官，实施禁止男女同乘电梯等法规；在国际上，他也锋芒毕露，"将以色列从地图上抹去""犹太大屠杀是个神话"等是内贾德语不惊人死不休的重要表现。在伊核问题上，内贾德更是寸步不让。在 2005 年首次竞选时，他就提出要"将石油收入放到每个家庭的餐桌上"的口号。内贾德上台后，社会经济政策明显向中低收入阶层倾斜。他本人也一直保持本色，住小房子，开旧汽车，以"平民总统"自居。反过来，这种服务于多数民众的政策，也为其执政赢得了广泛的民意支持。在内贾德时代，保守派势力借机控制了行政、立法、司法和军警等所有主要国家权力机器。但是，改革派与保守派之间围绕最高权力展开的斗争依然继续。

2007 年 9 月，拉夫桑贾尼当选伊朗专家会议主席，是对强硬保守阵营的打击。以拉夫桑贾尼为首的务实改革派，实际上控制着很多重要的权力部门，掌握了除最高领袖以外的权力制高点。至于保守派与改革派之间的斗争，主要还取决于最高领袖哈梅内伊的态度。对哈梅内伊来说，他首先考虑的是要抗衡以拉夫桑贾尼为首的改革派。内贾德这个平民派总统是一个很好的帮手。哈梅内伊要做的就是全力支持内贾德，避免改革派的穆萨维在 2009 年当选总统，以免拉夫桑贾尼这一派在伊朗政治中坐大。

在 2009 年的总统大选结果公布后，以温和著称的穆萨维的支持者，以选票作弊为由上街游行抗议，并导致了流血事件。这是 1979 年伊斯兰革命后最大规模的抗议示威活动。就此，有观察家指出："在伊斯兰革命爆发 30 年之后的今天，逮捕反对派的举措只不过是伊朗政界高层权力斗争中的一幕。"说白了，也就是最高领袖哈梅内伊要清算与自己作对的第一代领导人，而内贾德只是一个有用的帮手。德黑兰一位分析人士也说："目前我们进入了（革命的）清洗阶段，因此（最高领袖）想清洗所有的第一代革命家，向这批领导人发动攻击的时候，艾哈迈迪-内贾德是个杀伤力很强的代理人。"*

内贾德上台后，通过反腐败和反垄断措施对伊朗的权贵势力进行了打击，其中拉夫桑贾尼家族受影响极大。2012年，拉夫桑贾尼的子女公开支持改革派，这触怒了内贾德，拉夫桑贾尼的儿子、女儿以及家族的其他一些成员被捕，他们的全部财产被没收。这对拉夫桑贾尼打击极大，2017年，拉夫桑贾尼因突发心脏病去世。

然而，2009年及之后在伊朗国内不断发生的街头抗议，又并非只是权力斗争所能解释的，也不是"改革与保守"的框架能够完全说清楚的。它们同时也是伊朗国内所面临的长期经济和社会危机的表现。席卷全球的经济危机和油价下跌，使伊朗面临巨大压力。在油价高涨时期，内贾德政府依靠巨额的财政收入，在能源等很多方面对民众进行高额补贴，促进消费，的确收买了民心，但他并没有趁机制定长效而理性的经济政策。伊朗的经济处于危险状态，石油收入的减少，使内贾德过去对民众的承诺难以兑现。而要进行经济方面的任何变革，都会引起民众的巨大反弹。内贾德政府打算逐步取消补贴，这一政策引起大量不满，尤其是过去支持他的中低收入阶层，他们正面临着失业和家庭开支增大的压力。2009年的时候，首都德黑兰已经出现了"工人危机"，很多工厂破产或被关闭，不少劳动者已经好几个月没领到工资了。不同企业的工人纷纷举行罢工或游行表达抗议。当然，这些抗议者要么被开除，要么被逮捕了。这让人想起伊斯兰革命之前的伊朗。

以往，激进的原教旨主义团体曾高调支持内贾德和他的强硬立

---

* 《参考消息》，2009年6月19日。

场,然而,在2009年,这个团体中的多数人也开始趋于沉默。2009年6月大选后,内贾德的支持率大幅下降,保守的毛拉们也认识到,在这种时候公开支持内贾德,已经是非常冒险的事了。

内贾德在2009年得以连任,一个重要的原因是得到了最高领袖哈梅内伊的支持。但在经济危机的时代,内贾德政府开始渐渐失去民心。尽管在权力斗争中,内贾德是一个可以利用的力量,但差劲的经济和社会形势所引发的危机,也使得内贾德成为哈梅内伊手中的"烫手山芋"。作为行政长官的内贾德,要摆脱危机,可能就需要突破伊斯兰政权的一些框框,但这又会导致他与哈梅内伊之间的关系发生微妙的变化。方方面面的变化显示,尽管哈梅内伊的权威并未受到公开质疑,但他对权力的掌控或许正变得日益脆弱。伊朗当局不断地使用暴力就是一个反面的证明和暗示。这是一个恶性循环,暴力镇压显示出当局对形势的担忧,它担忧的是改革派和务实派趁机聚集起强大的反对力量;但镇压也必将损害当局的合法性和声望,同时也会激起更大的反弹。

哈梅内伊要考虑摆平过去10多年来改革派日益坐大所造成的权力失衡,并竭力维护这个神权政权的合法性;但另一方面,又要考虑到恶化的政治-经济-社会局势使伊朗面临的困难。奥巴马上台后,美国政府对伊朗采取了柔性的"接触"政策,更加鼓励了伊朗国内的异见分子,加紧了对伊朗的"和平演变";而伊斯兰革命后出生的新一代,越来越对神权统治不再抱有幻想,"城市年轻人构成了伊朗最活跃的政治阶层,对他们来说,毛拉们代表着粗野而僵化的伊斯兰教法"[*]。牛可教授曾指出,威权主义发展型国家(地区)的成

---

[*] 《参考消息》,2009年6月19日。

功也有其历史的代价和负累，包括如何适应多元化的社会生活、公共生活和精神生活，如何使政治力量让位于"以政治力量和社会力量广泛、密切合作为基础的'治理'"。而发展的定义也会发生变化，不能再单纯以经济增长来界定。"每个人和一切人的自由发展"，"适应普遍变迁、包容多元存在的'功能结构'"，都是这些威权主义发展型政权最终必须面对的。* 这些洞见对分析当前伊朗的状况来说也是适用的。

2013年，内贾德任期结束后，曾在哈塔米时代担任伊朗首席核谈判代表、属于温和保守派的鲁哈尼当选为伊朗总统。鲁哈尼曾承诺将带领伊朗重回现代化之路，认为之前的内贾德政府忽略了公民权利。鲁哈尼说："人民的自由与权利被忽略，但统治者的自由和权利被加强了。限制人民批评的权利只会导致窒息和效率低下。"鲁哈尼还表示反对政府镇压着装随意的女性。鲁哈尼主张通过外交对话缓和伊朗与以美国为首的西方的矛盾，力图解除西方对伊朗的制裁。鲁哈尼任期内的主要成就，是2015年7月和六国达成了伊核协议，这也是他能够在2017年6月成功连任的主要原因。不过，鲁哈尼在第二任期内碰到了"不走寻常路"的美国总统特朗普。2018年，美国单方面退出伊核协议，对伊朗采取"极限施压"（maximum pressure），其目的是压服伊朗。鲁哈尼政府在此时期内面对空前的国内外压力。不过，特朗普对伊朗政策的底线是避免动武，不要走向战争。

近些年来，受西方的长期制裁，加上油价下跌，伊朗的经济、

---

* 牛可：《"发展型国家（地区）"：条件和限度》，《世界知识》，2018年第5期，第20—23页。

贸易和出口体量都急剧下降，如2018年的美国石油封锁禁令，直接给伊朗造成了2000亿美元的经济损失。在外部环境不断恶化的同时，国内经济、社会矛盾也日益凸显。财政收入的急剧减少，导致伊朗贫困人口增加，失业率上升，不断出现民众的抗议示威活动。再加上近来新冠疫情的影响，民众对鲁哈尼政府的不满与日俱增，鲁哈尼只能咬紧牙关"硬扛"。就算没有特朗普，伊朗的日子也好过不到哪里去，尤其是考虑到2020年以来，疫情对全球各国的影响极大，伊朗更不可能独善其身。一个喜欢搞出"大动静"的特朗普，对伊朗领导层来说也不是没有利用价值：将不管是内部还是外部因素带来的当下危机一股脑儿地归结到美国身上，可能也是某种政治"便利"。

短期内，伊朗仍然能顶得住美国的制裁。有着阿富汗、伊拉克、利比亚和叙利亚等国的前车之鉴，虽然日子不好过，但大多数伊朗人民仍然是支持本国政府的。在各种不利情况下，新冠疫情肆虐的两年里，伊朗经济还保持了一定程度的增长。伊朗在"向东看"方面也取得了不小的进展：2021年3月，伊朗同中国签署"25年全面合作计划"，总价值高达4000亿美元；2021年9月17日，上海合作组织成员国元首理事会通过了关于启动接收伊朗成为正式成员国的程序；2021年11月28日，伊朗同土库曼斯坦和阿塞拜疆签署了一项每年20亿立方米天然气的互换协议。这些都是伊朗积极谋求改善自身外部处境的阶段性成果。

与美国的关系长期是影响伊朗的最重要外部因素。2020年1月，美国对伊朗伊斯兰革命卫队"圣城旅"指挥官卡西姆·苏莱曼尼成功实施"斩首行动"，引发了伊朗全国激愤。2021年初，民主党人乔·拜登当选新一任美国总统。国际舆论普遍认为，伊朗和美国关系有望出现新的转机，急于从中东抽身的美国有望重返奥巴马时代的伊核协议框架，伊朗遭受的制裁压力有望在一定程度上得到缓解。与此同时，伊朗与沙特的关系也开始出现某种缓解迹象。但这再次引起了长期与伊朗敌对的以色列的不安和焦虑。2021年5月，巴勒斯坦与以色列爆发大规模冲突，[*] 这背后既是巴以之间长期悬而不决的历史性难题的延续，也有伊朗、以色列和美国复杂而微妙的三角关系的因素。到2021年11月底，当美、伊重新坐回维也纳的谈判桌前时，对彼此深怀疑虑的双方仍然是各说各话。谈判之外，努力保持克制的双方在其他方面的有限度摩擦或较量也不会消停。

综上，伊朗走上伊斯兰革命道路，是巴列维王朝不公正的世俗发展政策失去民心的结果。霍梅尼领导的伊斯兰革命是一场深刻的政治和社会革命。在观察伊朗的政治局势时，不能忽视的因素有：不断的高层内部权力斗争、改革派与保守派之争、内部的经济和社会危机、美国对伊朗不同策略的影响等等。伊朗当局既担心"颜色革命"那样的"柔性政权更迭政策"，也日益承受着美国制裁带来的巨大压力。长期看，这难免导致伊朗的保守派不断得势。近年来，哈梅内伊似乎也在考虑接班人的问题。拉里贾尼这样的强硬派因为日益受到重用而一度被看好。2021年6月，保守派明星人物、出生于1960年的莱西当选为伊朗第13届总统，他表示，将对"贫困、腐败、羞辱和歧视"开战，并继续进行伊核协议谈判。莱西在社会

---

[*] 关于巴以问题，本书后文有专门章节予以讨论。

地位、宗教影响力、个人威望和群众基础方面都非常出众。看起来，伊朗还是不缺乏有能力和威望的领导人，其代际更替的节奏感也很强。现在，人们也在猜测，在获得总统经历后，莱西在未来成为哈梅内伊接班人的可能性。不管如何，美国和伊朗的关系，因为发展道路、政治体制、价值观念、利益分配等方面的巨大差异，短期内看不到根本上的破局之可能；伊朗国内的改革派和保守派之争，也还将会持续很长时间，其激烈程度主要取决于伊朗的外部环境与国内的社会-经济状况的变化，但短期内不会改变伊朗的政治架构。

第五章

外来势力主导下的伊拉克重建

在 1991 年和 2003 年，美国分别打了两次海湾战争，也叫伊拉克战争，最终推翻了统治伊拉克多年的萨达姆（1937—2006）政权。第二次海湾战争比人们原先预想的要快很多，很短时间就结束了，萨达姆不堪一击。2010 年 8 月 31 日，时任美国总统奥巴马宣布驻伊拉克美军的作战任务结束，"'伊拉克自由行动'（Operation Iraqi Freedom）结束了，伊拉克人民从现在起为他们的国家安全负主要职责……现在，是翻开新的一页的时候了"[*]。从 2003 年到 2011 年底美国撤军之前，这 8 年是伊拉克当代历史的重要转折，也是政治转型的时期，这一时期的特点是美国作为外来势力主导了伊拉克的重建进程。

美国在占领伊拉克后，尽管始终面临此起彼伏的武装反抗、恐怖袭击和纷繁复杂的内部政局，但还是"矢志不渝"地推动伊拉克的国家重建进程：2003 年成立临时管理委员会，2004 年成立临时政府，2005 年举行首次全国议会选举并制定了新宪法，2006 年成立

---

[*] https://obamawhitehouse.archives.gov/the-press-office/2010/08/31/remarks-president-address-nation-end-combat-operations-iraq（获取于 2021 年 11 月 30 日）。

正式政府。2009年1月,伊拉克还进行了首次地方议会选举,议会基本能正常运作。美军在伊拉克的武装力量最多时超过了17万人。2007年12月,美国开始从伊拉克撤军,至2011年底基本完成了撤军工作。可以说,至美国撤军之前,在美国主导下的伊拉克已经搭建起了国家的基本架构。当然,之后的10年间,伊拉克的国家重建仍然面临很多难题,尤其是2014—2017年"伊斯兰国"的兴起,又一度打断了伊拉克的国家重建进程。

本章希望讨论三个问题:1. 从伊拉克现代历史发展进程的角度看,从萨达姆时代到后萨达姆时代,伊拉克的主要变化是什么?2. 美国打伊拉克战争的得失是什么? 3. 伊拉克的得失及其重建的困境是什么?

一、萨达姆与伊拉克

现代伊拉克的面积有43.8万平方千米,比我国甘肃省的面积略小。不过,伊拉克拥有丰富的天然资源,其原油储备约占中东地区原油储备的18%以及全球储备的近9%。

伊拉克人所居住的、以两河流域为中心的这片土地上,数千年来一直上演着帝国与文明的大戏,在世界历史上占有重要地位。如一位历史学者所言:"从苏美尔人到阿拉伯人,从波斯人到希腊人再到现代欧洲人,甚至还有来自东方的蒙古人,都在这块土地的历史上留下了自己的印记。"* 有些西方学者经常会质疑现代伊拉克人与

---

* 王献华:《伊拉克战争的文化后果》,《文化纵横》,2009年第6期。

数千年前两河文明的关系，但毫无疑问，只有伊拉克人最有资格宣称是这片文明沃土及其遗产的继承人。在这一点上，伊拉克的学者和政治家都心知肚明，并竭力打通这一关节，也就是要努力论证两河文明的创造者与当代伊拉克人是一脉相承的，这得到了萨达姆的支持。这跟现代土耳其人纠结于跟小亚细亚历史上的苏美尔、赫悌、希腊-罗马等文明遗产的复杂关系是类似的。*这是很多现代民族国家都要经历的一个历史重构过程。尤其是对伊拉克这个现代国家来说，它的出现几乎完全就是西方殖民主义者的一个创造，因此，它就更需要通过发掘自身脚下的历史-文明遗产，来为自己的民族身份建构起一个坚实的内核，尽管这种努力并不非常成功。无论是萨达姆时代，还是后萨达姆时代，这是现代伊拉克恒久面对的根本性问题。

撇开过于久远的历史不谈，单从阿拉伯伊斯兰帝国的历史脉络来看，在13世纪之前，伊拉克的地位是逐渐上升的。7世纪初，先知穆罕默德创立伊斯兰教之后，阿拉伯帝国迅速扩张。阿拉伯人崛起的时候，其东西方各有一个强大的帝国，即波斯萨珊帝国和拜占庭帝国（395—1453）。两河流域长期是波斯人的地盘。636年，阿拉伯联军与波斯人之间进行了一场决定性战役，这就是著名的卡迪西亚之战。阿拉伯人将波斯军队赶出伊拉克，并最终在651年灭亡了波斯的萨珊王朝。先知去世之后，伊斯兰文明迅速扩张，其中心逐渐从发源地——阿拉伯半岛的圣城麦加和麦地那——向北移，先是从麦地那到了伊拉克南部的库法，后来又转到叙利亚的大马士革，

---

* 昝涛：《现代国家与民族建构——20世纪前期土耳其民族主义研究》，北京：生活·读书·新知三联书店，2011年。

再到伊拉克的巴格达。历史上有两个重要的阿拉伯帝国：倭马亚王朝和阿拔斯王朝。倭马亚王朝定都在今天叙利亚的大马士革，受到拜占庭-基督教文化遗产的影响；阿拔斯王朝则建都在巴格达，这样，阿拉伯帝国的中心就从大马士革东移了，阿拔斯王朝的建立和统治主要是受到波斯人及其文教的影响。1258年，蒙古人灭亡了阿拔斯王朝，并焚毁了巴格达。此后伊斯兰世界的中心转移到了北方，尤其是定都伊斯坦布尔的奥斯曼帝国。

16世纪初，波斯的什叶派萨非王朝在伊朗建立，伊拉克成为强盛的奥斯曼帝国与萨非帝国之间长期争夺的目标和战场。但在大部分时间里，伊拉克是奥斯曼帝国的一部分。第一次世界大战期间，英国人从印度派兵进攻伊拉克。奥斯曼帝国战败后，协约国于1920年决定由英国治理美索不达米亚地区（现在的伊拉克），当时的伊拉克是由原奥斯曼帝国的三个省，即摩苏尔、巴格达和巴士拉组成的，这里沦为了英国的"委任统治地"（mandate territory）。

1921年8月，按照开罗会议达成的解决方案，伊拉克王国成立，英国人扶植了谢里夫*侯赛因的儿子费萨尔作为伊拉克的国王；随后双方签订了《英国-伊拉克同盟条约》，伊拉克正式成为英国的保护国。1932年，伊拉克获得名义上的独立。1958年7月，以卡赛姆为首的"自由军官组织"推翻费萨尔王朝，建立伊拉克共和国。

---

* 谢里夫（Sharif），系阿拉伯语音译，意为"贵人""高贵者"，是穆斯林对先知穆罕默德的外孙，即阿里的长子哈桑及其后裔的尊称。

1963年2月,阿拉伯复兴社会党*推翻卡赛姆,建立以该党为主的政权,但由党外人士阿里夫任总统。1968年7月,以艾哈迈德·哈桑·贝克尔为首的复兴党军官集团联合以阿卜杜勒·拉扎克·纳伊夫为首的青年军官集团推翻了阿里夫,复兴党完全掌握了政权,推行阿拉伯"统一、自由、社会主义"的纲领,贝克尔出任总统,萨达姆·侯赛因主管内部安全事务。第二年,萨达姆成为革命指挥部的副总书记以及宣传部长和安全部长,实际掌控了伊拉克。1979年7月,贝克尔因病辞职,萨达姆接任总统。如果从1969年算起,到2003年被美国推翻,萨达姆实际掌控伊拉克长达34年。

萨达姆是一个政治强人,当然也被描画为一个残忍的、反复无常的、被一种内在的空虚感所驱动的"暴君"。也就是说,他不是一个被某种意识形态所驱动的乌托邦主义者,而是一个典型的独裁者。独裁者的生活总是神秘莫测的。关于萨达姆的指控非常多:无情地清除异己力量;残酷地镇压和屠杀库尔德人,甚至使用了化学武器;派军队入侵和劫掠了科威特……当然,他本人还经常喜欢展现自己慈爱和人性化的一面,比如他爱好写作,是个小说家;尽管是一个世俗主义者,他还善于经常表现自己宗教虔诚的一面,比如诵读《古兰经》,去清真寺做礼拜,等等。笔者曾看过一部传记电影《萨达姆》,里面比较真实地反映了萨达姆的生平。

在萨达姆统治伊拉克的30多年中,尽管他的暴政罄竹难书,但

---

* 阿拉伯复兴社会党(Baath Party),简称复兴党,1953年创建于叙利亚,原总部设在大马士革,在伊拉克等多个阿拉伯国家有分支。1963年,复兴党分别在叙利亚和伊拉克取得执政地位。1969年,伊拉克复兴党与叙利亚复兴党分裂。2003年,美国入侵伊拉克推翻萨达姆政权后,伊拉克的复兴党被解散,但引发了一系列严重后果。叙利亚的阿拉伯复兴社会党现任总书记为总统巴沙尔·阿萨德(Bashar al-Assad, 1965—)。

我们也不能否认那个时代的伊拉克取得了显著的物质进步。当时，伊拉克有条件实现物质现代化。在政治上，靠着萨达姆的强力统治，伊拉克的社会维持着较高水平的稳定。虽然萨达姆的逊尼派身份埋下了伊拉克内部矛盾的种子，但他的世俗主义执政观念也使他十分强调全体伊拉克人的国民身份，且非常注重科学教育；虽然他对什叶派和库尔德人区别对待，但他执政时代的教派冲突问题相对不是那么突出，伊拉克人的国家认同也在形成。在资源上，伊拉克的石油储量仅次于沙特阿拉伯。且不管这些能源收入更多地惠及了萨达姆的家族、部落和亲信，也不论它的社会财富分配是否公正，在海湾战争之前，尤其是在两伊战争之前的伊拉克，没有人否认这是一个看起来很富足的社会。从经济数据、基础设施建设、国防和教育等方面看，伊拉克已经是一个比较发达的国家。在两伊战争前，伊拉克人均 GDP 就达到了 5 000 美元，是当时中国的十几倍。在萨达姆统治时期，伊拉克的教育覆盖全民，而且完全免费，成绩优秀的学生还会被送到英美等发达国家深造。当时的伊拉克有浓厚的尊重知识文化和工程技术的氛围，可以说，在萨达姆时期，伊拉克的教育水平在中东地区名列前茅。在今天的伊拉克，越是老年人会英语的概率越高，年轻一代反而基本都不会说英语。

但萨达姆统治下的伊拉克问题重重，除了经常被人提到的暴政，还有几乎延续了整个 20 世纪 80 年代的两伊战争（1980—1988）。1979 年什叶派伊朗的伊斯兰革命极大地鼓励了占伊拉克人口多数但政治地位低下的什叶派，他们试图发动革命，并影响到了北部的库尔德人。萨达姆感到了巨大威胁，加上其他方面与伊朗的争端，双方敌意迅速增加。1980 年 9 月 22 日，萨达姆的军队进入了伊朗。萨达姆希望利用革命后伊朗局势不稳的局面，以闪击战制伏伊朗，但没承想这成了一场旷日持久的战争。萨达姆将这场战争称为他的"卡迪西亚"，并自比为新巴比伦王国的著名君王尼布甲尼撒（公元前 635—前 562 年）。*在战争初期取得一些优势后，萨达姆的军队遭到伊朗的强力反击。因为与霍梅尼革命后的伊朗交恶，美国偏向伊拉克，不希望伊拉克被迅速击败。但后来，美国却向双方都出售武器，大发横财。美国的角色也是两伊战争长期持续的一个重要因素。战争给伊拉克和伊朗的经济、社会都带来了沉重的灾难和负担。

接着，1991 年的第一次海湾战争将伊拉克打回了原形。为了转嫁两伊战争带来的危机，在野心膨胀和错误估计了美国的态度等因素共同作用下，1990 年 8 月，萨达姆做出入侵科威特的错误决定，致使科威特王室流亡沙特。1991 年 2 月，美国领导的 66 万联盟军队快速地取得了解放科威特的海湾战争的胜利，†同年 4 月，伊拉克接受了停火协议。海湾战争对冷战后国际新秩序的建立产生了深刻影响。伊拉克因为海湾战争而遭受了军事和经济方面的重大损失，人均 GDP 下降到不足 400 美元。此后 10 年，伊拉克处于严厉的国际制裁之下。从两伊战争结束到海湾战争之前，伊拉克平均日产原油 350 万桶，最高时达 450 万桶，而在海湾战争结束后，由于设备

---

* 王献华：《伊拉克战争的文化后果》，《文化纵横》，2009 年第 6 期。
† 诚如著名历史学家、中东问题专家伯纳德·刘易斯在回忆录中所说，他到华盛顿参加战前咨询时就告诉时任美国国防部长切尼（Dick Cheney），打击伊拉克的战争将会"快速、廉价和容易"，而他做出这一判断的重要信息源是土耳其总统图尔古特·厄扎尔（Turgut Özal, 1927—1993），在此前不久，刘易斯和厄扎尔曾在土耳其私晤。Bernard Lewis, *Notes on a Century: Reflections of a Middle East Historian*, New York: Penguin Books, 2012, pp. 324-325.

被毁和国际制裁,伊拉克的石油日产量跌至 30 万桶。人民生活日益艰难,数十万人因为营养不良而死去。根据联合国安理会第 986 号决议,伊拉克于 1996 年 12 月开始实施"石油换食品"计划,主要是为了缓解全面制裁对民众生活的严重影响。此后,伊拉克石油生产开始恢复。2002 年,伊拉克平均日产石油恢复到约 200 万桶。

2003 年,美国入侵伊拉克,发动第二次海湾战争,萨达姆被推翻。伊拉克人民艰难的生活并没有因为美国推翻了萨达姆而发生改变,因为,在这之后,伊拉克的重建过程步履维艰,尤其是面临严重的政治分裂、宗派冲突和恐怖主义威胁。在过去的 10 多年时间里,伊拉克进入了一个新的历史时期,它仍在国家重建的道路上艰难前行。

二、第二次海湾战争

美国为什么要在 2003 年入侵伊拉克?实际上,这一点直到今天还是有很多争议,可能在未来好多年,历史学家们还将为此争论不休。当然,不管任何时候,我们总是能够综合各家意见,说出几个理由来。

冷战结束后,恐怖主义问题就一直困扰着以美国为首的西方。但小布什政府并没有对克林顿离任时所警告过的本·拉登"基地"组织(Al-Qaeda)的威胁予以足够重视,加上中央情报局和联邦调查局等美国安全机构长期的官僚主义、扯皮和钩心斗角等问题,美国未能阻止"9·11"事件的发生。*"9·11"的灾难及其恐怖后果,

---

* 〔美〕劳伦斯·赖特:《末日巨塔——基地组织与"9·11"之路》,张鲲、蒋莉译,上海:上海译文出版社,2014 年,第 392、397、403—406 页。

使美国人的心理受到极大震撼。随后，美国进行的针对阿富汗的军事行动在很大程度上被认为是一种"自卫战争"，也得到了国内外空前的支持。

在阿富汗战争取得决定性胜利后，美国就图谋扩大反恐战争的范围。2001年11月，小布什曾警告伊拉克等国，如果它们继续制造大规模杀伤性武器来恐吓其他国家，它们将承担全部责任。2002年1月，伊拉克、伊朗和朝鲜被美国列入所谓"邪恶轴心"。2002年9月20日，美国公布《美国国家安全战略报告》，强调恐怖主义是一种激进主义与高科技的结合，已构成对美国国家安全的最大威胁，因此美国将采取"先发制人"战略，把恐怖主义扼杀在萌芽状态。在上述考虑之下，美国指控伊拉克的萨达姆政权与恐怖组织过从甚密，并担心伊拉克拥有并正在研制大规模杀伤性武器。

因此，美国在推翻了阿富汗的塔利班之后，就将矛头对准了伊拉克。当然，事后的结果并没有验证美国人的怀疑：既没有足够的证据证明萨达姆政权与恐怖主义的具体关系，也没有在伊拉克境内发现美国人所坚称的所谓大规模杀伤性武器。这好像是美国人对世界开了一个玩笑，不过，这个玩笑的代价对于当事人来说可能过大了。

关于美国当年打伊拉克的原因，还有一种说法是小布什为了竞选连任。2004年美国将举行新一届总统选举。2001年"9·11"事件过后，小布什的民意支持率曾经高达80%—90%，但后来因为美国经济不景气，小布什的民意支持率降到了58%左右。为了扭转这种不利趋势，争取竞选连任，特别是为了避免重蹈其父亲竞选连任失败的覆辙，小布什决心孤注一掷，通过武力打击伊拉克，抬高民意支持率，并通过战争刺激经济，从而顺利实现连任美国总统的目标。

还有一种观点指向了所谓"石油美元"这个因素，说是因为萨达姆要挑战石油美元，动摇美国的"国家命脉"，才招致了灭顶之灾。的确，萨达姆曾在2001年宣布将"使用欧元替代美元，对其石油储备进行重新定价"，这算是公开对石油美元提出挑战。但这很难构成出兵伊拉克的重要理由。因为，当时石油美元的地位早已确立，并不是萨达姆说挑战就能轻易挑战得了的，即便是今天，美元仍然是全球第一储备货币和第一结算货币，短期内很难找到替代者。美元的霸权地位主要是由美国的硬实力支撑的，是由美国长期在多个领域的全球领先地位决定的。石油作为工业命脉，各个国家都需要，是超级大宗国际贸易产品，而产油国财政对石油出口换汇的依赖度极大，其使用美元结算既有结构上的理由，也有历史的原因。1971年，美国废除了金本位制，二战后形成的布雷顿森林体系[*]解体，美元进入信用货币时代。"黄金美元"时代的结束，并不意味着美元霸权地位的结束。据称，三年后的1974年，美国与当时的第一产油大国沙特阿拉伯达成协议，沙特将以美元计价出售其石油，

---

[*] 布雷顿森林体系（Bretton Woods System）是指二战后形成的以美元为中心的国际货币体系。这是以美元和黄金为基础的金汇兑本位制，其实质是建立一种以美元为中心的国际货币体系，包括美元与黄金挂钩、国际货币基金会员国的货币与美元实行固定汇率制度。这一体系的运转与美元的信誉和地位密切相关，标志着美元初步确立了在国际货币体系中的霸主地位。布雷顿森林体系的建立，促进了战后资本主义世界经济的恢复和发展，但随着西欧、日本的重新崛起，美国的实力相对削弱，加上美国由于对外扩张和侵略战争（如越战），国际收支由顺差转为逆差，美国资金大量外流，形成"美元过剩"，美国的黄金储备也从二战结束时的7.06亿盎司下降至1971年的2.86亿盎司。美元危机与美国经济危机频繁爆发，贸易赤字和财政赤字使得美国无法保证美元与黄金之间的固定比价关系，该体系难以为继。1971年7月，第七次美元危机爆发。1971年8月15日，美国总统尼克松宣布美国政府终止按照35美元1盎司的比价向市场兑换黄金的义务，这标志着布雷顿森林体系的结束。

并将石油收入主要用来投资美国国债，而美国则将向沙特提供经济和安全援助。[*]沙特的石油产量在当时的石油输出国组织[†]中占据三分之二的份额，是实际领导国，沙特的这一决定也影响到了其他产油国，进而影响到众多的石油进口国，也就是各国都需要足够的美元来进行石油交易。这自然对美元产生了深远影响，石油与美元绑定，对美元的稳定起到了重要作用，"石油美元"也确保了美元长期的霸权地位。沙特家族投靠美国，获得了长期的政治安全，可以说，这是一个"双赢"。

关注美国对外战略的人，肯定不会忽视兴起于20世纪60年代的新保守主义（Neoconservatism）思潮，其对小布什政府的对外政策有很深的影响。新保守主义者是这样一群人：他们蔑视国际法，认为只要拥有足够的意志，美国就可以赢得任何一场战争；他们坚信美国的利益必须与美国的军事力量紧密联系起来，赞赏以色列利库德集团对待巴勒斯坦人的强硬风格，对通过斡旋、协调和谈判等外交手段解决国际问题尤其是维护美国利益不屑一顾。在小布什政府中，这一派的代表人物有保罗·沃尔福威茨（Paul Wolfowitz）、理查德·珀尔（Richard Perle）与埃里奥特·艾布拉姆斯（Elliot Abrams）等人。早在1992年，沃尔福威茨就曾经拟定过一份《国防

---

[*] https://greatpowerrelations.com/great-powers/status-of-great-powers/key-drivers-of-economic-capabilities/dollar-and-de-dollarization/birth-of-petrodollar/（获取于2021年12月20日）。
[†] 石油输出国组织，简称"欧佩克"（OPEC），成立于1960年9月，其宗旨是：协调和统一成员国石油政策，维持国际石油市场价格稳定，确保石油生产国获得稳定收入。该组织自成立以来，与西方石油垄断资本坚持斗争，在提高石油价格和实行石油工业国有化方面取得重大进展。它现有13个成员国，包括阿尔及利亚、安哥拉、刚果、赤道几内亚、加蓬、伊朗、伊拉克、科威特、利比亚、尼日利亚、沙特阿拉伯、阿拉伯联合酋长国、委内瑞拉。其总部设在奥地利维也纳。卡塔尔于2019年1月退出欧佩克。2020年1月，厄瓜多尔退出欧佩克。

规划纲要》，强调美国要积极防止出现一个威胁美国存在的超级大国，要积极捍卫美国的利益，并推广美国的价值观，还主张在没有办法组织集体行动的情况下采取单边行动。*

美国的新保守主义者们认为应该在中东推广美国的价值观，这就必须颠覆叙利亚和伊拉克这样的政权，并在那里复制美国的所谓民主体制。† 早在第一次海湾战争时，他们就力主推翻萨达姆，不过老布什没有这么做。在克林顿政府时期，他们仍然对伊拉克耿耿于怀，一方面支持伊拉克的反对派，另一方面不断发起针对伊拉克的各种动议。

新保守主义思想对小布什、副总统切尼和国防部长拉姆斯菲尔德影响很大。小布什在上台之初，就把目标锁定在伊拉克的萨达姆身上。对沃尔福威茨这样的新保守主义者来说，入侵伊拉克，很可能是颠覆一系列中东反美和反以色列政权的第一步，同时也是控制中东石油等战略资源的重要步骤。通过宣传伊拉克与恐怖主义的关系及其所拥有的大规模杀伤性武器对美国长远利益的威胁，2002年10月，美国参众两院被说服，并通过了授权小布什进攻伊拉克的决议。随后，华盛顿加快了宣传攻势、外交努力和军事准备。2003年3月，在没有经过联合国授权的情况下，美国打着"意愿联盟"（The Coalition of Willing）的旗号，发动了对伊拉克的战争，把伊拉克作为"反恐"主战场，这就是第二次海湾战争。

现在，对这场战争的评价仍然众说纷纭，很多人认为这是一次

---

* ［美］小阿瑟·戈尔德施密特、［美］劳伦斯·戴维森：《中东史》，哈全安、刘志华译，上海：东方出版中心，2010年，第458—459页。

† 这也是伊拉克战争之后美国政府推行所谓"大中东民主计划"的思想源头。

失败的战争，一是因为发动战争的理由不充分，甚至根本就是不存在的——"美国政府曾以萨达姆政权秘密开发大规模杀伤性武器和支持恐怖主义为由，发动伊拉克战争，然而事实证明，美国的指控纯属子虚乌有。"[*]二则因为战争的结局不好，只给伊拉克人民留下一个乱糟糟、冲突和恐怖袭击不断的国家。另外，美国为这次战争也付出了很大的代价。

国家和个人都难免为自己的行为计算得失。美国从伊拉克战争中到底获得了什么？在浅层次上，这个问题并不难回答。

首先，从利益的角度来说，美国在当时获得了巨大的能源利益。[†]伊拉克所在的中东海湾地区是世界上的最大产油区，在2019年美国实现所谓"石油独立"之前，美国石油消费量的三分之一长期来源于海湾地区，而伊拉克的石油探明储量居世界第二位，出口量居世界第六位。所谓能源利益，当然就是英美石油集团对伊拉克石油的进一步控制。这不免让人想起20世纪50年代伊朗的石油国有化，英国对伊朗的封锁以及美国推翻摩萨台政权，其中就有能源利益的因素。近年来，"页岩革命"和新能源革命使得发达经济体尤其是美国对中东地区石油的依赖大大减少，而新兴经济体则成为中东地区石油的主要消费者。尽管如此，在开采、冶炼等方面，技术发达的美欧石油集团对中东石油利益的介入和影响，仍然是深层次的和巨大的。

其次，美国当时也有战略利益的考虑。不言而喻，伊拉克的战

---

[*]《盘点伊拉克战争对美国的五大影响》，新华网：http://www.xinhuanet.com/world/2013-03/20/c_124467331.htm（获取于2021年12月20日）。

[†] 关于近年来美国石油产业的发展及其影响，详见本书"结语"部分。

略地位非常重要,控制伊拉克就能进一步控制中东。中东不仅是世界上最大的产油区,还是重要的地缘政治枢纽区。它是连接欧亚非三洲的桥梁,也是欧亚大陆心脏地带国家出入海洋的门户。伊拉克本身可以说是中东的心脏地区。它的东面是伊朗,西面是叙利亚和约旦,北面是土耳其,南面是波斯湾,霍尔木兹海峡是波斯湾的唯一出口,也是东西方石油运输的主要通道,世界所需石油的50%是从这里运出去的。因此,攻打伊拉克,在当时是美国控制中东进而掌控欧亚大陆的一个极其重要的环节。通过推翻萨达姆,美国解除了一个对其以以色列和沙特为代表的中东盟友的重要威胁。

再次,美国推广了自己的制度和价值观。即使没有新保守主义的影响,美国一直都是一个意识形态色彩浓厚的国家,大多数美国人对于在全球复制和推广美国的制度与价值观没有什么异议。伊拉克的战后重建尽管并不顺利,但它反映和代表着美国看重并着力实践的某些东西。从某种意义上说,第二次海湾战争以及伊拉克在战后的重建,部分也是后来"阿拉伯之春"的刺激因素之一。

有得必有失。实际上,美国明显的和潜在的损失也不小。

首先,经济账最好算,光是在大规模撤军之前的8年时间里,美国就在伊拉克花费了超过8 000亿美元,对后来陷入次贷危机的美国来说,这是一个让普通美国人感到愤恨的数字。同样地,在人员上,美国有近4 500名士兵阵亡,在一个越来越难以承受国民死亡的时代,这是很大的代价。奥巴马曾说:"结束战争不仅是伊拉克人的意愿,也是美国人的意愿。美国为将伊拉克的未来送到伊拉克人民手中,付出了巨大代价。"

其次,一个按照美国制度设计出来的伊拉克,不一定就是完全亲美的。虽然萨达姆出身于在伊拉克人口[*]中占少数的逊尼派，但萨达姆时代的伊拉克，教派问题并不突出。萨达姆被推翻之后，长期处于边缘地位但占人口多数的什叶派[†]主导了伊拉克政权，并对逊尼派采取了多种报复性举措，致使伊拉克的教派冲突问题十分突出，这也是当下伊拉克重建面临的重要挑战之一。伊拉克的什叶派还与什叶派的伊朗关系密切，在萨达姆之后，一个亲伊朗的什叶派控制的伊拉克，构成了伊朗主导的所谓"什叶派新月带"（The Shia Crescent）[‡]的重要部分。对美国来说，如何防范这一点也是很头痛的。美国终将不能完全控制伊拉克，因为伊拉克必定要追求成为一个主权完全独立的国家。伊拉克的领导人也将更多地按照国家利益的理性行事，而不会完全唯美国马首是瞻。实际上，就算是与伊朗关系密切，也不意味着什叶派主导的伊拉克就会听命于伊朗。

最后，还有一些长远的影响值得指出来。美国人在发动第二次海湾战争之前，主要忙于在阿富汗的反恐和报复。在阿富汗的战事进行得很顺利，并且得到了国内外空前热烈的支持，但是，小布什政府无心在阿富汗巩固胜利成果，很快就把主要的资源和精力用在了伊拉克身上，给阿富汗留下个烂摊子，塔利班也逐渐恢复了元气。[§]之后的奥巴马和特朗普时代面对的是一个新局面，尤其是美国国内厌战情绪高涨，他们主要考虑的是怎么撤军。事后回顾，小布

---

[*] 2003 年时，伊拉克人口有 2 500 多万，到 2020 年时，伊拉克人口已经达 4 000 万。
[†] 根据 2015 年美国 CIA 的数据，伊拉克什叶派人口占比为 64%—69%，而逊尼派占比为 29%—34%。此外，伊拉克还有约 1% 的人口为基督徒。其他资料显示，伊拉克是一个多族群的国家，其中 75%—80% 是阿拉伯人，库尔德人有 15%—20%，其他族群占 5%。
[‡] 从地图上看，"什叶派新月带"指从伊朗到伊拉克、叙利亚，并包括黎巴嫩真主党等政治军事组织在内的什叶派力量占主导的地带。
[§] 2021 年，美军撤离阿富汗，塔利班重掌政权。

什政府对伊拉克的战争既使阿富汗错失了重建的历史机遇，又搞乱了伊拉克。可以说，美国在阿富汗和伊拉克都是"始乱终弃"。伊拉克战争之后，美国面临次贷问题引发的金融危机，内部的压力和外部的教训都使其更多地关注内政。在宣布结束美军在伊拉克的任务时，奥巴马即呼吁伊拉克各派尽快组建民族团结政府，声称自己主要的责任是振兴美国的经济。

在伊拉克的教训使美国变得更加保守，更谨慎地使用大规模武力直接干预，强调更多地利用北约和其他国际机制、外交的合纵连横等"巧实力"来解决国际问题，维护美国的利益。在之后"阿拉伯之春"的动荡中，我们可以很清楚地看出美国的这种变化，不能不说这部分应该也是伊拉克之痛带来的影响。继而，随着中东地区在美国能源和地缘战略中地位的相对下降，以及美国更加重视与中国的竞争，美国在中东地区的战略收缩和保守趋势将长期延续。在维护自身利益和战略存在方面，美国表现出更加注重运用技术、情报等优势的趋势，比如，使用侦察卫星、精确制导、无人机、AI 等先进技术对敌手进行精确打击。2019 年美军对 IS 领导人巴格达迪的突袭和斩杀，2020 年美国通过定点袭击"斩首"伊朗"圣城旅"领导人苏莱曼尼[*]，都是很好的例证。

三、伊拉克重建之路

第二次海湾战争给伊拉克带来了巨大的创伤。战争带来的伤亡

---

[*] 相关分析见本书第十五章。

很难精确估计。根据"伊拉克伤亡统计"网公布的数据显示，截至2011年，伊拉克战争已导致10万到11万人死亡。实际伤亡可能更多。伊拉克媒体公布过另外一个版本的伤亡统计：到2011年，在总人口大约3 000万的伊拉克，有超过100万人死亡，数百万人受伤，另有数百万人无家可归。也有统计认为，加上因为暴力事件间接导致的死亡，大概有50万人死亡。战争更使伊拉克经济遭受重创。受安全局势动荡等因素影响，加上缺乏投资、设备陈旧、管理不善以及恐怖袭击和暴力活动对石油基础设施的破坏等原因，伊拉克石油产业深受摧残。战争结束四年的时候，伊拉克的石油生产与出口仍未达到战前水平。基础设施的恢复也非常慢，直到今天人们在伊拉克几乎还找不到一条平整的路，到处都是坑坑洼洼。此外，战后的伊拉克社会崩溃，教育水平一落千丈，因战乱而失学的儿童有数十万之多。

更不必说，伊拉克长期糟糕的治安状况以及不断发生的恐怖袭击，更是不断威胁民众的日常生活。主导从伊拉克撤军的美国前总统奥巴马也曾承认，战争结束并不意味着伊拉克不再有暴力袭击活动。事实上，2014年"伊斯兰国"的出现，就在美军战斗部队撤离伊拉克之后。极端分子策划的炸弹袭击和对伊拉克什叶派平民的有意攻击，意在引发什叶派政权的报复，加剧伊拉克的教派-政治冲突。"伊斯兰国"引发的动荡打断了伊拉克的重建进程。

不过，在纷繁复杂的局面下，后萨达姆时代伊拉克的核心问题其实是政治问题。也就是说，伊拉克人要如何凝聚政治共识，在作为外来势力的美国所确立的政治架构下，学会突破宗派和利益冲突的藩篱，解决自身的问题。但这谈何容易！美国推翻了萨达姆的统治。伊拉克有了一个美国帮助搭好的政治框架，似乎迎来了一个开放社会的新时代，但其实，我们看到，在解决派系冲突、民族矛盾、恐怖主义以及经济重建等问题方面，伊拉克仍然面临重重困境。

整体看，伊拉克存在三大政治势力：什叶派、逊尼派和库尔德人。当然，这三大势力各自也并非铁板一块。下面，我们依次看看他们的角色。

在后萨达姆时代，伊拉克面临的最大政治分裂是什叶派与逊尼派的分裂。伊拉克是什叶派人口占多数的国家，逊尼派占全国总人口偏少数，但他们在萨达姆时期占据主导地位，尤其是萨达姆的亲信占据和把持了所有的重要部门和岗位，他们排斥和打击什叶派、库尔德人等，导致伊拉克国内很多什叶派领袖的不满。在海湾战争前，就不断有针对萨达姆及其亲信的反抗行动，当然，这些行动都遭到了萨达姆的残酷报复。在萨达姆被捕后，他被指控的罪名大多涉及对什叶派和库尔德人的迫害和屠戮。比如，现在伊拉克议会最大党的领导人、什叶派政治家萨德尔，他的父亲和两个哥哥都是因为反抗萨达姆而被杀害的。在后萨达姆时代，原来在国家占主导地位的逊尼派被边缘化了，他们因而长期备感失意，也不信任什叶派主导的政府。

后萨达姆时代对"前朝"人员的处置也缺乏政治智慧。在美国的主导下，复兴党不仅被解散，其重要成员遭到清洗，而且，新宪法还规定前复兴党成员不得在新政府中任职，这显然是一种政治报复，打击面过大。毕竟，有很多复兴党成员并非骨干，而只是在特定历史条件下为了生存而加入了复兴党。尽管之后对复兴党的报复性政策有所调整，力图避免"一刀切"，而是根据实际情况进行审核，但主管审核的大部分还是什叶派，在实践中对逊尼派的打压仍在继续。2003 年，美军攻下巴格达不久，就下令原地解散伊拉克共和国卫队，这是一支萨达姆时期最精锐的地面部队，当时有五六万人，都是职业军人。就地解散等于是没有给这些人任何出路。在社会处于崩溃状态的情况下，这批专业的军事和战斗人员失去了保障，很多人迫于生计加入了各地的反美武装，其中就包括后来猖獗一时的"伊斯兰国"，他们极大地提升了后者的战斗力。

库尔德问题也在伊拉克政治中扮演着独特角色。库尔德人长期生活在小亚细亚东南部。今天来看，有着 3 000 多万人口的库尔德人，是生活在土耳其、伊拉克、伊朗、叙利亚四国的跨境民族，被西方学者说成是世界上最大的没有自己独立国家的民族。库尔德人在奥斯曼帝国治下享有较高自治地位，其主要社会组织形态是部落。在奥斯曼帝国末期，库尔德民族主义兴起。奥斯曼帝国在"一战"后崩溃，协约国曾承诺允许库尔德人独立建国，但这并未实现。奥斯曼帝国的摩苏尔省生活着很多库尔德人（也有不少土库曼人），该省在 1926 年后被划归伊拉克，条件是库尔德人被允许参加政府，库尔德语得到官方承认。* 这是伊拉克库尔德问题的由来。

奥斯曼帝国摩苏尔省的地形多为山地和丘陵，今天这里北邻土耳其，东邻伊朗。20 世纪 70 年代，库尔德人自治区建立，下辖三个省，分别为苏莱曼尼亚省、埃尔比勒省及达胡克省，首府在埃尔比勒。不过，在萨达姆时代，库尔德人的自治只是名义上的。在 20 世纪 80 年代，萨达姆政权多次镇压和屠戮库尔德人。当地有着丰富

---

* 关于此问题，本书第十二章谈及土耳其与伊拉克的关系时还将更为详细地讨论。

的石油资源，基尔库克有世界上最大的油田之一。从石油储备来看，即便不包括有争议的基尔库克油田，伊拉克的库尔德自治区（简称库区）也拥有 300 亿到 600 亿桶原油储量，与各产油国家相比，仅次于位居全球第九的利比亚。

自 20 世纪 90 年代以来，库尔德人依赖美国的支持和保护，获得了实质上的高度自治，建立了地方政权（KRG）。经历两次海湾战争及打击"伊斯兰国"的战争，库尔德自治区的实际控制区也大为扩展，最有争议的莫过于在打击"伊斯兰国"的过程中，伊拉克库区实际上控制了基尔库克。在萨达姆倒台后，伊拉克陷入各种冲突，其北部、西部很多地区后来又被"伊斯兰国"搞得一塌糊涂，但 20 多年来，库区俨然成了伊拉克的安全绿洲，在伊拉克其他地区陷入动荡之时，库区却秩序井然、生机勃勃，吸引了不少海外投资。伊拉克库区的人口约为 500 万。

后萨达姆时代，在伊拉克库区实际上已经坐大为一方重要的力量后，它与伊拉克中央政府的关系变得既紧张又微妙。双方斗争的焦点主要是石油收入的归属和分配问题，以及更有争议的库尔德人谋求政治独立的问题。*

在萨达姆倒台后，伊拉克最迫切的政治问题是制定一部新的宪法，以之确立伊拉克的基本政治制度，并使政治进程尽快回到正轨。现行伊拉克宪法规定伊拉克共和国是一个独立和完全自主的联邦国家，采用共和、代表、议会和民主政体，地方政府可以组建"安全组织"，比如警察、治安部队和卫队等，也可以在不违宪的情况下

---

* E.M.B. Alsamee, H.A. Wahab & Y. Yusof, "The Application of Federalism in the Kurdistan Region under the Iraqi Constitution 2005", *Journal of Critical Reviews*, Volume 7, Issue 05. 2020, pp. 172-176.

制定自己的法律。除联邦政府专属权力外，所有权力都属于地区政府和各省政府。关于联邦政府和地区政府之间其他权力的分配，如果发生争议，应以地区和各省的法律为准。宪法规定伊拉克实行议会制，每四年进行一次选举，行政权力归以总理为首的内阁；还规定设立总统委员会，由总统和两个副总统组成，任期四年，国民议会应通过其成员的三分之二赞成票从候选人中选举出共和国总统，总统是国家元首和国家统一的象征，代表国家的主权。宪法承认库尔德地区及其作为一个联邦地区现有的权力："本宪法在生效后应承认库尔德斯坦地区及其现有的政府属于联邦地区"；"自 1992 年以来在库尔德斯坦地区颁布的法规应继续有效，库尔德斯坦地区政府颁布的决定（包括法院的判决和合同）应被视为有效"。宪法规定伊斯兰教是伊拉克的官方宗教，是立法的基础，任何法律都不得违反伊斯兰教的规定。宪法还保证大多数伊拉克人的伊斯兰身份，并保证所有人的宗教信仰和实践的自由权，规定伊拉克是伊斯兰世界的一部分。*

在制定新宪法的过程中，国家未来也是伊拉克各政治派系争论的焦点。什叶派和库尔德人都主张建立一个联邦制国家，但大多数逊尼派不同意这一点。逊尼派主要政治代表认为，联邦制就是要通过宗教和种族分裂伊拉克。仔细追究，这背后其实主要还是利益的考虑。如果实行联邦制，什叶派将控制伊拉克的南部和中部地区，而库尔德人将至少控制伊拉克北部地区的三个省。相对于什叶派，逊尼派人数少，地盘小，所在地石油储量少，他们非常担心在联邦

---

* 《世界各国宪法》编辑委员会编译：《世界各国宪法·亚洲卷》，北京：中国检察出版社，2012 年，第 731—741 页。

制下南部什叶派占人口多数的省份形成庞大的什叶派联邦行政区,而在北部的库尔德人也会利用联邦制扩张地域,这样,什叶派和库尔德人都将占据更多的石油利益。

2005年10月,伊拉克宪法草案最终以78%支持、21%反对获得通过。在全民公决宪法时,人们本以为逊尼派占主导地位的三个省都会否决宪法,但最终,逊尼派主导的尼尼微省并没有出现三分之二的人投反对票的情况,从而使这部濒临绝境的宪法获得了通过。也就是说,在当时,并非所有伊拉克的逊尼派都反对宪法草案,而是有相当一部分人对宪法草案投了赞成票。在占领伊拉克期间,美国也逐渐改变孤立逊尼派的做法,试图将逊尼派纳入战后伊拉克政治进程。为了能够使新宪法获得通过,美国也尽量满足伊拉克逊尼派的合理要求。比如,尽管宪法中仍然保留了限制复兴党成员参政的条款,但为了争取逊尼派的支持,宪法的第142条规定第一届议会同意考虑修改宪法。该条款宣称,代表理事会,即伊拉克国家议会,将遴选议员组成一个委员会,"代表伊拉克社会的主要成分",该委员会将在四个月内向议会提交修宪建议。届时,修宪案将整体上在议会进行投票,如果通过,就将付诸全民公投,公投要通过的话,需要大多数人同意,以及不会出现在三个(或更多)省有三分之二的人反对。进行全民公投的条件跟制宪公投时的条件是一样的。

不过,从前述条款不难看出,作为少数派的逊尼派要推动修宪,在技术上是很难的。修宪主要是围绕联邦制、石油财富的分配、伊斯兰教在伊拉克的地位(逊尼派偏世俗主义,什叶派希望增加伊斯兰色彩)等问题展开,实际上,这些都是当年制宪中悬而未决的问题,涉及各派的立场和利益的根本性分歧。过去这些年,伊拉克政治上的冲突大多源于此。因为种种原因，直到现在，伊拉克的修宪工作还没有开始。2019年10月，距离制宪已经过去了14年，伊拉克总统巴勒姆·萨利赫还在宣布打算举办全国性的论坛来修订伊拉克的宪法："伊拉克政府将在全国范围内就修订宪法和可能对其主要条款进行修改的问题做准备。"

2014年，"伊斯兰国"势力在伊拉克北部和西部不断扩张，伊拉克中央政府与库尔德自治区政府一度合作打击极端分子。面对"伊斯兰国"，库尔德人很积极，什叶派也很积极，他们还要求美国派兵帮助，也联合了伊朗。伊朗在伊拉克有军事存在，2020年被美国"斩首"的苏莱曼尼就是一个代表。但随着"伊斯兰国"的威胁逐渐降低，分歧又开始凸显。2017年，伊拉克库尔德人搞了一次公投，结果显示，超过九成库尔德人赞成库尔德自治区独立。虽然库区领导人坚持说这并不意味着他们要宣布独立，此举还是引起了伊拉克中央政府的激烈反应。周边的土耳其、伊朗也表示强烈反对。美国也表示支持伊拉克的统一。伊拉克政府派兵从库尔德人手中夺回了基尔库克，还联合土耳其和伊朗采取共同行动，封锁了伊拉克库区与外界的直接往来，最后迫使库尔德人重新回到了伊拉克联邦制国家的宪法框架下。

客观来说，困扰伊拉克的教派问题、民族问题和恐怖主义问题，是伊拉克重建过程中难免要出现的问题。这些问题在过去的萨达姆时代是通过威权主义的方式压制住的。美国在伊拉克进行"民主改造"，首先就会释放出不稳定的因素。一位埃及开罗大学的伊拉克问题专家曾指出，伊拉克乱局的根源在于美国发动的未经联合国授权的战争，这场战争打破了伊拉克固有的社会、政治等生态平衡，使原本潜藏的各种矛盾充分暴露，它们在外力助推下交织释放，高烈度地频频爆发。*这个看法是很有见地的。

不过，不只是不同教派和不同民族之间有分歧，各派内部也不一致。这些分歧和冲突并非是教派或民族差异直接引发的，而主要是石油利益分配、历史积怨、政治权力分配等问题所导致的。

如前所述，在伊拉克宪法公投时，逊尼派内部就出现了分裂。什叶派内部也存在重要分歧，比如"海归派"与"本土派"之争。"海归派"指的是在萨达姆时代流亡到伊朗的什叶派精英，在萨达姆倒台后又回国参政；"本土派"指的是那些在萨达姆时代坚持留在伊拉克国内的人，其代表就是反美斗士萨德尔（Muqtada al-Sadr，1974—　）。伊拉克的什叶派对伊朗的态度也很复杂，有亲伊朗的，但也有很多伊拉克人不喜欢伊朗对自己国家的干涉。另外，什叶派中也有保守派与改革派之争。这些分歧有时也会引发武装冲突。什叶派内部的分歧还使得马利基†等曾希望与逊尼派联手。

伊拉克的财政收入九成以上依靠石油出口，这块收入的分配成了各派政治势力争夺的焦点。‡由于逊尼派占据的中部地区石油资源相对较少，因此，他们支持中央集权，希望由国家统一分配石油收入，而占据南部的什叶派和占据北部的库尔德人，则希望按照联邦制原则更多地由地方政府支配石油收入。伊拉克2005年宪法规定，

---

* 黄培昭：《这场噩梦似乎没有完结之日》，《人民日报》，2018年3月23日。
† 努里·卡迈勒·马利基（Nouri Kamil Muhammad-Hasan al-Maliki），伊拉克前总理，2006年当选，2010年连任，2014年卸任总理，是什叶派达瓦党的领导人。
‡ 根据不完全统计，2006年，伊拉克石油日产量已经恢复到250万桶以上；后来陆续增加，2011年的数据是260万桶，2015年是410万桶。目前伊拉克的石油日产量稳定在450万桶左右，位居全球第五。伊拉克所产石油约90%出自南部地区。

石油和天然气属于所有伊拉克人，联邦政府以及油气产区的省政府和地区政府应负责管理从当前油田开采的石油和天然气，并按照国家人口分布的比例公平分配油气收入，联邦政府与油气产区的地区和省政府应一同制定必要的战略政策来开发油气资源，但宪法没有明确中央政府和地方政府的权限。2007年，伊拉克出台了《石油天然气法》（草案），草案明确规定石油是国家资源，石油的全部收入通过国家石油公司上缴国库，归入中央政府设立的一个基金账户名下，然后再按人口比例在全国平均分配，用于地区经济、社会的发展。遗憾的是，这一草案还没有被议会通过。目前，伊拉克各地在石油利益分配上各自为政的情况非常突出，比如，库尔德自治区就一直不听中央政府的话，执意与外国石油公司签订合同，而且尤其依赖与土耳其之间的管道，从而获得了其所需要的地方财政收入。伊拉克中央政府在2014年就宣布过库尔德自治区的石油合同为非法，但没有起到什么效果。南部的情况正好相反，中央政府拿走了南部油田收入的一大部分，但在社会福利和公共事业上的投入却很少。巴士拉是伊拉克石油储量最丰富的地区之一，同时还有伊拉克最重要的港口，但是巴士拉省的议员只能服从什叶派的整体分配方案，这些资源换来的收入只有很少一部分用在了本地，因而招致当地民众的不满。[*]

对老百姓的日常生活来说，主要就是过日子。美国带来了所谓的民主制度，但伊拉克人的治安、社会稳定、收入等都没有改善，

---

[*] Qaraman Mohammed Hasan, "The Power of Constitution for Enacting Energy Law and Managing Natural Resources: The case of the Kurdistan Regional Government's Oil Contracts", *Energy Policy*, Volume 128, 2019, pp. 744-751.

甚至还恶化了。伊拉克的失业率很高，就算是有工作，收入也不高，如普通公务员、教师、医生，在巴格达一个月大概能挣到500美元，也就是人民币3 200元；只有军队和警察的工作比较有保障，收入较高而且很少拖欠。在疫情和低油价的冲击下，很多行业出现了拖欠工资的情况，有的医生和教师甚至超过6个月没领到工资。这自然导致老百姓对现实很不满。上一次大选是2018年，伊拉克选民投票率创下历史新低，只有29%，说明很多伊拉克人对选举不抱希望。自2019年10月起，伊拉克多地爆发示威活动，示威者抗议政府腐败、服务不力及失业率居高不下。

伊拉克也有表现出一致性甚至是民族主义的一面。这主要是对美国驻军的不满，换句话说，就是对外国侵略的反抗，在这方面伊拉克人是有共识的。2020年，伊拉克议会通过决议，要求美国完全撤军。在伊拉克，美国尽管已经在2011年底完成撤军，但仍然维系着足够的影响力。2014年，由于"伊斯兰国"在伊拉克持续攻城略地，美国又有所增兵。但美军权限仅限于打击"伊斯兰国"以及为伊拉克政府军提供支持与培训。现在，美国及其盟友在伊拉克只有3 500名驻军，其中有2 500名美国人。2020年，伊拉克要求美国撤军的背景，是美国在伊拉克境内发动空袭杀死了伊朗伊斯兰革命卫队"圣城旅"指挥官苏莱曼尼，这导致伊拉克议会投票要求所有外国军队必须从伊拉克撤离。在2020年时，美军已移交了大多数驻伊拉克基地。拜登上台后，美伊双方就撤军问题进行谈判，目前来看美国撤军只是时间问题。

历史地看，美国曾经不止一次地主导过他国的重建，比如二战后日本和德国的重建。但与半个多世纪后的伊拉克相比,过去的经验与现实有很大的不同。伊拉克作为一个传统威权国家能在很短的时间内实现转型并不容易,这一方面要归功于伊拉克人在这方面有主动性,有急于摆脱过去萨达姆体制的愿望,而另一方面,作为外部力量,美国的占领和改造也非常重要。不过,美国有推翻萨达姆的激情,却没有对伊拉克人民负责的勇气和责任感。奥巴马曾虚伪地说:"伊拉克人是一个骄傲的群体……他们深知,无论如何,伊拉克人的分歧最终只有他们自己才能解决,伊拉克街道的安全只有伊拉克人自己才能维护。也只有伊拉克人自己,才能在这个国家建立起民主,而美国能做的,只是作为朋友和伙伴施以援手。"* 这种冠冕堂皇的说辞,无非是为美国撤军和无法继续负责任进行的无力辩护。2014 年,奥巴马指责中国"搭便车 30 年",被《人民日报》评论员钟声的文章激烈反驳,文章称美方的"搭便车论"实在荒唐,无异于放大自己制造战乱却不思悔过的不义。以第二次海湾战争为例,钟声指出,中国不仅在战前就明确表示反对美国的单边主义战争计划,而且,面对美国发动伊拉克战争留下的烂摊子,中国又积极参与到伊拉克的重建进程中,给予伊拉克实实在在的援助和支持,既有无偿的人道主义援助,也包括通信、能源等基础设施和经济领域的合作。以美国为首的西方大型石油公司,借助其优势力图控制伊拉克的能源,而中国企业以高效率、低成本使伊拉克人得到了实惠。近些年,伊拉克对中国的原油出口增长很快,2020 年

---

* "Remarks by the President in Address to the Nation on the End of Combat Operations in Iraq", https://obamawhitehouse.archives.gov/the-press-office/2010/08/31/remarks-president-address-nation-end-combat-operations-iraq(获取于 2021 年 12 月 20 日)。

伊对华出口原油 6 012 万吨，同比增幅达 16.1%，对华出口量保持在第三位，仅次于沙特和俄罗斯。这些都对伊拉克的经济恢复做出了直接贡献。*

关于伊拉克的长期得失其实很难估量，因为它还处于战后重建与转型的过程之中。有人根据前述残酷现实否定美国给伊拉克带来了任何积极因素，断定美国人带来的只是灾难。信服美国意识形态和价值观的人则会说，美国帮助推翻了萨达姆这个暴君，解放了伊拉克人民，为伊拉克带来了"光明的"前景，尽管在过去 10 多年的时间里，伊拉克陷入政治动荡、经济贫困、社会失序与恐怖袭击的灾难之中，但他们可能将此视为某种值得的"代价"。

总之，第二次海湾战争是 21 世纪前 20 年发生的一场规模最大的局部战争。我们不能武断地说这场战争是失败还是成功。以推翻萨达姆政权的目的来说，美国人比较轻易地获得了成功。但是，伊拉克的重建仍然任重而道远。这不是一场单纯意义上的军事冲突，美国和伊拉克两国及其人民都付出了沉重的代价。这场战争的复杂性也表明，我们处于一个国际政治的新时代，这个时代的特征就是西方以"人权高于主权"为借口干涉他国内政。伊拉克战争无疑给我们这个时代的民族国家建设提出了新的问题，也提供了启示。

---

* 钟声：《美式"搭便车论"的偏隘》，《人民日报》，2014 年 09 月 05 日 02 版。

第六章

埃及的两场"革命"

过去的 10 年中,埃及发生了两场革命:一场是 2011 年的所谓"阿拉伯之春",埃及民众推翻了穆巴拉克的统治,穆斯林兄弟会通过民选方式上台执政;第二场是 2013 年民选总统穆尔西刚执政一年,就被军方联合民众赶下了台,塞西领导的埃及军方以穆尔西未能解决国家面临的危机为由解除其总统职务。本章讨论为何埃及在短时间里就发生了两场革命。

一、"革命"前的埃及

阿拉伯埃及共和国,面积约 100 万平方千米,比我国的内蒙古略小,其国土九成以上是沙漠。目前,埃及已经有 1 亿人口,主要是阿拉伯人,绝大部分信奉伊斯兰教逊尼派。

古埃及曾建立起人类历史上辉煌的文明,金字塔更是举世闻名。然而,2 000 多年来的埃及历史,基本上都处于外来力量的侵入、影响和引导之下,这些外来力量有:希腊、罗马、拜占庭、阿拉伯、奥斯曼土耳其、西方殖民者……当然,这些因素也在长期的历史过程中不同程度地融入了埃及的土壤中。从当代的视角看，规定了埃及民族属性的是 7 世纪的阿拉伯-伊斯兰化。到 714 年，阿拉伯语取代希腊语成为迄今埃及唯一的官方语言。

埃及是罗马帝国的粮仓，也是奥斯曼帝国的粮仓。奥斯曼帝国的统治者尊重埃及当地的实际情况与特殊性，没有在这里推行类似于采邑制的"蒂玛尔"制度（Timar system），并注意继续保护和维系埃及的农业。当时，奥斯曼高官都把能够到埃及当总督视为享受。

19 世纪上半叶，穆罕默德·阿里（Muhammad Ali，1769—1849）使埃及实际上脱离了奥斯曼帝国中央的控制。阿里的改革也被看作埃及现代化的开端，比奥斯曼帝国的改革要早，也较为成功。但是，埃及在 1801 年就遭到英国的侵略，成为英国向地中海东部扩张的基地，以及英国通向海外东方殖民地（主要是印度）的重要通道。1882 年，英国武装占领埃及。此后的几十年中，埃及实际上成为英国的殖民地。

英国的殖民统治使埃及经济结构扭曲，严重依附于宗主国。1883—1907 年担任英国驻埃及总领事的克罗默勋爵（Evelyn Baring, 1st Earl of Cromer，1841—1917）设计了对埃及的殖民统治制度。19 世纪末，英国棉纺织业大发展。为了满足兰开夏纺织厂的大量需求，克罗默确定了英国对埃及的政策：首先要求埃及向英国出口棉花，然后再进口纺织品。在英国主导下，棉花种植面积在埃及耕地面积中的比重大增，棉花种植挤掉了粮食作物。结果，有"粮仓"之称的埃及，竟然要进口粮食。这就使得埃及农民在棉花出口和粮食进口方面都要受到英国商人的盘剥。

1922 年，英国被迫承认埃及为独立主权国家，但实际上仍保持着对埃及的殖民控制。1936年签订的《英埃条约》,规定英国可以在苏伊士运河区驻扎军队,有权使用港口、机场等交通设施。英国垄断了埃及的棉花生产收购和出口。1948—1952年埃及棉花种植面积占耕地面积的近三分之一,棉花出口额占埃及总出口额的一半以上。埃及成了曼彻斯特纺织工业的棉花生产基地和商品销售市场。

二战后,埃及人民掀起了民族独立运动的高潮。1952年,以纳赛尔(Gamal Abdel Nasser, 1918—1970)为首的埃及自由军官组织发动革命,推翻了法鲁克王朝。自1952年革命以来,埃及经济先后经历了纳赛尔的"社会主义"国有化时期、萨达特(Mohamed Anwar al-Sadat, 1918—1981)的"开放经济"时期,以及穆巴拉克的政策调整、以西方债权国所提条件为框架的经济改革(新自由主义)时期。

1956年,纳赛尔颁布了苏伊士运河国有化的法令。纳赛尔在反对殖民主义、建设埃及的过程中,形成了一系列重要的思想和主张,它们被称为"纳赛尔主义",其本质是包含着民主主义内容的民族主义,其主要内容是民族主义和社会主义。* 纳赛尔时代,埃及经济中的公有部分占很大比重,还进行了两次土地改革。纳赛尔在具体的实践中是以军队为依靠,争取政治自由和经济自由,最终目标是建立一个文明富强、独立自主的新埃及。纳赛尔主义还影响到利比亚、苏丹和南也门,特别是到了利比亚,卡扎菲将其发展为"世界第三理论"。

1970年,萨达特继任总统。在政治上,萨达特主张民主,在经济上实行开放政策,在外交上则推行"积极中立"和"不结盟政

---

* 吴云贵、周燮藩:《近现代伊斯兰教思潮与运动》,北京:社会科学文献出版社,2007,第164页。

策"，反对霸权主义，力图打破中东"不战不和"的局面，推动中东和平进程。这些政策使埃及的国际地位迅速提高。70年代末，埃及与以色列实现和平，使中东地区消除了一大隐患。但这也是萨达特被极端分子刺杀的重要原因之一。

萨达特执政后，实行开放政策，大量吸收外资，在强调国营企业为支柱的同时发展私营企业，还开放了封闭8年之久的苏伊士运河，大力开采石油，鼓励侨汇，发展旅游业。但私人资金集中于商业和其他容易获利的行业，致使埃及国民经济结构严重失调，财政入不敷出，只能靠借债度日，埃及外债由1970年的40亿美元猛增至1980年的300亿美元。

1981年，穆巴拉克（Muhammed Hosni Mubarak，1928—2020）上台后，奉行"和平、稳定、发展"的政策，为经济发展提供了良好的内外环境。他将经济工作置于重要地位。但整个80年代，埃及经常受到国际货币基金组织（IMF）的批评，IMF认为埃及在能源价格、利率改革以及减少预算赤字方面都未达标。

20世纪90年代初，埃及债务问题严重。于是，从1992年开始，埃及就接受IMF的建议，接受贷款，在汇率、关税、利率以及国有企业私有化、引进外资等领域，进一步采取改革措施，以迎合IMF的要求。IMF的政策简单来说就是私有化，首先是国有部门的私有化，其次是金融体系的私有化，然后是外资银行的引进；在产业方面，则是鼓励发展高新技术产业，主要是通信和互联网产业。从2004年开始，埃及连续三年经济增速都是7%，到金融危机爆发时也还有5%左右。实际上，在高速增长阶段，埃及获得发展的是能源业、房地产、金融业和高新技术产业。

二、"阿拉伯之春"[*]

1. 资本主义危机与埃及

要回答埃及为什么发生革命这个问题，其实也就是要讲清为什么会出现"阿拉伯之春"。

宏观地看，"阿拉伯之春"是全球金融危机作用于世界市场边缘国家的政治反应，是资本中心地带（发达国家）向资本依附地带（发展中国家）转嫁危机的必然结果，是面临危机时以埃及为代表的阿拉伯国家内部固有矛盾的总爆发。自1979年以来，资本主义周期性危机大约每10年爆发一次，每次都是资本主义世界体系的调适与拓展，每次都会引发大规模社会动荡和政权更替：1989年苏东剧变摧毁了社会主义阵营；1997年亚洲金融危机摧毁了以东亚"四小龙"为代表的"东方资本主义"模式；2008年以来的金融危机，则摧毁了美欧以华尔街为代表的新自由主义金融体系，但靠新兴经济体和政府救助渡过难关，而埃及以及阿拉伯世界则不幸沦为此次金融危机的政治牺牲品。

西方在近代的崛起和发展，造成了一个全球性的世界市场，这也就是通常所说的全球化，其实质是资本主义经济秩序的扩张。这个秩序的特点之一就是不平等。依靠先进技术和军事优势，西方资本主义国家成为这一秩序的推动者和主宰者。在19世纪，英国推行自由贸易帝国主义，靠的是其强大的技术和产能优势，还有帝国海

---

[*] 本部分的初稿酝酿于2011年。原文中一些观点受到北京大学外国语学院吴冰冰教授的启发和指教，在此仍需再次致谢。

军的保护，最终是英国的商品摧毁了东方的自然经济，殖民地半殖民地国家沦为其原料产地和倾销市场。二战后，资本主义世界秩序由帝国主义阶段转向新阶段，其本质上是美国借助自身强大的政治军事实力建立起的资本市场体系，其表现则是货币基础从金本位过渡到美元本位。美元成为世界货币，这意味着这种货币不再是一般等价物，而是美国政府可以凭自身力量无限增发的政府信用，美国能够利用这种信用搭建庞大的金融资本控制全球，这就是西方左翼理论家批判的"新帝国"。

纵观当代世界政治经济格局，资本主义周期性危机没有消失，全球资本对劳动的剥削没有消失，金融资本对生产型或发展型国家的剥夺没有消失。这集中体现为发达国家主导金融机构（国际货币基金组织、世界银行等）和世界贸易体系（如世界贸易组织）对发展中国家进行的"双重剥削"。一方面，发展中国家国内经济增长红利转化成的外汇被用来购买美国国债，而美国可以以政府力量为后盾不断增发货币，导致美国名义债务缩水；另一方面，发展中国家又以牺牲国内劳动力待遇和生态环境为代价，将自己生产的原材料商品输往发达国家，做进一步深加工。在这样的"双重剥削"中，发展中国家付出了高昂的代价，例如贫富悬殊、生态破坏等，却用自己的原材料和资本给发达国家输血，而收获的却只是不断贬值的美国国债。在这种体系下，资本主义解决自身危机的方式就是将资本全球化，将危机全球化。在"阿拉伯之春"发生之前，美国发生次贷危机引发的金融危机，进而波及全球。这成为埃及革命的导火索。

埃及发生如此重大的政治事变，并不是因为经济停滞。恰恰相反，革命前埃及经济形势非常好。根据2009年的一篇报道："近几年，埃及国民经济发展态势良好，政府为扩大出口、吸引外资、增加就业等所采取的各项举措切实有力，取得了明显成效。根据埃及中央银行统计数据，2006—2007财政年度埃及经济呈现出良好的增长势头，GDP总量达到1 108亿美元，同比增长7.1%，30多年来经济增长率首次超过7%，人均GDP达到1 518美元，同比增长5.7%。截至2007年6月底，埃及外汇储备达到296亿美元，同比增长29%；国际收支盈余53亿美元，比上一财政年度增长61%；失业率从上一财政年度的9.5%降至9.1%；通货膨胀率从上一财政年度的8.4%降至8%。"*

国际上对埃及经济发展的评价曾经也是很高的，作为新兴市场国家，埃及被列入"金砖五国"之外的"新钻十一国"的行列。革命前，人们还乐观地预测说："2010年埃及经济继续保持稳步发展的良好势头。2009—2010财政年度，埃及经济增长5.1%，其中第三季度达到了5.6%。预计2010—2011财政年度，埃及经济增速将超过6%。数据表明，埃及经济总体向上的趋势明显，经济复苏的步伐更加稳健。虽然目前埃及经济还未恢复到国际金融危机爆发前的水平，但基于近两年的良好表现，市场人士对埃及经济重回快速增长轨道充满信心。"

但是，埃及高速增长的经济并没有转化为普通人民的福利，反倒伴随着非常严重的社会问题。

一是两极分化的加剧。新自由主义的私有化，只是让高层受益

---

* 《埃及经济形势及远景发展规划》，http://www.globalsmes.org/news/index.php?func=detail&detailid=509&catalog=35&lan=gb（获取于2021年12月21日）。

了，底层没得到实惠，而高层就是穆巴拉克执政集团的人，这更是加剧了两极分化。据2011年《埃及新闻报》的一篇报道，开罗美国大学的社会学家阿明指出：埃及全国人口可以分为三个层次。第一层次是富人集团，他们占人口总数的20%，却拥有社会财富总量的55%，这些人或从政，或经商，腰缠万贯，挥金如土。第二层次是中产阶级，他们占人口的20%，占有27%的社会财富。第三层次是穷人，他们占人口的60%，由于收入低下，拥有的财富仅占社会财富的18%。在穷人阶层中，政府下层公务员竟然占据了相当大的比重。当时，他们中具有大学学历的月收入为130埃镑（约合人民币280元），其他公务员的月收入在80埃镑到120埃镑之间。据统计，一个埃及家庭平均每月的生活支出是400埃镑（约合人民币850元）。因此，大多数下层公务员生活在贫困状态。

  二是失业率的持续攀升。随着埃及人口的迅猛增长，贫困人口的数量没有减少，就业情况非常不好，革命前男性大学毕业生的40%左右毕业后两年没有工作，90%的女性毕业生毕业后两年没有工作。IMF建议走的产业发展路子并不能消化国内日益增大的就业需求，因为它发展的都是非劳动密集型产业。也就是说，房地产、金融、高科技产业能够吸纳的就业并不多，增加不了多少就业机会。国际金融危机爆发后，很多赴国外工作的劳务人员不得不打道回府，然而，埃及国内经济对劳动力的容量又有限。于是，失业问题更为突出。埃及政府公布的2007—2008财政年度失业率为8.9%。埃及国家统计局的数据显示，埃及2009年第一季度的失业人口为234.6万，失业率达9.4%。2011年动乱发生时，官方统计的失业率为8.5%。但实际失业率肯定远高于官方的统计。革命爆发时，在埃及失业人口中，90%失业者是29岁以下的青年。在埃及失业的青年中，受过高等教育的学生所占比例很高。根据埃及官方统计，2010年，埃及受过高等教育的人口失业率达到18%，比全国平均失业率还高出不少。埃及拥有法律和医学学历的年轻失业者最终只能沦为出租车司机。高失业率、高通胀率所引发的社会不满情绪始终笼罩着整个埃及社会。

三是贫困问题日益严重。经济增长的速度只是问题的一个方面，它对广大人民群众来说，或许就是个数字而已。据中国经济网2007年的报道：世界银行发表的一份报告显示，埃及的贫困人口达2 800万，占埃及总人口的40%，其中有260万人生活在赤贫中，占贫困人口总数的9.3%。埃及的贫困人口主要集中在上埃及的农村地区。据美联社2010年的报道，埃及有人口8 000万，而40%的人仍生活在贫困线以下或接近贫困线。根据联合国的贫困线标准，每天的生活花费不足2美元便属于贫困。在金融危机的影响下，通货膨胀更是严重影响到了普通老百姓的生活。许多埃及人只能挣扎在温饱线附近，无法过上有尊严的正常生活。中下层埃及人民在经济发展中并未获益，不满情绪日益增长。

总而言之，在严重扭曲的经济结构下，埃及人民无法共享经济增长成果。历史地看，埃及经济是典型的"依附性权贵资本主义经济"。一方面，长期的英国殖民统治使得埃及经济发展过分依赖石油、棉花、运河、劳务输出和旅游等产业，缺乏完整的农业体系与国民经济体系，对国际市场的依附性较强；另一方面，20世纪90年代依赖以国有部门和金融体系私有化、开放市场、削减政府补贴为代表的新自由主义改革，全面加剧了经济结构的扭曲。特别是在分配领域，经济高速增长所带来的大部分利润都被以总统穆巴拉克的次子为代表的金融新贵和军方瓜分占有，形成了独占型的权贵资本主义体制。

以上问题都不是单纯的经济问题，而是严重的社会问题。埃及动荡的发生，不是缘于经济停滞、人民赤贫或国家无能，而是缘于新自由主义经济发展模式下对普通老百姓生活的漠视。当对现政权不满的中产阶级二代青年开始通过现代通信手段设计和组织一场新型社会运动时，严重的社会问题就自然地演变成了群众性的政治运动。"阿拉伯之春"的出现，普遍都带有这样的特点。也就是说，宏观经济发展不错的国家，面对的最大危机就是：经济发展的成果与社会发展的水平严重脱节/失衡。

2. 作为政治的专制与"羞辱"

与大多数中东国家的现代化一样，埃及的现代化也有两个特点：第一，迟发性和外诱性；第二，政治变革引导经济变革。中东的社会变迁先是从政治层面展开的。中东各民族国家的建立，基本上都是先进行政治变革，即夺取政权，取得独立自主发展的条件，然后进行经济变革，通过经济变革巩固政治变革的成果。对独立后的各国而言，经济变革是刻不容缓的，多数国家把工业化作为现代化的核心，自上而下实行"强制赶超型"工业化发展战略。

这两个特点决定了中东国家现代化在国内往往是一种靠强力推行的政策，是一些所谓的"卡里斯马式"的领袖人物（具有超凡魅力的领导人）所领导的。这样的现代化无论是标榜社会主义，还是标榜资本主义，都难免具有专制主义的特色，没有强权的保证，现代化就没有办法推行。这也是中东国家现代化进程中一个无法摆脱的悖论。这些"卡里斯马式"的领袖人物，"作为国家、民族或宗教领袖，有其独具特色的政治思想；他们具有创造性和代表性的政治行为在中东乃至世界产生了重大影响；他们以一定的社会政治和经济背景为依托，有着坚实的社会基础"。

这样的领导人周围一般都形成了一个特权阶层，成为领导推行国家现代化的中坚力量。以纳赛尔为中心的自由军官便是埃及社会发展政策的制定者和执行者，也是既得利益者。纳赛尔本人出身于军人，他坚信"军人精英"的力量，认为"军人精英"是埃及职业阶层、知识分子、技术专家等中产阶级的"集中代表"。但是，纳赛尔的这一主观认识与埃及的社会现实是不相符的，因为，在埃及社会中，22%的人属于社会的上层，70%的人处在社会的下层，真正的"中产阶级"只有7.9%。

埃及军队精英是一个特权阶层，"他们不直接占有生产资料，但握有决策权，在所辖部门拥有几乎不受制约的权力，有权决定生产、销售和分配的方针，决定人员的调动和升迁。天长日久，他们的思想和心态渐渐发生变化，日趋官僚化和资产阶级化，把自己看成高踞于人民大众之上的'上流社会人物'"[*]。这些人不但有高官厚禄，而且还贪污腐败，进行权钱交易，造成了很差的社会影响，引起了人民的不满和抱怨。这种情况与伊斯兰革命前的伊朗类似。

萨达特和穆巴拉克都没有改变对军人集团的严重依赖。埃及的这

---

[*] 杨灏城：《纳赛尔军人政权的性质及其历史作用》，《世界历史》，1992年第1期。

个体制发展到 21 世纪,不光是特权和腐败横行,而且已经达到了对普通百姓的个人尊严完全漠视的程度。诚如阿明所说:"民众对现制度、对警察都极为厌倦了。你只要因为很小的问题(例如闯红灯)被逮捕,就会被毒打,被折磨。警察施加日常的镇压欺凌,完全无法无天,丑恶无比。民众也厌倦了黑社会制度。世界银行所说的代表未来的银行家,都是强盗流氓。他们是怎么累积财富的?是通过国家无偿给他们土地,他们再将土地转卖给地产商。这是巧取豪夺累积的财富。他们把真正的企业家挤压走了。"*在这个体制里面,有才能和抱负的人无用武之地,普通的民众也没有任何尊严可言。用吴冰冰教授的话说就是:"这种专政体制对民众进行的是日常性的羞辱,而不是日常管理(在中东地区羞辱是一种政治)。只有通过羞辱才能够让人屈服,羞辱之后让人连维护自己利益的信心都没有。"

在埃及,对参与这场革命运动的人来讲,他们的目标最终统一到了"人的尊严"这个问题上,包括:经济尊严(要争得经济发展上的权益、提高生活质量)、政治尊严(要争得政治权利上的尊严、个人权利)以及外交尊严(在阿拉伯国家对以色列的立场上,埃及与以色列的密切关系引起了民众不满)。

3. 埃及革命的特点

埃及革命是金融危机影响下,自身经济矛盾与社会矛盾的政治化,体现为由青年中产阶级领导的以失业青年学生和工人阶层为主

---

* 萨米尔·阿明:《埃及的运动》,汪晖、刘健芝采访,https://www.guancha.cn/Ethics/2012_01_14_64317.shtml(获取于 2021 年 12 月 20 日)。

的新型政治运动。

工人阶层是运动的主要力量。随着埃及私有化进程的推进,劳资关系紧张,工人运动大规模展开。自 2000 年以来埃及共发生 2 000 多次示威活动,累计有 1 700 多万工人参加,工人已成长为埃及社会中的重要力量。工人阶层主要反对激进的新自由主义经济政策导致的来自新兴市场国家的竞争加剧、基本生活条件恶化以及政府掌控下的传统工会的不作为。但是,由于传统左翼政党长期被打压,基层自发的工人运动缺乏领导者。

工人运动与青年运动的结合,是这次埃及革命的转折点。青年运动的主力,是来自中产阶级的青年学生。在埃及的人口中,16—25 岁的年轻人占到全国人口的一半,大城市则又聚集了全国人口的五分之一至三分之一。由于高校扩招,埃及有一半年轻人受过高等教育,而由于经济不景气,这些人中又有一半人找不到工作。在城市中受过高等教育的青年精英成为埃及革命的领导者,他们在首都高校接受标准的西方教育,大多毕业于最热门的专业如工程、医学和法律,可以说是"中二代"(中产阶级二代)。其特点是:追求政治自由和人权多于追求经济利益,又与广大失业青年和工人在反对现政府方面具有共鸣。

于是,他们能以社会问题而非政治问题为出发点,通过长期的组织运动和争取群众,谋求非暴力推翻现政权。比如"四月六日青年运动"(The April 6 Youth Movement),他们开始时呼吁支援工人罢工,后来又到美国学习国外政治运动的组织经验,继而深入工人中建立组织,发动运动,主动代表工人的经济社会诉求。在这个过程中,现代移动通信技术和互联网社交媒体起到了重要的作用,一些受过教育、熟谙网络且对现状不满的年轻人将现代网络作为组织、联络与发起运动的主要媒介，这也是"阿拉伯之春"的一个突出特点。

三、军方与"二次革命"

2011年，穆巴拉克下台*后，穆斯林兄弟会组建自由和正义党，参与埃及政坛角逐。2012年6月，自由和正义党主席穆尔西当选埃及总统。不过，2013年7月，埃及军方解除了穆尔西的总统职务，当年12月，埃及过渡政府将穆斯林兄弟会定性为恐怖组织。短短几年之内，埃及又发生了一次革命，民选上台的穆兄会势力被推翻了。

1. 穆兄会的成与败

穆尔西在2012年6月上台后，也试图把埃及的社会经济搞好，他提出了一些解决问题的政策，比如"百日计划""能源补贴改革""旅游业振兴计划"等。无奈的是，之前结构性的积弊又岂能是说变就变得过来的！穆尔西执政的短暂时间内，埃及人民的生活并无改善，某些方面，比如经济增长、燃料供应、通货膨胀、失业率等甚至还在继续恶化。这些与人民生活都是息息相关的。政府内部的权斗（主要是穆尔西与军方及司法部门的矛盾）、穆兄会对异

---

* 2011年8月3日，对穆巴拉克的审判正式开始，使其成为"阿拉伯之春"中首位站上被告席的国家最高领导人。

己的不断排斥，加上老百姓对生活的失望以及对伊斯兰-保守化倾向的不满，导致埃及再次出现街头政治，原本反对穆巴拉克的自由派、世俗派、什叶派穆斯林、科普特基督徒、知识分子和女权主义者，现在纷纷聚集到"反穆兄会"的旗帜下。这样，穆尔西政权自然也无法集中全力搞复兴和建设。这就是某种恶性循环、"零和博弈"。本来，穆尔西接手的埃及就是个"烂摊子"，谁都没有可能在短期内调整好。但他和他的政党既然愿意接手，那就不得不承担起积弊的后果与失败的责任。穆尔西一定程度上成了穆巴拉克时代遗产的牺牲品或陪葬人。

穆尔西所代表的穆斯林兄弟会是一支伊斯兰主义政治力量，它是有社会和政治理想的，与我们在世俗意义上理解的只关照私德和内心世界的宗教组织不一样。自1928年建立以来，穆兄会曾是一个较为激进的逊尼派伊斯兰主义政治组织，名声并不太好。在埃及国内，它曾长期受政府的打压。尽管它后来的政治立场趋于温和化，但并未放弃其保守主义的诉求，因此，它很难得到世俗主义精英和民众的信任与支持。[*]作为一个在20世纪早期就建立的宗教性政治组织，穆兄会长期在草根阶层中经营，为老百姓做好事，得到了广大下层民众的支持，是埃及最富政治经验、组织建设也最好的准政党。尤其是考虑到埃及实行长期的威权统治，其他的政治组织很弱小，也不够成熟，因此，一旦开放政治，搞西式民主化，穆兄会势力的上台就是可想而知的。

穆尔西有南加州大学工程学博士学位，相对来说算不上是个有

---

[*] Philip Mattar, *The Encyclopedia of the Modern Middle East and North Africa*, 2nd Edition, vol. 3, Farmington Hills: Thomson Gale, 2004, pp. 1620-1622.

名的人物，过去也行事低调，不事张扬。成为候选人之后，他粗犷的风格也并不受人喜欢。但这一切并不重要，靠着穆兄会超强的组织和动员能力，2012年6月，穆尔西当选总统的时候，得票率达51.7%，而他的竞争对手沙菲克得票率是48.3%。当时两人的对决被称为中产阶层与穷人的对决。沙菲克的支持者主要是世俗的城市中产阶层，他们担心穆兄会上台将会把埃及带回到一个社会生活与文化上更为保守的状态。

还有一种说法是，穆兄会窃取了埃及民主革命的果实。之所以这么说，是因为"阿拉伯之春"席卷埃及的时候，整个过程中基本上没有穆兄会的事，既没有它的动员参与，也没有它的口号，它没做什么重要贡献。整场运动就是一场反专制的民主运动，其中，青年运动发挥了重要作用。穆巴拉克政权被推翻之后，穆兄会只是靠着原有的基础，借着民主革命赢得的果实，利用这个机会掌握了政权。这或许会让我们联想到霍梅尼革命发生时的情况。显然，很多埃及人是不服穆兄会的。尽管大家最终默认了选举的结果，但埃及人的不满情绪实际上时有发生，尤其是具有坚定世俗主义倾向的民众，他们对穆兄会的上台深感气愤。当然也有人对此不以为然，认为穆尔西的上台是民主的胜利，至少他经历的选举是没有问题的，而穆兄会被他们认为是平民阶层的代表，他们从这个立场出发谴责街头政治，尤其谴责军方的干预，认为塞西领导的军人干政是对民主的公然践踏。这个问题看起来是一个"屁股决定脑袋"的问题，也就是立场不同看法自然不一样。且不说复杂的政治，就是日常生活之中，不同的人对同一件事情，会出现截然不同的观点，见仁见智罢了，只是要看大家是不是奔着一个共同的目标，如果不是，那就很难谈得拢。

2013年7月,埃及的中产阶级民众通过街头政治,借助塞西领导的军人势力,把穆尔西赶下了台。穆尔西被解除总统职务后,其支持者不断发起抗议示威活动。2013年12月,得到军方支持的埃及过渡政府将穆斯林兄弟会定性为恐怖组织。2014年,沙特也将埃及穆兄会列入恐怖组织名单。埃及穆兄会的主要成员遭到清洗和逮捕。2014年3月,500多名穆兄会成员被埃及刑事法院判处死刑。当年8月,穆兄会下属政党亦被解散。此后还有更多穆兄会支持者被判重刑,数万人被拘押。对穆兄会支持者的逮捕行动一直延续至今。塞西在2014年参选埃及总统时针对穆兄会的言论,代表了埃及当局目前的态度。塞西当时说,如果自己能顺利当选总统,他的首要任务将是维护国家安全与稳定,在其任期内将"不会有名叫穆兄会的组织",因为取缔穆兄会是埃及人民的意愿。

被赶下台的穆尔西的命运也令人唏嘘。2014—2015年,埃及检方针对穆尔西展开过多项刑事调查,称其涉嫌间谍行为、煽动暴动、越狱[*]以及造成国家经济崩溃等。2015年,埃及一家法院就2012年埃及总统府外冲突导致示威者死亡一案,判处穆尔西20年有期徒刑;同一年,穆尔西还因越狱罪被判处死刑,因间谍罪被判处终身监禁。2016年11月,埃及最高上诉法院做出裁定,撤销此前对穆尔西因2011年越狱案做出的死刑判决,并宣布重审此案。2017年9月,穆尔西因泄露国家机密罪被判处终身监禁。2019年6月17日,穆尔西在庭审中突然去世。

---

[*] 2014年10月,埃及检方表示,包括穆尔西在内的穆斯林兄弟会高层,以及来自巴勒斯坦伊斯兰抵抗运动(哈马斯)、黎巴嫩真主党和其他犯罪团伙的成员在2011年1月28日策划并实施了越狱行动。埃及检方指控穆尔西等130余名嫌疑人损毁监狱建筑并对监狱放火、谋杀及谋杀未遂、抢劫监狱武器库、释放囚犯等。

第六章 埃及的两场"革命"

2. 军人干政

穆尔西下台,看起来挺简单的,基本上可以说,就是一场受到大量民众欢迎的军人干政。在政治场中,军队与文官的关系(所谓"文武关系")是一个历史悠久的问题。谁都知道枪杆子的重要性,搞革命,搞权斗,都难免要舞刀弄枪,决一死战。不过,治天下不能靠枪杆子,还是要靠政治家和文官。但问题是,即便到了今天,文武关系在很多国家里还并没有理顺。不管是在什么体制的国家里,革命后的建设时期还是经常出现武人干政的现象——不管是直接的、幕后的还是"后现代式"的。*

关于军队与政治现代化的关系,亨廷顿在半个世纪之前的洞见仍然值得重视:军队起到此种改进性的甚至是推动现代化的作用,其能力大小有赖于各种社会势力的布局。在一个普力夺社会†里,军队的影响随参与水平的不同而变化。在寡头统治阶段,军人和文职领袖之间通常没有什么差异,将军或至少挂着将军头衔的人物主宰着政治舞台。当社会进入中产阶级参与政治的激进普力夺阶段时,军队通常比较明显地形成了一种制度化的机构,它和其他社会势力分享着对社会的影响,一种有限度的政治制度化可能在狭义的、非扩张型的政治体制中得以形成。军人干预经常是间歇性地发生,军

---

* *Milliyet*, 15 January 2001.
† 普力夺社会(Praetorian Society),是政治制度化程度低的社会。普力夺社会在各种政治参与程度上都存在,亨廷顿将参与程度低的普力夺社会称为寡头普力夺,这种社会的政治参与仅限于一些集大权于一身的寡头;当政治参与扩大到中产阶级时,这种社会被称为激进普力夺社会;而当政治参与进一步扩大到广大群众时,该普力夺社会就被称为群众普力夺社会。Samuel P. Huntington, *Political Order in Changing Societies*, New Haven and London: Yale University Press, 2006, pp. 83, 212-216.

政府和文官政府轮流坐庄，更加强大的民间抗衡集团逐渐兴起。最后，在大众普力夺阶段，军人的影响就受到了浩大的民众运动兴起的制约。所以，军人主持建立政治制度的最佳机会是在激进普力夺社会的早期阶段。

由于历史的原因，埃及的真正掌权者长期以来都是军人集团。现代埃及共和国是20世纪50年代初纳赛尔那批"自由军官"通过政变建立的。作为这个国家的创立者和统治者，军人们慢慢演变成为一个庞大的权贵利益集团。军人集团目前仍是埃及主要权力和资源的占有者。

最终，穆巴拉克集团的统治既被埃及人民所厌弃，也威胁到了军方的利益。军方抛弃穆巴拉克，迎来一个新时代，但他们仍然不希望出现一个危害自身利益的政治势力。穆兄会对军方和世俗中产阶层都造成了威胁。军人集团不喜欢代表平民阶层的穆尔西，一向讨厌穆兄会的世俗文官阶层也是如此，也就是说，他们都反感穆兄会。更不必说，穆尔西政府还力图削弱埃及军官团的影响力。

穆尔西的下台，是其反对者的共谋，街头民众和军方是一道的。我们可以看到，在搞垮穆尔西的过程中，不管是在表态上，还是在行动上，埃及军方是十分审慎的。埃及每年都要从美国得到大量的援助，其中的大部分被军方获取，军方认为自己搞的并非军人干政，担心的就是失去美国的支持，因为按照美国的相关规定，发生军事政变的地方将无法再得到其援助。从各方面的表态看，除了突尼斯和土耳其，大多数国家都没有将此次事件定性为军事政变。沙特对塞西的行动给予了大力支持。英美的表态比较含糊。土耳其的埃尔多安通过电视发表讲话称："无论在哪里发生军事政变都是错误的，政变显然是民主的敌人。"直到2021年两国关系开始缓和前，埃及与土耳其的关系一直处于低点。

土耳其执政党一直支持埃及的穆斯林兄弟会和穆尔西。从土耳其针对埃及政变的强烈抨击来看，埃及这次导致穆尔西下台的政变，同时致使土耳其追求的伊斯兰领袖地位受到了影响。有报道称，在穆尔西执政的一年内，土耳其执政党为穆尔西大力提供政治支持，以及约合20亿美元的经济支持。土耳其领导人埃尔多安针对埃及政变的指责，给人某种"感同身受"的感觉，好像埃及的"政变"是发生在土耳其一般。三年后，也就是2016年，埃尔多安将亲自挫败一次"政变"。

2011年，"阿拉伯之春"席卷中东的时候，有人乐观地认为这是"民主化"的"第四波"到来了。但也有人早在"阿拉伯之春"初期就预想到，这场以民主化为主色调的变革将经历较长的阵痛期。在人类历史上，实质性的历史变革总是缓慢的，尽管名称、旗帜或者色调的变化可以非常迅速。在埃及人民把穆巴拉克赶下台的时候，军队曾发挥了举足轻重的作用。穆兄会的上台，最初也得到了军方的认可，但之后，又是埃及军方出手扳倒了穆兄会。从穆巴拉克到穆尔西，再从穆尔西到塞西，埃及貌似发生了两次"革命"，但说到底，掌控局面的主要还是军人集团。总统塞西一方面努力维护与美国、以色列、沙特等国的密切关系，另一方面在国内致力于解决政治稳定、经济发展和民生问题。尽管国内外有反对声音，但在2019年4月，埃及修宪案以很高的支持率通过了全民公投，确保了塞西能够长期执政（不出意外的话，应该可以到2030年），也使军方获得了更多的政治权力。应该说,埃及又回到了"阿拉伯之春"以前的状态。埃及发生的事态,与20世纪的土耳其以及今天的缅甸和巴基斯坦有很多相似之处。

第七章

陷入长期动乱的叙利亚

在埃及,"阿拉伯之春"意味着两年里发生了两次"革命"。突尼斯、利比亚、也门等国也发生了不同形式的政权更替。而叙利亚的动荡已从2011年3月持续到现在,时间更长,内外斗争更复杂,也更充满不确定性。在"阿拉伯之春"发生时,有国际观察家曾说,阿萨德政权凶多吉少,在叙利亚撑不了多久。但时间过去了10年,阿萨德政权依然能够维持,叙利亚的动荡仍未结束,很多事情已经超乎了当初的预测。叙利亚的情势,恰恰由于其拖得最久,各种因素和角色都得到了充分展示。它提供了一个独特的案例,供我们观察因内外多重因素导致的一个现代主权国家的长期动乱。叙利亚动乱的重要特征就在于其长期性,究其原因,是外部干涉力量之间博弈的复杂性和持续性。

一、阿萨德政权

位于地中海东岸的叙利亚,被冠以"世界小国中的大国"之称,面积只有18.5万平方千米,相当于我国湖北省的面积。叙利亚地理位置很重要，自古就是兵家必争之地，有阿拉伯"跳动的心脏"之称。7世纪后期，大马士革成为阿拉伯倭马亚王朝的首都。直到现代，大马士革都是中东地区非常重要的政治、经济和文化中心之一。第一次世界大战中，奥斯曼帝国战败，原属奥斯曼帝国的叙利亚沦为法国的委任统治地。叙利亚人多次发动反法起义，直到1946年取得真正独立。2011年内战爆发前，叙利亚人口有2 369.5万，其中，80%为阿拉伯人，85%的人信奉伊斯兰教，穆斯林中80%是逊尼派，20%是什叶派（占全国总人口的11%）。动乱10年后，叙利亚人口下降为约1 700万。

叙利亚是共和制国家，现任总统是巴沙尔·阿萨德，其家族已经在叙执政半个世纪。2000年，巴沙尔从乃父哈菲兹·阿萨德（Hafiz Assad，1930—2000，即老阿萨德）手中接过大权，并一直当权至今。要了解当前叙利亚的局势，首先就需要对阿萨德政权有一个基本认识。

1940年，叙利亚民族主义者成立了阿拉伯复兴党，开始在叙利亚政坛崭露头角。1953年，它与阿拉伯社会党合并，成立阿拉伯复兴社会党，以"统一、民主和社会主义"为政纲。当时该党的主要成员是基督徒，故一直淡化宗教色彩，强调阿拉伯民族主义。1958年，在阿拉伯民族主义激情的推动下，叙利亚与埃及合并，成立阿拉伯联合共和国（阿联）。这使叙利亚隶属于埃及，埃及总统纳赛尔要求解散复兴社会党。1961年，一部分叙利亚军人发动政变，叙利亚退出阿联。1963年，复兴社会党通过政变上台，当时哈菲兹·阿萨德发挥了重要作用。自复兴党上台以来，叙利亚就致力于强化国民的国家认同，反对分裂主义和外来干涉。1970年，老阿萨德在党内斗争中以"纠偏运动"的名义发动政变上台。翌年，他成立了以复兴社会党为首的多党统一战线组织——叙利亚民族进步阵线。

在阿萨德政治体制下，国家的最高权力集中在总统及其核心集团手中，其统治有三个支柱：军队、阿拉伯复兴社会党以及官僚机构。半个世纪以来，叙利亚国家基本上依附于总统个人权威，统治基础是阿萨德的亲属和阿拉维派（Alawis）。

这里，我们需要补充一些关于阿拉维派的知识。前文已经讲过，什叶派就是阿里的追随者，而阿拉维的意思也是"阿里的追随者"。在法国托管之前，叙利亚的阿拉维派更多地是以努赛里派（Nusayris）而闻名，自法国委任统治以来，他们更多被称为阿拉维派。该派的起源难以确定，大约于9世纪出现于伊拉克，与其他什叶派不同的是，他们对阿里的崇敬进一步走向神化，认为阿里是真主的化身，是阿里创造了穆罕默德，认为阿里就是本质，穆罕默德是指引信徒认识本质的人。*此外，其教义中还糅合了新柏拉图主义、诺斯替教派（灵智派）、基督教、伊斯兰教和拜火教的多种元素。阿拉维派相信灵魂转世说（轮回），崇拜日月星辰，将圣诞节、复活节等作为自己的节日，在祈祷时进圣餐、饮圣酒。因此，在历史上，阿拉维派被逊尼派和什叶派都视为异端，长期遭到排挤、压迫和屠杀。†20世纪30年代，逊尼派宗教界开始出现与阿拉维派和解的迹象，也就是承认其为穆斯林。这对改变阿拉维派的异端地位

---

* Philip Mattar, *The Encyclopedia of the Modern Middle East and North Africa*, 2nd Edition, vol.1, pp. 104-105.

† Juan E. Campo, ed., *Encyclopedia of Islam*, New York: Infobase Publishing, 2009, p. 28.

非常重要。20世纪50年代，叙利亚的正统派穆斯林也开始承认阿拉维派的信仰。在老阿萨德成为总统后，这种承认就显得更为重要，因为老阿萨德就是阿拉维派，他被正统派攻击为非穆斯林，这对其统治是非常不利的。比如，叙利亚穆斯林兄弟会就不承认阿拉维派是穆斯林。什叶派对阿拉维派的承认始于1972年，1973年，著名的黎巴嫩什叶派宗教领袖赛义德·穆萨·萨德尔宣布承认阿拉维派为什叶派穆斯林。伊朗伊斯兰革命后，霍梅尼也承认阿萨德所属的阿拉维派为伊斯兰教的一部分。这些来自宗教界的承认，对阿萨德政权极为重要，既为其提供了合法性，有利于其巩固政权，也便于伊朗与叙利亚加强关系并长期结盟。

阿拉维派在叙利亚人口中的比例排在逊尼派之后，是第二大群体，有200多万人。在叙利亚还是法国殖民地的时候，阿拉维派就是军队主力。在叙利亚获得独立之后，阿拉维派在军队中的人数优势为他们掌控政权创造了可能。

显然，阿萨德家族在叙利亚的统治是少数统治多数，即占人口11%的阿拉维-什叶派穆斯林统治了占叙利亚人口三分之二的逊尼派穆斯林。这有点类似于萨达姆家族在伊拉克的统治，不同的是，萨达姆出身于伊拉克的少数派——逊尼派。老阿萨德上台后，为了提升和维系自己的权力，将重要的国家职务委任给了阿拉维派出身的人。阿拉维派占据了各种不同的重要机构，包括私人安全力量、情报部门以及特种部队，他们还控制了常规军的军官阶层。* 因为过于敏感，在叙利亚谈论阿拉维身份是一个禁忌。

---

* Philip Mattar, *The Encyclopedia of the Modern Middle East and North Africa*, 2nd Edition, vol.1, p. 105.

不过，作为少数派，阿拉维派长期执政的意识形态基础是民族主义，即鼓吹阿拉伯主义，淡化教派色彩。阿萨德家族在巩固阿拉维派地位的同时，也注重拉拢其他势力，包括基督徒、库尔德人和逊尼派进入政权，得到了逊尼派精英的支持。但是，自20世纪70年代以来，随着世界范围内的伊斯兰复兴运动的高涨，宗教政治也波及叙利亚。穆斯林兄弟会这一重要的宗教-政治势力在叙利亚日益活跃，使阿拉维派有了某种危机感，因此，他们对政权的掌控更加谨慎。老阿萨德总统时代就对伊斯兰激进势力实施了严打政策，还曾以武力镇压穆斯林兄弟会。叙利亚国内基本上没有可以与复兴党政权相抗衡的政党或组织。

叙利亚是中东地区唯一实现了总统职位在父子间平稳交接的共和国。巴沙尔出生于1965年，是老阿萨德的次子。原本老阿萨德培养的接班人是巴沙尔的哥哥巴塞勒，但巴塞勒死于一场车祸。于是，曾在伦敦攻读医学硕士学位，本来可以成为眼科医生的巴沙尔弃医从政，从1994年开始在军队发展。2000年6月，老阿萨德总统逝世后，年仅35岁的巴沙尔晋升为大将，并任叙武装部队总司令，同年7月当选总统。巴沙尔平日为人低调含蓄、谦和平静。与中东地区倒台的一些老朽的统治者颇为不同，他长期接受西方教育，有人认为他"年轻、有魄力，在该国受到普遍欢迎"，因此，他看起来更像是一个开明的改革者。

巴沙尔继位后，叙利亚政权的性质并没有发生根本改变，虽然民众不断呼吁改革，但改革受到各种既得利益集团的阻碍。阿萨德政权的支柱仍然是军队、复兴党以及官僚机构。同很多中东地区的共和制国家一样，叙利亚尽管有议会、选举等现代民主政治运作的要素，但其政治体制基本上是个人化、家族化和集团化的。诚如学者所言，在当代中东，"除了以色列、土耳其等少数国家具备比较完善的法律体系，基本上能做到依法治国以外，绝大多数国家仍具有浓厚的'人治'色彩，无论是国家的管理还是政治发展的方向，主要取决于这些国家领袖人物的个人素质和个人决策，国家权力主要集中在个人手中，最高职务终身化、家族化的现象比较普遍。所以，这些国家的民主化和法制化程度比较低，既不充分，也不完善，即使建立了议会等机构，这些机构也往往形同虚设，实质上纯系个人专权的附设机构"[*]。

二、动荡及其影响

过去 10 年，叙利亚发生的剧变和动乱，一般也被视为所谓"阿拉伯之春"的一部分。中东这场剧变主要是内生性的，也就是说，是对社会和政治的严重不满导致阿拉伯人民走上了革命道路。但在发展过程中，所谓"阿拉伯之春"日益受到多种外部力量的干预、引导和规约，越来越具有"颜色革命"的特点。"阿拉伯之春"在各国的发生，都有一个导火索，比如，突尼斯小贩穆罕默德·布瓦吉吉（Mohamed Bouazizi）的自焚引发了"茉莉花革命"。从其规模和演变的趋势来看，各国发生动荡也有相似性。概括来说就是，中东多数国家面临着政治合法性危机的巨大考验，这一考验的根本在于，多年当政的当权者囿于自身的局限性，无法与时俱进地满足

---

* 陈建民编著：《当代中东》，北京：北京大学出版社，2002 年，第 28 页。

广大人民的新需求,换句话说,就是国家政治-经济发展与社会现实脱节/失衡了。在上一章中,我们提到,埃及的合法性危机表现为:新自由主义政策下的经济发展没有惠及广大普通民众,而其政体严重损害了公民的自由和尊严,亲美国和以色列的外交政策使埃及人在阿拉伯世界失去了尊严。这些经验对于我们理解叙利亚也有一定帮助。

叙利亚的动荡是在2011年3月开始的。当时,有15名叙利亚少年在学校墙壁上画反政府的涂鸦,因此被抓,此举引发了学生家长的示威游行,他们要求释放学生,还要求政府扩大民主、惩治腐败。当地政府对此事件非常敏感,逮捕了一些反政府人士。结果,骚乱愈演愈烈,民众的示威游行也不断扩大。

叙利亚民众走上街头,是长期以来对自身政治和经济状况不满的总爆发。除了上述导火索的触发,以及席卷中东的"阿拉伯之春"的示范效应,叙利亚民众对自身处境的不满是主要原因。

在经济上,美国次贷危机引发全球金融危机以来,叙利亚也像其他阿拉伯国家一样,遭受失业率攀升、高通胀、物价过快上涨等因素的冲击。由于长期实行僵硬的计划经济体制,而政府内部高层对如何进行经济改革也存在较大分歧,推行改革面临层层阻力,多方原因使得叙利亚经济增长长期受到制约。在叙利亚,32%的人日均生活费仅有2美元,低收入、低保障和低幸福指数引发的社会问题严重,相当数量的适婚男性无钱购房结婚,适婚女性也因经济拮据待字闺中。

在政治上,既得利益集团长期统治叙利亚,普通民众长期感到压抑和不满。与中东很多国家相似,随着对财富的畸形分配以及当地政权的日渐腐败，叙利亚人民的不满情绪日渐高涨。与此同时，年轻一代（主要是社会中层）拥有更多的知识，能够接触到半岛电视台*这样比较开放的传统媒体和许多新媒体，尤其是受到了中东其他国家局势动荡的刺激，他们希望能够在政治上发声。在群众走上街头抗议之后，叙利亚当局采取的措施进一步激发了民众的反政府情绪，使对抗升级。

巴沙尔尽管承诺进行改革，但既得利益集团长期把持政权，已经形成尾大不掉的状态。没有一个统治集团会心甘情愿地马上退出历史舞台，而在细枝末节上修修补补的改革已经无法满足反对派的变革要求。对统治集团来说，叙利亚半个世纪形成的以高度集权的家族统治、复兴党一党独大为基础的权威体制乃是阿萨德政权的执政根基，一旦被撼动，政权大厦将轰然倾倒。

以阿拉维派为主的叙利亚执政集团，非常担心阿萨德政权的垮台导致叙利亚出现"伊拉克化"。与埃及不同的是，如果阿萨德政权被推翻，在叙利亚垮台的将不只是巴沙尔个人及其家族，而是与其相关的整个统治集团，是这个政权的全部。在这一点上，叙利亚与伊拉克情况相似。也就是说，原先占据统治地位的少数族群将在选举政治时代被边缘化。伊拉克的教训表明，这在某种程度上也是灾难性的。作为一个阿拉维少数派执掌政权的国家，少数派当权尚

---

* 半岛电视台（Al Jazeera），是一家较晚出现的世界知名媒体，总部设在卡塔尔首都多哈，立足阿拉伯，面向全球。半岛电视台于1996年开播，归属由卡塔尔王室出资的半岛媒体集团。除阿拉伯语外，半岛电视台还以英语、土耳其语等多种语言向全球播出节目，主要内容是新闻和纪录片。"9·11"事件后，半岛电视台曾多次率先播放本·拉登和其他"基地"组织领导人的录像声明，从而引起了全世界的广泛关注。因为与西方媒体的视角不同，半岛电视台已成为在阿拉伯世界乃至全球具有重要影响力的电视媒体，也是卡塔尔国家软实力的一部分。目前，半岛电视台已经开通中国区的业务和中文网站。

能维系一定的平衡。叙利亚的当权派意识到，一旦失去国家权力的保护，多数派上台之后难免对其进行历史清算，自己很可能将永世不得翻身。阿萨德政权所代表的不光是一个家族或者既得利益集团，而是整个叙利亚的阿拉维少数派的历史命运。因此，统治集团不会轻言放弃。

在上述情况下，不同外部势力开始介入叙利亚危机，从而导致形势持续恶化，直到危机演变为长达10年，至今仍未平息的内战。

10年的动乱和内战给叙利亚人民带来了深重灾难。"叙利亚人权观察组织"公布的数据显示，截至2021年1月，已经有至少38万叙利亚人在战火中失去生命。根据2018年的联合国报告，战争让叙利亚社会经济倒退了40年，80%的民众陷入贫穷，30%的人口陷入赤贫，人均寿命从70岁下降至50岁，数十万人丧生，100多万人受伤，1 200万民众成为难民。而根据联合国难民署公布的数据，目前登记注册的叙利亚难民一共有近560万人，这些难民主要分布在叙利亚周边多个国家。其中，土耳其接收的叙利亚难民最多，超过360万，其次为黎巴嫩、约旦、德国，伊拉克、埃及等国也接收了大批叙利亚难民。在登记的560万名难民中，仅有28万人能够居住在联合国或当地政府指定的难民营里，绝大多数难民都分散在接收国各地，过着居无定所的生活。

多年冲突和西方制裁以及新冠肺炎疫情暴发，导致叙利亚出现物资供应短缺、物价上涨、货币贬值的局面，叙利亚经济已陷入恶性循环。据报道，10年的内战导致叙利亚经济损失了1.6万亿美元。2015年的时候，叙利亚的国内生产总值仅相当于2010年的35%，约 140 亿美元，人均国内生产总值大约 1 000 美元左右。叙利亚从石油出口国变成了石油进口国，从地中海粮仓变成粮食进口国。叙利亚第二大城市阿勒颇遭受的破坏最为严重。内战与近几年的旱灾使叙利亚农业也遭受重大打击，粮食减产，农民失去劳动机会。叙利亚全国失业率超过 50%。联合国报告指出，大部分叙利亚人挣扎在温饱线上，近 80% 的叙利亚民众生活在贫困中，60% 的人面临粮食不安全状况。目前，新冠肺炎疫情在叙利亚仍未得到有效控制。未来叙利亚重建的预估费用高达 3 000 亿美元。

尽管我们经常听到所谓"叙利亚反对派"的说法，但其实并不存在一个统一的反对力量，所谓的"叙利亚反对派"是由大大小小数百个不同力量构成的，他们在理念、斗争方式等方面各不相同，只是他们有一个共同的目标，就是推翻阿萨德政权。动乱发生后，叙利亚出现了受到不同境外势力支持的多支反对派力量，他们的来源、构成和主张差别很大，内部存在分歧，甚至彼此之间矛盾重重。另外，这些反对派也在不断分化组合。所以，叙利亚长期没有形成一个相对统一的反对派，众多反对势力分散于国内外，派系林立，这妨碍了他们的协同行动。正如有观察者在早期所指出的："反对派内部的分裂之严重以及相互倾轧并不令人感到惊讶。大多数活动家都是在阿萨德家族统治期间成长起来的，他们有分歧正是因为叙利亚社会内部分裂严重，彼此教派不同，种族不同，意识形态也大相径庭。反对派内部包括阿拉伯民族主义者、自由主义者和穆斯林兄弟会。他们互相都不买账。"比如，2011 年 10 月在土耳其建立的叙利亚反对派机构"全国委员会"，其势力就包括自由派、穆斯林兄弟会、协调委员会、库尔德人团体和亚述人*团体等政治派别。此外,叙利亚反对派中还有众多激进或极端组织,他们的目标是建立一个以逊尼派为主的伊斯兰国。

整体上看,叙利亚反对派有三大部分:受到美西方及其盟友支持的逊尼派反对派、得到美国支持且反阿萨德政权的库尔德武装,以及各色极端主义势力。就更具世俗性质的反对派组织来说,有如下一些主要力量。

(1)叙利亚全国委员会,成立于2011年10月,旗下有大量不同派别的叙利亚国内外反政府组织和积极分子,代表了叙利亚不同的宗教、种族和政党,向所有以推翻阿萨德政权为目标的反对派团体和个人敞开大门。

(2)叙利亚自由军,成立于2011年7月,是叙利亚反对派军事武装,最初由叙利亚变节军官构成,总部先是设在土耳其,2012年9月,宣布将总部从土耳其迁回叙利亚。2012年,自由军占领了伊德利卜省的大部分。自由军曾得到西方的全力支持,一度是叙国内反政府武装的主力,强盛时近10万人。自由军发展为由多个武装力量拼凑而成的松散联盟。2013年下半年,西方减少了对自由军的援助,其麾下各派更倾向于各自为政。2014年,"伊斯兰国"的崛起,给自由军以重创,导致其事实上解体,分化为一些仍打

---

* 今天生活在中东地区的亚述人,通常被认为是古代闪族人的后代,拥有近4 000年的历史。上古时代,亚述人曾建立过亚述帝国,后在外族入侵下逐渐失去独立。目前,全世界有300多万亚述人,大部分信奉基督教,主要分布于伊拉克、叙利亚、伊朗、黎巴嫩、约旦以及土耳其,其中生活在伊拉克库区的最多。在2003年伊拉克战争、2011年叙利亚内战及2014年"伊斯兰国"兴起的过程中,中东地区的亚述人深受战乱的影响,大批被迫逃离家园成为难民,也有一批亚述人拿起武器自卫。2011年的内乱前,叙利亚大约有3万名亚述人,多数居住在哈塞克省。

着自由军旗号的独立作战单位,也有一些骨干投奔宗教色彩浓厚、战斗力更强的武装力量,还有一些人加入了库尔德人主导的"叙利亚民主军"。

(3)叙利亚全国民主变革力量民族协调机构(简称"全国协调机构"),2011年6月在大马士革成立,是叙境内最大的反对派政党联合组织,由多个叙境内政党组成,主张通过和平的方式进行民主变革,建设民主、多党制政体和现代世俗国家,属于温和反对派。

(4)叙利亚地方协调委员会,成立于2011年,是叙境内激进反对派组织,由几百名青年抗议者发起组建。

(5)北叙利亚民主联邦。叙利亚与土耳其关系好的时候,曾配合土耳其镇压在叙利亚北部长期活跃的库尔德工人党(PKK),迫使其转入地下,并导致其在2003年组建了民主联盟党(PYD)。2004年民主联盟党建立起被称为人民保卫军(YPG)的游击队。2012年,民主联盟党在库尔德地区发动暴动,建立起库尔德自治区。ISIS崛起后,威胁到库尔德人的生存,美国也借机支持库尔德人打击ISIS。在此过程中,叙利亚库尔德人日益发展壮大,并引起了土耳其的极度不安。2015年,以人民保卫军为主干的叙利亚民主军在叙利亚库尔德自治区成立。同年底成立的叙利亚民主委员会提出以民主联邦制重建叙利亚国家。2016年底,北叙利亚民主联邦制宪委员会正式通过《北叙利亚民主联邦社会契约》(宪法)。北叙利亚民主联邦一度控制了叙利亚北部大片领土,其辖下的武装力量也发展到10万之众(其中民主军6万人以上)。

2012年11月,在美西方、海湾六国和土耳其等的支持下,叙利亚的反对派阵营在卡塔尔成立了最高领导机构"叙利亚革命与反对派力量全国联盟"(简称全国联盟),主要是为了协调与整合叙利亚境内外的各反对派力量。全国联盟包括了大部分叙利亚反对派组织,名义上是反对派的联合组织。各反对派组织名义上服从全国联盟,但实际上仍保持极大独立性。作为全国联盟中的最大派别,因不愿意参加日内瓦和谈,叙利亚全国委员会曾在2014年初退出了全国联盟。

三、外部势力

叙利亚被称为中东地区的"巴尔干"。它是该地区战略地位极为敏感和重要的阿拉伯国家。从地图上看,叙利亚周围是伊拉克、约旦、以色列、黎巴嫩,以及北部的土耳其和隔着伊拉克的伊朗。叙利亚置身于中东地区的几个重大热点问题之中,这些问题有:阿以和谈、伊拉克问题、反恐问题、伊核问题、库尔德民族问题等。叙利亚显然是多种力量博弈的大阵地。与叙利亚局势有关的外部势力主要包括五个:美西方、阿拉伯国家联盟、俄罗斯、伊朗与土耳其。这些外部势力,或者支持不同的反对派,或者支持叙利亚政府。外来干预成为叙利亚动荡演变为长期内战的重要原因。

1. 美西方

美西方积极介入叙利亚问题,有意识形态和地缘利益两个方面的考虑,一方面是因为它们将"阿拉伯之春"界定为所谓自由民主运动,认为"阿拉伯之春"符合它们长期以来推广的意识形态,符合它们对外政策的逻辑,另一方面是因为叙利亚具有重要的战略地位,尤其是它是中东地区重要的反西方势力,与俄罗斯和伊朗长期交好。西方欲借机削弱在叙利亚有海军基地的俄罗斯,而属于什叶派的阿拉维派阿萨德政权与伊朗关系密切,推翻阿萨德政权,也将使伊朗失去一个重要盟友。如果能够在叙利亚扶植起一个可能更为温和的逊尼派政权,美西方将改变阿拉伯心脏地区的地缘格局,为下一步处理伊朗问题打开缺口。美国的长期目标是推翻阿萨德政权,奥巴马就曾称,叙利亚政府垮台的命运不可避免,"阿萨德没有权利领导叙利亚,他在本国人民和国际社会面前丧失了一切合法性"。美国国务卿希拉里曾推销美国版"叙利亚解决方案":绕开联合国,孤立中俄,拉拢"反巴沙尔国际阵线",全方位支持叙利亚国内外反对派,以最终推翻叙利亚现政权。但随着叙利亚局势朝着对阿萨德政权有利的方向发展,美国开始调整其政策,只是仍然维持对叙利亚政府的制裁,意图压垮叙利亚。

美国在叙利亚冲突全面爆发前,开始对叙政府、企业和个人实施制裁,冲突爆发后更是不断追加制裁。欧盟是美国对叙利亚政策的追随者和帮凶。欧盟也于2011年5月开始对叙制裁。2019年底,美国国会通过制裁叙利亚的"恺撒法案",法案于2020年6月生效。该法案要求美国总统除了可以制裁在特定领域与叙利亚发生商务往来的美国企业和个人外,还可以对与叙利亚受制裁机构发生商务往来或在特定领域合作的外国企业实施有针对性的制裁。该法案进一步加强了对叙利亚的经济封锁,从而导致叙利亚战后重建难以全面有效展开。

2. 阿拉伯国家联盟

阿拉伯国家联盟（League of Arab States，简称阿盟）积极介入叙利亚危机，多个阿拉伯国家公开支持不同的叙利亚反对派。其中，首先夹杂的是沙特与伊朗这两个最为重要的地区力量之间长期的博弈。叙利亚是伊朗在阿拉伯世界最好的盟友，而沙特作为逊尼派大国，一直也在谋求扩张影响力。2003年，萨达姆政权被推翻，随后，什叶派在伊拉克崛起，这使伊朗获得了更好的地缘政治局面，一个"什叶派新月带"的形成更是令沙特担忧。"阿拉伯之春"暂时将埃及这个重要的阿拉伯国家"放倒"，这就更加快了沙特谋求地区大国地位的步伐。此外，巴林、阿联酋、卡塔尔等国也积极谋求在阿拉伯地区新格局中占据重要地位，提升自身影响力。

因为担心伊朗的威胁，沙特一直想打破叙-伊之间的联盟。沙特对叙利亚政权过去采取的是和解姿态，只是并未取得成效。这促使沙特通过主要受其影响的阿盟施展更为强硬的影响。2011年11月27日，阿盟在埃及首都开罗决定，对叙利亚实施经济制裁。该决议得到阿盟22个成员国中除了伊拉克和黎巴嫩以外的19个国家支持。而早在11月16日，阿盟便中止了叙利亚的成员国资格。几个重要的阿拉伯国家与叙利亚中断了外交关系，并支持叙反对派。

与沙特一样积极的还有卡塔尔。卡塔尔这个小国拥有丰富的石油资源，近些年来一直雄心勃勃。中东剧变使其有了发挥自身力量的机遇和舞台。通过积极支持各国宗教势力和反对派，以及影响巨大的半岛电视台，卡塔尔已经成为中东地区不可小觑的国家。

阿盟的态度鼓励了叙利亚反对派。叙利亚经济对阿拉伯国家的依赖较深。叙利亚失去了地区性支持，经济开始急剧萎缩，这对叙利亚的打击是沉重的。但是，阿盟内部也有分歧，与叙利亚经贸往来最为密切的周边阿拉伯国家，如伊拉克、黎巴嫩等国为避免自身利益受到波及，对经济制裁叙利亚并不积极。

实际上，阿盟对叙利亚阿萨德政权的心态颇为复杂。除了不满其与伊朗亲近，阿拉伯国家还担心随着叙国内动乱的升级，美国等西方大国制裁和干涉的调门将一再提升，进而使叙成为"第二个利比亚"*，这将不可避免地引起地区局势的进一步动荡，从而可能超出阿盟的控制力。对美国主导的叙利亚问题方案，一些阿拉伯国家担心，这只会令叙利亚的血腥暴力升级，给中东地区局势火上浇油。一旦叙利亚的局势失控，各派势力的争夺必然会波及黎巴嫩、伊拉克、以色列、约旦乃至整个中东。对阿盟来说，它也并不愿意看到叙利亚陷入长期动荡。阿盟希望巴沙尔和平交权。

随着阿萨德政权在伊朗和俄罗斯的帮助下逐步巩固了自身地位，以沙特为首的阿拉伯国家对叙利亚的态度有所缓和，双方的关系正在逐步改善，多个阿拉伯国家重新开放了驻大马士革大使馆，并开始同意叙利亚重返阿盟。

---

* 联合国安理会 2011 年 3 月通过决议，决定在利比亚设立禁飞区，并要求有关国家采取一切必要措施保护利比亚平民和平民居住区免受武装袭击的威胁。联合国安理会中有 10 个成员国投票赞成在利比亚设置禁飞区及部署其他安防措施，没有成员国投反对票。俄罗斯、中国、德国、印度和巴西弃权。之后，美西方国家对利比亚进行了空中打击，5 个月后卡扎菲政权被利比亚反政府武装推翻，卡扎菲随后也被击毙。

3. 伊朗

在 1979 年霍梅尼伊斯兰革命成功之后，伊朗建立起一个稳定的教权国家，在国内实现了伊斯兰教法与现代政治的结合。作为历史上波斯帝国的继承者，伊朗一直寻求扩大在中东地区的影响力。伊朗在民族上是波斯人，在宗教上是什叶派，这使其与阿拉伯-逊尼派国家天然地形成了结构性的竞争关系。伊朗实现自身国家利益有三大手段：一是通过反西方的"泛伊斯兰主义"宣传，争取全球广大穆斯林民众的道义支持；二是通过实实在在地建立什叶派势力范围，扩大自身影响力；三是通过伊核问题。

叙利亚统治集团由于与伊朗同为什叶派穆斯林，长期以来一直是伊朗的坚定盟友，故被视为"伊朗的战略后院"。伊朗、黎巴嫩真主党（Hizballah）、巴勒斯坦的哈马斯（Hamas）都是叙利亚的铁杆盟友，它们结成了一个战略轴心，对西方和本地的逊尼派国家构成强大压力。叙利亚与伊朗的同盟关系是在 1980 年建立的，这种关系已经成为伊朗外交政策的基石。对伊朗来说，叙利亚是其深入阿拉伯腹地的一个拳头，这是关涉到伊朗自身利益的重要地缘政治问题。自叙利亚发生动荡以来，伊朗一直不遗余力地支持阿萨德政权，还向同为什叶派主导的伊拉克施压，要求其支持巴沙尔。伊朗及其盟友（如黎巴嫩真主党）的支持，是阿萨德政权挺过最艰难时刻的重要原因。

当然，对叙利亚来讲，它与伊朗保持政治、经济等方面的紧密关系，特别是进行军事合作，也有重要的利益考虑。这样既有助于应对来自以色列及驻伊美军的威胁，也无形中提高了自身在中东地区的战略地位，增加了与沙特等海湾国家平起平坐的筹码。虽然老阿萨德经常使用阿拉伯民族主义的话语，但是，他追求的是基于实用主义的外交政策。这一传统也被巴沙尔所坚持。因为在伊拉克和以色列问题上有着共同的利益，叙利亚追求了一种与伊朗走近的外交政策，在八年的两伊战争中，叙利亚就支持了伊朗。在两伊战争之后，叙利亚与伊朗仍然维持了良好的关系。

4. 俄罗斯

在叙利亚，俄罗斯关注的是国家的政治资本以及地缘政治利益。20世纪70年代，苏联即租用了叙利亚的塔尔图斯港，这是俄罗斯在地中海地区唯一的海军基地。俄罗斯支持阿萨德政权，是因为叙利亚是俄罗斯在地中海和阿拉伯地区重要的伙伴。

叙利亚危机出现时，俄罗斯媒体分析认为，俄支持叙利亚有如下原因：（1）叙利亚为关键阿拉伯盟友，不保叙利亚难以树立俄罗斯的权威；（2）叙与俄罗斯有重要的贸易和投资关系，尤其是在军火方面；（3）俄担心失去独联体外唯一的海军基地塔尔图斯；（4）叙的反对派亲阿、亲土、亲西方，与莫斯科疏远，若反对派执政，俄罗斯就可能失去对叙的控制；（5）俄罗斯吸取利比亚问题上投票的教训，担心被西方"忽悠"，再度落入授权陷阱；（6）在国际上示强，为普京竞选总统拉选票；（7）通过介入叙利亚问题，为俄罗斯在乌克兰问题上赢取更多与西方角力的筹码。

5. 土耳其[*]

土耳其在叙利亚有越来越多的关切，它接受了300多万叙利亚难民，长期支持叙利亚反对派及其武装，还十分关注库尔德问题。短期内土耳其难以在叙利亚问题上改变立场。

土耳其是叙利亚的重要邻国。作为北约成员国，土耳其部分地可以被看作西方阵营中的一员，它长期以来奉行亲西方、入欧盟的国家战略。进入21世纪，在埃尔多安及正发党的领导下，土耳其国力大增，更加强调独立自主的外交，出现了所谓"向东看"的趋势，尤其是它加强了与中东国家的关系，更加关注其在此地区的利益。土耳其要成为所谓"欧亚的中国"（Eurasian China）。

在"阿拉伯之春"之前，土耳其奉行睦邻政策，本来与阿萨德政权一度走近，两国往来极为方便，土耳其人很愿意去叙利亚购物，那里的商品物美价廉。但随着"阿拉伯之春"引发的中东局势持续动荡，土耳其改变了立场。毕竟，土耳其在叙利亚问题上也需要跟西方保持一致。土耳其自己也断定叙利亚未来的局势是巴沙尔下台，反对派上台。在干预叙利亚局势的过程中，作为与叙利亚接壤的国家，而且接壤地区存在人口数量很大的跨境民族——库尔德人，土耳其未来要想扩大自己的影响和势力范围，并保护自己的边境，就必须争取主动。它的主动性表现为对叙利亚反对派进行了长期且有力的政治和军事支持，对叙利亚库尔德人进行了多次打击，加入了俄罗斯和伊朗发起的阿斯塔纳和谈，获得了更大的话语权。结果就

---

[*] 更为详细的讨论，可以参考本书第十二章第三节。

是土耳其在叙利亚北部建立了自己的势力范围。

在土耳其关注的问题中,最重要的就是库尔德问题。土耳其认为,叙利亚库尔德武装与被土认定为恐怖组织的库尔德工人党是一体的,没有叙利亚库尔德问题,只有分裂主义和恐怖主义的问题。在打击"伊斯兰国"的过程中,在美国的支持下,叙利亚库尔德人日益发展壮大,土耳其也就越发担忧,并加强了对叙利亚库尔德人的打击。土耳其不希望叙利亚北部的库尔德人获得高度自治地位,但俄罗斯和伊朗支持叙利亚的联邦化,并允许库尔德人参与这一进程。

总之,叙利亚的动荡主要是内因引起的,但随着局势的持续发展,外来干预的影响力越来越大,不只是不同国家,一些非国家势力,比如"基地"组织和"伊斯兰国",其影响在一段时期内也非常大。在国家层面,美西方与俄罗斯之间的较量是主要的,阿盟与土耳其一方面有自己的地区利益诉求,但同时也要看美国的眼色。随着美国在中东地区的战略收缩,欧洲面临日益严重的难民危机,欧洲国家与美国之间的分歧也日趋明显,但欧洲国家在叙利亚问题上的话语权较弱。美西方国家和土耳其等以各种途径向叙利亚国内的反对派包括武装派别提供各种支持,包括人员培训、资金支持,极大地增强了反对派的战斗力。土耳其接纳了最多的叙利亚难民,支持多个叙利亚反对派,多次军事介入叙利亚,其在叙利亚问题上的话语权越来越大。伊朗、黎巴嫩真主党等势力是巴沙尔的坚定支持者,它们与俄罗斯一起成为阿萨德政权"续命"的关键因素。正是这些外来因素使得叙利亚的动荡和内战日趋复杂和长期化。目前看,美国对外的主要精力放在与中国的博弈上,因此,它在中东地区执行的是收缩战略。具体就叙利亚问题而言，美国的战略似乎是将中东的北部地区交给土耳其。随着美国和伊朗坐到谈判桌前以及沙特和伊朗相互释放缓和信号，波斯湾地区的形势也已趋缓。

四、和平进程

整体上看，在俄罗斯、伊朗和黎巴嫩真主党等势力的支持下，阿萨德政权不但顶住了压力，最终还转守为攻，掌握了在叙利亚问题上的主动权。叙利亚危机发生后，阿萨德政权一度岌岌可危，反对派势力和极端武装占领了大部分叙利亚国土，在2012年时，首都大马士革也受到了直接的攻击。在当时的情况下，美西方和其支持的反对派都拒绝与叙利亚政府对话，它们认为，阿萨德政权将很快垮台。随后，伊朗和黎巴嫩真主党武装介入叙利亚，协助叙利亚政府军防御和反攻。2014年，"伊斯兰国"崛起后，叙利亚局势更加混乱。2015年，阿萨德政权实际控制领土仅剩下全国总面积的20%左右。2015年9月，由叙利亚政府邀请，俄罗斯派军队到叙利亚"反恐"，这给了阿萨德政权以切实的支持，叙利亚战事出现转机，叙政府军转入反攻，不断收复失地。到2017年11月，"伊斯兰国"在叙利亚的最后据点被叙利亚政府军攻下。2017年12月，俄罗斯国防部宣布，俄军在叙利亚的反恐任务已经完成，将从叙利亚撤走俄军。2019年7月，鉴于叙利亚局势好转，黎巴嫩真主党也从叙撤走了部分武装人员。目前，叙利亚政府控制了叙利亚绝大部分领土，库尔德人控制了北方一部分领土，有待光复的领土主要是土耳其支持的反对派占领的伊德利卜。

1. 伊德利卜问题

到 2021 年的时候，对阿萨德政权来说最为棘手的问题是伊德利卜问题。伊德利卜是叙利亚西北部城市，靠近土耳其。这里有叙利亚全国最后一个主张推翻阿萨德政权的反对派武装。目前伊德利卜是受到土耳其支持或庇护的多个叙利亚反对派的据点，有 40 多个反对派武装组织，这些组织的总人数大约有 5 万人，而其中最重要的反对派武装力量是"沙姆解放组织"（Hay'at Tahrir al-Sham）。

我们首先来回顾一下"沙姆解放组织"的简单历史。"沙姆解放组织"原名是"沙姆征服阵线"（Jabhat Fateh al-Sham），其源头是"努斯拉阵线"（Jabhat al-Nusra）。"努斯拉阵线"曾经是"基地"组织在叙利亚的分支。从来源上看，"伊斯兰国"与"努斯拉阵线"，都曾经隶属于"基地"组织。"伊斯兰国"以伊拉克为中心，"努斯拉阵线"则立足于叙利亚。随着自身的壮大，"伊斯兰国"本来想联合"努斯拉阵线"，但"努斯拉阵线"在叙利亚也已经站稳脚跟，所以不愿意与"伊斯兰国"联合。结果，双方发生激烈冲突，导致"努斯拉阵线"失去了一些地盘。但"努斯拉阵线"在叙利亚境内发展很快，尤其是占领了伊德利卜省绝大部分土地以及其他地方的一些土地。该组织资金来源多元，实力雄厚，战斗力强，吸纳和收编了多个叙反对派组织。相对于"叙利亚自由军"多数是平民和起义军人，"努斯拉阵线"的战斗人员更为专业，善于搞非对称战争与持久战。"努斯拉阵线"的目标是推翻巴沙尔的统治，建立一个由逊尼派主导的叙利亚伊斯兰国家。2016 年 7 月，"努斯拉阵线"正式更名为"沙姆征服阵线"，并强调与"基地"组织切断联系。此举意在为自身赢得更大的发展空间,包括避免美俄的反恐打击。"沙姆征服阵线"在国际上被定性为恐怖组织,并被排除在叙利亚和谈进程之外。2017 年 1 月,多个反对派组织合并组建了"沙姆解放组织","沙姆征服阵线"在其中起主导作用。这些不断改变组织名称的做法,都是为了避免被定性为恐怖组织。不过,2018年,美国将"沙姆解放组织"列入恐怖组织名单。俄罗斯则一直坚持使用其原名"征服阵线",将其定为重点打击的恐怖组织。土耳其的态度比较暧昧,对于曾经支持过并允许对方使用自己边境的那些"圣战"组织,土耳其并不情愿把它们定性为恐怖组织。到 2018年 8 月,为了和美国的恐怖组织名单保持一致,土耳其也将"沙姆解放组织"定性为恐怖组织。

2018 年 8 月,叙利亚政府军在伊德利卜冲突降级区*周边部署兵力,准备收复伊德利卜,但遭到土耳其和美国等西方国家的反对。在此背景下,俄罗斯总统普京和土耳其总统埃尔多安于 2018 年 9 月达成在伊德利卜冲突降级区建立非军事区的协议。协议规定在伊德利卜冲突降级区的叙政府军与反政府武装之间建立一个纵深为 15—20 千米的非军事区,将"沙姆解放组织"等极端组织赶出这一地区。协议还规定,土方承诺将恐怖组织与叙利亚温和反对派武装区分开。协议达成后,叙政府军暂停军事行动。但经过一年多,土耳其一再推迟伊德利卜问题的解决,理由是它不能控制"沙姆解放组织",难以与其达成全面协议。可见,问题的解决既取决于土耳其的意愿,

---

* 2017 年 5 月,俄罗斯、土耳其和伊朗签署了关于在叙利亚建立"冲突降级区"的备忘录。"冲突降级区"设立在伊德利卜省、中部霍姆斯省、大马士革郊区和叙南部地区,其周边设有安全线,设有检查站,以防冲突发生。俄、土、伊将作为"冲突降级区"担保国,可以出兵监督区内停火执行情况,禁止极端组织势力在区内活动。

也取决于其能力。

在这种情况下,叙利亚政府军开始打击在伊德利卜冲突降级区的反对派武装,收复了一些地区,但与驻扎在该地区的土耳其军队发生了正面冲突,双方各有伤亡。在此情况下,土耳其不断向伊德利卜地区增兵。随后,俄罗斯出面调停。2020年3月5日,俄土就伊德利卜停火问题达成协议。此后,伊德利卜形势陷入僵局,新冠肺炎疫情期间,小规模冲突仍然不断。

2. 库尔德问题

如前所述,在叙利亚动荡和打击"伊斯兰国"的过程中,得到美国支持的库尔德人日益壮大。以库尔德人为主的"民主联盟党"（Partiya Yekîtiya Demokrat,缩写为PYD）在2016年自行宣布在叙北部建立"联邦区",并颁布联邦制文件,建立统一的联邦区政府,含三个自治区,但被叙政府认为是非法。而随着"伊斯兰国"的覆灭,特朗普最终抛弃了叙利亚库尔德人。对库尔德人在叙利亚崛起一直耿耿于怀的土耳其,加大了对叙北部库尔德势力的打击力度。库尔德人难以独自抵挡土耳其军队,节节败退。在美国的默许下,2019年底以后,土耳其人最终依靠军事实力在叙东北部地区建立了一块长120千米、宽30千米的"安全区",形成对叙北部库尔德人的强大压制。

在此情况下,库尔德人只能求助于叙政府。2019年10月,叙利亚政府和库尔德人在俄罗斯的空军基地达成了协议。之后,叙利亚政府军进军,控制了部分土叙边界地区。目前,双方的主要分歧是"叙利亚民主军"的地位问题。叙政府主张"叙利亚民主军"编入叙政府军，库方立场是保留这支部队的库尔德特性，与政府军进行协调。

美、俄都承认库尔德人在打击"伊斯兰国"方面做出过贡献，主张叙利亚库尔德人可以自治（实质上已经自治）。剩下的就是叙利亚政府的承认问题。但由于美国的退出以及土耳其的威胁，在叙利亚北部建立一个类似伊拉克库尔德斯坦地区的高度自治行政区可能性越来越小。

3. 和平谈判

到目前，叙利亚和谈仍然是举步维艰，主要原因在于，双方在一些根本问题上难以达成共识。首先就是巴沙尔的去留问题，这个问题随着形势的发展有很大变化，最初，叙利亚政府处于劣势，反对派非常强硬地提出以巴沙尔下台为条件进行谈判，这是叙政府无法接受的。而随着阿萨德政权地位日趋稳固，在2021年的总统选举中，巴沙尔以超过95%的得票率再次得以连任。在这种情况下，反对派以往的诉求就很难再坚持了。不过，阿萨德政权目前仍然不被美西方认可，这也是一个很大的问题。而关于谁是"反对派"的问题，也充满了不确定性，这涉及未来叙利亚政府的包容性，即哪些组织和哪些人应当被排除出去，双方对此还存在着巨大的分歧。巴沙尔曾宣布，"对于我们叙利亚人来说，那些拿着机枪的人都是恐怖分子"，这种打击面对反对派来说太大了。还有一些棘手问题，比如，处理不同的武装割据势力，解决难民问题，等等。

目前来看，各方的最大公约数是联合国2254号决议，这也是叙利亚和平进程的原则性框架。该协议是2015年12月18日由联合国安理会一致通过的,决议的主要内容包括:呼吁停火,并在2016年1月上旬开启关于政治过渡的正式对话;"伊斯兰国"和"努斯拉阵线"等被视作恐怖组织的组织将被排除在和谈外,由美国主导的联盟以及俄罗斯对这些组织的空袭将会持续;"可靠、包容和无派系的治理"将在6个月内建立;联合国监督下的"自由和公平的选举"将在18个月内举行;政治转型将由叙利亚人领导。不过,这份决议并没有涉及最为敏感和最具争议的问题,即叙利亚总统巴沙尔在未来所能扮演的角色。2015年12月24日,叙利亚方面表示接受安理会第2254号决议,首次公开表态愿在联合国的主持下,与反对派举行对话。

国际上有两个平台在主导叙利亚和谈进程,一个是由联合国主导的"日内瓦和谈",另一个是由俄罗斯、土耳其、伊朗斡旋促成的"阿斯塔纳和谈",两者的侧重不同。阿斯塔纳和谈是唯一没有美国参与的国际议程,主要致力于敦促并维持叙利亚各方实现停火,而日内瓦和谈则侧重于政治谈判。到2017年,日内瓦和谈已经举行了8轮;到2021年7月,阿斯塔纳和谈已经举行了16轮。

在和谈难以取得实质进展的情况下,叙政府和反对派的最终选择是,绕开敏感的、棘手的问题,从宪法问题入手。2018年1月,在俄罗斯索契举行的叙利亚全国对话大会决定成立叙利亚宪法委员会。委员会由150名成员组成,名额在叙政府、反对派和民间人士中平均分配,妇女代表约占30%。在此基础上,再从政府、反对派和民间人士代表中分别遴选15名成员组成宪法委员会小组,负责宪法修改或起草的具体工作。2019年10月,叙利亚宪法委员会在日内瓦正式开始运作。2019 年 11 月,叙利亚宪法委员会在日内瓦成功举行首次会议。这是叙利亚问题迈向政治解决的"第一步",叙利亚政府和反对派代表首次面对面而坐,实属来之不易。到 2021 年 1 月,叙宪法委员会小组会议已经举行了 5 次。不过,因为分歧巨大,各方至今仍然未达成共识。

对叙利亚问题,中国的立场是一贯的,中国一向强调不支持或反对某个人,而是要为叙利亚整个国家着想;中国尊重叙利亚主权,坚持人道主义,强调重建与发展,立足长远。自 2012 年以来,中国与俄罗斯多次在安理会否决有关制裁叙利亚的决议草案,反对美西方势力对叙利亚的军事干预。10 年来,中国向叙利亚提供了不同形式的人道主义援助,并积极参与叙利亚重建。2021 年 7 月 17 日,叙利亚总统巴沙尔在宣誓就任新一届总统的当天,在大马士革会见了到访的中国国务委员兼外交部长王毅。王毅对巴沙尔总统表达了中方对叙利亚的"六个坚定支持",包括:坚定支持叙方维护国家主权、领土完整和民族尊严;坚定支持叙方按照联合国安理会确定的"叙人主导、叙人所有"原则处理好国内问题,形成广泛包容、团结一致的政治解决方案;坚定支持叙方抗击新冠肺炎疫情;坚定支持叙方改善民生、加快重建,欢迎叙成为共建"一带一路"新伙伴,支持叙反对单边制裁、缓解人道主义困境;坚定支持叙打击一切恐怖主义势力;坚定支持叙在地区和国际事务中发挥应有作用。在与叙外长会谈时,王毅阐述了中方关于解决叙利亚问题的四点主张:一是坚持尊重叙国家主权和领土完整;二是坚持民生为先和加快重建;三是坚持有效打击恐怖主义;四是坚持包容和解的政治解决方向。

附言

中东政治变迁的一些特点

在这一部分，我们讨论了中东国家的政治变迁，选取了四个中东国家的案例：伊朗、伊拉克、埃及和叙利亚。总结来看，这四个国家也代表了中东国家当代政治变迁的不同道路。

1. 除了革命发生的内因，中东国家很少能掌握自己的命运，境外势力的影响巨大。

伊朗的霍梅尼革命发生在冷战期间。在美国抛弃了巴列维王朝的情况下，反王权势力取得了反专制革命的成功，但最终是伊斯兰主义教权势力取得了政权，故谓"伊斯兰革命"。伊拉克是因为美国大规模入侵而迅速发生了政权更迭，之后的重建过程也是美国所主导的，现在伊拉克还处在消化其历史传统与政治转型带来的多种问题的过程中。埃及则是一波三折，推翻专制政权的革命一度取得了成功，伊斯兰主义的穆兄会通过选票上台，但不久又被军方和街头政治推翻。埃及虽然没有复制"土耳其模式"，但似乎部分地重复了土耳其文-武关系的一段历史，所不同的是，埃及有军方长期掌权的传统。叙利亚的事情最为复杂，多种外部势力的介入，使政府军和反对派陷入长期内战，10年过去了，和平仍未实现。此外，或许还可以提一下利比亚，在美西方外部势力的配合下，反对派快速地推翻了卡扎菲政权，但利比亚也陷入了长期的内乱，各派背后有不同外部势力的支持。

2. 政治转型会释放压抑已久的政治与社会矛盾，引发剧烈冲突。

从埃及的例子，我们可以看到两个冲突：民众（社会）与专制政权（国家）的冲突、世俗主义和政治伊斯兰的冲突。这两个冲突基本上都围绕国家政权展开，并与世界范围内的现代化进程相关。非西方国家的现代化进程启动较晚，属于赶超型，主要依靠国家力量推动经济发展。这样一种发展模式往往导致威权主义、官僚主义、政治腐败、国强民弱等问题。这种模式发展到一定程度后，随着社会的动员、教育的普及、互联网的发展以及外来意识形态的影响，被压制和忽视的力量迟早要发出声音，表达不满，并在社会经济状况恶化时要求变革。

在一个实现了政治转型的国家，围绕政治体制的冲突初步地得到了解决，但在一个开放政治的新环境里，社会所积累的、被压制的问题，将集中爆发。在精英主义的专制时代，底层民众的需求是被忽略和压制的，现在底层民众可以通过选票来表明自己的态度，通过互联网表达自己的声音，通过新的意识形态来凝聚共识，那些长期在基层经营的政治势力将不可避免地崛起。伊斯兰主义的穆斯林兄弟会就是这样一个典型的政治组织。穆巴拉克被推翻后，在革命中并没有发挥主要作用的穆斯林兄弟会，却利用其传统的组织优势，在第一次民主选举中"攫取"了政权。穆兄会推出的穆尔西在上台后，表现出明显的保守主义色彩，推行偏伊斯兰主义的政策。对过惯了世俗生活的市民阶层来说，自己的生活方式面临威胁。对穆尔西的不满经常表现为世俗群体的不合作，致使穆尔西也没精力去挽救埃及已经破烂不堪的经济形势和严重的社会危机。

3. 在政治转型过程中社会陷入失序与混乱的情况下，军队将发挥重要作用。

在伊朗，军队抛弃了巴列维王权；在伊拉克，军队不堪一击，萨达姆迅速倒台，后起的各派政治势力也致力于发展自己的武装；在埃及，军队抛弃了穆巴拉克，但之后，又是处于监国地位、亲世俗主义的埃及军队出手推翻了穆尔西政权；在叙利亚，政府军与执政集团的利益一致，并得到外部势力的军事支持，最终坚持了下来，并发动反攻，取得了优势，保住了阿萨德政权。

政治的转型和政权的更迭通常都离不开"枪杆子"。埃及在短时间内发生了两次革命，军方都发挥了重要作用。推翻穆巴拉克是民主革命，也是军方抛弃了穆巴拉克；推翻穆尔西，则是军方直接出手，民主进程暂时中断。埃及自20世纪50年代以来就长期处于军方统治下，埃及军方既是重要的利益集团，又是超党派的政治力量，是国家的真正掌权者。同时，作为一支现代的、与西方关系密切的军事力量，埃及军队天然具有世俗主义的品格。它是维护国家安全、社会稳定和世俗生活最重要的力量。

但是，靠军队出手来干预政治进程，往往对民众、政客和军人来说都是无奈的，当然也不符合平民政治的价值观。但历史地看，政治发展过程中出现军人政变并不罕见，甚至是很多国家的"特色"。在中东国家中，土耳其可能更是这方面的典型，在本书的第三部分，我们讨论土耳其模式的时候，还会专门讨论军人干政的问题。历史的经验显示，实现了所谓政治转型的国家，一方面需要解决积弊，另一方面又亟须培育民主的政治文化。然而，这又绝不是短期内能够快速完成的，它需要经过反复的合作、冲突与斗争，以养成妥协和相互尊重的协商习惯和文化。但在这个过程中，经济发展、社会稳定与多元竞争之间的张力是最为棘手的。好东西不会一起来，孰先孰后，往往是现实情势和各方力量博弈的结果。

伊拉克、突尼斯、利比亚、埃及等国都曾在政治转型中以不同形式新建了表面上民主的新政权。然而，随着政治进程的推进，各地又发生了令人担忧的情况，要么是各派为了政治利益打得头破血流、毫不妥协，要么是伊斯兰主义政治力量通过民主程序上台，引发了教俗之争。埃及随后又发生了军方推翻民选政府的事件，叙利亚的10年内战更是造成了巨大的灾难。这些都给所谓的民主转型和"阿拉伯之春"泼了冷水。"阿拉伯之春"曾给当地人民带来一丝希望，但并未开启一个美好时代的大门。从世界范围内的现代化进程来看，不管是处于哪一种文明传统之中，经济福利、公平正义和个人尊严等都是具有普遍吸引力的，是现代化或进步的题中之义。"阿拉伯之春"是在中东国家走向进一步现代化的过程中出现的,但正如亨廷顿所言:"现代化带来不稳定。"*中东国家很少能够掌握自己的命运,多重外部势力的介入和干涉,使得多个中东国家的历史进程经常被打断,阵痛或动荡还将持续很长时间。

---

* [美]塞缪尔·亨廷顿:《变革社会中的政治秩序》,李盛平等译,北京:华夏出版社,1988年。

第三部分

土耳其模式

引言

历史上的"土耳其模式"

土耳其是世界上综合国力最强的伊斯兰国家,其人均GDP一度超过1.2万美元。与很多国家相比,作为一个中等发达国家,有78万平方千米国土(比我国的青海省稍大)、8300多万人口(其中99%都是穆斯林)的土耳其也算得上是个地区性强国和大国了,* 更不用说它人口的平均年龄还不到30岁,是一个充满活力的国家。经常有人问:哪个国家是最成功的伊斯兰国家?基于某种外部视角,很多人会把答案确定为"土耳其"。但显然,这是一个没有标准答案的问题。有学者还就伊斯兰国家的体制总结出三个模式——沙特、土耳其和伊朗模式,并做过比较研究。但就算这样,我们也很难根据什么标准断言说谁是更为成功的。我们能做的就是尽量平衡面面俱到与简洁概括的关系,尽量客观地讲述土耳其。

自20世纪初以来,土耳其就经常被当作亚洲其他国家发展的效仿对象。列宁把1908年的青年土耳其革命视为"亚洲觉醒"的重要一部分。继日本这个东洋榜样之后,土耳其在20世纪早期的民族

---

* 中东地区还有三个在国土面积和人口方面都堪称大国的伊斯兰国家:伊朗、埃及与沙特。

独立和凯末尔主义的现代化成就,曾使众多的中国进步人士心向往之。当时,了解土耳其的国人认为,同为亚洲人的华夏后裔应该学习亚洲西端的土耳其,奋发图强,努力推动中国革命与改革的成功。近年来,土耳其似乎也受到了格外的关注,这种关注不只局限在一般意义上的中东研究领域,一些关注中国现实发展状况的人,也因为对土耳其与中国之间一些特殊且敏感问题的兴趣,从而再次产生了对土耳其的某种特殊的知识性需求。大体来看,将现代土耳其的发展视为某种模式的话,它大致可以分为四个阶段:独立革命、现代化、中亚的榜样、中东民主化。

(1)独立与革命的模式

自 20 世纪初以来,土耳其的发展即被亚洲国家视为榜样。1908 年,青年土耳其革命的发生,被列宁视为"亚洲觉醒"的重要部分;及至 1923 年,凯末尔领导反帝民族革命胜利及建立现代土耳其共和国后进行大刀阔斧的改革,又被包括中国人在内的多国精英密切关注。在中国,一些对土耳其民族独立艳羡不已的知识分子和年轻的政治精英表达了对"新土耳其"的敬意。其中最具代表性的作品是柳克述撰写的《新土耳其》。关于这本书在中国现代化研究史上的地位,我的老师董正华教授和林被甸教授曾提出:

> 第一部明确地以现代化进程为对象的史学专著,则是柳克述的《新土耳其》。该书洋洋 30 万言,完整地记述了亚洲另一个曾经被称为"病夫"的老大帝国——奥斯曼土耳其帝国转变

为现代民族国家的历程。中国和土耳其近代以来有共同的遭遇，两国探索现代化的经验教训足可相互借鉴……柳氏自述其撰写《新土耳其》旨在"警策国人""唤醒民众"。通览全书，其希望中国走向独立富强与现代化的立意是十分鲜明的。值得注意的是，该书明确地使用了"现代化"这一几十年后才开始流行于西方的新概念……柳氏则将"现代化"与"西方化"并提，把"现代化"等同于"西方化"。*

出于跟柳克述相似的目的，中华人民共和国成立前的中国学者对土耳其现代史的研究投入了很大的努力，出版了相当丰富的研究论著。比如，在1928年，程中行编译了《土耳其革命史》一书。程氏在该书的"译者自序"中说："数年以来，国人但知土耳其革命之成功，而不明其成功之所自，国人但忧吾国革命之尚未成功，而不能通力协赞成功之原则。是书本旨，虽在铺陈土耳其革命之事迹，而国人读是书者，不可不于其成败之点，反复三致意焉。"† 1948年，边理庭编著了《新土耳其建国史》，在该书第一部分，作者就论证土耳其人是黄色人种，其用意很明显："……我们说土耳其民族乃是黄色人种的血胤。黄色人种在亚细亚洲的东西两端，建立了两个大国家——中华民国与土耳其，东西辉映，为世界人类生色不少。为黄色人种尤其生色不少。"‡

---

* 林被甸、董正华：《现代化研究在中国的兴起与发展》，《历史研究》，1998年第5期。
† 程中行编译：《土耳其革命史》，上海：民智书局，1928年，"译者自序"。
‡ 边理庭编著：《新土耳其建国史》，独立出版社，1942年1月第1版，第6页。

(2)现代化成就

西方学术界经常乐观地把土耳其看作西式现代化最成功的模范之一,专门研究这个问题的伯纳德·刘易斯的《现代土耳其的兴起》(*The Emergence of Modern Turkey*)已成为现代化研究范式之经典。刘易斯的书初版于1961年,他在"前言"中上来就说:"本书的主题是一个新土耳其从陈旧腐朽中的诞生。"荷兰的小许理和(Erik J. Zürcher)教授在一次讲座中谈道:"尽管刘易斯没有在任何地方定义过什么是'现代',但是,显然这一概念对他意味着:民族国家、宪政-代议制和工业化。在他的现代性概念中,最根本的是世俗主义——从政府、法律、教育和文化中去除宗教因素。就如同对土耳其的凯末尔主义者一样,对刘易斯来说,现代化与世俗主义几乎是同义词。"*到2002年《现代土耳其的兴起》第三版出版的时候,刘易斯还自信地坚持自己以往的观点。他进而认为,在漫长的历史进程中,土耳其在两方面已然成为他人的效仿榜样,"在奥斯曼人时代,是战斗的伊斯兰;在凯末尔·阿塔图尔克那里,则是世俗的爱国主义"。刘易斯深情地展望了土耳其将会创造的第三个成就:"如果他们能够在不失掉自己的个性与身份的情况下,成功地创造自由经济、开放社会和民主政体,那么,他们就会再次成为其他民族的榜样。"†刘易斯所谓的下一个榜样,显然是就土耳其在西式的自由化、民主化等方面的成就而言的。不过,刘易斯随后看到具有伊斯

---

* Eric J. Zürcher, *The Young Turk Legacy and Nation Building: From the Ottoman Empire to Atatürk's Turkey*, London: I. B. Tauris, 2010, pp. 50-51.

† Bernard Lewis, *The Emergence of Modern Turkey*, 3rd edition, Oxford: Oxford University Press, 2002, p. xx.

兰主义背景的正发党上台执政,也对土耳其一度感到失望,遂认为民主化不是伊斯兰世界的出路,转而主张:只有自由主义才能拯救"伊斯兰世界"。

(3)中亚的榜样

由于特殊的历史和文化联系,土耳其与中亚之间形成了某种天然的亲和关系,这种关系一度被冷战格局所限制。随着苏联的崩溃,中亚地区出现了几个独立的国家,它们大多数是由讲突厥语族语言的民族构成的,土耳其与这些中亚国家的关系迅速发展。在谈论这些国家的未来时,同样是讲突厥语族语言的、位于小亚细亚的土耳其共和国就成为一个重要的参照。对中亚国家来说,随着独立的激情逐渐降温,一种无所适从感油然而生,它们急于寻求国家发展的新方向。在这种情况下,土耳其的市场经济和西方民主制度就被当作了一个可以被效仿的"模式"。同时,土耳其也欲发挥其作为东西方桥梁的地缘作用。不过,即使土耳其也曾努力地输出它的"模式",至今,中亚诸国也没有实现所谓的"土耳其化"。

(4)中东剧变视角下的土耳其模式

2003年的第二次海湾战争后,美国开始着手于伊拉克重建,并推出了所谓的"大中东民主计划"。在这一背景下,土耳其作为一个模式的代表被美国官方和学术界在不同场合谈论,他们认为土耳其作为一个伊斯兰国家成功地建立了稳定的、世俗的民主制度。

2005年4月，时任美国国务卿赖斯（Condoleezza Rice）在对"美国报纸编辑协会"（American Society of Newspaper Editors）成员发表演讲时，将土耳其作为一个典型，说土耳其模式代表了"伊斯兰教、伊斯兰世界与民主制"并不矛盾。在2006年的一次有关中东民主问题的辩论会中，土耳其模式也被当作一个专门的议题讨论。

2010年底，中东地区发生了被称为"阿拉伯之春"的剧变。"阿拉伯之春"自突尼斯的"茉莉花革命"开始，蔓延到了埃及、利比亚、叙利亚、也门等阿拉伯国家，使这些国家遭遇重大政治动荡，短期内仍难走出困局。中东这场影响深远的剧变所带来的一个重要变化，就是专制的世俗政权被推翻后，各色伊斯兰主义政治力量开始通过后革命时代的民主程序登上了这些国家的政治舞台，这引起了有关"阿拉伯之春正变成伊斯兰接管"的担忧：突尼斯的伊斯兰复兴党（Ennahda）上台，利比亚"过渡委"欲以伊斯兰教法为法律依据，埃及的穆斯林兄弟会也一度上台掌权。在剧变之后的阿拉伯国家，为了打消国内外的忧虑，跃跃欲试的各伊斯兰主义政党曾纷纷表示要效法土耳其的正发党，走温和伊斯兰主义的道路，叙利亚的穆斯林兄弟会也曾表示支持"土耳其模式"。对比来看，土耳其在中东地区可谓"风景这边独好"，其在地区事务中也发挥着越来越重要的作用。土耳其也力图在"阿拉伯之春"过程中扩大自己的影响力，埃尔多安在推销"土耳其模式"的时候也不断强调，正发党领导下的土耳其的政治基础是世俗主义。

土耳其似乎是西式变革最成功的现代伊斯兰国家。作为一个地理上连接欧亚大陆、文化上又具有东西方双重色彩的特殊国家，尤其是，作为一个中东大国和伊斯兰国家，土耳其较早地进行了民主化、世俗化和现代化（主要是西化），是非西方国家中较早跻身中等发达国家行列的国家。土耳其还是北约成员，又积极地向欧盟靠拢，以适应全球化的世界潮流。近20年来，埃尔多安及其领导的正发党在土耳其连续取得政治胜利，成为自1946年土耳其实行多党民主制以来在该国执政时间最长的政党。早在2007年正发党第二次赢得大选的时候，笔者就撰文断言，正发党在土耳其俨然已经"将自身塑造为代表土耳其大多数民意的政党"。在正发党与埃尔多安的领导下，21世纪的土耳其宏观经济在大部分时间里也表现良好，保持着较高速度增长，民生也得到了极大改善。作为世界第16大经济体，土耳其仍然有巨大的发展潜力。

放宽历史的视野来看，近一个世纪过去了，面对"百年未有之大变局"，瞻望西亚的土耳其——这个国人早已不放在眼里的曾经的榜样，它到底走过了一条什么样的可被称为"土耳其模式"的道路？在最近的历史中，它又有什么样的新变化？埃尔多安所说的建立在世俗主义基础上的土耳其模式跟之前的凯末尔主义有何区别？"土耳其模式"是否可以被未来的其他中东国家借鉴？在这一部分中，笔者希望能够从多个角度讨论并阐明从凯末尔主义到埃尔多安时代的所谓"土耳其模式"。

第八章

凯末尔主义及其转型

一、共和国的历史分期

对土耳其历史的分期有很多种思路和标准，就建国（1923 年）以来的历史也可以按照不同方式进行划分。

第一种是按照政权性质是威权主义还是西方民主制来划分。如果以 1946 年土耳其转向多党民主制作为分水岭，之前就是第一共和国，之后为第二共和国，这种划分应该比较符合伯纳德·刘易斯的理解。不过，"第二共和国"这种说法在土耳其的语境里有时候不是历史分期的意思，而是代表一种思潮。比如，有一位著名的土耳其当代思想家麦赫迈特·阿尔坦（Mehmet Altan），他就是"第二共和国"（İkinci Cumhuriyet）思潮的代表人物之一，他曾经说，之所以要用"第二共和国"，就是要与 1923 年建立的凯末尔主义共和国相区别。因为，就本质而言，以前的那个共和国是军人掌权的，其国家结构是建立在奥斯曼帝国的权力遗产上的，它不是"透明的"，是国家掌握了经济主权，并借此不断地再生产自身的权力；而"第二共和国"就是要追求实现一个新的、真正民主的且"透明的"政治、经济与社会。*可以说，这种意义上的"第二共和国"就相当于"新共和"，其针对的是凯末尔主义。

第二种划分方式是以颁布新的宪法为标准。土耳其共和国第一部宪法是在建国后第二年也就是 1924 年颁布的，第二部宪法是在 1961 年颁布的。土耳其在 1960 年发生军事政变，推翻了具有"多数暴政"性质的民主党政权。1961 年宪法具有较多自由主义色彩，至此土耳其第一共和国结束，进入土耳其第二共和国时期，直到

按政权性质分为"两个共和国"

名称	时间	性质	特征
第一共和国	1923—1946 年	威权主义	凯末尔创立的共和人民党建立了一党制统治； 国家的神圣化（sacralization），高度集权化； 自由、人权、法制等自由主义价值观被压制，少数族群文化、伊斯兰信仰的公共表达受到限制。
第二共和国	1946 年至今	西式民主	政治解严； 共和人民党长期沦为在野党，伊斯兰主义复兴； 工业化； 城市化； 冷战； 新自由主义； 正发党独大； 总统制。

* Mehmet Altan, *İkinci Cumhuriyet'in Yol Hikayesi*, İstanbul: Hayykitap, 2008.

按宪法分为"三个共和国"

名称	时间	特征
第一共和国	1923—1960 年	共和人民党的一党制统治；1946 年实现多党民主化； 民主党独大； 工业化； 城市化； 冷战。
第二共和国	1960—1980 年	1960 年、1971 年、1980 年发生三次军人政变； 20 世纪 70 年代，左派与右派冲突严重，街头政治和暴力事件频发，社会动荡； 1980 年军事政变后掀起大规模肃清运动，数十万人被拘捕和判刑； 军队在政治生活中地位上升； 冷战。
第三共和国	1980 年至今	1980 年军人干政，重颁新宪法，总统权力扩大，军队监国，严控政治伊斯兰； 1997 年，军队发动软政变； 90 年代脆弱的联合政府； 城镇化制造了大城市的贫民区，为平民主义、保守主义、政治伊斯兰提供了土壤，新自由主义经济政策导致贫富分化加剧； 在埃尔多安时代，对外政策更加独立和进取； 正发党独大； 转向总统制； 增加教育中的伊斯兰和民族元素； 库尔德事务、教俗之争成为身份政治的焦点； 与西方关系逐渐进入瓶颈期。

1980年军人政变，军政府于1982年颁布新宪法，土耳其正式进入第三共和国时期，直到今天。不过，1982年宪法已经有过多次重要修改，尤其是在2017年4月，土耳其举行了修宪公投，将议会制改为总统制，总统获得了空前的权力。2018年6月，埃尔多安再次当选为总统，人们预期土耳其将会颁布新的宪法取代1982年宪法，之后，土耳其将迎来第四共和国时期。不过，迄今，埃尔多安领导下的土耳其尚未颁布新的宪法。2021年2月1日，埃尔多安又提出要起草新宪法，但没有说具体的方向。

二、凯末尔主义的原则

按照荷兰学者小许理和教授的说法，当我们使用首字母大写的 Young Turks 的时候，它特指发动了1908年的革命并执政至奥斯曼帝国完结的青年土耳其党人，而当我们使用首字母小写的 young Turks 的时候，我们可以用其指称"青年土耳其一代"。小许理和教授要说的就是，"青年土耳其一代"并没有随着奥斯曼帝国在"一战"后的终结以及青年土耳其党的覆灭而退出历史舞台，相反，他们一直统治到民主党在1950年上台，所以，在他的《土耳其现代史》的早期版本中，小许理和所说的青年土耳其时代是1908—1950年。如果我们谈论"一战"后土耳其的政治革命或民族独立的话，土耳其的官方史学当然会强调其是凯末尔党人（Kemalist）领导的，而小许理和教授的一个重要学术贡献就是，他研究了凯末尔党人在革命成功之后如何以及为何要抹杀青年土耳其党人的贡献。小许理和教授的另一个贡献就是指出，就算凯末尔党人出于建立自身合法性的目的刻意抹杀了青年土耳其党人的贡献,[*]但在本质上,凯末尔党人和青年土耳其党都属于"青年土耳其一代"。这也就是为什么讲凯末尔的革命与改革的时候,我们至少需要从 1908 年说起。[†]

1908 年青年土耳其党人上台后,除了延续之前帝国学习西方的现代化政策,也开始强调土耳其特性(主要是土耳其语)。之前,哈米德二世所期望的全世界穆斯林大联合比乌托邦还遥远,剩下这些讲土耳其语的人总得找个合适的形式建立认同。在土耳其错误地投入第一次世界大战并作为战败国被欧洲列强"处理掉"之后,奥斯曼帝国彻底终结。现在,土耳其国民就是土耳其人了,没必要再背负奥斯曼的那些历史包袱。在帝国战败,小亚细亚和伊斯坦布尔面临被协约国和希腊、亚美尼亚人占领与瓜分的情况下,有个年轻的叫凯末尔的将军,以其雄才大略和英勇善战的英雄声誉,集结起当时土耳其的一些精英分子,审时度势,积极争取新生的苏俄政权的支持,领导安纳托利亚的土耳其人打了几场胜仗。土耳其人的胜利使亚美尼亚人和希腊人想借机复兴历史上帝国的春秋大梦化为泡影,终于在 1923 年,在艰苦的谈判之后,《洛桑条约》规定了现代土耳其的主权地位,土耳其共和国随后建立,转眼很快就 100 年了。

青年土耳其党人和凯末尔党人是一群接受了西式教育的青年军官和知识分子,凯末尔党人大部分最初也属于青年土耳其党。现在,他们甩掉了帝国这个历史包袱,理直气壮地自称为土耳其人;而与奥斯曼有关的"陈芝麻烂谷子",统统被贴上封建落后的标签扔进

---

[*] Erik Jan Zürcher, *Unionist Factors, The Unionist Factor. The role of the Committee of Union and Progress in the Turkish national movement, 1905-1926*, Leiden: Brill, 1984.

[†] Erik Jan Zürcher, *Turkey: A Modern History*, London: I.B.Tauris & Co Ltd Publishers, 1993, p. 4.

了历史的垃圾堆。现代化、欧洲化被更为大刀阔斧地推广开来。

除了在技术和制度上效法西方之外，凯末尔党人更大的抱负是要改变土耳其人的文化和文明。在他们看来，土耳其人现在有了自己的主权国家，但继承的却是个落后、腐朽的帝国留下的烂摊子。之前的落后与失败，主要是土耳其人要领导那么大一个复杂的帝国造成的，土耳其人的负担太重了。而且，土耳其大部分人都是文盲，除了传统宗教知识，他们对西方先进的文化和文明知识，几乎一无所知。在凯末尔党人看来，这世界上只有一种优秀的文明，那就是当时的欧洲文明，土耳其人需要做的就是达到当时欧洲文明的高度。

在凯末尔党人的领导下，堪称真正的全盘西化的、自上而下的改革在土耳其全面推行。他们废黜了伊斯兰教的哈里发，在宪法里去掉了伊斯兰教是国教这一条，把世俗主义（政教分离）确定为国家的原则；废除了阿拉伯字母，使土耳其文字拉丁化，斩断了土耳其与中东的文化联系；更大尺度地解放穆斯林妇女，让她们摘下头巾和面纱，还鼓励漂亮的姑娘去欧洲参加选美；规定男人也不能留胡子，戴旧式的帽子，而要戴西式礼帽，穿西装；鼓励大家都学习西方的舞蹈和音乐；废除了伊斯兰教对法律和教育的控制，将这些权力统统收归国家所有，还照搬照抄了当时瑞士和意大利的法律……*

以阻碍土耳其人的进步为由，所有被认为不合时宜的东西都被禁止、打压或边缘化了。传统的以宗教为依据的结社也被禁止，人民被说成是没有阶级差别的群体，原有的政党活动被压制，群众被

---

* Erik Jan Zürcher, *Turkey: A Modern History*, London: I.B.Tauris & Co Ltd Publishers, 1993, pp. 173-174.

鼓励加入凯末尔创立的共和人民党。这被后世学者称为威权主义的现代化。为了鼓舞一种进取的精神，顺便填补因打压宗教而出现的文化真空，古代突厥的神话与图腾被招魂，狼成为崇拜的对象，人们甚至编造神话说土耳其人是历史上最纯种、最漂亮、最具创新精神的白种人的后裔，连历史教科书也按照这种新的种族主义史观被重写了。

狭义来讲，土耳其革命是一场反帝、反封建的争取民族独立的解放运动；从广义来说，它还是土耳其人在凯末尔党人的领导下建立和建设一个现代民族国家的伟大壮举。从后面一层意义上来说，革命斗争只是这一壮举的前半部分，共和国建立之后，为了民族国家建设所采取的一系列政治、经济和文化方面的变革也应该被视为土耳其革命不可分割的组成部分。在土耳其共和国的语境中，革命与变革本就可以用一个词来表达，即"inkılap"，"土耳其革命与变革"即"Türk inkılabı"。1925年11月5日，在安卡拉法学院的开校典礼上，土耳其国父凯末尔阐释了其对"Türk inkılabı"的认识。他说，"Türk inkılabı"除了其原本包含的政治革命（ihtilal）之意外，还表示一种比政治革命更广泛的变革（ondan daha vasi bir tahavvülü），尤其是要改变千百年来落后的政治形式和人民心智，要改变人们建立社会联系的方式，即从宗教和教派联系转变为土耳其民族的团结，而为了在世界政治舞台上的斗争中谋生存和强大，土耳其人就必须接受"当代文明"（muasır medeniyet），这就要求所有的变革必须根据"具体的、现世的需要"（somut dünyevi ihtiyaçlar）进行。从这里可以看出，凯末尔强调的政治革命就是打败外敌入侵的独立战争，所谓新政治形式就是共和制，民族团结就是民族主义，最后他说的则是世俗主义的变革。*

趁着民族解放战争的胜利在土耳其人中点燃的民族主义热情，凯末尔党人着手在土耳其建立世俗主义的现代国家，推行了一系列改革。改革的指导思想后来被概括为"凯末尔主义"，在土耳其国内通常被称为"阿塔图尔克主义"。在我们的话语体系中，"凯末尔主义"被认为是土耳其民族资产阶级的理论学说和思想体系，它是在半殖民地半封建的土耳其国家中孕育，在反帝的民族革命战争中逐步形成，并在一系列政治和社会改革中丰富和发展起来的。凯末尔主义的主要内容包括六条原则：共和主义、民族主义、平民主义、国家主义、世俗主义和革命主义，这六条原则于1937年2月被写进土耳其新宪法第二条。这六条原则在土耳其被称为"六支箭"（altı ok），[†] 长期是国家的指导思想，是土耳其的官方政治意识形态，也是土耳其实现政治和经济现代化的指导原则。

共和主义（**Cumhuriyetçilik**）。这是政治现代化的一项基本内容，也就是从帝制向共和制的转型，它给苏丹和哈里发的崩溃及其权力为民族国家所取代提供了基础。共和主义原则旨在在土耳其进行民族国家的构建和民主制度的建设，其要素包括：政体的共和制、政府的民族性、国家的人民性和人民主权原则。共和主义的目标是摧毁君主制度本身，并代之以共和制。在新体制下，无差别的公民身份就建立起来了。

民族主义（**Milliyetçilik**）。土耳其民族主义是对奥斯曼主义、

---

* *Atatürk'ün Söylev ve Demeçleri II*, 5. bsk., Ankara: Türk Inkılap Tarihi Enstitüsü Yayınları, 1997, p. 249.
† Sina Aksin, *Turkiye Tarihi, 4, Çağdaş Türkiye, 1908-1980*, İstanbul: Cem Yayınevi, 2013, pp. 150-151.

泛突厥主义和伊斯兰主义原则的疏离与超越。它首先强调建立一个以土耳其民族为基础的地域性民族国家，并主张忠于土耳其，而不是忠于宗教和王朝，这体现了其世俗性。它建立在民族自决原则的基础上，认为民族的独立自由是土耳其人生存的前提，为了独立、自由、主权，土耳其人就要反对帝国主义的干涉、侵略和占领。建国后，为了建构土耳其民族，土耳其政府通过各种手段大力培养和提高土耳其民族（Türk milleti）意识。凯末尔时代尤其强调土耳其民族的白人种族属性，强调土耳其民族具有伟大的武功、智慧和创造力，对世界古代文明做出过重大贡献。通过教育系统和新的国家机制，土耳其政府倡导学习、研究和宣传土耳其的民族历史，目的在于增强土耳其民族的自尊心和自豪感。土耳其政府尤其强调土耳其主义（Turkism/Türkçülük）的地域性，反对泛伊斯兰主义和泛突厥主义（pan-Turkism）。

平民主义（Halkçılık）。在土耳其，平民主义原则强调的是政府和人民相互之间的责任，以及在土耳其社会中阶级的消失。其具体内容有：首先，强调人民主权；其次，人民平等。凯末尔否认土耳其有阶级存在，坚持所有的人都享有同等的权利与权威，这一主张在1924年的宪法中得到了体现。第三，人民都要工作。凯末尔指出："'平民主义'是将社会秩序建立在工作和权利基础上的一种社会学说。"因此，所有人都要工作，也是平民主义的一个重要内容。

国家主义（Devletçilik）。这一原则与1929年的世界经济危机密切相关。国家主义原则的主要内容是强调国家应该在经济生活中扮演重要角色，政府应该积极指导和参与经济活动。国家主义是在1929年提出的，其理论的支点是国家干预经济。国家尽管当时也鼓励私人资本的发展，但加强了政府部门在工业化过程中的主导地位。因此，土耳其的国家主义与自由放任主义相对，实际上是具有社会主义因素的"国家资本主义"。

世俗主义（Laiklik）。在现代土耳其语中，"世俗主义"这个词直接来自法语，它是凯末尔主义中最具革命性也最有争议的原则。它强调宗教与政治分离、宗教与司法分离、宗教与教育分离，宗教仅是私人信仰问题。同时，土耳其以国家宗教事务局（Diyanet）这一官方机构的形式对宗教事务实行严格管理。土耳其首先废除了苏丹和哈里发，接着又对司法、教育与宗教的分离采取坚决措施：撤销宗教与教产事务部，停办全部宗教学校，废除沙里亚法和宗教法庭，代之以一系列以西方法典为蓝本的新法和世俗法院；1928年土耳其宪法删去了伊斯兰教为国教的条文，又废除了多妻制和休妻制，提高了妇女的地位。接着，世俗化改革又由政治领域向日常生活领域推进，典型的措施是以欧式服饰代替土耳其民族服饰。但需要指出的是，土耳其的世俗化，在宗教问题上主要表现为政教分离，而不是无神论，世俗化的目的不是消灭伊斯兰教，而是要使它同政权相分离，废除宗教及宗教人士在政治、社会及文化事业中拥有的权力，将他们的权力限制在信仰及礼拜事务上。

革命主义（Inkılapçılık）。也有人称之为"改革主义"。在六大原则中，这是最模糊的原则。有人认为基本上可以把它看作凯末尔改革的一个总结。它强调捍卫革命原则，提倡改革，反对盲目保守、满足现状和听天由命，反对停滞和倒退，主张学习现代西方社会的文明，抛弃东方过时的、落后的社会文明。

凯末尔主义的六项原则从政治、经济、宗教、思想等方面对土耳其国家的发展目标做了规定。整体上来讲，这六项原则涉及国家建设和民族发展的各个主要方面，是一个全面的纲领。此外，凯末尔主义具有双重性，一方面它强势地为土耳其今后的发展规定了一个方向，另一方面这些原则又都具有弹性，人们可以就它们合法地进行争论。或许就世俗主义而言，我们有更多的话可以说，按照有的学者的总结，"世俗主义只有在它成为个人精神的一部分时才能有成效，才能取得成功。它假定人视自己为民族国家的公民而不是传统社区的一员。它意味着把宗教放在个人与上帝直接交流的层面上，宗教不得干扰社会生活。它意味着信仰是宗教行为，宗教似乎是行为的道德规范而不是社会、经济和政治组织的制度。它意味着在公民层面上与不信教或信其他宗教者的最终的和平相处"。*

无论如何，在凯末尔主义的指导下，土耳其的现代化取得了令人刮目相看的成就。尽管凯末尔党人是用威权主义的方式推动了土耳其的现代化，但其成就是不容否认和抹杀的。这期间不能说没有阻力，但由于凯末尔党人掌握了国家暴力机器的强制性权力，一切反抗都显得软弱无力。威权主义国家作为现代化的推动力量，只能是历史性和阶段性的。二战后，随着国际国内形势的变化，土耳其加入美国阵营，接受西方的标准，开放党禁，快速实现了政治转型，并在整个20世纪50年代迎来了国家的蓬勃发展。到20世纪60年代，土耳其被西方学者认为是除了日本之外第二个真正实现了现代化的非西方国家。直到70年代初，土耳其的经济发展得一直比较顺

---

* Habib Boulares, *Islam: The Fear and the Hope*, London: Zed Books Ltd, 1990, p. 87.

利。在共和国建立以后的半个世纪里,土耳其实行的是进口替代工业化发展战略。有人计算过,按照 1968 年不变价格计算,1963—1976 年土耳其国内生产总值年均增长率高于 7%,基础工业和消费品工业基本实现了自给自足。

在 20 世纪 30 年代,凯末尔主义在土耳其的政治与社会生活各个方面的影响达至顶点。它规定了土耳其共和国现代化进程的方向,并在政治、思想与文化上打下了不可磨灭的烙印。这也正是凯末尔革命与改革对当代土耳其的意义:它历经风雨,却始终挥之不去,它是仍然"在场"的历史。对这个课题的研究、回顾与体验,不论是对历史学家来说,还是对一般的公众而言,每每牵动某种与政治或文化认同有关的情愫,它在时间的流逝中顽强地延续着。可以说,凯末尔的革命与变革,不仅创造了一种专属于"当代"土耳其的政治文化,使土耳其在伊斯兰国家中具有较高的识别度,而且,还给这个土耳其留下了一摊子"剪不断理还乱"的政治论争。

三、共和人民党的统治

讲土耳其的政治史尤其是政党政治的历史,需要注意 1946 年和 1950 年这两个比较特殊的年份:1946 年时土耳其正式实行多党民主制,1950 年时民主党上台。1946—1950 年算是一个转型时期,土耳其的政党政治发生了根本性的变化。1950 年,新组建的民主党上台,而国父凯末尔一手创建的、统治这个国家多年的共和人民党失败了,沦为在野党和反对党,但它接受了这个结果。民主党上台后连续执政 10 年。这当然意味着土耳其共和国的政党政治的重要变化。这个变化的影响一直持续至今，可以说，现在土耳其的政党政治实际上就是1946—1950年以来变化的结果。

1946—1950年之前的情况，我们可以将其作为一个背景来讨论。我们都知道，政党实际上是现代政治的产物，尽管我们历史上也讲"朋党"什么的，但这和政党还不一样。土耳其的政党政治是奥斯曼帝国晚期才有的一种现象，是新生事物。我们知道，奥斯曼帝国的晚期出现过青年土耳其一代，我们一般称其为"青年土耳其党人"，他们也政党化了。但是在这个时候，其实并没有一种成熟的政党制度。那么，在土耳其共和国建立的过程当中，政党有没有发挥作用呢？

其实，我们说的"凯末尔党人"，是在西方先叫起来的。但是，那个时候也不能说它是一个政党。在土耳其的独立战争胜利以后，也就是在1923年，就出现了土耳其人民党。该党实际上可以追溯到独立革命的战争时期，那个时候，土耳其东部各省有一个名为权利保卫协会的组织，后来这个组织被凯末尔改组成了人民党。这实际上是土耳其共和国政党的起源。

人民党后来在1930年时改名为共和人民党。在中华人民共和国成立前，中国人把它翻译成"国民党"。我们现在统一都称它为共和人民党。这个党今天还存在，而且是土耳其第一大反对党，也是最重要的反对党。1950年以后，共和人民党应该说基本上没有在政治上占过优势，主要是作为一个反对党存在，至今如此。它曾经上台执政过，包括参加一些联合政府，但是都比较短暂。它已经发生了重大变化，但凯末尔主义仍然是其标签。

在1923年，也就是土耳其建国前夕，人民党成立了。这个党的领导人，也是它的创始人，就是土耳其国父凯末尔。在这样的一个历史节点，由这么一位声望卓著的人创立这样一个党，在当时是非常特殊的。实际上，在 1950 年以前，几乎没有政党可能实质地挑战共和人民党的权威。不熟悉这段历史的人可能想当然地认为，人民党成立以后，土耳其就建立了一党执政的国家，这种说法并不严谨，因为这个体制的形成实际上是有个过程的。

如果说土耳其真正地建立过一个"党国体制"的话，那应该是在 1931 年以后。我们知道，一个组织一旦经历过一番伟大的事业（比如革命），那么，它就会出现一个典型的情况：组织中有很多元勋、元老这样级别的"大佬"。尽管有一个像凯末尔这样的人，他可能是拥有最高权威的核心人物，但是，在共和国人民党内部，还有很多人也都为土耳其的革命事业做出过非常独特的、重要的贡献。伊斯麦特·伊诺努（İsmet İnönü，1884—1973）就是一个典型，凯末尔是土耳其的"国父"，伊诺努在凯末尔逝世后上台，则被称为"国家领袖"或"民族领袖"（Millî Şef），这个词也可以翻译成"国家元首"。伊诺努还被称为 ikinci adam，意思是："第二个人"或"二号人物"。伊诺努的威望也很高，他打过非常重要的、决定性的战役，在决定土耳其共和国主权边界的洛桑会议中，土耳其谈判代表团里最重要的领导人也是伊诺努。凯末尔在 1938 年去世以后，伊诺努理所当然地成为国家元首。*

除了国父凯末尔之外，还有一些其他人物在当时也是很重要的。再比如，有一个叫卡泽姆·卡拉贝基（Kâzım Karabekir，

---

* Metin Heper, *İsmet İnönü: The Making of a Turkish Statesman*, Leiden: Brill, 1998.

1882—1948）的人。凯末尔发动民族独立运动之初，还是在奥斯曼帝国这个框架下进行的，也就是还没有公开宣布要放弃奥斯曼帝国。卡泽姆是当时奥斯曼帝国军队里的一个重要人物，他手握重兵，驻扎在东部地区。他不但拥护凯末尔，对于在东部联合苏俄对付亚美尼亚、收回领土也发挥了最重要的作用。卡泽姆也是土耳其革命阵营里的"大佬"。还有很多其他的人，我们就不一一赘述了。不管怎么样，在人民党成立的时候，也就是共和国早期，在凯末尔党人之中，革命的元老很多，各有自己的功劳。他们很多也曾是帝国政府和军队的要人，其出身、背景、革命经历都很不一般。

在这个意义上来说，凯末尔作为国父、人民党的创始人，要想大权独揽也绝非易事。因此，初建的土耳其共和国就必然要经历复杂的权力斗争。简单来说，1923年9月，人民党成立了，共和国随后在1923年10月29日成立。在这个情况下，原有的一些"大佬"尽管是旧时代的人、旧政权的人，但也成了新时代、新政权的人。对凯末尔来讲，他当然希望大权独揽，但是，在威望、背景方面能够和他平起平坐的人也不少，而其中有一些人在国家发展的大方向和政策上，又和凯末尔的主张不完全一致。比如我们前面提到的卡泽姆，他的主张就跟凯末尔的不完全一致。

在土耳其建国一年以后，有一些"大佬"就一起离开了人民党。这些人在1924年的时候创立了一个独立的新政党，叫"进步共和党"（Terakkiperver Cumhuriyet Fırkası），其核心成员其实就是原属人民党的一些"大佬"。当然，这些人组成一个新的政党，对凯末尔及其同志来说是一个很大的挑战，对人民党来说也是一个挑战。因为，这些人之所以能够组成一个新的集团、新的政治组织，首先就是因为对凯末尔不满意、对共和人民党不满意，*两党之间具体的差别很复杂，我们大致上来说，就是人民党比较偏重于威权主义、国家主义和家长制作风，唯领袖马首是瞻，也就是说，它是比较集权、尊崇凯末尔个人的一个党。

从人民党离开的这批人并不认同这种作风，他们是反权威的，所以，他们就有一些相对自由主义的、温和的主张。他们敢于公开批评人民党。当时，凯末尔党人深受苏联经济政策的影响，比较提倡国家主义，而这些人相对就会提倡自由主义的经济政策。这些人对于那些持自由派思想的人是有很大吸引力的。所以，进步共和党成立后，凯末尔意识到这种局面容易造成政治不稳定。但是人民党也无法马上就直接将其取缔，因为双方的背景都很硬，打击起来就不是那么容易。

两党关系处于比较紧张的状态。在凯末尔个人权力巩固的过程中，发生了一些针对凯末尔的反对行动。比如说，1926年，伊兹密尔就曾经破获过密谋暗杀凯末尔的一个计划，不管其中经历了什么操作，反正进步共和党这个新政党的一些人，就被认为卷入了暗杀行动。既然有人想暗杀总统凯末尔，当然就得镇压！所以，这个时候就出现了所谓的"独立法庭"——这在后来备受争议，已经有些专门研究——对此案进行审判。进步共和党的领导人，也就是一些"大佬"，因为卷入此案，都被审判了，政治上有了污点，当然，他们也就在政治上出局了。这样的一个组织、一个集团，因为这样的一个契机退出了历史舞台，这对于凯末尔和他的这一派巩固权力

---

* Erik Jan Zürcher, *Turkey: A Modern History*, London: I.B.Tauris & Co Ltd Publishers, 2017, pp. 169-170.

是非常有利的。

1927年，土耳其国父凯末尔发表了一场伟大的演说（*Nutuk*），他讲了6天，把整个革命、建国的过程，用他的思路进行了梳理；用历史学的眼光来看，就是确定了土耳其共和国的革命史观或者说革命史叙事的官方版本。此事的背景就是作为领袖的凯末尔，他的权力已经落实和巩固了，所以他才能在这个时候出来讲这个话题。*

之后，到1930年，人民党改名为共和人民党（Cumhuriyet Halk Partisi）。在土耳其的政坛和政党政治史上，我们可以看到，尽管建国初期出现了一个新的政党，而且它要挑战国家领袖所创立和领导的政党，但它最终失败了，共和人民党得以大权独揽。以上就是第一个阶段的情况。

土耳其在新的共和人民党和凯末尔的领导下，实施的是一种威权主义改革，就是要把那些他们认为落后的、封建的东西统统改掉。这就是人们常说的世俗化。这些政策实际上针对的是旧的历史集团，这个历史集团包括前帝国的一些政治精英以及宗教阶层，这些人被视为进步的对立面，当然就要被改革或者被革命了，所以，这些人就失去了权力。在这个过程中，他们也会反对凯末尔党人以现代化、进步的名义所进行的变革，这些反对声音一度还是比较大的。不过，最终结果是他们都被镇压了。这也就造成了后来人们所说的土耳其在政治上非常不自由或者说不民主的一个时期，这个时期也就是凯末尔党人通过共和人民党来不断地巩固自身权力的过程。到1931年，土耳其的"党国体制"确立了。什么叫"党国体制"？简单来说就

---

* Mustafa Kemal Atatürk, *Nutuk*, Cilt I, II, III, Istanbul: Milli Eğitim Basımevi, 1973; Erik Jan Zürcher, *Turkey: A Modern History*, London: I.B.Tauris & Co Ltd Publishers, 2017, pp. 175-176.

是他们提出了一个口号，即这个国家只能有一个民族、一个政党、一个领袖，简称"三个一"。

在这个时候，凯末尔党人就着手改变国家的政治结构，或者说，改变国家的政治结构和党的政治结构之间的关系。在1931年，土耳其共和人民党的权力巩固了，在那一年，共和人民党第三次代表大会召开，新的党纲和党章通过了，其中规定，共和人民党和土耳其政府的机构，就是党的机构和国家的机构是重合关系，党的领导人就是国家的领导人，比如说，共和人民党的主席当总统，党的副主席当总理。四年后，共和人民党的第四次全国代表大会进一步推动了共和人民党和政府机构的一体化，共和人民党的总书记要兼任政府的内务部长，负责国内安全，而且，党的地方组织负责人可以兼任省长。所以，我们说土耳其在20世纪30年代初建立了"党国体制"。这也说明，土耳其国父凯末尔所领导的政党和集团在土耳其的权力达到了顶峰。

一些原来从帝国时代就存在的组织和机构，比如一些宗教组织和民族主义组织，此时将面临何种命运呢？首先是它们不能再活动了，不能再以原来的名义，作为独立的组织来活动。它们有的被解散和取缔，有的就变成共和人民党的附属组织，或者直接改组，变成这个党的一部分。对凯末尔党人来说，他们希望人们都变成共和人民党的成员。

共和人民党在基层如何运作呢？它建立了一些附属性组织，比如"人民之家"，大概类似于中国的文化宫，这类机构分布在全国各地，主要是在城镇地区。它们负责宣传共和人民党的政策、凯末尔主义、西方文化、民族主义等等，要对民众进行教化。同时，凯末尔党人也致力于加强对社会的控制。所以，当时他们鼓励土耳其人都加入共和人民党。这是土耳其在那个时候的情况。

但这并不是说在 1924 年的进步共和党以后，土耳其就没有再出现过建立其他政党的实验，实际上还是有一次的。在 1930 年，土耳其又成立了一个新的政党，即"自由共和党"（Serbest Cumhuriyet Partisi），这个新政党实际上是由凯末尔本人主导建立的，他找了自己比较熟识的、信得过的一个人，让他主持成立了这个新党，但其实，"自由共和党"影响不太大。当时，成立"自由共和党"有两个目的：一是作为共和人民党的"点缀"，证明它自己不是一家独大；另一个就是凯末尔想提拔一批新人，以便于自己控制政局。对凯末尔来说，作为领袖，他并不直接做党务工作，作为国家总统，他需要控制住自己手下的人，所以，他希望扶植一批新人。当时，在凯末尔下面，由总理负责各类具体事务，而总统凯末尔是不管理国家的具体事务的。虽然他拥有极高的权威，影响力非常大，但总理是"二号人物"伊诺努，他的权势也很大，作为总理，内阁和具体政府事务都归他管。在这种情况下，凯末尔试图平衡和控制伊诺努的权力，他采取的办法就是扶植一批新的自己人，而这批人又不至于坐大。所以，别看自由共和党名字里有"自由"这两个字，实际上，在大多数的方针政策上，它当然还是跟共和人民党没有什么区别的。不过，它确实提出过一些相对自由主义的经济政策、货币政策以及言论政策等。凯末尔选择自由共和党的负责人，主要是看中了这个人不喜欢伊诺努，而且和伊诺努一直矛盾很深，因此利用他来搞平衡和控制。

但是，由于共和人民党在巩固自己的权力、清洗自己的政治对手的过程中走得比较远，一些积怨产生了。与此同时，并非所有的人都知道凯末尔批准成立一个新的小政党的真实目的是什么，所以，当一些人发现出现了新政党，他们就十分兴奋，特别积极、特别热烈地想去加入这个新的反对党。他们在自由共和党中激烈地批评伊诺努，这当然就造成了一定的动荡，也不符合凯末尔当时创立这个党的目的，所以，这个党存在了 99 天就被解散了。*

在这个党之后，前述所谓的"党国体制"才算是正式建立起来。共和人民党将党与国家的发展目标合二为一，因此，我们可以在它的党章中读到这样的话："党重视在进步与发展的道路上，在与国际社会的接触与联系中，要与所有的当代民族齐头并进，要与它们和谐相处；同时，要捍卫土耳其社会的特质和根本的独立地位。"† 以上实际上就是土耳其在凯末尔时代的政党政治的基本情况。

四、"党国体制"的转型

下面我们要讲民主党的出现。首先，这里有一个大背景需要铺陈，这就是第二次世界大战。尽管土耳其二战时仍处于共和人民党的牢固统治下，但在 1938 年 11 月，国父凯末尔就去世了。我们都知道，对一个组织来讲，在其最有魅力、最有权威的创始人去世后，后来的人不可能再承袭他那完整的光环。伊诺努，这个"二号人物"，现在成了国家元首、民族领袖，也是共和人民党的领袖。

不久，第二次世界大战就全面爆发了。第二次世界大战之前是

---

* Erik Jan Zürcher, *Turkey: A Modern History*, London: I.B.Tauris & Co Ltd Publishers, 2017, pp. 179-181.
† Çetin Yetkin, *Türkiye'de Tek Parti Yönetimi*, Istanbul: Altın Kitaplar Yayınevi, 1983, p. 259.

一个大萧条时代，土耳其当时模仿苏联的经济模式，所以在20世纪30年代受大萧条的影响不太大。世界大战则深深影响了土耳其。二战期间，土耳其实际上是处于观望状态，一直没有参战，它应该是吸取了"一战"中奥斯曼帝国的教训，并考虑到自己的弱小国力。整个二战期间，土耳其保持戒备，有时候还"两边下注"。当时双方也都给它施加压力，都想拉拢或安抚土耳其，因为它的地理位置非常特殊。不过，土耳其一直保持着中立，一枪都没放。土耳其这种做法曾被有些人批评为"不道德"。最后，在德国败局已定的情况下，在1945年2月23日，土耳其才对德宣战，成为同盟国的一员。这是土耳其在二战期间的情况。

但在世界大战期间，土耳其内部的日子也不好过。经济上，各国的问题都非常多，土耳其保持中立也不可能独善其身。无论是国际经济和政治形势的恶化，还是内部的民族矛盾、经济危机、阶级矛盾等情况，实际上对共和人民党的统治都是巨大的威胁。为了增加税收、维持军备，土耳其实行通胀的货币政策，继续强化国家主义，这对民众和工商业阶层的影响很大，引发了巨大的不满。另外，这个时期土耳其的地方官员腐败也很严重，共和人民党上上下下对前述危机也束手无策。总之，这个时期的所有问题，都须由共和人民党来"背锅"，毕竟它是执政党，它建立了党国一体的体制。1938年土耳其国父凯末尔去世后，伊诺努面对危机局面，只能勉力支撑，捉襟见肘。

我们提到过，土耳其国父凯末尔和伊诺努之间，实际上是"一号"和"二号"的传承关系。但我们也提到过，凯末尔还是要想办法来制约伊诺努，说明他们之间是有矛盾的，他们有过争吵，伊诺努也被罢免过。所以，在凯末尔去世以后，伊诺努还是做出了一些改变。伊诺努上台以后，土耳其的内政面临一些困难和挑战，这些问题对共和人民党，对伊诺努这个领袖的威望都有冲击。所以，到了二战的后期，伊诺努认为，他个人和共和人民党不能独力承担如此严重的社会矛盾。他在1944年11月的时候做出承诺：土耳其也将推行民主化，也可以搞多党制。

我们现在并不能完全了解伊诺努当时的真实想法，这很可能是他在经历了那么多困难和挫折，而二战也有了眉目的情况下，为了让自己的统治更牢固，让国内矛盾相对缓解，所采取的一个权宜之计。也可能是，即便有反对党出现，他对共和人民党能够继续统治还抱有很大信心。或者也可能真如他后来所说，就是因为对民主价值、自由价值的信奉？我们只能去揣测，而不能完全证实。当然，伊诺努活得很长，一直活到1973年。他寿高89岁，而凯末尔只有57岁，伊诺努在凯末尔去世后又活了35年。寿命在很多时候可以影响人们对政治人物的评价。所以，我们不太容易明确当时他到底是一个民主价值实打实的拥护者，还是只是采取了权宜之计。但结果是明确的，即确实是伊诺努开启了土耳其向多党制转型的时代，这一点他功不可没。

1945年9月5日，民族发展党正式成立，但这是一个没有什么影响的小党。1945年11月，伊诺努正式宣布土耳其要举行选举，是直接的自由选举（以前都是间接选举）。而且，这个时候，伊诺努宣称土耳其需要一个真正的反对党。大概两个月以后，1946年1月，民主党就真的成立了，这个党可不像以前一样是由国父掌控的假反对派。民主党的核心人物有四个，都曾是共和人民党里的重要人物，他们有的是因为公开发文批评共和人民党而被开除出党的，有的是主动脱党的。民主党的领导人之一，其实过去中国人对他的名字十分熟悉，即阿德南·曼德列斯（Adnan Menderes，1899—1961）；毛主席在20世纪60年代说过，曼德列斯跟蒋介石一样，是美帝国主义的走狗。*

伊诺努开始应该也没有料到土耳其民众对共和人民党的反感如此之大，也没有想到民主党能够取得如此大的影响，觉得它应该还是可控的，只是一个陪衬。民主党刚成立，结果就跟20世纪30年代的那个政治实验一样，有很多人纷纷加入它，因为现在党禁已经开放了。

土耳其经历了20世纪30年代和二战期间的困难，国内积累了大量的不满情绪，而多党制给了这些情绪一个出口。就像受到压力的水一样，人们纷纷往这个出口汇集，不满的人都迅速地变成了民主党的支持者。到这个时候，共和人民党就感到担忧了。尽管它还是执政党，但它开始感觉到，以后要是进行选举，自己还真的没有十足的把握能赢。所以，共和人民党使出了一个很常见的手段——提前大选，将原定于1947年的大选提前到了1946年7月。民主党刚成立6个月，各方面还不完备，只能仓促参选。这样，一来民主党对大选准备不足，二来还有共和人民党的选票舞弊，民主党就败选了；但它还是斩获了议会465个席位中的62个，若是到1947年再举行大选，真不知鹿死谁手。

1946年大选之后，刚开始，共和人民党还想邀请民主党人一起

---

* 毛主席曾说，世界上最大的帝国主义是美帝国主义，在很多国家有它的走狗。帝国主义所支持的人，正是广大人民所唾弃的人。蒋介石、李承晚、岸信介、巴蒂斯塔、赛义德、曼德列斯（时任土耳其总理，1960年5月27日在政变中被捕，次年被判绞刑遭处决——引者注）之流，或者已经被人民推翻，或者将要被人民推翻。（《人民日报》，1960年5月10日）

组阁。但是，因为民主党一直对共和人民党持批判态度，自然不能跟它"同流合污"；所以，民主党人就继续进行宣传，主要是鼓动人们批评和反对执政党。当选后的共和人民党遭到的批评越来越多。

共和人民党内部实际上也不是铁板一块，除了那些脱党的、加入民主党的人之外，剩下的也可以大致分成改革派和强硬派两派。共和人民党内的强硬派难以接受反对党的存在，对他们来说，反对党和叛徒没什么区别。伊诺努在这个时候支持了强硬派，他让强硬派的人在大选后当总理，但是，这个做法是不太明智的。因为本来民主党就在指责共和人民党的专制作风，结果被指责对象的代表人物又被推上了台，这就使得共和人民党成了众矢之的。加上共和人民党政府后来在经济政策上的一个失误，以及它对反对党、工会的一些严厉打压……这些更坐实了人们对它的批评，人们当然就会更加激烈地去反对它。

时间过得很快。土耳其每四年举行一次大选，1946年大选后，下一次就是1950年，民主党加紧为1950年大选造势和做准备。

现在土耳其开放党禁了，在这样一个宽松环境下，民主党当然完全可以大张旗鼓地做宣传，批评执政党，利用舆论、媒体造势。民主党的宣传相当有水平、有效果，获得了越来越多的支持。民主党并没有说要对凯末尔主义进行清算，在土耳其，到现在也没有这样的党能够上台。当时，他们首先阐明自己是拥护凯末尔主义的，但是，在经济政策、宗教政策上，他们要跟共和人民党不一样。我们知道，共和人民党的治国路子，大致上可以说是一个有家长作风的威权主义和国家主义的政党，把世俗主义作为一种进步主义的意识形态，实际上就是以之为标准，区分"先进"与"落后"。就在这样一个背景下，民主党出现了，新的政策也浮出了水面。民主党的成员很复杂，像曼德列斯这样的核心成员原来是共和人民党成员，但民主党还吸引了农民、地主、农村宗教人士和城镇中产阶层，他们反对凯末尔主义的威权主义和国家主义，要效仿欧美的经济理念，摆脱统制经济的束缚，释放更多的经济活力，积极主张搞经济现代化、城市化，提出了很多让农场主和工商业阶层满意的政策。土耳其的工业化和城市化在后来的民主党时代（1950—1960）突飞猛进。民主党还主张放松僵化而激进的世俗主义政策，甚至提出要重新定义世俗主义，从强调政教分离，国家管控宗教，转变为强调信仰自由，国家平等对待所有信仰，这跟当今正发党的主张没有什么区别。

但共和人民党也不是顽固到一成不变的。为了1946年的大选，共和人民党已经做出了改变，比如，党主席终身制被废除了，伊诺努也放弃了"国家领袖"这一称号，媒体和大学在当时获得了一定的自由，而这也是民主党能够利用媒体持续批评共和人民党的条件。在1950年大选之前，共和人民党做出了更多的改变，包括压制了党内的强硬派，让改革派掌权，在政治、经济和社会政策上，共和人民党与民主党的民主化和自由化主张也越来越趋同。双方还在冷战背景下互相指责对方受共产主义影响。

共和人民党发现民主党在利用人民群众的宗教情绪来拉票，因此也不示弱，竟然表示，如果能给他们投票，胜选后他们可以放弃凯末尔主义！其实，直到现在，土耳其也没有公开主张放弃凯末尔主义的政治力量能够获得很多支持的。20世纪40年代末，共和人民党已经有这样一种说法，尽管这可能只是为了选举使用的权宜之计，但我们从中也可以看得出来，政治的游戏规则变了，共和人民党不能像它原来一党独大的时候那样随心所欲了。这就是20世纪中期土耳其政党政治演变的一个非常重要的特征。

到1950年5月大选时，民主党以很大的优势获胜，得票率是53.4%，共和人民党是39.8%。这样，民主党就合法地上台了。其实，民主党在执政中延续了共和人民党在1946年之后的很多做法。

那么共和人民党为什么失败呢？可能主要是因为历史的包袱。当年激进世俗化政策就是共和人民党主导的，但很多民众并不满意，只是碍于国家暴力机器而无法表达。凯末尔主义的"六支箭"，首先是共和人民党的原则，共和人民党在20世纪30年代以后又建成了"党国体制"。由于共和人民党之前失败的经济政策，以及它对反对派的打压所造成的人们对它的厌恶，加上它在过去威权主义时代所实行的一些高压政策引发的反弹，这些使共和人民党的处境越来越不利。所以，共和人民党有非常沉重的历史遗产/包袱。尽管它说要改变，但人民可能不愿给它改正的机会；它已经改变的，它的新面貌、新政策也一时很难被人们相信是真诚的。它首先是人们发泄不满的对象，凡是对这个社会、对这个国家、对自己的生活状况不满意的，都拿共和人民党当"出气筒"。在1950年大选的时候，共和人民党得票率还不是很难看，毕竟到这个时候它表现出的是很温和的、改革主义的取向，如果提前两年选举，它可能输得更惨。

上面我们讲的，是从土耳其社会内部视角来看的。简单地概括这段历史，就是土耳其建立了新国家，巩固了政权，有了自己的卡里斯马领袖，然后建立了"党国体制"，最后又不得不把它放开。这个过程是清楚的。那么，这里边有没有什么外部因素呢？实际上，在过去的研究当中也有专门研究这个外部因素的。

到了二战后期，同盟国的胜利已经是可以预期的。1943年12月，伊诺努与丘吉尔和罗斯福在开罗会晤，土耳其被警告，如果长期不参战，战后可能会被孤立，这其实也是暗示土耳其将面临苏联的威胁。不过伊诺努还是想方设法拖延对德国宣战。1944年，形势已经非常明朗。不只是战争的结果，以后的两大阵营——两种意识形态、两大帝国、两个霸权，一个是美帝国，一个是苏联，也是一个很重要的问题。

因此，土耳其自然也得做长远打算。不参加二战也就罢了，但是土耳其还要考虑未来发展的问题。20世纪20—30年代，土耳其和苏联的关系还算不错。但《苏德互不侵犯条约》让土耳其不放心，苏联对土耳其的中立也不满意，明确表示以后不会跟土耳其再续签友好条约，更不用说苏联对博斯普鲁斯海峡的要求，在二战末期对土耳其东北部领土的要求，等等，都是土耳其不能接受的。土耳其感到了苏联的巨大威胁。

土耳其不可能单独去面对像苏联这样强大的对手，它自然希望美、英能支持它。所以，土耳其的选择，首先是它一定要进入战胜国的阵营，一定要成为联合国的创始成员，这是毫无疑问的；其次是在美苏两强的格局之下，它也必须有所选择。而美国对土耳其的特殊地位也有考虑，尤其是随着苏联在东欧建立势力范围，土耳其的地理位置就显得更为重要了。之后，美国于1947年出台了杜鲁门主义，支持土耳其和希腊与苏联抗衡。

二战胜利虽然是世界各国反法西斯力量共同参与的结果，但美国在其中是比较特殊的，美国的制度和体制实际上对土耳其的政治精英，对世界很多其他地区的和国家的政治精英是有一定吸引力的。

这种吸引力对土耳其来说，在"一战"结束的时候就出现过，当时对帝国前途感到绝望的土耳其精英曾幻想着美国的委任统治。而现在，美国又是战胜国的领袖。综合苏联的威胁、美国的优势，以及土耳其凯末尔主义政权的资产阶级性质，土耳其政府选择向以美国为首的西方阵营靠拢，应该说是它精打细算的结果，是一个理性的考虑。

有了这样一个倒向美国的考虑，那土耳其就得有所表现。二战时期土耳其是"投机取巧"、保持中立的国家，对二战贡献不大，所以它得从别的方面努力，比如可以肯定美国的价值观，实行某些符合这些价值观的政治、经济和社会政策。这个时候，加强与美国的关系、获得美国的援助这些考虑，是土耳其能够转型的原因之一。当时，土耳其的经济状况非常困难，土耳其还申请加入了国际货币基金组织。美国人派遣代表团来考察时，肯定了共和人民党的革新政策。所以，土耳其开放党禁，解除它的威权统治，走向西式多党民主制度，实际上也不能忽视这样一个国际环境的影响。

我们知道，在这之后，土耳其不光转向多党民主制度，而且还"一边倒"地加入了美国阵营，部分地改变了冷战的格局，因为土耳其的地理位置实在太特殊，它往东、往北、往西都是苏联及其势力范围，所以，土耳其是西方的一个前沿阵地，比希腊的地理位置重要得多。土耳其也从其立场中获利很多，比如在1947—1960年，美国对土耳其的援助总额高达30亿美元。

土耳其不只成了冷战中的一个特殊角色，而且，在20世纪50年代，在朝鲜战争爆发以后，土耳其在"美帝国主义走狗"曼德列斯的民主党的领导下，积极地参加了所谓的"联合国军"，派了很多人到朝鲜战场上去，跟中国人民志愿军正面打过仗。土耳其军队伤亡也很惨重，但这相当于是向美国纳了"投名状"。土耳其也很快就加入了北约。今天，土耳其跟美国和北约的关系有这样那样的问题，还有好多说法，比如土耳其是否会被北约开除，因为它跟美国和欧洲似乎长期闹得比较僵。但实际上，土耳其和西方，特别是和美国以及北约有这样一种历史性的关系，所以，在评价它们当下的关系时，我们是需要综合考虑的。

最后，我们还要谈谈伊诺努个人的角色。这点前文中已经略有涉及，尤其是他在1944年宣布开放政治，这一步实属不易。伊诺努尽管没有国父凯末尔那么高的威望，但他的整体的影响力和地位仍然是非常高的，他是凯末尔的同代人，是革命元老，尤其是在军界举足轻重。1946年大选之后，共和人民党内部的强硬派对以后是不是要继续实行这种多党竞争制度是很犹豫的。当时，在共和人民党内部，面对民主党的挑战，还是有人试图去强力控制。"阀门"已经打开了，但并不是说就没有人想要把它拧上。即便承认了反对党的地位，共和人民党还是动用了一些执政党拥有的特殊资源和优势，在某些情况下实施控制，并打压民主党。关键时刻伊诺努发挥了重要作用，1947年7月，他分别约谈了共和人民党和民主党的领导人，随后发表了"7·12宣言"，表达了明确的态度，就是支持继续走西式民主化的道路，号召国家机器保持中立，能够平等对待两个党。之后，共和人民党内的强硬派就被压制了，改革派占了上风，共和人民党才会推出与民主党的主张类似的各项新政策。在1950年的大选后，共和人民党失败，这对伊诺努的打击也很大，据说有军方的人找到伊诺努，希望采取行动"搞掉"民主党，但最终被伊诺努制止了。从这几个例子可以看得出来，伊诺努在一些关键时刻是支持了土耳其的政治转型的。

但这不是说他对共和人民党的失败能够欣然接受，无论在政治上还是精神上，这对伊诺努都是不小的打击。有一个现象值得玩味，就是当他看到共和人民党在选举中岌岌可危的时候，他就放弃了自己作为总统必须保持的中立立场，忍不住公开去支持共和人民党（这让人联想到21世纪的土耳其总统埃尔多安，在修宪之前，他也没有恪守中立，而是在大选中公开力挺自己创立的正发党）。当然，即使是这样，共和人民党也没赢。

我们仍然无法清楚地判断伊诺努真实的想法或思想历程。作为国家元首，二战后土耳其面对的国内外局面，应该是他做选择的重要考量，而不是对所谓的美式民主价值的信仰。面对当时的国际形势，以及国内共和人民党的统治出现危机，社会矛盾几近爆炸的情况，他必须设法对其进行缓解。所以，对伊诺努来说，走出这一步应该更多是理性的选择，而不是理想主义的冲动。伊诺努选择了一条在当时情况下对土耳其国家的发展较为有利的道路。

要理解土耳其现当代历史，我们必须要知道1938年土耳其国父凯末尔去世到1945年二战结束，这段时间里土耳其到底发生了什么。最重要的一点，就是土耳其总统1944年承诺未来将进行西式民主选举。1946年，第一次选举举行，而1950年的大选就真正地让"建国党"共和人民党失去了主导地位，它还接受了这个结果，政权实现了和平过渡，这就是土耳其共和国政治史的转折点。了解了这段历史以后，我们才能明白后来土耳其的政治伊斯兰、军事政变、埃尔多安政权等等，它们实际上是1950年这个转折点以后的70年的历史进程的一部分。

第九章

正发党、埃尔多安与总统制

在 21 世纪，土耳其政治最重要的现象，就是埃尔多安及其正发党的崛起并长期执政。埃尔多安领导下的"土耳其模式"的内涵大致是：在一个伊斯兰国家，由温和的保守主义政党长期执政，经济上走新自由主义的发展道路，积极融入全球化，重视民生，政治上坚持民主化，社会-文化方面则在世俗主义原则的基础上打擦边球，尽量满足保守选民的宗教需求，外交上坚持相对独立自主的立场。埃尔多安领导的土耳其的发展道路也曾被学者称为"第三条道路"。那么，我们该怎么看待正发党与埃尔多安的崛起？以及，我们该如何评价埃尔多安时代？

一、正发党的崛起

埃尔多安生于 1954 年 2 月。他出身平民阶层，据说小时候曾在伊斯坦布尔街头卖过带芝麻的面包圈（simit），借此补贴家用。身材高大健壮的他还做过几年职业足球运动员。埃尔多安毕业于宗教职业学校，后入大学学习经济管理。他是一个保守但又讲求实用主义的政客，曾因在政治活动中引用伊斯兰经文而短暂入狱。他早年加入伊斯兰主义政党，于1994年当选伊斯坦布尔市长。在任期间，他政绩斐然，成为全国瞩目的政治明星。后因军人政变，他的政党被解散，埃尔多安遂与原政党脱离关系，并于2001年参与创建了正发党。该党自2002年以来连续多次赢得大选，优势保持至今。

1. 政治伊斯兰

作为一个被外界认为具有伊斯兰主义背景的政党，自称代表了保守民主派（muhafazakar demokrat）的正发党能够上台并长期执政，与土耳其社会中日益强大的伊斯兰保守主义潮流有着密切关系。正发党利用和顺应了土耳其民间日益增强的保守主义需求，获得了更多土耳其民众的支持。这有必要从凯末尔主义时代以来土耳其社会与政治思潮的发展变化谈起。

凯末尔主政期间，不仅在政治上实行威权主义，而且还在经济、社会、文化等方面推动了深刻的西方化改革，这些我们在第八章中已经提到过。激进的文化革命对土耳其社会的冲击是非常强大的。空前的民族主义热情和对凯末尔本人的崇拜压倒了宗教信仰。土耳其的威权主义时代一直持续到第二次世界大战之后才结束。威权主义时代的遗产及影响至今不衰，其表现就是在土耳其社会培养了一大批凯末尔主义者，他们的上层代表主要是西化了的知识分子和军队，政治上的代表就是共和人民党。他们主张奉行凯末尔主义时代的世俗主义原则，对伊斯兰主义非常敏感和警惕。

二战以后的政治民主化为伊斯兰主义政治的发展开辟了空间。

延续近千年的伊斯兰传统，不是威权主义统治能够随意抹杀掉的。一旦政治解严，就会出现宗教情绪的反弹，特别是各政党为了拉选票，竞相以宗教为号召来吸引选民的支持。在战后土耳其的西式民主机制下，国家对于表达各种意见都给予了更多的自由，其中自然也包括宗教界领袖们的意见。他们这些人此时越来越公开地表示对世俗主义的敌视，越来越公开地提出了复兴伊斯兰的要求。

与此同时，萧条的经济和深刻的社会问题也使土耳其社会成为伊斯兰复兴的温床。二战结束以来，土耳其多次遭受经济危机和经济衰退的困扰，这引起了众多的社会问题，诸如两极分化的加剧、西方生活方式和价值观的盛行、政治腐败日益严重、犯罪率上升等。面对这一系列问题，人们开始思考西化的道路是否适合土耳其，思考现代化是否一定要牺牲伊斯兰教以及伊斯兰教能否适应现代化的发展这类问题。尤其是广大手工业者和小商人面临着日益激烈的竞争环境，每次经济形势的恶化都导致他们纷纷破产，贫富差距日益扩大。他们也将目光转向伊斯兰传统，一方面将宗教当成他们的精神慰藉，另一方面把宗教当成他们的斗争武器。

在1946年大选中，土耳其群众就显示出了对严格的世俗化政策的不满。在这种压力下，共和人民党被迫采取妥协措施，允许小学开设选修性的宗教课程，并在安卡拉大学设立宗教系，还建立了一些专门培养伊玛目和哈底普的小学。

20世纪60年代初，土耳其发生了战后第一次军人干政事件，这次事件后政府颁布了自由主义色彩的宪法，在客观上承认了宗教自由和信仰自由的发展。尽管土耳其宪法规定不得为了达到政治目的而利用和滥用宗教以及宗教圣物，但以后的每一次选举中，许多政党都不同程度地利用宗教，因为迎合群众的宗教情感是赢得选票的好办法。例如，民族秩序党（1973年改名为救国党）为了给自己争取选票，就曾利用小商人和农民的宗教情感，促进了穆斯林的宗教情感的复兴。这样，政党反过来又促进了伊斯兰主义的更大发展，各宗教组织乘机通过各种方式和途径扩展势力，并最终导致伊斯兰教价值观得到官方认同：1982年颁布的宪法规定宗教课程是学校的必修课；1983年祖国党赢得大选后，凯南·埃夫伦（Kenan Evren，1917—2015）将军和图尔古特·厄扎尔总理都反复强调土耳其民族主义结构中宗教价值的重要性。

1983年7月土耳其繁荣党成立。自成立之日起，繁荣党就以其浓厚的宗教色彩而引起了广泛的注意。它的领导人埃尔巴坎（Necmettin Erbakan，1926—2011）的讲话中充满了引自《古兰经》和圣训的句子。繁荣党公开反对世俗化，主张按照伊斯兰教教义治国，要求建立公正的生产和分配体制；对外政策上，主张为维护土耳其的民族利益和民族独立，联合伊斯兰国家与美国和西方对抗。1987年繁荣党参加大选，得票率为7.1%；1991年大选它的得票率为13%，取得了较大的成功；1995年12月大选，它更取得了惊人的成果，得票率为21.38%，取得议席158个，成为土耳其第一大党。* 1996年，调整了自身政策的繁荣党组建了新政府。虽然繁荣党的政策在上台后趋向温和，但是，作为宗教性政党，它的上台鲜明地表现出伊斯兰主义势力在土耳其的影响。繁荣党的获胜引起土耳其社会中世俗主义者的一片哗然，它的宗教色彩不断地挑战着世

---

* 陈德成：《土耳其繁荣党的伊斯兰民族主义初探》，《西亚非洲》，1996年第4期。

俗主义者的底线。最终，土耳其军方在1997年通过一纸备忘录迫使繁荣党下台，由于没有发生任何的武力干预，这次行动被称为"后现代式的军人干政"。

在繁荣党下台之后不久，土耳其就迎来了正发党的时代。正发党也是一个具有伊斯兰主义背景的政党，但由于繁荣党的前车之鉴，正发党表现得更加温和，比如，它的政纲避免使用伊斯兰主义的话语，而是使用保守民主派作为自己的标签。正发党的意识形态和政策已经超越了以往伊斯兰主义政党的僵化路线，它提出的口号和政纲具有很强的包容性。这是它能够在选举中获胜的一个重要原因。正发党的领导人经常强调尊重现代主义和世俗主义的原则，尊重民主和自由的政治规则，支持土耳其加入欧盟，力图在伊斯兰与世俗主义之间进行调和，等等。正发党一方面并不讳言自己的伊斯兰背景，另一方面又改变了以往繁荣党欲使土耳其伊斯兰化的激进主张。我们可以看到，无论是出于真心还是出于策略上的考虑，正发党领导人大部分时间对土耳其国父凯末尔表现出敬重。在每年11月5日的凯末尔逝世纪念日，国家领导人会到安卡拉的凯末尔陵墓（Anıtkabir）进行祭拜。这是凯末尔主义者的一个大聚会。笔者也曾数次亲临现场体会土耳其人对其国父的敬仰之情。

2007年8月28日，靠着在议会中的优势地位，正发党使居尔（Abdullah Gül, 1950— ）成功当选土耳其第11任总统。这实际上标志着继当年7月的议会选举失利后，土耳其传统的世俗主义者在国家政治中失去了最重要的一个堡垒。上一任总统塞泽尔是个坚定的世俗主义者，他在任期间形成了一个传统，即总统成为平衡宗教色彩浓厚的执政党的最重要砝码，因为他不断否决执政的正发党提出的带有宗教色彩的多项议案。因此，当具有伊斯兰主义背景的居尔当选总统后，传统意义上的世俗主义者在土耳其已经基本上可以说是惨败。

政教关系其实是身份政治（politics of identity）的一部分。现代土耳其建立在凯末尔党人确立的激进世俗主义基础上，宗教被置于世俗国家的严格掌控之下。但在凯末尔之后，这一原则不断受到伊斯兰主义运动的挑战。在正发党之前，曾有伊斯兰主义政党挑战世俗主义，但被以世俗主义原则捍卫者自居的军方压制下去了。具有伊斯兰主义背景的正发党，坚持走实用主义路线，更强调经济发展和民生，这是它被世俗主义驯化的结果。正发党已经不是一个典型的伊斯兰主义政党，但它的出身，还有它在一些敏感问题上的小动作——比如修改涉及伊斯兰头巾的法条，通过限酒令，强化宗教教育，等等——都深深刺激了世俗主义阵营。世俗主义派对埃尔多安党人的不信任是根深蒂固的，尤其是一些激进世俗主义者担忧，埃尔多安党人可能有一个秘密计划，就是要使土耳其慢慢地伊朗化，变成一个教权国家，一旦他们掌握了绝对权力，就会原形毕露（伊斯兰主义的"和平演变"）。*

根据土耳其社会学家的调查，随着安纳托利亚几个大城市及其周边经济的繁荣，这些地方逐渐出现了一种类似于东亚"儒教资本主义"的意识——伊斯兰资本主义，它们还自称为"安纳托利亚小

---

* 在"伊斯兰国"兴起于中东的时候，埃尔多安曾经说过的一段话值得关注："有的人提出，伊斯兰世界与西方世界的价值观之间存在尖锐的冲突。仿佛伊斯兰世界盲目地、狂热地并整体地要与西方敌对；也有人把伊斯兰教简单地与恐怖主义画等号，并昧着良心地去制造一种全球性的伊斯兰恐惧症。不管是谁以什么名义，我们都坚决地反对这些做法。"R. Tayyip Erdoğan, *Küresel Barış Vizyonu*, İstanbul: Medeniyetler İttifakı Yayınları, 2012, p. 24.

虎"，与东亚四小龙相类比。这些地方的工商业者组成的工商企业家协会，就在努力践行一种伊斯兰色彩的生活方式和价值观。这些企业家协会就是正发党的重要支持者。所以，从这个角度来说，正发党的成功不单纯是一个利用宗教情感获得选票的问题，还是一个生活方式和世界观的问题。具体而言就是，他们倾向于将伊斯兰教的价值观与西方的经济和政治体制相结合，认为两者是可以兼容的。这种主张与历史上出现的伊斯兰现代主义具有精神气质上的相似性。正发党能得到多数土耳其穆斯林的支持，除了其能够以宗教吸引选票之外，还在于该党懂得深入群众，在人民底层广泛建立了帮贫助困的组织，不断地给城市贫民和农民施以恩惠。

土耳其历史发展的结果是，世俗主义与伊斯兰在现代主义面前达成妥协，这是一条"土耳其道路"。我们无法断言"土耳其道路"是否可以复制，毕竟土耳其的历史发展有自己的独特性，比如凯末尔主义时代较彻底的世俗化培养了一大批世俗主义者，再比如，它很早就加入了北约。但无论如何，土耳其的经验显示，伊斯兰社会与现代政治并非格格不入。在其执政的头10年，正发党和埃尔多安还未表现出明确的保守主义和专制的倾向。针对土耳其的发展道路，埃尔多安曾表示："我们不会干预人们的生活方式；我们首要的任务是加快加入欧盟的进程；我们将加强土耳其同世界的一体化；我们决心实施世界货币基金组织的经济计划；我们不会给土耳其制造紧张气氛；我们将非常谨慎，戴头巾不是我们的首要问题。"

正发党代表了新兴力量在土耳其的崛起，而不是传统宗教保守势力的复兴，它迎合了底层虔诚的穆斯林的需求。土耳其的世俗主义政治，在以往代表的主要是传统的国家主义势力。他们是精英阶层的代表，是过去体制的既得利益者；他们害怕竞争和全球化，甚至在加入欧盟的问题上也不再坚决。正是这些号称最为西化和世俗的人成了土耳其的左派和极端民族主义者，他们视欧盟、美国为帝国主义者，以民族主义拒斥全球化。正发党自称是土耳其的"保守民主派"。正发党的胜利，最初是代表着融入全球化的新兴力量对国家主义的胜利。

正发党的政治主张和执政实践表明，它不可能忽视土耳其强大的世俗主义传统和力量，同时，以共和人民党和军方为代表的传统世俗主义者在土耳其已经成为少数派，他们必须进行意识形态和世界观上的改变，不能再仅仅用启蒙主义的单线历史观看待世界的变化。

2.十年好政绩

到2013年"加齐公园事件"发生时，正发党在土耳其已经连续执政超过了10年，一直是土耳其大国民议会中的多数党。2011年6月大选，正发党的得票率几乎达到了50%。考虑到土耳其政党林立以及对各政党而言进入议会必须满足得票率超过10%的硬性门槛规定，正发党这个优势就不言而喻了。土耳其自1946年起实行多党民主制后，唯一能够与正发党的成功相提并论的就是1950—1960年连续两次执政的民主党了。但民主党在选举中的得票率是递减的，而正发党却是递增的。

在2002年，正发党第一次赢得议会大选的时候，选举结果即出乎土耳其社会之预料，因为，它使土耳其多年来第一次拥有了一个占据议会过半数席位的政党。而在此之前的很长一段时期内，土耳其政坛一直陷在支离破碎的党派林立状态，没有一个政党能够获得超过半数的席位，它们不得不组建松散和动荡的联合政府。政客之间争吵多于合作，土耳其政治长期飘摇不定，没有一以贯之的稳定政策，无法应对陷入绝境的经济危机，有的时候还不得不由军队出面来恢复失控的政局。动荡不安的政党政治已使广大土耳其人民不胜其苦。所以，在当时，正发党以绝对多数胜出曾让渴望稳定的土耳其人欢呼雀跃。作为土耳其多年来唯一一个在议会中能够取得过半数席位的政党，正发党一度被土耳其人视为土耳其纷纭多变的政坛的稳定器，被民众寄予厚望，这是该党一直获得较高支持率的原因之一。

上台以后，正发党也很快取得了辉煌的政绩：成功地稳定了危机后的土耳其经济，实施了深入的经济私有化政策，启动了与欧盟的入盟谈判，致力于解决库尔德问题，等等。可以说，正发党已将自身塑造为代表土耳其大多数民意的政党。

从选举的成绩来看，说正发党是相当成功的，这没有什么疑问。我们该如何理解和解读这样的成功呢？

有分析指出，正发党在土耳其获得支持是因为它实实在在的政绩，具体表现就是在它执政后，土耳其的经济发展成就令世人瞩目。在每次大选胜利后，正发党的经济成就总是被普遍关注。回顾正发党在土耳其执政头10年的经济发展，我们确实可以看到这个中等规模国家的强劲崛起。有人说土耳其已成为世界经济的一个新的明星。在正发党的统治下，土耳其经济总量一度达到世界第16位，人均GDP超过1.2万美元，而土耳其的雄心是进入世界十强。就总量来看,土耳其算得上是经济实力最强的伊斯兰国家;在中东地区,其经济实力更是首屈一指。

2001年土耳其经历了一场严重的金融危机。2002年,正发党上台执政,当年就实现了经济的明显增长与改善。在正发党执政的头10年中,土耳其的国内生产总值与人均国内生产总值已经翻了好几番。自2002年开始,土耳其经济进入了长达近10年的高速扩张期。2008年的全球金融危机使土耳其的经济增长放缓,但土耳其政府加强宏观经济管理,出台了一系列经济刺激计划,实行降息、减税等相对宽松的财政和货币政策,促使国内消费需求回暖,消费者信心指数随之上升。这些年,在正发党的领导下,土耳其经济保持较高的增速,GDP增长率一度紧逼中国。

且不管正发党的经济政策与土耳其经济发展之间的关系有多密切——毕竟经济增长有很多周期性、历史性的非政策因素——但毫无疑问,正发党抓住了历史机遇,克服了前期的困难,很好地利用了这个成功,并将之转化为政治上的不断成功。

经济增长是一方面,更重要的还有分配的问题。政治对经济的影响实际上更多地体现在分配领域,也就是说,在如何分配经济增长带来的成果方面,政治将发挥关键性的作用,做得好自然可以换来更大的政治利益。如果经济发展的成果没有变成普遍性的全民福利,尤其是被少数人分去了绝大部分的蛋糕,这就会造成严重的社会-政治危机。在发生了"阿拉伯之春"的国家,比如埃及,之前的经济增长率并不低,增长势头也不弱,但严重的两极分化问题导致普通埃及人有严重的相对剥夺感。再加上政治上专制,腐败极其严重,对权贵阶层没有有效的监督,这些都是埃及发生民主革命的重要原因。这跟土耳其形成了鲜明的对比。用不着通过数据来说明，我们只要看看最近发生的针对政府的抗议行动就会发现，土耳其的这类行动基本上不涉及民生问题。而埃及在发生民主革命后，社会经济状况持续恶化，失业率持续攀升，执政党受到各反对势力在体制内和街头的多重掣肘，根本无暇搞经济复兴。

正发党利用经济的攀升，着力搞好民生。比如，它把针对贫穷学生的奖学金普及面扩大了一倍，使医疗的普及面大大拓宽，建立了惠及全民的医疗保障体系，让穷人也真正能上得起学，看得起病。这就确保了土耳其底层民众对正发党的支持。正发党是面向草根阶层的政党，它尤其关注贫穷民众，这是它的重要票源。正发党利用了之前多年经营的基层工作基础，并在上台后以国家政策的形式巩固和扩大了这个基础。正发党的前身繁荣党是伊斯兰主义政党，具有多年的草根政治经验；但繁荣党过于保守，伊斯兰主义意识形态色彩过浓，它的选民来源就没有那么广，所以在1996年时的得票率远不如后来的正发党。正发党除了吸引繁荣党之前的主体选民之外，还把更多的保守中产阶层吸引了过来。这对于正发党而言才是一个巨大的成功。

二、加齐公园运动

2013年5月，有不少土耳其人愤怒了。愤怒首先来自伊斯坦布尔塔克西姆广场的加齐公园。随后，土耳其的一些主要城市爆发了反政府的抗议活动，警民冲突不断，多人受伤或被捕。抗议者指斥时任总理埃尔多安是个"独裁者"，要他下台。这场抗议运动被称为"加齐公园运动/事件"。抗议的起因是政府强拆塔克西姆广场边上的一块绿地，欲用来建商场，警察强行驱赶聚集在那里的环保人士。在"阿拉伯之春"的氛围下，土耳其发生的情况在当时让人浮想联翩，虽然这种联想可能有些牵强。

1. 塔克西姆印象

每次去伊斯坦布尔，我都会到塔克西姆看一看，并非因为这里有什么美丽的风景，主要因为这里是伊斯坦布尔欧洲部分的中心。2012年10月，我去伊斯坦布尔开会，住在伊斯坦布尔欧洲部分的北面，酒店给房客提供免费的接送服务，终点就是塔克西姆广场。这里也是当地的交通枢纽，游客从这里可以轻松到达各主要景点，并可领略周围如北京王府井般的繁华与热闹，还能看看各式欧洲风格的建筑。在这里，随便找个货币兑换处（döviz），就能把手里的美元或欧元换成土耳其里拉，要比在机场换划算得多。

塔克西姆广场在伊斯坦布尔相当于天安门广场在北京，虽然它看起来不如天安门广场那么庄严和肃穆，而且，伊斯坦布尔也不是土耳其的首都。广场上有座立于1928年的共和国纪念碑，是由意大利建筑师设计的，看起来不甚宏伟，但它象征的是土耳其国父凯末尔所领导的革命。在为数不多的几次访问期间，我从未碰上过什么政治活动，但通过读书和看新闻，我知道这里是各种抗议活动聚集的场所——土耳其广场政治的圣地。2005年10月的某个晚上，我在土耳其首都安卡拉的某大学为一批要去往伊斯坦布尔的左翼朋友送行，他们就是要到塔克西姆广场，去抗议土耳其加入欧盟，而年轻无知的我选择留在了安卡拉。

游人经常会看到从塔克西姆开出的一趟叫"突乃尔"(tunel)的老式有轨电车。我喜欢听它经过时发出的叮叮当当声,对着它拍照,仿佛可以感受到帕慕克说的那种从历史深处发出的叹息——伊斯坦布尔的"呼愁"。它象征着一个古老帝国对现代化的追求。如今,它也成了古董,仅供游客体验重回百年前的感觉。平时的广场上满是各国游客,他们穿着休闲,既不神秘,也不古典。

2. 广场政治的实质

经过正发党统治的前10年,土耳其出现了一个新的挑战,那就是在一党独大的局面下,如何理顺民主与自由的关系、"多数人暴政"与保障少数人权利的关系。

正发党已经在土耳其建立了一党独大的局面,反对党无法对其形成有效制约。埃尔多安还想成为普京那样的人物,希望把土耳其改成总统制。这样,埃尔多安不再担任总理后就可转任总统。他希望能够再领导土耳其一些年。埃尔多安表现出日益明显的自大、傲慢与专断倾向,在修宪、通过保守色彩的法令、媒体自由等方面,埃尔多安集团日益占据主导地位。

正发党曾团结了大批土耳其自由派,但随着它日益表现出的专断倾向,自由派感到颇为失望。长期执政的一个结果就是新的利益集团的形成,尤其是执政者与资本集团的结合。据悉,在塔克西姆广场强拆绿地建商城的背后就有此问题。已经通过收购等手段控制了土耳其大部分传统媒体的埃尔多安,还经常批评社交媒体,说那里布满了谎言，说"社交媒体是社会最大的威胁"。*埃尔多安党人在土耳其的统治对占少数地位的边缘群体构成了威胁，甚至让他们感到绝望。这是土耳其在2013年发生全国性抗议的最重要原因。

席卷土耳其主要城市的抗议，开始于一场发自草根阶层的环保运动。它的导火索还包括土耳其大国民议会通过了限酒法令。但随着运动的深入，抗议更多地指向了现政府与埃尔多安。抗议者还冲击了正发党的党部。这场抗议行动的主体，除了有过去10年里在民主选举中失利的反埃尔多安和反正发党的势力，也有一小部分原先支持正发党的自由派。席卷土耳其的反政府抗议行动，容易让人想起早先几年的大规模游行。2007年，蔓延土耳其全国的示威是世俗主义者在土耳其发起的最大规模的反攻，但终无实际效果。过去的抗议主要是与选举政治有关，而发起自加齐公园的抗议，反映的主要是边缘群体与反对派针对正发党一党独大的愤怒。

埃尔多安执政的时间越长，就越容易让人联想到历史。正发党统治的10年，颇类似于1950年上台的民主党的10年。在20世纪50年代，曼德列斯领导的民主党在土耳其大选中连续以绝对优势取胜。与正发党的10年相似，在民主党的统治下，土耳其经济蓬勃发展，现代化取得了巨大进步。在政治上，尤其是在前半段，民主党也是一党独大，后日益表现出独裁倾向，限制反对派，控制媒体。1960年，土耳其军方发动政变，推翻了曼德列斯政府，并最终绞死了曼德列斯。领导政变的图尔凯施少校一跃成为全国闻名的人物，

---

* "Erdogan: social media is the worst menace to society", https://www.france24.com/en/20130603-turkey-twitter-social-media-menace-erdogan-sarkozy-london-goldman-sachs-parallel-diplomacy（获取于2021年12月20日）。

上年纪的土耳其人还记得，在 60 年前的凌晨，他通过广播宣布推翻政府并接管政权。当时，土耳其人民确实是欢迎军人干政的。这在土耳其当代史上开了个不好的先例，那就是政治纠葛最后要由军队出来干预。当然，历史地看，奥斯曼帝国也不乏类似现象。

政治上有不同的声音，是正常的。曾经也属于埃尔多安领导的正发党的总统居尔，在呼吁各方保持冷静的同时，肯定了民众的抗议权，他强调，在民主政体中抗议与游行是正常的，民主并不只是关乎选举。在土耳其已经基本上解决了文武关系这个历史难题的情况下，身份政治以及一党独大所引发的问题，能得到妥善的解决吗？

比较起来，如果说"阿拉伯之春"要解决的问题是从专制向民主的过渡，那么，土耳其的危机就是民主化进程的深层次问题。它主要不是民生问题，而是如何避免多数人暴政的问题，是如何保障边缘群体与少数群体的权利和自由的问题，是认同问题，也是价值问题。换句话说，在根本的意义上，它不是个单纯的技术问题，不只是个简单的多数派与少数派的关系问题（若以是否支持正发党为准，支持正发党的选民大概占总人口 50%，反对正发党的占 35%），而是一个自由与价值的问题。其中有教俗之争，还涉及大量边缘群体，包括自由主义者、少数族群（库尔德人、阿拉维教派）、环保人士、女权主义者以及同性恋者等的权利。

在一个由世俗主义者建立的国家里，世俗主义者却感到越来越不自在。占总人口约 15% 的激进世俗主义者，他们的自由又将如何得到保障？有一个土耳其网民向埃尔多安抱怨说："你是谁？你是我爹吗？你凭什么告诉我该怎么生活？你凭什么管我喝不喝酒？"

反之，若是由激进世俗主义者执政，自由的问题就能得到解决吗？答案同样是否定的，因为它还是要面对占人口多数的保守选民，其中还有占总人口约 15% 的激进伊斯兰主义者，他们标榜的是信仰自由。激进世俗主义与激进伊斯兰主义是冲突的，其价值观的前提分别是人本与神本。后者并非不谈自由，而是谈论不同的自由。两者谈论的自由的大前提是不一样的。细究下去就是文明的、信仰的冲突。无论哪个集团上台，都将限制对方的自由。他们之间的关系是："不是东风压倒西风，就是西风压倒东风。"除此之外，其他边缘群体的诉求也都涉及价值与认同的根本问题。

综合各方面情况，目前土耳其由中右的、保守的正发党执政算是最不坏的选择。正发党或埃尔多安的支持率是 50% 左右，但由于 10% 这个得票率门槛的存在，以及反对党的分散，正发党在议会里获得了绝对优势，要限制它的权力，只能等待社会阶层与反对党之间的进一步整合，最终形成较稳定的两党制格局。在土耳其，政治走到了瓶颈。在这个过程中，发生边缘群体针对正发党保守主义和独裁倾向的抗议示威，对其自大倾向也算是一种警醒。总而言之，土耳其政治的根基不是少数激进分子，而是绝大多数的温和人士，他们不要极端的世俗主义，也不要极端的伊斯兰主义。土耳其的困境在于，它的政治建立在一个价值分裂的社会之上；它的支柱在于正发党和埃尔多安保持经济发展与维系政治-价值平衡的能力。

三、修宪与总统制

10 多年来，在最频繁出现在国际媒体头条上的各国领导人中，土耳其总统埃尔多安堪称抢眼。他曾以"男女生来不平等"的言论、建立在森林保护区内有1 100个房间的新总统府以及大量逮捕反对派和记者而闻名。多年来,在达沃斯论坛上"发飙",高调支持巴勒斯坦,与欧盟和美国的龃龉,以叙利亚难民危机威胁欧盟,在库尔德问题上态度强硬,在"伊斯兰国"问题上特立独行,与俄罗斯发展关系,平息军人政变,在东地中海争夺油气资源,把圣索菲亚博物馆改回清真寺,在"纳卡危机"中支持阿塞拜疆,推动成立"突厥语国家组织",等等,这些都使埃尔多安和他领导的土耳其成为世人关注的焦点。除了上述问题,从土耳其内政的角度来看,最突出的现象就是埃尔多安在土耳其的长期执政,他已经连续担任三任总理、两任总统,其担任国家最高领导人的时间已大大超过了国父凯末尔,且目前看他有可能继续干到2028年。21世纪前期的土耳其历史,基本上可以说就是由埃尔多安定义的。而其中最重要的一个问题,就是埃尔多安在2017年推动土耳其从议会制变成总统制。

2017年4月16日,土耳其的修宪公投以微弱多数获得通过。这是一次没有太大悬念的公投,最终的计票结果和之前的民调数据也相差不大。修宪公投通过后,一些反对派对结果提出质疑,但这只是他们反公投立场的延续,不能改变结果。探讨这次修宪公投,首先需要对它有个定性。以较长时段的历史视野来看,这是一件具有重要历史意义的大事,因为它涉及政体的转变。如埃尔多安所言,"这次公投关乎土耳其新的政府体系,这是一次关于改变和变革的选择"。奥斯曼帝国在1876年立宪改革时就确立了议会制,1923年土耳其共和国建立后依然采取议会制,经过1946年实行多党制和后来两次颁布新宪法，土耳其的议会制都没有改变。修宪公投后土耳其从议会制改行总统制，这无疑是个巨大的变化。

1. 修宪公投

虽然在加齐公园运动之前，埃尔多安就提出过改行总统制，但我们可以把事情追溯到2014年8月，那时，已经当了11年总理和正发党党魁的埃尔多安如愿在总统大选中胜出，成为土耳其共和国第12任总统。埃尔多安初步成功地上演了俄罗斯的普京模式：因为总理不得连任三届，埃尔多安干了三届总理后，寻求成为总统，就是他能够继续掌权的必由之路。不过，根据土耳其宪法，土耳其并不是总统制国家，总统权力并不是很大。所以，自担任总统以来，埃尔多安便大力推销总统制，以取代土耳其长期以来实行的议会制。按照当时的规定，如果埃尔多安能够连任一次的话，他就能作为总统干到2024年，而改为总统制后，之前的任期可以不算，那样其在位时间就很可能更长。不管如何，他的任期都应该能够覆盖到土耳其建国百年的时间（2023），到那时，埃尔多安就全美了他在土耳其政治历史上的名望、地位和影响。这无疑体现出埃尔多安是一个颇有野心和远大抱负的政治家。

埃尔多安创立的正发党自2002年上台以来，连续多次赢得议会选举，多年中政绩显赫，在经济、社会和文化方面改变了土耳其，并为土耳其提出了一系列发展规划与目标。但是埃尔多安的政治生涯饱受争议，他经常被西方媒体指控的事情有：铁腕镇压库尔德人，钳制国内舆论，公然逮捕持反对意见的记者，冒世俗主义之大不韪，讨好伊斯兰主义势力，等等。土耳其的世俗主义者、左翼人士、社会民主党人、自由主义者、阿拉维派、库尔德民族主义者都成了他的反对者。有统计结果显示，这些被埃尔多安通过各种暴力和不光彩手段打击的对手如果能联合起来，将占到土耳其选民的40%强。面对如此多的敌人，如果不想被秋后算账，埃尔多安就必须尽可能一直掌权，并以足够的权力和成就为自己退休后留下后路。

从总理转为总统之后，埃尔多安就多次不失时机地提出要搞一部新宪法，其中很重要的一个内容就是搞总统制。2015年12月23日，埃尔多安提到，土耳其的各政党再也不能无视推动新宪法的进程了。埃尔多安这个提法的背景是大国民议会中的反对党同意了与时任总理艾哈迈德·达武特奥卢（Ahmet Davutoğlu, 1959—）会见商谈制定新宪法的问题。在当天的会面中，埃尔多安还谈到了总统制，他强调，人们需要就此进行讨论："既然今天世界上的大部分发达国家都是总统制，我们为什么要害怕、放弃和逃避它呢？""决定这个问题的首先是议会，然后是我们的民族。不管怎么样，我认为我们在议会中的政党再也不能对此置之不理了，此事（总统制）已经成为我们人民的清晰且强烈的要求。"埃尔多安呼吁："为了建立一个能够更好地为国家服务的体制，我们要求有一部新宪法和总统制。"

2015年发生了一件大事，就是在当年的议会大选中，正发党一度失去了多数地位。在2015年6月的大选中，正发党没有拿到议会半数即276席，这无疑沉重打击了埃尔多安。"所幸"三大反对党组阁失败，2015年11月1日土耳其再次举行大国民议会选举。这次正发党卷土重来获得了317席，超过半数，得以单独组阁。但按照土耳其宪法规定，要想不经过全民公决而由议会决定是否修宪，需要至少三分之二议席（367席）的支持，而只有得到不少于330席的支持，才可以将修宪案付诸全民公决。

所以，在这种情况下，制定新宪法和实行总统制，都需要大国民议会中至少一个反对党的配合才行。但当时来看，反对党对制定新宪法的共识是有的，对总统制的共识并不多。从当时的民调来看，63.5%的受访者支持总统制，29.3%的人支持维系现行的议会制，90%的人赞成制定一部新的宪法。2015年12月14日，土耳其总理达武特奥卢就说过，土耳其可以分别举行两场全民公投，一场针对新宪法，另一场针对总统制。对于总统制，达武特奥卢的表态是，政府不会强加给人民任何东西。

那么，是什么让一个多月前还在为保住执政地位绞尽脑汁的埃尔多安忽然再次高调提出修宪和实行总统制呢？概言之，2015年以来土耳其国内外尤其是周边地区局势的动荡，为埃尔多安实现其在内政上的野心营造了有利的环境。

首先是叙利亚难民问题。为了阻止难民继续大规模涌向欧洲腹地，欧盟做出决定，承诺资助土耳其30亿欧元以解决安置问题，并重启土耳其入盟谈判。在欧盟面前，难民成了土耳其的一大筹码，从欧盟得到经济补偿倒在其次，重启入盟谈判的政治意义才是更重要的。虽然对欧盟来说，这更多的只是缓兵之计，土耳其也未必不知道，但两方完全可以各取所需，在这个游戏里扮演好自己的角色。对土耳其来说，对西方的向往是奥斯曼帝国晚期以来的梦想，更是凯末尔主义所奠定的国策，加入欧盟也是土耳其数十年来国家的大政方针，尤其是对于土耳其未来经济的调整和发展、政治的改造与文化的创新来说，加入欧盟都是有利的契机。重启入盟谈判对土耳其而言是一个来之不易的进步，尤其是过去，反对派对正发党的保守性予以攻击时，总说它在加入欧盟的问题上毫无作为。此时欧盟给正发党这么两个"大红包"，在经济和政治利益上，正发党都得到了不小的好处，欧盟的姿态至少短期内有利于正发党重塑形象并堵住反对派的嘴。

另外，不可忽视的一点是，欧盟（其实也包括北约）是土耳其内政的外部规定性力量。比如，正发党在过去正是利用欧盟对成员国资格的要求，一步步限制和排挤军方代表的世俗集团在土耳其政治舞台上的影响力，这有两层重要的意义：一是结束了长期以来平民政治屡屡被军事政变（干预）打断的历史；二是通过打压军方的政治影响力，为保守的伊斯兰主义势力赢得了更大的发展空间，巩固了其在保守的、虔诚信教的选民中的地位。军方作为凯末尔主义的坚定捍卫者，"认为土耳其是世俗国家，所以才有民主，哪怕是温和的伊斯兰也不能与世俗主义并存"。*

其次是频繁的恐怖袭击，无论是2015年7月在边境城市苏鲁赤发生的针对库尔德人的恐怖袭击，还是2015年10月初在首都安卡拉火车站发生的恐怖袭击，都造成了土耳其民众的大规模伤亡。对于2015年11月发生在巴黎的暴恐事件，在土耳其举行的G20峰会给予了高度重视，这体现出全世界在反恐尤其是在打击所谓"伊斯兰国"问题上的共识。而恐怖主义所造成的不安全感正是滋生强人政治的沃土，目前中东普遍出现了人心思稳的趋势，土耳其人也不

---

* Ümit Cizre: "Ideology, context and interest: the Turkish military", in Reşat Kasaba, ed., *The Cambridge History of Turkey*, vol. 4, Cambridge: Cambridge University Press, 2008, p. 323.

例外。对稳定的渴望会使民众寄希望于一个高效的政府和果断的领袖来控制局面,而这正是埃尔多安在宣传修宪和推销总统制时所一再强调的"人民意愿"以及他所保证的能够带来的结果。回顾过往,在 2015 年 6 月和 11 月的两次选举之间,埃尔多安对土耳其民情和舆论的操控与把握是很到位的,对安全、稳定和高效的需求成了社会的最大公约数。

再次是土耳其国内民族主义情绪的不断上升以及埃尔多安集团对此的持续操控。在 2015 年 11 月的选举之前,土耳其政府就高调打击叙利亚北部的库尔德工人党武装,之后又击落了俄罗斯战机,这些都在土耳其国内激发起强烈的民族主义情绪,这种情绪很明显地提升了埃尔多安集团的支持率,以至于达武特奥卢表示如果再搞一次选举,正发党肯定还会大获全胜。

库尔德问题多年来一直是困扰土耳其的噩梦。原本在 2015 年 6 月的大选中,左翼库尔德人的人民民主党(HDP)异军突起,获得了超过 13% 的支持率。但在之后不断爆发的恐怖主义活动中,该党被指控没有撇清其与恐怖主义的关系,从而失去了一些选民的支持。土耳其民众面对在库尔德地区层出不穷的袭击事件,民族主义情绪再次高涨,"和解进程"随之终止。正发党主导的政府高调打击库尔德工人党的举动赢得了一部分民族主义选民的支持。

至于击落俄罗斯战机事件,各方都觉得土耳其的举动匪夷所思,当时尚无定论。后来土耳其政府说是军队中的"居兰分子"[*]所为。在当时的诸多猜测中还有一种,即怀疑这是土耳其对俄罗斯袭

---

[*] 相关讨论参见本书第十章。

击伊拉克边境上的土库曼人（被认为是土耳其的同族人，伊拉克第三大民族）的报复。这在两个方面关乎土耳其强烈的民族主义情绪：一个是所谓同族关切（这与"泛突厥主义"不无关系），另一个是近代以来土耳其民众中就存在"恐俄症"。这次"勇敢之举"给埃尔多安加分不少，其支持率一下子蹿升到60%以上（前述63.5%的受访者支持总统制显示的其实就是对埃尔多安的支持）。民族主义情绪在击落俄战机事件后的上升，从荷兰驻土耳其大使馆被"误伤"一事即可见一斑。

针对土俄危机，埃尔多安在较长一段时间内很好地利用了民族主义情绪，比如他说，击落俄战机一事就可以暴露出土耳其人中是谁站在俄罗斯的立场上，"就像我们想到在过去有人基于意识形态选择站在苏联的一边。我们知道一个真相，那就是老牌的社会主义分子、一小撮自由派、新民族主义者甚至个别的民族主义分子在今天就与俄罗斯站在一起"，埃尔多安称这些人是民族的敌人。[*]埃尔多安特别暗示的应该就是库尔德的人民民主党领导人德米尔塔什（Selahattin Demirtaş）当时对莫斯科的访问。时任总理达武特奥卢也对此表示批评，说人民民主党在寻求"同所有与土耳其发生冲突的势力"合作。

2. 历史的视角

除了上述现实情况外，历史学家帕特里克·沙非（Patrick Scharfe）

---

[*] *Daily Sabah*, 2015/12/24, p. 8.

还提醒我们，要从土耳其共和国的历史中去寻找埃尔多安力图修宪推行总统制的理由和信心来源。*土耳其第一部宪法就规定绝大多数权力被赋予大国民议会而不是总统。即使是权势巨大的国父凯末尔做总统的时候（1923—1938），也力图维持稳定的议会制基础，他曾说过："我国总统的唯一功能就是签署文件。"但对总统权力的限制并不意味着土耳其不存在威权主义。1950年上台的曼德列斯和他那既保守又亲西方的民主党就曾利用"勾结共产党"的罪名镇压反对派，并利用选举优势实行"多数人的暴政"，引起了普遍的不满。不甘拱手让权的军官和官僚在1960年发动了政变，从此开创了之后土耳其政治的一个模式，即每当平民政客不能维持政局时候，军方就会介入，重塑政治，捍卫世俗主义和宪法秩序。

土耳其1982年宪法也是在上述历史逻辑下产生的。埃尔多安多次表示对土耳其1982年宪法的不满，因为"现在通行的土耳其宪法非常缺乏合法性，它是土耳其最后一次也是最为暴力的军事政变的产物，于1982年开始实施，现在土耳其人普遍认为应该以新宪法替换掉它，因为土耳其各政治集团都认为该宪法无法保障基本的权利"。

曼德列斯的执政历史说明限制总统权力可以阻止个人独裁，但无法阻止多数人的暴政，那么，政治学家们一般认为的总统制比土耳其现行的议会制更容易走向专制暴政就显得没有那么强的说服力了。土耳其国内一直流传着埃尔多安想通过总统制成为独裁者的说法，埃尔多安对此进行了驳斥。针对那些反对总统制的意见，埃尔

---

* Patrick Scharfe, "Erdoğan's Presidential Dreams, Turkey's Constitutional Politics", http://origins.osu.edu/users/patrick-scharfe（获取于2017年12月21日）。

多安说:"他们的反对不是基于原则,而是个人化的。"*

历史地看,埃尔多安不是第一个提出实行总统制的人,那些宣称总统制只代表了埃尔多安的个人野心或独裁梦想的人,是罔顾历史的。就连目前跟埃尔多安集团成为死对头的著名宗教大师菲图拉·居兰(Fethullah Gülen,1941—)[†]本人也在十几年前承认,过去的几任土耳其总统都曾咨询过他关于实行总统制的问题(坊间有一种说法是居兰在数年前没有响应埃尔多安召其回国的邀请,是因为他不支持埃尔多安以后出任总统,背后的原因则是美国不同意)。也就是说,自20世纪90年代初的厄扎尔总统以来,土耳其就在讨论总统制的问题。在这个问题上,埃尔多安并不是唯一的,但显然他是最成功的那一个。

作为1980年军事政变的产物,土耳其1982年宪法的主要目的在于,通过赋予总统这个职位广泛的"反制"权力,平衡民选政党的"反动倾向",尤其是伊斯兰主义倾向。比如,总统可以任命最高法院的法官,总统能够在紧急状态下绕过总理召集部长会议,总统可拒签他不同意的议会法案,并将其退回大国民议会再议,土耳其的公立大学校长由总统任命,总统是肩负"监国"重任的国家安全委员会的主席,等等。在过去这些年中,除了20世纪80年代的厄扎尔,土耳其的总统都有军方背景或是高级官僚出身,基本上有效地实现了军方当年关于总统职位设计的初衷。但除此之外,之前的总统基本上没有完全动用过他的广泛权力,土耳其仍然保持了一

---

* *Daily Sabah*, 2015/12/24, p. 8.
[†] 需要说明的是,笔者将 Fethullah Gülen 译为菲图拉·居兰;也有学者译作"法土拉·居兰",亦有人译为"居伦"或"葛兰"。李智育:《从"政治机会结构"理论视角看土耳其"居兰运动"的发展》,《现代国际关系》,2015年第4期,第14—20页。

个议会制国家的运行模式。

不过，在 2014 年以后，埃尔多安这个总统还是有些不同的，那就是他是土耳其历史上的第一个民选总统，之前的总统是由议会选举产生的。之所以会发生这个变化，是因为 2007 年居尔当选总统的时候遇到了很多挫折，尤其是遭到了世俗主义反对派和军方对居尔的宗教背景的强烈抵制。借此机会，正发党搞了个全民公投，修改了宪法中关于总统选举的条文，那之后宪法就规定土耳其总统将由选民直接选出。埃尔多安在 2014 年 8 月上台，他就是第一个经由民众直接选举产生的总统。这造成了一个后果，那就是："［总统］从作为'隐秘国家'（derin devlet）监管各种机构（比如司法或者大学）的工具，变成了人民意愿的潜在表达。无疑，2014 年 8 月以来埃尔多安就是这么看待自己的当选的。"* 这样，我们也就能够理解为什么会有土耳其人说："看看现在埃尔多安在土耳其的权势和种种表现，土耳其难道不是已经是事实上的总统制了吗？总理达武特奥卢哪里有什么权力！"

结合历史与现实来看，总统制的呼吁在 2014 年以后的土耳其不可谓不具备条件。如前所述，埃尔多安的民意支持率一直很高。在这种情况下，埃尔多安高调地提出总统制议题，无非是在土耳其各方肯定要讨论新宪法的背景下借机表达自己的政治意愿与诉求罢了。考虑到 1982 年以来，宪法大部分内容已经被修订过了，制定一部新宪法也可以预期的。埃尔多安凭借其足够的政治智慧和手腕让正发党继续支持，让反对党民族行动党（MHP）也配合支持搞总统制，

---

* *Daily Sabah*, 2015/12/24, p. 8.

在这个意义上，土耳其的这个重大政治转变带有非常浓厚的埃尔多安个人色彩。

历史地看，土耳其今天的变革是 20 世纪 40 年代多党民主制和 80 年代融入经济全球化进程的结果。

1946 年，土耳其从一党制过渡到多党制后，在政治上日益宽松化，过去受到压制的政治力量，比如少数族群库尔德人和宗教保守势力兴起，对凯末尔主义的单一民族国家体制和世俗主义构成一定程度的挑战，进而使土耳其政治和社会走向了多元化。面对这种多元化趋势，土耳其不得不去适应新的现实。事实上，过去很长时间以来土耳其政治或社会层面出现的种种问题，某种程度上都是因为没能在多元化时代找到恰切的平衡状态。

到了 20 世纪 80 年代厄扎尔执政时期，土耳其迎来新的历史机遇：一是新一轮的全球化，二是冷战两极对立的结束。在这种格局下，土耳其在经济上改变了过去长期的国家主义政策，实行更为积极融入全球化的新自由主义政策。这使土耳其出现了一个新兴中产阶层，他们在经济上虽然碎片化但更有活力，在文化上趋于保守，有别于大城市中的西化精英阶层。这个群体成为土耳其小亚细亚地区的一股新兴力量，是土耳其伊斯兰主义政党崛起的重要支持者。从繁荣党到正发党，它们顺应了土耳其经济-社会变化的历史潮流，获得了重要政治影响力。2002 年上台以来，正发党一党独大的局面逐步加强，权力不断巩固。

在此过程中，埃尔多安从 20 世纪 90 年代做伊斯坦布尔市长，发展到现在掌控整个国家，甚至成为具有世界影响的卡里斯马式政治强人。土耳其的政体变化，既是埃尔多安主动把握和塑造的结果，也契合了土耳其的历史发展进程。

原定于2019年11月举行的总统大选,被埃尔多安提前到2018年6月,埃尔多安顺利当选总统,任期五年,如果顺利,他还有可能连任一届。这时的土耳其已经正式终结了其近百年的议会共和制,转变为总统握有更大实权的总统制政体,这可谓是埃尔多安主义的胜利,也意味着土耳其从凯末尔主义时代向埃尔多安主义时代的过渡趋于完成,埃尔多安对土耳其的统治进入极盛时期。经济的自由化、社会的保守化、外交的多边化与政治的独断化,是埃尔多安时代的主要特征。

土耳其的"2023年愿景"是埃尔多安领导下的正发党政府于2011年提出来的,其中一个很重要的目标是在2023年土耳其建国100周年的时候,使土耳其的GDP进入世界前十位。2021年2月初,埃尔多安又重申了GDP进入世界前十的目标,并宣布了一系列雄心勃勃的计划,包括对大型项目的投资,除了基建,还有有争议的伊斯坦布尔新运河项目,以及太空技术、高科技和人工智能领域的项目。2020—2021年席卷全球的新型冠状病毒肺炎疫情对土耳其的影响也很大,土耳其经济在2020年勉强避免了负增长,预计2021年增长率能够达到4%。不过,土耳其的金融市场极不稳定,尤其是在2021年,受全球疫情蔓延、国际大宗商品价格上涨、美元升息预期及埃尔多安的"低利率经济哲学"等因素的影响,土耳其里拉对美元汇率出现了断崖式下跌,国内通货膨胀较为严重,失业率很高,土耳其的经济总量也一度跌到了世界第20名。要实现"2023年愿景"的目标,土耳其还需付出很大的努力,可能也需要一些"运气"吧。

第十章

"大历史"视野下的土耳其军人政变

当地时间 2016 年 7 月 15 日晚,土耳其武装部队(TSK)"一小撮"军人在安卡拉、伊斯坦布尔等地发动军事政变。次日 0 时 24 分,土耳其总统埃尔多安通过手机连线 CNN 土耳其语频道的新闻主播,在第一时间发表了声明。埃尔多安称他仍控制权力,断言这是军队中的"一小撮人"所为,这"显然是平行结构(paralel yapı)策划的一次行动"。"对这个戕害我们国家之统一、团结与完整的举动,全国人民将做出正确的反应。使用国家的坦克、枪炮对准自己的国民的人将受到严惩。我相信,我们必将挫败他们的占领……我们将采取一切必要的措施……在历史上,政变者都不会取得成功。"[*]

埃尔多安在讲话中号召土耳其人民"到广场上去"(meydanlara),阻止军人的行动,从画面来看,埃尔多安是通过苹果手机的视频通话功能连线的。埃尔多安在事后说,局势是在 12 个小时内被控制住的,"我们的国民没有把广场留给政变者,这是个历史性的立场宣示"。这次政变持续了不到 24 小时即被挫败。

---

[*] http://www.yenicaggazetesi.com.tr/erdogandan-darbe-girisimi-sonrasi-ilk-aciklama-141961h.htm(获取于 2021 年 12 月 22 日)。

这就是土耳其"7·15"未遂军人政变[土耳其人现将其统称为"政变企图"(darbe girişimi)]。这次未遂政变造成了200多人死亡，1 000多人受伤。"7·15"未遂军人政变后，土耳其政府在全国范围内迅即展开了对居兰追随者的"大清洗"。2016年7月20日，土耳其政府宣布实施为期3个月的紧急状态（OHAL），并连续7次延期，一直持续到2018年7月，共实施了2年。仅截至2016年7月底，军队中已查明参与"7·15"未遂军人政变和支持居兰运动的将军就有149名，参与的士兵共有8 000多名。土耳其政府关掉了2家新闻通讯社、16个电视频道、23家广播电台、29家出版社、45家地区性和全国性的报纸。截至2021年初，军队、政府、司法和教育等领域的近8万人被拘押，大约15万名公务员和军人遭停职或开除。这些人的罪名要么是直接参与"7·15"未遂军人政变，要么就是与"居兰恐怖组织"（FETÖ）*有关系。其中涉及人数最多的就是教育领域，仅截至2016年到7月20日，就有15 000多名教育领域的人员被辞退，21 000名教师的从业执照被吊销，1 577名学院院长被辞退。此外，因涉嫌参与居兰运动，包括主校区位于伊斯坦布尔的私立大学法提赫大学在内的15所大学被政府关闭，法提赫大学的所有在读学生（除医学院和保健高职的学生外），将在伊斯坦布尔大学继续学业。这些新被取缔的学校和被吊销执照的教育从业者，再加上几年前就被正发党政府关闭的补习学校（dershane），其涉及的人员数量之大令人瞠目，我们从中也可以看出居兰运动在土耳其

---

* 在土耳其，关于居兰运动有多种叫法，如"社团"（cemaat）、"服务运动"（hizmet hareketi），而正发党政府为了打压它则称其为"平行国家"（paralel devlet）或"平行结构"。李智育：《从"政治机会结构"理论视角看土耳其"居兰运动"的发展》。

私立教育领域中的影响有多么大。

历史学家乔·古尔迪（Jo Guldi）和大卫·阿米蒂奇（David Armitage）在《历史学宣言》（The History Manifesto）中提出："一个幽灵，短期主义的幽灵，正困扰着我们这个时代。"本书的推介者则认为："解决当今中国社会面临的巨大矛盾，不应该仅仅听从政治学者和经济学家的意见，长时段大历史的经验需要引起决策者的足够重视。"* 这一呼吁提醒我们在理解和认识当下正在发生的重大事件时切莫忘记了历史视野。对历史视野的理解可以分解为两个维度：一是历史是一面镜子（以史为鉴）；二是当下的突发性问题往往是特定历史进程的结果。

土耳其"7·15"未遂军人政变发生后，借助先进的传播方式，各种观点向我们纷纷袭来。但显然，当代史研究面临的空前巨量的信息，仍不足以支撑起所谓的"真相"，这些信息或真或假，充满了矛盾之处，把人困住，使人窒息，制造出各种满天飞的阴谋论，根本没有办法使人得出令人信服的结论。面对海量信息的轰炸，反倒有必要与现实拉开一点儿距离，从较为长程的历史视野看待土耳其的"7·15"未遂军人政变。历史这面镜子或许对于我们认识与理解一些现实问题有所助益，这也符合《历史学宣言》的主旨。

一、从禁卫军到现代军队

在历史上，军-政、文-武关系是一个恒久的话题。"枪杆子里

---

* 刘钝：《长时段大历史的回归与当代史学家的使命》，微信公众号"知识分子"，2016 年 7 月 20 日。

出政权"的道理并非现代人的发明。宋人范浚在《五代论》中指出："兵权所在，则随以兴，兵权所去，则随以亡。"这揭示了唐末五代以来兵权对政权的作用。军旅出身的皇帝宋太祖赵匡胤问丞相赵普：为什么自唐末以来经常出现兵连祸结、争战不休的局面？如何能防止此种情况的发生？赵普的回答是："此非他故，方镇太重，君弱臣强而已。今欲治之，惟稍夺其权，制其钱粮，收其精兵，则天下自安矣。"可见，赵匡胤在建政之初就意识到了兵权对自己江山稳固的重要性，就算仅从他在陈桥黄袍加身的经历，他也必能理解兵权的意义。后来就发生了我们熟悉的"杯酒释兵权"的故事。

现在让我们把视野从中原王朝扩大到内陆欧亚（Central Eurasia）。现代土耳其共和国承继自历史上的奥斯曼帝国（1299—1922），而奥斯曼人具有明显的内陆欧亚传统，这就跟斯基泰人、匈奴人、突厥人、蒙古人等草原游牧民族联系起来了。奥斯曼帝国，还有其他不同游牧民族建立的古代王朝，都是靠军事征服创建国家的。按草原民族的权力规则，统治者是强大的军事领导人，拥有绝对权威，同时，他又高度依赖各部落领导人的忠诚。北京大学历史学系阎步克教授曾就中国历史中北朝政治传统说："北魏皇帝经常率兵亲征，并在战胜之余对掠夺物予以普遍班赐，人人有份。这显然是游牧族的传统：部众只崇拜勇猛的主子，而掠夺物被认为具有'共有'的性质。"* 阎教授还曾提到，在南北朝时期，北方游牧民族传统对于皇权的强化起到了相当大的作用："异族皇权的强化，与北族部落

---

* 阎步克编著：《波峰与波谷》，北京：北京大学出版社，2009年，第203页。

组织、部落精神直接有关。骑马部落的酋长和部众间,存在着一种'主奴'关系,从而与华夏政权中皇帝与士人的关系,颇为不同。"阎教授指出,这种"主奴"关系"是一种无条件的依附和无条件的忠诚",它有利于强化皇帝制度的专制性质。* 由这种与华夏不同的"主奴"关系,我联想到一种内陆欧亚传统,也就是这种"主奴"关系的演进。

美国印第安纳大学著名欧亚学家白桂思(Christopher I. Beckwith)在其名著《丝绸之路上的帝国:青铜时代至今的中央欧亚史》(*Empires of the Silk Road: A History of Central Eurasia from the Bronze Age to the Present*)中曾经综述了他和其他学者关于源自内陆欧亚的"亲兵"(comitatus)传统的研究。白桂思认为,"亲兵"传统来自内陆欧亚,至少可以追溯到讲印欧语的人,然后又被阿尔泰诸民族所继承和传播,并对周边民族产生了深远的影响。白桂思认为,这大概是一种草原传统。白桂思分析了内陆欧亚的不同神话传说,发现了其中的一个共性:一个民族集团的崛起,往往是一个被遗弃的具有某种神性的男孩长大后完成的,他之所以能够完成这个任务,主要是得益于一批作为死士的亲兵的无限忠诚。这些人是优秀的战士,对主人忠心耿耿,他们摆脱了对自己家族和部落的从属,而只效忠于这个英雄人物,与主人同生死;而主人也与这些扈从同吃同住,视他们如同兄弟,与他们有福同享,有难同当。白桂思在盎格鲁-撒克逊人、维京人、日耳曼人、匈奴人、突厥人、蒙古人、藏人等民族中都发现了这个传统,而且这个传统还对周边民族,比如对汉人、阿拉伯人产生了

---

* 阎步克编著:《波峰与波谷》,北京:北京大学出版社,2009年,第202页。

影响。

白桂思尤其指出了阿拉伯人接受此影响最早是在其征服中亚的过程中：有一个阿拉伯统治者从中亚获得了一批亲兵，但回到阿拉伯之后，他真的把他们视作奴隶，结果这批人群起反抗，杀了其主人后就集体自杀了。阿拔斯王朝的哈里发迈蒙也从中亚获得了一批亲兵，据说他是第一个采纳了亲兵传统的哈里发，对后世影响很大。因为，阿拉伯统治者发现，阿拉伯人不能成为好的亲兵，不如来自内陆欧亚地区的人那么好用。故阿拉伯人将这个传统保持了下去，形成了马穆鲁克或者叫古拉姆的传统。白桂思说，很多历史学家长期以来将此简单地说成是奴隶传统，或者叫他们"奴隶兵"，是很不恰当的，因为，他们显然不同于真的奴隶。

一般来说，亲兵的核心是几个人，但也可以扩展为一支效忠于统治者本人的部队，达数千人至上万人。白桂思在书中提到，唐太宗的时候，有几位突厥亲兵在太宗死后准备自杀追随他而去，但是，他们被制止了，不过后来还是有一个人自杀了，只是这个人的种族身份不详。这个事例其实就反映出北京大学罗新教授常提及的内陆欧亚传统与周边文明关系中的文化转型问题。

亲兵传统或"主奴"关系在奥斯曼土耳其人身上的充分体现应该就是其禁卫军制度。作为苏丹的个人武装，它是加强君主权力的一种保障。禁卫军是奥斯曼军队的主力，系职业军人。他们训练有素，配备有火炮，战绩显赫。很长一段时期，奥斯曼帝国的禁卫军是地中海世界训练最强、装备最好的部队。

在奥斯曼酋长领导部落民扩张的早期，其军队的主力是突厥游牧民和穆斯林农民。他们与穆斯林的半行会、半兄弟会性质的阿希

（ahi，意思是"兄弟"）团体关系密切，后者以城镇为基地。*这些人在战利品和宗教狂热的驱动下四处劫掠，因军事胜利而声名大噪，遂吸引了更多的加齐参加进来。其首领就是以战利品来笼络其追随者的。这时期突厥人的信仰非常粗糙，萨满教和伊斯兰教因素兼有，甚至并不刻意区分穆斯林和基督徒，故其军中也有基督徒。[†]

奥斯曼帝国苏丹穆拉德一世（Murad I，1362—1389 年在位）统治后期出现了一支由皈依伊斯兰教的战俘组成的部队，这支部队归属于苏丹个人。这支新军就是禁卫军（janissaries/yeniçeri，本义就是"新军"）。他们是苏丹的私人部队，是苏丹的"奴仆"（kul）。禁卫军不同于普通的、分封制（蒂玛尔）下的骑兵（sipahis），后者是地方贵族的随从，只是在战时才参加苏丹组织的军队，其他时间属于自由民。不过，16 世纪后蒂玛尔制度已经随着禁卫军的兴起而逐渐衰落了。

禁卫军主要是通过"奴官制"征召的。简言之，这个制度就是帝国派官员定期到基督教地区，尤其是巴尔干地区，选拔一些身材和相貌优良的基督徒小男孩，把他们带到伊斯坦布尔后，使其皈依伊斯兰教，脱离与原家庭之关系，专心接受文化和军事教育。禁卫军的人数随时间而增加，16 世纪晚期大概有 2 万人，到 19 世纪早期已经超过 10 万人（也有说法是几十万人，随着禁卫军的腐化，也包括很多非战斗人员）。1790 年，在册的驻伊斯坦布尔的禁卫军有

---

* Güneş Hasan, "Akhism(Ahilik) and Its Contribution on Child Education", *International Journal of Business and Social Science*, Vol. 3, No. 9, 2012 (May), p. 184.
† David Nicolle, *Armies of the Ottoman Turks, 1300-1774*, London: Reed Consumer Books Ltd, 1998, pp. 1-3.

12 000 人，能够参战的人员也就 2 000 人。*按规定，禁卫军战士在退役之前不得结婚，不过到后期这些规定就日益松弛了。

禁卫军在早期深得苏丹信任，被赋予了较大特权，以确保其对苏丹本人的忠诚。禁卫军的统领被称为阿加（agha），是帝国要员，有权参加御前会议，地位仅次于维齐尔（vizier，即大臣）。奥斯曼帝国历史上有几个大维齐尔（相当于宰相）就是禁卫军出身。禁卫军以小连队的形式驻扎在城里的军营中，和平时期，禁卫军充当护城部队或消防员。

尽管苏丹总想确保禁卫军的忠诚，但历史上还是出现了多次禁卫军叛乱。奥斯曼帝国历史上第一次出现禁卫军威胁皇权的情况，应该是"征服者"苏丹穆罕默德二世小时候。当时，他大概十一二岁，还是个王子，其父穆拉德二世（Murad II，1421—1444 年在位）去征讨东部安纳托利亚地区的叛乱，让小穆罕默德留守。禁卫军趁就这个机会闹事，他们说自己的军饷太低了，让这个留守的小王子给他们涨工资，小穆罕默德妥协了。有学者指出，此事开了个很不好的先例，后来禁卫军发动了更多的叛乱。

自 17 世纪始，禁卫军日益卷入宫廷政治。当时，年轻的苏丹奥斯曼二世（Osman II，1618—1622 年在位）责怪禁卫军败给了波兰军队，怀疑禁卫军效忠的是刚被推翻的上一任苏丹穆斯塔法一世（Mustafa I，1617—1618 年、1622—1623 年在位）。一年后，禁卫军杀死了奥斯曼二世，穆斯塔法一世复位。17 世纪，奥斯曼帝国出现了后宫干政。太后柯塞姆（Kösem）把持朝政长达 30 年。在她晚

---

* David Nicolle, *Armies of the Ottoman Empire,1775-1820*, London: Reed Consumer Books Ltd, 1998, p. 12.

年的时候,禁卫军和太监两个集团互相敌视。太监军团不支持柯塞姆,禁卫军则支持她。但是禁卫军远离皇宫。当她准备下手收拾太监的时候,太监先知道了消息。她只得躲了起来,但她有一块衣服露在外面,被太监发现了,太监们就把她拉出来给勒死了。

整个 17 世纪,禁卫军名声都很差,可谓"外战外行,内战内行"。禁卫军因为与苏非教团的关系密切(下文详述),因而学会了各种艺术、手艺和制造业技术,但这也使得禁卫军与城里手工业行会之间的边界越来越模糊不清,自然会削弱其团结与战斗力,故禁卫军出现了多次战败。而驻扎在伊斯坦布尔之外的禁卫军,往往在后期就被当地社会所同化,比如在叙利亚、伊拉克、北非都出现过此类情况。到 1730 年的时候,由禁卫军领导的一场叛乱推翻了苏丹艾哈迈德三世(Ahmed III,1703—1730 年在位)。在奥斯曼帝国的中后期,有很多苏丹在位时就被废黜,甚至被杀死,有些还是被残杀的。这些通常是禁卫军的叛乱和后宫乱政共同导致的惨剧。

随着禁卫军的腐化与败绩的增多,尤其是在与俄国的战争中连遭惨败,奥斯曼帝国不得不考虑革新军务了。帝国先是聘用外国军官来训练禁卫军。但是,禁卫军已经纪律松弛,毫无战斗精神,很难适应新战术。于是,帝国又不得不考虑进一步的改革,即建立一支新的军队。新式军事院校的建立就是一个重要步骤。这种重新培养官兵的方式就等于另起炉灶,撇开了禁卫军。在苏丹塞利姆三世(Selim III,1789—1807 年在位)的时候,新军建设初见成效。

但是,腐败的禁卫军还不能轻易打发掉。尽管禁卫军的军事地位弱化了,但他们的经济利益和特权已在很多地方发展起来,他们成了阻碍改革的既得利益集团。1807 年,禁卫军再次发动了叛乱,并拥立了新的苏丹。直到 1826 年，苏丹马哈茂德二世（Mahmud II）派刚刚组建的土耳其新军镇压在伊斯坦布尔发动叛乱的禁卫军，新军用先进的火炮轰击禁卫军的兵营，当即就杀死了 4 000 多人，一举粉碎了禁卫军的军事政变。马哈茂德二世借机肃清了禁卫军的全部势力，宣告奥斯曼帝国的改革进入了新时代。可见想要有效肃清军人政变，还是要依靠统治者自己掌握的强大又可靠的军事力量。

奥斯曼帝国的现代化，首先是军队的现代化。此后，具备现代意识的国家精英多出自军界，这一直延续到共和国时代。像土耳其国父凯末尔那一代青年土耳其党人，大多也是军界出身。他们受过良好的现代教育，具有现代意识，崇尚世俗生活，对国家的未来有远大理想和抱负。他们最终在"一战"后通过民族独立运动建立了现代民族国家，并依靠掌握的国家权力推行了世俗化、现代化的改革。从部落兵到禁卫军，再从禁卫军到现代军队，显示着军队在漫长的人类历史中逐渐职业化、专业化和中立化的进程。（到如今，又开始出现武装私人化的迹象，比如美国的黑水公司，以及土耳其"7·15"未遂军人政变后上街的"人民自保运动"。）

二、共和国的文-武关系

在土耳其，军人的地位一直是很崇高的，代表着进步、现代化与秩序。土耳其流传着凯末尔时代的一个故事：在一次聚会上，一位小姐拒绝了一位军官的跳舞邀请，凯末尔总统看到了，非常不高兴，就上前跟那位小姐说，在我们国家怎么可以有人拒绝一位军人的善意邀请呢？这位小姐就答应了这位军官邀请，两人后来还喜结连理。尽管凯末尔特别重视军队，但他对军队的要求是高于且远离政治。在 1938 年 10 月 29 日土耳其的国庆节，也就是凯末尔去世不久前，他还在讲话中对土耳其军队报以很高的期许，说他们肩负着保卫土耳其共和国、打败国家的内外威胁的重任。1981 年，适逢凯末尔诞辰 100 周年之际，在位于安卡拉的凯末尔陵墓的一面墙上，在非常醒目的位置，当时的土耳其军政府刻上了凯末尔在 1938 年土耳其国庆节讲话内容的节选。笔者试译如下：

> 他们的胜利与业绩跟人类的历史同步，任何时候都高举胜利与文明的火炬，这就是英雄的土耳其军队！既然你们曾经在最为危险和困难的时刻使你们的国家免于压迫、灾难与敌人的入侵，我毫不怀疑，在这个共和国硕果累累的时代，在配备所有现代武器和军事科学手段的情况下，你们将以同样的忠诚履行你们的职责。我和我们伟大的民族确信，你们时刻准备着完成你们的使命，捍卫土耳其祖国与同胞（Türk vatanı ve Türklük camiası）的荣誉和尊严，使其免于各种威胁，不管这威胁是来自国内还是国外（dahili ve harici）！

国父凯末尔留给土耳其军队的这段话，类似于"遗嘱"，它经常成为土耳其军人干政的借口。忠于国父的原则和遗产，是土耳其军队政治教育的重要内容。这可以用 1980 年军人干政的主导者凯南·埃夫伦将军的一句话来说明，他在 1982 年为军政府针对国际的宣传材料写了一篇前言，其中写道："土耳其武装力量……总是忠于凯末尔主义，忠于国父，忠于他的教导与原则，从未脱离国父所设定的道路。而且,他们是国父之革命与训诫以及土耳其共和国之福祉的最忠诚、最有力的捍卫者与保护者。"土耳其军人历次干政还有法律的依据,埃夫伦说:"1980年9月12日,土耳其武装力量根据军队的《国内职责法典》(İç Hizmet Kanunu)干预[政治],接管了国家的管理,《国内职责法典》赋予了军队保护与捍卫土耳其共和国的责任。"*

不过,埃夫伦将军提到的这一条法律已经于2013年7月在正发党的主导下被修改了。原《国内职责法典》的第35条是这么说的:"武装力量的职责是按宪法规定保护与捍卫土耳其国土与土耳其共和国。"修改之后,这一条变为:"武装力量的职责是保卫土耳其国土免受外来威胁和危险,是确保作为一种威慑性军事力量的维系与加强,是根据议会决议完成海外任务,以及帮助维持国际和平。"很显然,新法典更强调军方对付外来威胁的作用。同一法典的另一条把军队的职责定义为:"有责任学习和运用兵法,以保护土耳其的国土、独立和共和国。"这一条修改后,就把土耳其军队的职责限定为"有责任学习和运用兵法",后面的干脆删掉了。这样的法律变化,已经清楚地体现出土耳其军队地位历史性的巨大变化。如果不理解这一点,就很难理解这次"7·15"政变的性质。

2013年正发党力主修改军队的《国内职责法典》,其背景是2007年的所谓"电子干政"(e-darbe)事件。2007年,出身于正发党的居尔被大国民议会选为总统时,土耳其军队对其不满意,认为他不能捍卫世俗主义(总统在土耳其人心目中是世俗主义的象征,

---

* The General Secretariat of the National Security Council, *September 12 in Turkey: Before and After*, Ankara: Ongun Kardeshler Printing House, 1982.

但居尔的夫人戴头巾），故军队在 4 月 27 日晚上在自己的网站上挂出了一个电子备忘录（e-muhtıra），申明了坚定捍卫世俗主义的立场，这个备忘录由总参谋长亚萨尔·卜余卡内特（Yaşar Büyükanıt）亲自执笔。有人称之为"电子干政"。

2007 年的"电子干政"是土耳其军队最后一次正式地、高调地、立场统一地表达对世俗主义原则的忠诚与捍卫。因为在这之后，土耳其军队就陆续陷入了几件所谓的政变大案之中，案件牵涉面极广，数百名军官被捕。据报道，这是因为埃尔多安一直图谋控制军队并清除其中的危险分子。在这一过程中，埃尔多安联合了居兰的追随者，先是在军警、情报和法院系统里安插自己的人，然后让他们去秘密调查军队。自 2007 年开始，因涉嫌所谓"大锤案"（balyoz davası）、"额尔古涅昆＊案"（Ergenekon davası）及其他相关案件，先后有几百名高级军官（包括前总参谋长和陆、海、空军司令）、警官、法官被抓，还有许多现役军官被迫退休。2013 年 8 月，涉及"额尔古涅昆案"的 19 名退役或现役军官被判处终身监禁，理由是他们属于自称捍卫土耳其民族认同和凯末尔世俗主义的极右翼恐怖组织，是渗透进国家体制的"隐秘国家"，密谋推翻埃尔多安的正发党政府。但是，案件的审判过程和证据都存在巨大争议。随着居兰运动与埃尔多安集团关系的恶化（详见下文），这些涉及大量军

＊ "额尔古涅昆"，相传为蒙古人的起源地。此传说也流行于其他讲突厥语族语言的部族，据说此地为一山谷，系突厥人建立汗国之前长期被幽禁之处，后突厥人经铁匠熔山、灰狼带路逃出。19 世纪后期以来，土耳其民族主义者重新解释和利用了这一传说，目的是鼓吹土耳其民族的复兴和独立。土耳其共和国建立后，这一神话被用于解释土耳其民族革命。由此人们也就不难理解为什么当代土耳其的极端民族主义者喜欢使用这一名称。笔者在以前的文章中曾误认其为"于都斤山"，特借此机会更正。

人的案子又一一被推翻了。2014年3月,被监禁的"额尔古涅昆案"涉案人员被释放,随后此案被定性为"居兰恐怖组织"对军人的构陷。2015年3月,"大锤案"的涉案人员也被释放。负责"额尔古涅昆案"的检察官已逃亡至亚美尼亚,土耳其政府说他与居兰关系密切。之后,土耳其正发党政府对居兰追随者的清洗日益扩大。

如果不算2007年的所谓"电子干政",在2016年的"7·15"政变之前,土耳其实质上发生的军人政变共有四次,分别发生在1960年、1971年、1980年和1997年。这些政变都成功了,但其发生之原因各不相同,要么是出现了政党独裁、压制反对派的局面(1950—1960年的民主党),要么是出现了政治极端主义引发社会动荡、街头冲突,而各政党又为了私利互相扯皮的情况(这种情况在20世纪70年代非常突出,尤其是左派运动很活跃),要么是出现了政治伊斯兰挑战凯末尔主义、世俗主义的情况(虽然这种情况自1946年民主化以来一直存在,但1997年的政变才是主要针对繁荣党的伊斯兰主义政府)。这些因素往往也会在一个时期内并存,当问题十分严重,尤其是当出现了文官政府无能的情况时,土耳其军队就不得不出来重整秩序。埃夫仑在1980年政变后就曾说:"将1980年9月12日武装力量接管国家管理解释为军队进入政治领域是不正确的。这次行动是不得已而为之,因为再也没有别的办法阻止民族与国家的崩溃和毁灭了。"

可以说,以往的政变在土耳其军队内部通常是有共识的,军队在行动上也基本是一致的,而且也得到了相当多民众的支持。虽然不是所有的人都支持政变,但从重建国家秩序的角度来说,军队发动政变并不是出于私利,而是对政治-社会失序与侵犯世俗主义体制的干预和匡正，是对土耳其国父所确立原则的捍卫。一俟秩序稳定，军队即快速还政于文官政府。

当下，土耳其人对历史上已经发生了的军事政变的评价，存在重大分歧。无论是伊斯兰主义者还是左派，包括自由派，他们都对军人干政有很大意见，都指责大多数政变是不好的，社会上甚至出现了为1961年被绞死的曼德列斯招魂翻案的现象。不过，左翼对1960年的政变似乎没有大的意见，因为他们认为曼德列斯是美帝国主义的走狗，推翻他是大快人心的。埃尔多安则更喜欢借用曼德列斯暗指自己，觉得自己很像他，如此将自己塑造为悲情英雄。

在现代历史上，土耳其军队在大部分历史时期都是一支超党派的力量，也就是说，它并不把自身定义为社会上的某一个利益集团，也并不认同于任何一个党派所代表的利益群体，它主要着眼于国家统一与安全、政治秩序、社会稳定和民主政治的发展等重大问题。就像卡尔帕特（Kemal Karpat）指出的："土耳其军官们继承了久远的奥斯曼帝国的传统，即认为自己是拥有军事实力的政府权威……军方自始就一直自视为一支现代化的政治力量，并且实际上是土耳其社会的一个独立的阶级，而不是这个或那个阶级的工具。"[*]

但土耳其军队也不是一成不变的。一方面，短期来看，正发党对军队的数次整肃，使得土耳其军队不再是铁板一块。如有专家认为，"额尔古涅昆案""一劳永逸地埋葬了土耳其军队"，使军队再无可能干预土耳其政治。从这次失败的军人政变即可看出，土耳

---

[*] Kemal H. Karpat, *An Inquiry into the Social Foundation of Nationalism in the Ottoman States: From Social Estates to classes.* Princeton: Princeton University Press, 1973, p. 191.

其大部分军队并没有参与政变，参与的只是一小部分，且不管他们是居兰追随者，还是极左或极右分子，他们都只是军队中的"一小撮"。另一方面，时代与社会的变迁也反映在军队中。现在的土耳其军队内既有世俗主义者，也有伊斯兰保守主义者，还有极左或极右分子，有反对埃尔多安的人，也有支持埃尔多安的人。此外，土耳其军队还是过去那个旧体制的既得利益者（涉及政治、经济等多方面的一些特权），埃尔多安上台以后的改革有一部分就是针对旧体制的特权的，这自然会得到普通老百姓的支持。

三、苏非主义与现实政治

土耳其的"7·15"政变还暴露出一个很重要的问题，那就是土耳其官方所说的政变发动者是渗透进军内的"一小撮"居兰追随者。现在菲图拉·居兰在世界上因为这场流产的军人政变而声名大噪，这非常不符合他一贯低调的风格。根据已有的研究，居兰属于现代的苏非派（al-Sufiyyah），有人还称该派为新苏非派，以区别于传统的苏非派。我无意于纠缠居兰到底在这次政变中发挥了什么角色，更想讨论的一个问题是，为什么某种说法（无论真假）竟然有那么多人相信。

有些时候，人们相信一些说法，并没有经过自己的验证，甚至也不需要看到证据。就像孔飞力的名作《叫魂》中所揭示的，大规模的"叫魂案"之所以发生至少需要两个条件：一个是人们在当时历史条件下的迷信，这是其社会-心理基础；另外一个就是背后的政治动机，其顶端很可能就在皇上那里，而各级官吏在揣摩明白"上意"后,就会不分青红皂白地往上靠、向上报。*所以,一种跟宗教/神秘主义有关的政治性现象之所以会被人们相信或传播,其条件必然包括宗教性的、政治-权力性的以及历史性的多种因素。具体到当下土耳其的居兰运动这个案例,值得思考的是:一场被外界广泛赞颂了很久的社会性宗教运动,为什么在土耳其国内一直存在着它深深卷入政治的传言?这种明显带有阴谋论色彩的、暂时难以证实又难以证伪的说法为什么会被广泛接受?这是我思考了很久的问题,由于尚未从事全面研究,在这里我想还是回到长时段的历史情境。

如果我们接受居兰是现代的伟大苏非导师这个观点,那么,我们就有必要先了解一下苏非主义。苏非派的历史与伊斯兰教一样久远。神秘主义(tašawwuf)的实践者都特别强调自己的历史可以追溯到伊斯兰教诞生时,强调其根本的教义与实践来自伊斯兰教的两大圣典——《古兰经》与"圣训"。苏非主义特别强调传承的谱系(silsilas),认为其最初的源头是先知穆罕默德。尽管有历史学家质疑过谱系的真实性,但文本资料和口传的证词(testimony)都显示出其延续性。苏非们总是自视为先知及其同伴们的完整圣行的受托者,诚如 18 世纪的一位纳格什班迪耶(Naqshbandiyyah)教团的苏非导师所言,纳格什班迪耶的"道"就是"圣门弟子的路,无增无减的路"。随着不同苏非教派的兴起,苏非主义经历了一个开枝散叶的过程。

"苏非"(Sufi)一词系阿拉伯语音译,其词源有多种说法,一说是阿拉伯语"羊毛"的意思。苏非派赋予伊斯兰教神秘奥义,主张

---

* [美]孔飞力:《叫魂:1768 年的中国妖术大恐慌》,陈兼、刘昶译,上海:上海三联书店,1999 年。

苦行禁欲，虔诚礼拜，与世隔绝，其足迹遍及全世界。苏非主义主要是一种修行方式。在宗教现象学看来，苏非主义属于一种宗教神秘主义，作为一个穆斯林的神秘主义者，"他太了解除了神之外没有人是永恒的"，最完善的定义莫过于说，神秘主义是一种"人类灵魂普遍渴望与神的个人交流的持续和恒常的现象"，有些情况下，神秘主义者感到"自身个体性消散和融合到神性之中的程度，就如同一滴水融入大海之中，而与那唯一的存在实在性融为一体"。*

内陆欧亚地区是神秘主义特别发达的地带。14世纪中期以后，一个苏非派组织——纳格什班迪耶开始在中亚发展起来。蒙古征服对当地宗教的发展曾造成巨大破坏。14世纪中叶，蒙古四大汗国之一察合台汗国分裂，中亚地区陷入混乱。在这个背景下，各种苏非神秘主义教派在民间发展起来。纳格什班迪耶就是由巴哈乌丁·纳格什班迪（Baha-ud-Din Naqshband Bukhari，1318—1389，其陵墓在今乌兹别克斯坦境内）创立的苏非主义教团。后来，纳格什班迪耶发展成为一个政治教团，并在定居民和游牧民中都扩大了影响。该教团包含了两个支派：主张内省默祷的虎非耶和强调高声祈祷的哲合忍耶。在昔班尼的乌兹别克汗国，纳格什班迪耶教团影响广泛，其总部设在布哈拉。

16世纪40年代后，纳格什班迪耶变得更加强大，也更加国际化：在中亚，它拥立君主，控制了从布哈拉到莫斯科的贸易，获得了大量教产；它在蒙古等地建立分支，并向奥斯曼和莫卧儿帝国发展。通过与奥斯曼帝国的联系，纳格什班迪耶在开罗、也门和麦地

---

* ［意］马利亚苏塞·达瓦马尼：《宗教现象学》，高秉江译，北京：人民出版社，2006年，第307—308页。

那的宗教学校建立起自己的影响，且不受奥斯曼帝国宗教权威的管控。纳格什班迪耶对后世众多伊斯兰复兴运动都产生了影响，包括清朝中期马明心（1718—1781）创立的新教其实也是哲合忍耶的重新引进。到17世纪中叶，作为一支世界性的伊斯兰宗教力量，纳格什班迪耶通过其基层组织、学校和客栈的联盟，控制了中亚，并在西亚和南亚具有重要的地位。*

我们还可以再举北非地区的例子。马格里布是非洲较早接受伊斯兰教的地区，在非洲的伊斯兰化过程中拥有独特地位。有个因素值得指出，那就是伊斯兰神秘主义（苏非教团）的发展在马格里布地区的伊斯兰化过程中起了特别重要的作用，包括其与当地政治、军事的关系也是非常密切的。跟伊斯兰世界的其他地区相比，马格里布的苏非派更关注伦理与仪式问题，对秘传心法反倒不那么热心。苏非派的长老在当地人民中的影响很大，往往成为超越部落认同的存在，是部落矛盾的仲裁者，对国家政权的权威也构成了挑战。比如，15世纪，摩洛哥陷入了长期的经济和政治危机，并受到葡萄牙扩张的影响。在中央政权日益衰落、对外国入侵不作为的情况下，当地的苏非派长老们的影响力越来越大，他们主要依靠柏柏尔部落作为自己的军事力量，反抗葡萄牙人入侵，并取得了一定的成就。在16世纪前半期，在苏非派的支持下，位于摩洛哥南部的萨迪德家族逐渐征服并统一了整个摩洛哥，苏非派更深地卷入了摩洛哥的政治之中。

现在，让我们返回土耳其。13世纪，在小亚细亚发展起来的贝

---

* ［英］艾兹赫德：《世界历史中的中国》，姜智芹译，上海：上海人民出版社，2009年，第262—264页

克塔西教团（Bektāshī Ṭarīqah）在普通农牧民中影响巨大。贝克塔西教团被正统的穆斯林知识分子视为异端，因为他们把突厥人的萨满教传统和伊斯兰教相结合，认为万物之灵都可以与萨满沟通。苏非派的长老们（谢赫）和托钵僧对于奥斯曼帝国早期征召游牧的突厥人参军起到了重要作用。有一些谢赫直接参军打仗，后来得到了很丰厚的赏赐。谢赫们还有一个重要的角色，类似于基督教国家的随军牧师。[*]

由于这样一层历史性的关系，贝克塔西教团后来就与禁卫军产生了密切关系。在1591—1592年，为了庆祝伊斯兰历的千禧年，奥斯曼帝国的苏丹正式将贝克塔西教团的长老以及8个托钵僧纳入禁卫军体系，从而使得贝克塔西苏非教团与禁卫军结成了同盟。著名的奥斯曼帝国史研究专家哈里尔·伊纳尔哲克曾写道："到16世纪末的时候，哈吉·贝克塔西已经正式地被当成了保佑禁卫军的圣人，会有一个贝克塔西教团的首领常驻军营。贝克塔西教团和禁卫军已经密不可分，以至于每当有新的教团领袖即位的时候，他都要去伊斯坦布尔的禁卫军军营中，接受禁卫军阿加给他的加冕礼。"在1826年，禁卫军被消灭的同时，苏丹马哈茂德二世还将与禁卫军关系密切的贝克塔西教团宣布为非法。

到20世纪进入共和国时代后，凯末尔政权继续禁止苏非教团的活动，国家成立了很多现代的人民组织与团体，以取代宗教组织。在这个过程中，重要的苏非派导师比如努尔西（Nursi）就长期被流

---

[*] 贝克塔西教团还有一个重要任务，就是负责对那些通过"奴官制"进入奥斯曼官僚体系的基督教出身的青少年进行伊斯兰宗教教育。Ingvar Svanberg and David Westerlund, *Islam Outside the Arab World*, p. 140.

放和软禁，但还是有很多人秘密地追随和供养他，并以手抄本的形式散播其思想。在1946年的民主化之后，原先被禁止的宗教活动逐渐勃兴起来，并开始具有新时代的特色。像努尔西和菲图拉·居兰等新时代的苏非派导师的活动赢得了众多民众追随。围绕他们形成了新的宗教社团，这种宗教团体的出现也适应了土耳其的城镇化进程，因为城镇化削弱了传统血缘关系以及像伊斯兰教兄弟会那样的传统组织形式，由此，人们在日益原子化的个人主义时代寻找到了新的归属感。

宗教社团既不需要正式的会员制，也不需要入会仪式，更不需要特定的空间来集会。成为宗教社团的一员是一个过程，而非一个特定的行为。一个人只要认同努尔西或居兰等人的思想，就不难找到同伴。无论在什么地方，只要其成员聚集到一处，宗教社团就能发展起来。也就是说，宗教社团中的关系不是建立在某种成文规则上，而是建立在对共同观念的接受以及对宗教社团内部的社会关系、等级秩序的接受和服从的基础上。一个接受了这些东西的成员，往往会努力地融入宗教社团之中。换言之，现代的宗教社团与传统社会的苏非教团相比，在组织形式上是更为灵活和松散的。

很多人认为，现在居住在美国的居兰是当代最具影响力的教育家、神学家和思想家之一。以居兰为名的宗教性社会运动，往往被社会学家称为"居兰运动"。居兰在20世纪90年代末移居美国。普遍认为，以居兰为名的运动成立和控制了大量的慈善组织、学生团体、文化协会、企业和公司，以及上千所学校，还包括大众传媒，如《时代报》(*Zaman*)。据估计，居兰运动控制着上百亿美元的财富。对于这个组织，土耳其国内外有不同的评价。有人认为它代表了伊斯兰现代主义的发展，也有人认为它是秘密宗教组织，与美国中央情报局有着千丝万缕的联系。多年来很多土耳其人都相信，居兰的追随者已经控制了警察、司法和内务部，甚至渗透进了军队。现任土耳其总统埃尔多安就被认为曾是居兰最著名的同情者，在他创立的正发党的领导下，更多的居兰支持者渗透到了土耳其的官僚机构中。也就是说现在这两个势不两立的对手也有过很好的合作。

根据一位土耳其学者的说法，围绕居兰运动与历届土耳其政府和不同政治派系之秘密关系的传言，从来就没有断过，但他倾向于认为这些都是阴谋论（komplolar）。* 持相似立场的人认为，居兰运动从来都不是为了某一群人的利益服务的，更不是哪股力量的工具，它不是一个政党或利益集团，它是一个"重建民族与世界的运动"。† 但我们仍然不能忽视的是，关于居兰的追随者控制了土耳其多个重要国家部门的传言一直不断，甚至有一种说法是过去20多年的历届政府里都有居兰的人做部长。早在1986年的时候，土耳其军方就清洗了军事学院中的一个居兰团伙；随后，军方又打掉了很多其他的据称是渗透进军队的居兰团伙。在20世纪90年代末，居兰本人不得不自我流放到美国。在2006年的一次采访中，一个曾追随居兰多年、后来又离开了居兰的人说："这些学校就像是橱窗。他们通过夜校招聘人员并开展伊斯兰化的活动……我们教育出来的学生们现在已经在土耳其占据了高位。他们是政府官员、法官和军官，还有政府的部长。在他们做任何事情之前，都会咨询居兰。"‡

---

* Mahmut Akpınar, *Dün İrtica Bugün Paralel*, Istanbul: Ufuk Yayınları, 2014, pp. 15-17.
† Ömer Ünalan, *Cemaat Gerçeği ve AK Parti*, Istanbul: Öteki Adam Yayınları, 2012, p. 14.
‡ Rachel Sharon-Krespin, "Fethullah Gülen's Grand Ambition: Turkey's Islamist Danger", *Middle East Quarterly*, Winter 2009, pp. 55-66.

2002年以来，正发党在土耳其连续执政。关于正发党与居兰运动的关系，有不少学者的看法是，两者关系密切，曾是合作关系。2006年5月5日，安卡拉的刑事法院推翻了以前针对居兰的判决。居兰的支持者为此兴奋异常，他们以为居兰或许很快就会重返土耳其。2008年的时候，执政的正发党面临被宪法法院解散的危险，当时有西方的观察家说，如果居兰在此刻重返土耳其，那么，2008年的伊斯坦布尔就可能会成为1979年的德黑兰。

　　那么，埃尔多安集团与居兰运动之间"友谊的小船"是怎么翻了的呢？根据公开资料，我们能够理出的还是一些不同的说法，不足以称之为"史实"。一种说法是居兰向埃尔多安建议司法和警察领域的任命名单，埃尔多安对此感到警觉，发现很多重要的岗位已经被居兰的追随者控制了，遂开始逐渐清除这些人，从而引发了双方的矛盾。2013年年中，土耳其发生"加齐公园事件"，有人称之为"土耳其之春"，这加深了埃尔多安的不安全感。2013年底，土耳其司法体系发起了针对埃尔多安政府高层的反腐行动，这是一起针对埃尔多安政府多位部长的腐败指控，其中牵涉到了埃尔多安的儿子。当时，传票都发出了，但诉讼最后被埃尔多安采取果断行动制止。这起司法事件使埃尔多安的声望受到了巨大的冲击，被认为是居兰控制的司法体系对埃尔多安的报复，现在被定性为居兰组织的反政府活动，是居兰追随者的构陷。此腐败案最终不了了之。不过，在2021年初，又有新政党的领导人旧事重提，称这个案件并没有结束，法院里的案宗在，但还没有审理。这被认为是对埃尔多安的挑战。在"7·15"未遂政变之前，除了及时制止腐败案调查，埃尔多安政府还宣布关闭那些居兰运动开办的高考补习学校。之后，正发党政府指控居兰运动涉嫌支持恐怖主义，拘押了《时代报》的编辑记者并关闭了该报，与居兰运动有关一些企业协会也被突袭。居兰的支持者则不断指责埃尔多安及其集团的腐败和独裁。原来正发党与居兰追随者共同打压军方的一些案子，也陆续被推翻，被拘押的军官们也陆续被释放，这些案子被埃尔多安政府说成是"居兰分子"的阴谋。

2016年未遂军人政变发生后，隶属于土耳其总理的官方机构"境外土耳其人与亲属团体总会"（Yurtdışı Türkler ve Akraba Topluluklar Başkanlığı）发布了针对居兰运动的多语言官方声明。其中提到，自20世纪70年代以来，"居兰恐怖组织"一直以教育与社会服务为幌子，渗透进军队、司法、安全与情报等政府机关，以及媒体和教育机构，表面上他们有各种不同的身份，包括左派、右派、自由派或信徒，他们的目标是根据自己的信仰和思想，不择手段地攫取国家政权，改造世界。声明还说他们极善伪装，难以辨认，不但威胁土耳其，而且还对世界上所有的政府和全人类都构成了威胁。声明将"居兰恐怖组织"与IS、博科圣地并列，号召全世界共同打击。*

居兰运动与埃尔多安集团曾为政治盟友，在正发党执政前半期，土耳其政府打压军方，也是政府与司法体系联合完成的。当前发生的事件，或许可以被看成是共同敌人被清除之后两个曾经的盟友的角力。目前大多数分析都有某种"阴谋论"色彩，尤其是土耳其政府和居兰的支持者各执一词，政府现在将居兰运动描画成支持恐怖主义的组织，说它是"平行国家"，居兰的支持者将矛头更是

---

* https://www.ytb.gov.tr/uploads/darbe.pdf（获取于2021年7月26日）。

直接对准了埃尔多安,说他是个腐败的独裁者。"7·15"政变发生后,埃尔多安第一时间就说是居兰的追随者发动了政变,在很短时间逮捕了大量人员。

政变失败后,土耳其发生了主要针对居兰运动的清洗,大量人员被抓捕或解雇,政府在宣传上也大肆攻击居兰。有外媒认为这是当权者借机收拾反对派。政治清洗甚至波及居兰在埃尔祖鲁姆(Erzurum)的老家考荣居克(Koruncuk)。从电视播出的画面看,居兰的老家还是个偏僻落后的乡镇。居兰的侄子被带到安卡拉质问,以居兰父亲名字命名的当地清真寺(Ramiz Efendi Camii)被摘牌,居兰的故居差点被纵火,现在当地居民都不愿意讨论他……在居兰成为现政府的对头之前,土耳其很多人公开对其表达敬重,包括现任的土耳其领导人也曾经如此。如今人们已经不想提到他,也可能是形势使然。对一个人的评价和记忆与政治现实之间的关系原来可以如此复杂多变,还好现在不是古代,不会仅仅留下一种声音,多元的声音或许有利于未来的历史研究者"还历史本来面目"。

那么,这波云诡谲的一切的发生又该如何历史地看待呢?起自奥斯曼帝国晚期的现代化进程实际上同时也是排斥传统的苏非教团的过程。在禁卫军时代,苏非教团与军队的关系是正常的、公开的,甚至可以说是有机的。那是当时社会的常态。但改革以后苏非教团被国家权力定为非法,不只是在帝国晚期,在共和国时代前期也是如此。这就使不能公开活动的苏非教团蒙上了更多神秘色彩,为各种阴谋论的出现埋下了伏笔。尽管在民主化之后,包括宗教社团这种现代苏非主义活动在内的各种宗教活动得以复苏,但是,一个现代的国家仍然是排斥它的。尤其是现代军队已经独立于宗教,而且土耳其军队被灌输的是国家意识形态——凯末尔主义。司法、警察、情报等权力部门也都应该是中立的国家机关,如果这些部门被国家之外的团体渗透,将是令人恐惧的。尤其是对军队的渗透,更是一种禁忌。但宗教社团依然在社会上蓬勃发展,并深得人心,政治权力与其之间的关系仍然扑朔迷离。

当代土耳其已经非常现代化,但是苏非主义的传统仍然是人们社会与精神生活的重要部分。当代土耳其穆斯林对苏非主义的历史及其与当时的现实政治之间的关系,是有常识性认知的,不管是通过口头传说、大众媒体,还是通过普通的历史学习,这种知识的获得非常容易。这种知识成了他们理解自己所生活的这个世界的认知背景与参照。很可能,这是土耳其人能够轻易相信关于居兰运动的各种说法的历史性的社会-心理基础。

历史并不是死去的过往,它活在当下的物质与社会生活中,也活在人的头脑中。每一个活着的人都是幸运的,因为可以见证历史。

媒体在这次政变过程中发挥了重要作用。对于挫败军人政变,其发挥的作用更为明显。很多人注意到了现代媒体包括新媒体——电视、网络、视频通话、推特、脸书等等——的角色。但是,他们却很大程度上忽视了清真寺,这可是有1000多年传统的"媒体"了。

清真寺是伊斯兰教最重要的建筑物,具有宗教、经济、教育甚至政治等多种功能。除了作为宗教活动、宗教教育的场所外,清真寺还是增强穆斯林情感和社会联系的场所。现代社会是隐私社会,非常强调营造安静、独立的生活环境,但清真寺的宣礼塔是可以合法安装扩音器的，每当礼拜之际，从那里传出的悠扬的唤礼声可以传至很远，就算很难被人听懂，也往往能勾起人的某种特定情怀。

在埃尔多安发出让民众上街阻挡军人的呼吁后，土耳其国家宗教局通知全国约 9 万座清真寺念诵传统阿拉伯语的赞词，以警示民众发生了大事，念完赞词之后清真寺又用土耳其语号召民众上街反对政变。那种被称"索俩"（sela）的古老赞词除了具有宗教功能之外，在遇到重大事件时念诵，还相当于"穆斯林的动员令"。土耳其有 8 300 多万人口，平均不到 1 000 人就拥有一座清真寺。当配备了扩音器的清真寺都参与到群众动员中来后，其在特定范围内的影响力将超过所有现代媒介。这次动员民众反击政变的过程，似乎也回答了一个学者的疑问：正发党政府为什么要建那么多清真寺？人们谈论土耳其的伊斯兰复兴时，总是提到更多清真寺的兴建，正发党在执政期间兴建了成千上万的清真寺，包括土耳其最大的位于伊斯坦布尔亚洲一侧最高山顶（Çamlıca）的清真寺。

土耳其民众响应政府号召，上街反对军人政变，其持续不断的集会延续了一段时间，足见土耳其人民对其来之不易的民主政治之珍视。从这个角度来看，2016 年的"7·15"事件标志着土耳其的历史真正进入了一个新的阶段。

第十一章

圣索菲亚：历史记忆与现实政治

2020年上半年，土耳其的圣索菲亚博物馆［土耳其人一般称之为阿亚索菲亚（Ayasofya）］被改回清真寺的消息引发了一轮比较大的世界舆论。

这个问题一般是被放在埃尔多安的政治策略这个框架下来解读的。由于在2019年的地方选举中，正发党失分较多，尤其是共和人民党拿下了伊斯坦布尔；在颇有争议的重新投票中，正发党败得更惨；随后出现的经济下滑和当前的新冠病毒疫情的多重影响，以及前正发党大佬组建新政党，*都使埃尔多安领导的正发党及其盟友（民族行动党）感到压力巨大。因而，一般的舆论认为，挑动和利用圣索菲亚这个宗教-政治议题，是埃尔多安在为提前大选做准备，目的是争取或挽回保守阵营的支持。

这种观点当然有其合理性。简言之，圣索菲亚博物馆这个时候被高调地改回清真寺，是当下和未来一段时间内土耳其内政的需要，

---

* 土耳其有近百个政党。新近成立的政党中，比较引人注目的是土耳其前总理艾哈迈德·达武特奥卢于2019年底成立的未来党（GP），以及2020年3月由前副总理阿里·巴巴詹创建的民主进步党（DEVA）。

是埃尔多安领导的正发党的政治把戏。还有一种分析是从土耳其的世俗化和伊斯兰化这一视角展开的,把此次事件视为凯末尔主义的世俗化国家路线的"逆流",是埃尔多安领导下的土耳其进一步伊斯兰化的表征。人们在讨论这类问题的时候,总是过于关注土耳其的现代化和世俗化问题,可能也是一些论者基于自身处境的心理投射。

实际上,我们讨论圣索菲亚的相关问题,不能忘记土耳其日益强调关于奥斯曼帝国的历史记忆这一事实。在这里,我主要关注的不是当下土耳其的政治问题,而是从历史的角度考察围绕圣索菲亚之身份的"记忆与遗忘"这个主题,最终会落到对新奥斯曼主义这个问题的认知上来。

一、"征服者"的政治

对我个人来说,一提起圣索菲亚,首先想到的还是 2005 年 7 月第一次造访伊斯坦布尔的时光,当时我当然也参观了圣索菲亚。但在那时候,作为一个普通的访客,我脑海里有的只是圣索菲亚大教堂。陪同我去的是好朋友 H,参观圣索菲亚的时候,我记得她很自然地称之为 cami(清真寺,来自阿拉伯语),不是博物馆,也不是教堂。H 是一个比较虔诚的土耳其穆斯林,也是她在我的知识结构中第一次普及了一些关于伊斯兰教和奥斯曼帝国历史的内容,尤其是"征服者"苏丹穆罕默德二世的丰功伟绩。我还记得她给我描述穆罕默德二世是如何尊重宗教和文化的多样性,给予被征服者宽赦,尤其是命令不得破坏圣索菲亚大教堂原先的基督教艺术,并命人使用特殊材料将其覆盖上，因而我们才能在当代重睹其真容。

对我这样一个研究土耳其共和国历史的人来说，那些有关奥斯曼帝国早期的历史既不熟悉，更无从考证。从历史叙述的角度来说，我想，东西方可能各自站在一个极端，一端是奥斯曼-土耳其人坚持的宽容与和平的叙事，另一端则是欧洲-基督徒坚持的劫掠、杀戮与残忍的叙事（这种叙述非常之多）。真相应该是在两者之间的某个位置吧。毕竟，穆罕默德二世很快就把都城从西边的埃迪尔内迁到了君士坦丁堡，所以，要是在这里进行巨大破坏，对自己应该也没有什么好处。而按照当时的战争规则，如果不是依约投降，那么，胜利者确有掠夺的权力。

从那以后，我多次造访伊斯坦布尔，也多次参观圣索菲亚，留下的印象大多非常淡薄，似乎都是一些不值得再重复的死知识，我也没有被前文曾提到过的那些古代建筑、艺术震撼到，这可能主要是因为自己既不信教，也不研究古代史。这些留在地上的古代遗迹，对我而言，都属于历史记忆或纪念。它们貌似代表着逝去的历史，但实则又和现实有着千丝万缕的联系，也只有当这种联系发生时，我的兴趣才会被提起来。

只有在世界性的多文明交会之地，才会围绕历史遗产、记忆或纪念出现具有大是大非性质的争议。平常看新闻时，其实不难发现这种事，比如印度就经常出现神庙之争，像是阿瑜陀罗摩诞生地神庙之争，绵延百余年，导致数千人死亡。最近几年，我常常翻阅两本关于城市的厚书——《耶路撒冷三千年》和《伊斯坦布尔三城记》，这两本书并非严谨枯燥的学术著作，而是由较为专业的人士写的畅销书。比较起来，耶路撒冷的敏感性、政治性其实远远大于伊斯坦布尔。2017 年美国特朗普政府正式宣布承认耶路撒冷是以色列的首都,就引发了世界各国,尤其是各伊斯兰国家非常激烈的抗议,其中最激烈者之一就是土耳其。

城市或建筑物成为现实政治争议的焦点,古往今来并不少见。这里可能也有一些理论性的东西,比如所谓的历史记忆之争,简单来说就是,现实政治希望彰显什么,也就会希望和操控人们记住或纪念什么。但历史久远的东西,承载的记忆往往是多样的,若欲彰显某一种,就必然会打压或抹杀其他的,这就引发了所谓的历史记忆之争。如果放在历史的长河里来看,与记忆紧密相关的就是遗忘,打压或抹杀就是造成遗忘的原因之一。那么,在这个角度上看,圣索菲亚博物馆最近被土耳其改回清真寺,其实就是围绕这座著名宗教建筑物产生的有关记忆和遗忘的政治争议的历史延续。

中文版《伊斯坦布尔三城记》在叙述奥斯曼帝国苏丹穆罕默德二世在 1453 年征服君士坦丁堡后的情况时有这样一段话:

> 我们知道,当穆罕默德二世进入君士坦丁堡,并一路走向圣索菲亚大教堂时,他把先知穆罕默德的宝剑举在自己的前方,并以安拉之名取得这座城市。穆罕默德二世骑着马,最先来到上帝圣智教堂(Church of Holy Wisdom),也就是圣索菲亚大教堂(Haghia Sophia),今日官方的阿拉伯文译名是阿亚索菲亚清真寺(Ayasofya)。据说先知穆罕默德曾经使用过的礼拜毯被带进教堂,而征服这座城市的军队的首次主麻礼拜,便在缠绕着的查士丁尼和迪奥多拉姓名的花押首字母下举行。前往阿亚索菲亚清真寺与其他首要清真寺举行主麻礼拜,是这座

穆斯林城市每周最盛大的活动之一，人们借此表现自己浅薄空洞的虔诚和宗教上的圣洁庄严，持续了五个世纪之久，直到1935年为止（颇有争议的是，它还有可能被恢复）。穆罕默德不仅以征服者的身份抵达君士坦丁堡，同时也是"为信仰而战之人的领袖"（Lord of combatants for the faith），"战士中的战士"（gazi of gazis）。*

经查，这段译文和原文之间有不少出入。这里我只想指出，"穆罕默德二世骑着马，最先来到上帝圣智教堂，也就是圣索菲亚大教堂，今日官方的阿拉伯文译名是阿亚索菲亚清真寺"这句话原书中并没有，不知道中译者为什么要加上这句话。而且，土耳其人使用的"阿亚索菲亚"（Ayasofya）这个词本就来自希腊文的"Αγία Σοφία"，"Aya"就是希腊文"Αγία"，英文中常见的"Haghia"也是从"Αγία"来的，意思都是"神圣的"（holy）。而这里说的"有可能被恢复"，可能是间接地预言了人们会把圣索菲亚博物馆再变回清真寺，而到时，人们会再次到这里"表现自己浅薄空洞的虔诚和宗教上的圣洁庄严"。

当年，穆罕默德二世把教堂变成清真寺本身就是一种对历史记忆和遗忘的政治性操控。穆罕默德二世当然是一个胜利者，他想给人们留下的历史记忆，不只是他个人的胜利，而且是他以及他所属的那个集团的某种历史记忆的延续；这就是所谓自先知穆罕默德时代以来，穆斯林就有征服君士坦丁堡的梦想，而且历史上也曾有穆

---

* ［英］贝塔妮·休斯：《伊斯坦布尔三城记》，黄煜文译，上海：上海三联书店，2019年，第375页。

斯林军队（包括奥斯曼帝国的苏丹）多次围攻君士坦丁堡，穆罕默德二世是这个梦想的延续者和实现者。穆罕默德二世本可以按照伊斯兰经典的要求保护"有经人"*及其信仰，据说他也的确制止了进一步的杀戮和破坏。但命令将教堂变为清真寺，主要是一种政治性的宣示，表达的是穆斯林对基督徒的胜利，穆斯林完成了数百年来征服君士坦丁堡的预言和梦想。或许，再也没有比把圣索菲亚大教堂变成皇家清真寺更好的象征了。在此之后，后世的记忆和诠释就会围绕一种宗教对另一种宗教的胜利甚至是一个民族对另一个民族的胜利延续下去。

所以，把圣索菲亚大教堂变成清真寺，是军事-政治领导人穆罕默德二世对战利品的处置，是他刻意制造的历史记忆／纪念，而属于基督徒和拜占庭的东西，则被刻意遮蔽或清除了。在那之后直到1935年2月，圣索菲亚一直被作为清真寺使用。这数百年时间足以建立一个新的习惯、身份与记忆。但对欧洲人来说，在1453年后，他们仍然长期使用"君士坦丁堡"这个名称，而不是土耳其人的"伊斯坦布尔"。根据当代英国历史学家约翰·达尔文（John Darwin, 1948— ）的说法，对欧洲人来说，使用"君士坦丁堡"除了是一种习惯，还意味着这个地方是被占领而亟待"收复"的基督教城市，西方人的这种观念直到1923年《洛桑条约》签订后才消失。†

---

* "有经人"（ahl al-kitāb）在伊斯兰教中主要是指基督徒和犹太教徒这样的拥有《圣经》的一神教徒。

† ［英］约翰·达尔文：《帖木儿之后：欧亚帝国六百年权力竞逐》，黄中宪译，北京：中信出版集团，2021年，第 ix 页。

二、博物馆化的政治

在最近的舆论中，人们经常会提到 1934 年 11 月 24 日的一份土耳其内阁会议的决议（Bakanlar Kurulu Kararı）——它决定把阿亚索菲亚清真寺变成一座博物馆，还会提到这是土耳其国父凯末尔的意思。1934 年已经是土耳其共和国建国 10 余年以后了。共和国在此时决定把使用了五个世纪的清真寺变成博物馆，是为什么呢？

其实主要是现实政治变了。一个自我标榜为现代的、世俗的民族国家——土耳其共和国成立了。新的民族国家当然需要新的民族历史与记忆。这是我早年研究土耳其现代史时最为关注的内容，即所谓"族史重构"问题。除了编造民族神话，还有一个很重要的问题，就是如何处理与前朝的关系。简言之，新的土耳其共和国长期以来在意识形态和政治修辞上对奥斯曼帝国是疏离的，对奥斯曼帝国的历史记忆是寡淡的，甚至是刻意排斥的。

与此同时，新的国家也面临新的形势，那就是，原先奥斯曼帝国的领土上出现了多个独立的国家，它们是土耳其的邻国，土耳其作为国际社会的一员面临新的地缘政治格局。有一种观点笔者尚未考证，但值得参考，即 1934 年的《巴尔干公约》是把圣索菲亚清真寺变成博物馆的直接原因。这份公约是 1934 年 2 月 9 日，希腊、罗马尼亚、土耳其、南斯拉夫四国在希腊首都雅典签订的，起因是纳粹德国正加紧毁约扩军，意大利企图称霸地中海并进而控制巴尔干，巴尔干各国的安全受到严重威胁。据说，土耳其在与希腊商谈此条约的时候，是希腊方面提出希望把圣索菲亚清真寺改成博物馆。希腊方面的意思是，土耳其这么做有利于其他巴尔干国家接纳其进入这个公约体系。土耳其代表回国后把这个意思告诉了国父凯末尔，凯末尔同意了。之后就是各方面的准备工作，1934年11月24日，土耳其的内阁会议正式宣布索菲亚成为博物馆，这个决议是总统凯末尔签署的。[*]不过，有一种说法认为国父的这个签名是伪造的，理由是当时国父还没有采用"Atatürk"这个姓氏，或这个签名的笔迹跟后来的样子不同，因而有人将其归为某种"阴谋"。最近这个说法又被翻出来，用以支持把圣索菲亚博物馆改成清真寺。不过，根据已有的研究以及我本人的考证，在这之前凯末尔使用这个签名是可能的（因该问题较细碎，此处不赘述）。

关于把圣索菲亚清真寺改成博物馆的理由，最权威的解释可能还是要到1934年11月24日土耳其内阁会议的决议中去找。经笔者查阅，在该决议的开头有这么一句话："在教育部于1934年11月14日书面发布的第94041号文件中，考虑到作为无与伦比的建筑艺术遗迹的、位于伊斯坦布尔的阿亚索菲亚清真寺之历史性地位，其被转变为博物馆一事，必将使整个东方世界（Şark alemi）欣喜，并将为人类增添一个新的科学机构（ilim müessesesi），有鉴于此，它将被转变为博物馆……"[†]

笔者还简单查阅了当时土耳其国内的报道，暂时没有发现对这个事情的详细诠释。1934年12月11日《共和国报》（*Cumhuriyet*）的一个报道可能是最早的正式报道之一，但它主要是说这个清真寺在1934年12月10日被交给了博物馆管理部门，并将展出拜占庭时

---

[*] https://www.worldbulletin.net/islamic-world/how-was-the-hagia-sofia-transformed-into-a-museum-h123539.html（获取于2021年12月26日）。

[†] T. C. Başvekalet Kararlar Müdürlüğü, Sayı: 2/1589.

代的文物。这个报道的末尾有一句话很有意思:"美国专家暂时完成了其研究工作,已经回国。未来他可能还会再来。他的研究跟我们要建立的博物馆之间没有关系。"

1939年的时候,土耳其的博物馆学家委员会提出了另一种解释:"圣索菲亚,作为拜占庭的教堂和奥斯曼的清真寺,都是建筑学上的杰作……土耳其人对这座建筑的身份的打断是如此彻底和完整,以至于就像人们曾经把它视为一座教堂一样,也有更多的人把它定义为一座清真寺。因此,土耳其共和国决定把这座建筑变成一个博物馆,目的是把它献给全人类……"这个在圣索菲亚变成博物馆近五年之后的解释,更多的是一种事后赋予它的历史记忆,也就是把它中立化、普世化,而前述国际政治的考量是不能被公开讲述的。今天反对把圣索菲亚博物馆变回清真寺的人,也还是在强调这一点,即它是"人类共同的文化遗产",是伊斯兰教与基督教之间和平的象征。或许也可以推断,今天的世俗主义者赋予圣索菲亚博物馆的各种现代主义的意义,如世俗化、现代化之类的,应该是土耳其国内外的人们后续不断添加进来的。

20世纪30年代的土耳其共和国离奥斯曼帝国还不远,的确还要在各个方面与自身的过去进行斗争。除了向巴尔干国家做出某种政治姿态外,从历史记忆的角度看,改成博物馆的意义主要是一种**"去奥斯曼化"**。被奥斯曼征服的拜占庭时代留下来的建筑(包括奥斯曼帝国本身的建筑)被改成博物馆的有很多,这么做跟宗教和世俗化的关系可能并不太大。

当然,博物馆化所代表的、被不断解释出来的文化多元主义的声音也同样存在,论证也不断深化了。一是,对奥斯曼帝国的追忆也不只是关于军事的征服和胜利,或宗教的荣耀,也有强调奥斯曼帝国的宽容和世界主义的;二是,伊斯坦布尔这座历史悠久的城市在参与欧洲文化活动的时候,也会刻意强调自身的宽容和世界主义,比如,2009 年圣索菲亚大教堂穹顶上发现的天使头像被打开和修复,以供游人参观,就是一个好的姿态,伊斯坦布尔也在 2010 年被认定为"欧洲文化之都"(European Capital of Culture)。

三、恢复清真寺的"诉求"

后世添加的多重意义,并不只是来自世俗主义者的意愿和实践,也有反对者的立场。土耳其共和国将阿亚索菲亚清真寺变成博物馆,这个举动对普通的土耳其人来说也不是一件稀松平常的事,反对者几乎在同时就出现了。因为博物馆的出现打断了近 500 年的历史习惯与记忆,即阿亚索菲亚清真寺是"征服者"穆罕默德二世所欲打造的穆斯林-土耳其人对异教徒和异民族的胜利的象征,而将清真寺变成博物馆,像是土耳其人自己反对自己,其功能和象征意义自然也就淡化和改变了。土耳其好在是在早期就跟希腊进行了大规模的人口交换,留在土耳其国内的希腊正教徒在总人口中的比例几乎可以忽略不计。这可能也是土耳其一直以来还没有因为历史记忆之争而出现印度那种宗教冲突的原因吧。

关于奥斯曼帝国荣耀的记忆不会消失。自阿亚索菲亚清真寺被改成博物馆以来,呼吁将其恢复成清真寺的声音就没有断过,只不过其影响长期以来并不大。有一些特殊的时间节点会使得这种声音变大。比如,1953 年的时候,这年是奥斯曼征服君士坦丁堡 500 周年，因此各种声音都变大了。1957年5月29日，有一个青年学生因为批评阿亚索菲亚被改成博物馆而被捕。20世纪80年代的时候已经有一些轻微的动向。1985年，伊斯坦布尔历史古城被列入世界遗产名录，圣索菲亚博物馆是其中重要的组成部分。1991年的时候，联合国教科文组织宣布这一年是土耳其古代著名诗人玉努斯·埃姆莱（Yunus Emre，1241—1320）诞辰750周年，圣索菲亚博物馆成为纪念性宗教剧的演出场所，选择这里的理由是圣索菲亚博物馆符合玉努斯·埃姆莱倡导的宽容精神。也正是在此期间，有一些土耳其人在圣索菲亚前面打出来要求把这儿恢复成清真寺的标语。不久后，土耳其政府即决定开放圣索菲亚的一小部分供礼拜，其宣礼塔也开始播放伊斯兰的宣礼。2012年的时候，地方保护委员会同意重建阿亚索菲亚宗教学校，其理由是为博物馆的管理提供服务，不过，据研究，这个理由其实非常牵强。

　　将圣索菲亚博物馆改为清真寺的行动一直在稳步推进。在土耳其，叫圣索菲亚的教堂不止一处，其他地方的几座圣索菲亚教堂原本要么也是长期作为博物馆使用，要么是已经废弃不用，但近些年来，这些圣索菲亚都已经变成了清真寺。2019年11月，土耳其最高行政法院裁定伊斯坦布尔法提赫区的拜占庭式建筑卡里耶博物馆（又名科拉教堂）应变成清真寺。土耳其历史遗迹与环境保护协会多次以不同形式要求把伊斯坦布尔的圣索菲亚博物馆变回清真寺。2015年，有1 000多人在圣索菲亚博物馆前举行示威，要求将其恢复为清真寺。这次，2020年7月，也是因为土耳其历史遗迹与环境保护协会的要求，土耳其最高行政法院就此举行了听证会，最终的结果现在是众所周知的了。

至于正发党的立场，虽然它被外人说成是伊斯兰主义政党，但它自视为追求保守主义民主的政党，恢复清真寺并不是其主要的关注和议程。正发党内最突出的主张恢复清真寺者可能是布伦特·阿仁赤（Bülent Arınç），他一向以保守立场而闻名。早在2012年，在圣索菲亚举行的一个仪式上，他就公开表达了把圣索菲亚博物馆变回清真寺的主张。埃尔多安本人在这个问题上最初并未明确立场，甚至不支持这么做。但埃尔多安是一个精明的政客，做事说话都很会算计。自2019年以来，他的主张才变得明确。其原因当然主要是政治性的，本章开头已经讲过了。在实用主义的措施不够用的时候，具有平民主义和民族主义色彩的意识形态就要登场了。

恢复清真寺的理由，应该主要不是来自宗教本身，因为有人计算过，伊斯坦布尔根本就不缺清真寺，圣索菲亚博物馆对面的蓝色清真寺根本没有多少人去做礼拜。所以，其理由依然是政治的，或者具体说是利用宗教情感和历史记忆的政治操作。从历史记忆的角度来说，恢复清真寺代表的就是"征服者"穆罕默德二世所欲保留的那个历史记忆，也就是土耳其/穆斯林相对于西方/基督徒的胜利。在当代，对这种胜利的招魂和纪念，迎合着宗教-民族主义的政治主张，也被其操控。埃尔多安是最擅长把自身的政治行为嫁接到帝国记忆之中的演讲高手，他在2020年5月29日的"征服纪念日"讲话中说："我们要留下一个让我们的祖先法提赫（Fatih，即穆罕默德二世）满意的土耳其。"这就是他惯常的对宗教的、帝国的历史记忆的强调、突出和利用。虽然很难说这种宗教-民族主义的政治操控最终能有多大效果，但它毕竟是一张可以打的牌，而且，埃尔多安手里的牌也不多了，甚至有土耳其人说，这是他能对世俗主义开的"最后一枪"。

四、作为意识形态的世俗主义

恢复清真寺的诉求步步紧逼直至取得今天的"胜利",也反映出土耳其在凯末尔之后的历史性变化。如果说有主流民意,光看一看民调数据就能明白,据说超过 70% 的土耳其人支持把圣索菲亚博物馆变成清真寺。而在今天土耳其的舆论环境下,公开表达反对之声也越来越不容易,当然,外国人是例外(但外界的反对之声,或许恰恰是土耳其国内政治所需要的)。

一旦出现类似的事情,一般的分析总喜欢从世俗主义、现代化的角度来讨论。似乎只要是跟穆斯林的宗教符号有关的东西,都可以被任意地打上伊斯兰主义的标签,而后就被认定为"倒行逆施"。凯末尔和埃尔多安往往被放在两个极端上看待,前者是世俗的、进步的、开明的,后者是宗教化的、倒退的、反动的。殊不知,在土耳其,大部分人并不这么看。

我这么说不是想否定凯末尔主义,更不是要赞美"埃尔多安主义",而是希望强调相关问题的复杂性。20 世纪晚期以来,随着世界范围内宗教复兴运动的发展,与现代化理论密切相关的世俗化理论已经被很多社会科学家认为是成问题的。阐述世俗化理论的代表人物、当代美国著名的宗教社会学家彼得·伯格(Peter Ludwig Berger,1929—2017)在 1999 年时说:"由历史学家和社会科学家宽松地标签为'世俗化理论'的所有著述,在本质上都是错误的。"[*]对凯末尔主义及其世俗主义的批判,在今天的土耳其已经不是什么

---

[*] [美]彼得·伯格等著:《世界的非世俗化》,李骏康译,上海:上海古籍出版社,2005 年,第 3 页。

新鲜事，不只是伊斯兰主义批判凯末尔主义，更重要的是还有后现代主义，而伊斯兰主义与后现代主义之间往往也关系密切。

一般认为，土耳其的世俗主义模式是其西方化或学习法国的结果。不过，笔者认为，这可能过分强调了它的西方性或法国性；实际上，奥斯曼帝国的苏丹制、更早的先知及四大哈里发之后的哈里发制，都是有世俗特性的体制，是世俗统治者把宗教势力纳入体制进行管理的一种安排。这正是伊斯兰激进派一直批判的，在他们看来，过去的哈里发国家不是理想的伊斯兰国家，现在的这些伊斯兰国家更不是，都是世俗统治者在利用和控制伊斯兰教，为的是强化自身合法性。

土耳其共和国表面上模仿了法国模式，但其实，土耳其的模式并不是简单模仿，它同时也是奥斯曼体制的延续，甚至是整个逊尼派哈里发体系的延续，所不同的，就是革了旧政权的命，废除了苏丹和哈里发制度，走向了共和制。同时，政权的合法性来源改变了，由宗教的变成了世俗的，宗教不是没有了，而是被尽可能地从公共领域中清除掉了，换上了共和国的那套从西方学来的东西，但对宗教的控制和利用没有变。此外，在民间，宗教沦为私人性的了，限于个人的私德领域。

这当然是权力斗争的结果，即帝国末期的西式学校尤其是军校培养出来的世俗主义少壮派夺取了权力，而这些新派人士把这个夺权过程说成是进步主义的、现代主义的，这就遮蔽了权力斗争和"阶级/阶层斗争"的因素。

对相信这套世俗主义意识形态的人来说，当然没有问题，革命总是要塑造自身的神圣性，否则，只有权力斗争的话，就显得有些丑陋了。当然，大部分人经过现代教育和意识形态洗礼之后，就是相信这套东西的，毕竟这套东西背后有一个压倒性的被建构出来的西方现代社会与世俗文明，从而，新政权和旧政权就必然被说成从头到脚都是不同的，而旧政权肯定是落后的、腐朽的、封建的、皇权的……共和国就是初升的太阳，是先进的、进步的、开明的、为了人民或民族的……

但实际上，革命派也把很多旧的东西改了个新潮的名字，继续用着。在这个过程中，世俗主义就成了一种进步的东西，一种美好的东西，就成了彻头彻尾的维护新政权的利益与合法性的意识形态。当然，有些东西确实是新的，比如共和制以及西方舶来的观念。

对新政权不满的人，开始的时候还有各种不服与反叛之举，但很快就被镇压或者收服了。那些不低头的人，也只能转入地下，或待在监狱里。随着凯末尔去世，政治走向多元化，原先被打压和边缘化的东西自然就会出来。但是，凯末尔主义的成功之处就在于它塑造了一个新的阶层，而这个阶层是这个体制的既得利益者，也是这种意识形态的拥趸。

而政治开放之后，那些对现实不满的人及其后代，也拥有了新的政治空间，并且能够把旧的武器（比如伊斯兰教）拿起来，然后结合新的工具进行斗争，而新的工具里面很重要的就是自由主义、左翼思想，同时也有所谓的后现代主义。这些东西都是很对批判现实者的胃口的，也就是说，能够批判世俗主义者所代表的那个巨大的垄断利益集团。伊斯兰主义知识分子和政客们不断揭露这个集团搞政治专制、经济垄断的本质，然后就戳穿世俗主义意识形态的虚伪与空洞，说它背离了本民族的最重要的真正的价值（也就是伊斯兰教），也伤害了民族性。说到底，在一个 99% 的人口是穆斯林的国家与社会，如何安放与宗教/信仰有关的精神和灵魂？凯末尔主义的激进世俗主义肯定不是长久之计。这是土耳其围绕世俗主义的意识形态斗争的特点。

但保守主义意识形态的背后是什么呢？当然是被旧体制边缘化的人。在 20 世纪 80 年代以来全球化时代的私有经济发展起来后，被称为"安纳托利亚小虎"的新中产阶层崛起，要寻求政治权力。所以，这里面有阶层斗争、利益斗争的因素。但斗争是全面的，也包括了意识形态斗争。

后来，这个新阶层及其盟友赢得了政权，这就是埃尔多安和他领导的正发党政府，他们代表的是穆斯林兄弟会式的土耳其道路。但这一派人成长和发展的环境，还是一个建立在凯末尔主义基础上的土耳其，还有世俗主义的制衡，所以，凯末尔主义及其主张的世俗主义仍然是他们活动的大框架。土耳其还没有形成稳定成熟的两党制，但各政党之间的分歧缩小了，尤其是在对待伊斯兰传统和文化方面，激进世俗主义越来越没有市场了。传统的世俗与宗教之争，其性质也在发生变化。在意识形态上，土耳其的政治伊斯兰势力整体上还是温和的，是很实用主义的，我们还看不出土耳其走伊朗那种教权国家道路的苗头。

因而，在上述意义上，圣索菲亚博物馆被改成清真寺，虽然可以部分地被视为土耳其政治伊斯兰的一个不大不小的动作，但很难被直接说成是世俗主义的倒退。也就是说，它和宗教本身的关系并不太大，更多的是现实政治对帝国历史记忆的操控，目的是服务于当下土耳其国内的权力政治。

除了内政，博物馆改为清真寺还有另外一个重要影响，就是外界，尤其是西方，对当下土耳其这个执政集团的印象必然会更加负面。加上土耳其在塞浦路斯、叙利亚、利比亚、东地中海和难民危机等问题上表现出日益强硬和进取的姿态，其与欧洲国家之间的龃龉只会不断增加。但这主要不是什么"文明的冲突"（clash of civilizations）的问题，而更多的是地缘政治的问题，也是反抗西方霸权和文化帝国主义的问题。

第十二章

土耳其"向东看"?

21世纪的世界舞台尤其是中东地区见证了土耳其的崛起。随着冷战结束后国际和地区环境的改变以及自身力量的逐渐上升,土耳其调整了其对外战略,即从长期以来奉行的亲西方、入欧盟的战略,转为更加强调独立自主的外交,出现了所谓"向东看"的趋势,加强了与中东地区的关系,更加关注其地区利益,并力图构建自身主导的地区秩序。有人说土耳其要成为"欧亚的中国"。2002年上台至今,正发党和埃尔多安政府一方面积极介入中东地区事务,另一方面对于加入欧盟、与美国维持战略性关系等问题开始抱持更为灵活的、实用主义的态度。现在,一个不再跟在西方后面亦步亦趋的土耳其正在告诉世界,它有一个"大国梦"。

一、地区形势及对奥斯曼符号的运用

最近一些年,土耳其不只是在中东地区,甚至在全球舆论的舞台上也经常"抢头条"。这也部分地说明了土耳其的特殊重要性。

近来东地中海地区的形势又引起了舆论广泛关注,这不仅是海面上的问题，比如围绕油气资源的勘探、划分经济专属区产生的问题，还体现出周边地缘政治局势的变化。土耳其在东地中海地区加大动作，派海军舰船进行所谓调查作业，意在勘探石油和天然气等自然资源，捞取利益并划分势力范围。危机的主角是土耳其和希腊，当然还涉及利比亚、法国、埃及、以色列、塞浦路斯等国家。土耳其和只有它承认的北塞浦路斯结成联盟，在油气资源丰富的东地中海地区的利益争夺中表现得非常活跃，态度也非常强硬。土耳其还高调地军事介入利比亚内部冲突，表现也十分抢眼，这跟东地中海局势关系也很密切。土耳其这么做，一方面是为了自身的国家利益，"秀肌肉"，毕竟，土耳其不只是北约里面排名第二的陆军强国，其海军力量也增长迅速；另一方面，土耳其做事并非不计后果或非理性，而是在根据自身力量和舆论需要积极进取的同时，做事也留有余地，比如，在东地中海问题上，土耳其后来就放低了调门，撤回了勘探船，表示愿意参与谈判。如果不是受全球新冠疫情以及中美关系的影响，2020年的东地中海局势应该会是舆论场上更热的话题。

关注一些时事热点时，历史往往是一个有价值的切入点。在东地中海问题中，除了奥斯曼帝国曾经在较长时期称霸东地中海这一历史记忆外，还有一些值得注意的细节中也可以观察到奥斯曼帝国元素。在勘探东地中海的土耳其海军舰船中，有一艘勘探船叫"奥鲁奇·雷斯号"（Oruç Reis），这一看就是为了纪念16世纪的第一代"巴巴罗萨"海盗奥鲁奇（Oruç），"reis"一词来自阿拉伯语，意思有"船长""头领"等。其实，土耳其海军还有三艘潜艇是以奥鲁奇·雷斯命名的。16世纪，奥斯曼苏丹苏莱曼大帝启用北非海盗王"巴巴罗萨"，让其做奥斯曼人的"海军总司令"。"巴巴罗萨"

打造了奥斯曼人强大的海上力量，击败了意大利、西班牙联合舰队。在数十年的时间里，几代"巴巴罗萨"领导的奥斯曼海军在地中海不断碾压欧洲对手，称霸一时，并帮助奥斯曼人获得了对北非地区的长期控制权。

除了在地中海上展示力量与野心外，土耳其近年与西方的关系也有显着的变化。2014年年中，中东地区开始陷入长达四五年的"伊斯兰国"所引发的乱局。在打击"伊斯兰国"的问题上，土耳其最初的表态也很暧昧，让一些人捉摸不透：土耳其究竟为何采取这种态度？毕竟它是北约成员国，按理似乎应该紧密配合西方的表态与行动。有西方评论家多次说，土耳其不是"合格的"北约成员，而是个"兼职盟友"，甚至有人提出，是不是该把土耳其踢出北约了。须知，在历史上的很长一段时期里，土耳其是紧跟欧美的。但是，正发党上台后，一些西方观察家认为，"西方正在失去土耳其"，或者说土耳其正在改变其亲西方的国家定位，开始"面向东方、背对西方"。正发党被很多西方人认为是一个表面上亲西方实则反西方的伊斯兰主义政党。一些调查数据显示，在正发党执政期间，土耳其成了中东地区最具反美情绪的国家之一。2003年，美国入侵伊拉克，土耳其拒绝美国使用其军事基地；2009年，土耳其总理埃尔多安在达沃斯论坛上对以色列总统佩雷斯（Shimon Peres，1923—2016）"发飙"（后文将具体分析）；在2016年的未遂军人政变后，土美关系也因居兰问题长期紧张。

对于加入欧盟这一土耳其长期追求的目标，在2005年启动入盟谈判后，正发党政府似乎也失去了真正的热情，更不用说土耳其领导人时不时就高调和欧洲领导人互相抨击，甚至还有一些土耳其人异想天开地说要加入上海合作组织，取代加入欧盟，罔顾两者之间的重大区别。在中东剧变引发的欧洲难民危机中，土耳其一方面令人称道地接纳了数百万叙利亚难民，另一方面也因为难民问题与欧洲多次发生龃龉，甚至多次以难民威胁欧洲。种种迹象表明，土耳其似乎已经改变了其传统上"一边倒"地亲西方的对外战略定位，日益显示出一个独立自主的地区性强国的形象，亦不掩饰其谋求成为一个全球性角色的野心，比如土耳其还持续在非洲、中亚、南亚、东南亚、高加索等地区积极经营、深度参与和高调介入。

在地区层面上，在"阿拉伯之春"前，土耳其积极发展与叙利亚的关系，也积极发展与伊朗的关系，尤其是介入伊核问题，甚至还被认为同情哈马斯。其中值得关注的应该是 2010 年的"蓝色马尔马拉号"（Mavi Marmara）事件，当时，以色列海军突袭试图驶入加沙沿海地带的土耳其籍国际人道主义救援船"蓝色马尔马拉号"，造成 8 名土耳其籍人员死亡，从而引发了土以两国之间的紧张外交局势，土以关系陷入低谷。2013 年，经美国总统奥巴马调停，以色列总理内塔尼亚胡就"蓝色马尔马拉号"事件向土耳其道歉，时任土耳其总理埃尔多安代表土耳其接受了这个道歉，双方关系这才逐渐恢复。直到 2016 年 9 月，以色列才完成向土耳其救援船事件受害者支付赔偿款。"阿拉伯之春"后，土耳其更是积极介入地区局势，支持穆斯林兄弟会，在叙利亚、埃及和利比亚等地建立影响力或积极介入，扩大了自己的势力范围；当然它也遇到了一些挫折，尤其是在埃及。

另外，土耳其长期致力于打击库尔德工人党武装，在其南部边境不断采取跨境军事行动，打击其所认定的恐怖主义势力。叙利亚动荡发生后，土耳其一改与阿萨德政权此前的热络，转而支持叙利亚反对派，并力图在叙北部压制库尔德势力，建立安全区。土耳其在叙利亚问题上的战略和举动，往往被外界解读为某种所谓恢复奥斯曼帝国的野心。

正如前文已经详细讨论的，2020年7月还发生了一件大事，土耳其政府宣布将圣索菲亚博物馆变成清真寺。这极大地刺激了土耳其和希腊民众之间的心理冲突，毕竟，历史上，将圣索菲亚大教堂变为清真寺，是奥斯曼帝国征服君士坦丁堡、灭亡拜占庭帝国的重要标志，是土耳其人对西方的胜利，今天，土耳其和希腊之间的矛盾，在某种程度上还会被视为伊斯兰世界和基督教欧洲之间长期冲突的延续。双方在舆论上的交锋持续不断。2020年7月24日，土耳其总统埃尔多安以国家元首身份出席了阿亚索菲亚清真寺86年来举行的首次礼拜，而且亲自诵读《古兰经》的部分章节作为序幕，其庄严肃穆的神圣性效果应该是符合预期的。当时，土耳其国内有很多人关注此事，除了作家帕慕克等著名知识分子公开反对外，大部分土耳其人是支持此举的，也有很多人现场参加了这个活动，我相信，在东欧和巴尔干地区（乃至更远的"基督教世界"）的关注者也为数不少。

西方人常常把土耳其的上述种种在外交、地缘政治和内政上的行为与姿态说成是所谓的"新奥斯曼主义"。无论是各方与土耳其在地中海油气资源问题、叙利亚问题上的争执，还是土耳其国内文化、政治上对奥斯曼帝国的怀念，以及各方对土耳其的批评，都说明土耳其、希腊、阿拉伯国家以及西方国家都有着某种深刻的"奥斯曼帝国记忆"。奥斯曼帝国尽管已经灰飞烟灭，但人们对它却保留和延续着深刻的记忆。

二、2009 年：埃尔多安在达沃斯的"飙演"

2009 年 1 月 29 日，在瑞士达沃斯世界经济论坛年会上，时任土耳其总理埃尔多安在与时任以色列总统佩雷斯激烈争论后愤然离场。根据一些国外评论家当时的说法，总理埃尔多安"发飙"直接改变了达沃斯论坛的沉闷气氛，所以，也就不难理解，嗅觉敏锐的世界各大传媒随后都把这一"风波"作为头条来报道。然而，单从媒体的报道来看，这似乎只是一个非常偶然的突发事件：佩雷斯为以色列在加沙的军事行动高声辩护，埃尔多安则高声指责以色列滥杀无辜的不人道行径；当主持人以超时为由试图打断埃尔多安时，埃尔多安就发火说："别打断我，你们不让我说话。我再也不会来达沃斯了。"随后，埃尔多安起身退场。事后，埃尔多安说自己离场的原因是主持人没给自己足够时间来回应佩雷斯的发言，主持人给了佩雷斯 25 分钟，而只给了自己 12 分钟。

作为一个偶然事件，其经过与原因都有了说法，似乎已经没有进一步讨论的必要。但显然并非如此。对这一事件，我们还应进行多角度的解读和深入的分析。

先来看原因。埃尔多安本人的解释是，他在表达对主持人所给时间"不公平"的愤怒。虽然我们不能完全排除这种解释的可靠性，但是，若因此而说出"再也不来达沃斯了"，似有反应过度之嫌。即使我们认可埃尔多安本人的说法，我们也必须说，他在当时表现出来的样子是一度失去了理智的。我认为，对于埃尔多安这个久经考验的政客而言，失去理智这个解释有点儿太简单了。埃尔多安的做法也可能是他有意为之，这个"意"或许只是临时决定，抑或是早有"预谋"。

埃尔多安及其所属的正发党代表着冷战结束以来土耳其保守主义政治（有伊斯兰主义色彩的中右翼力量）的主流。自2002年至2009年，正发党已经两度执政，牢牢掌控了土耳其的政权。2007年赢得大选后，本来表现含蓄的正发党开始日益强调其伊斯兰主义的一面，推行了很多讨好其"深绿"选民（伊斯兰主义者）的措施，在土耳其引发了一次又一次的"教俗"之争。2008年下半年发生的世界经济危机对土耳其影响较大，而2009年3月底，土耳其又要举行地方选举。埃尔多安在达沃斯论坛上"发飙"，很可能意在转移国内民众对正发党统治之下经济形势的不满，从而巩固土民众对正发党的支持。作为伊斯兰国家的土耳其，大部分民众对以色列入侵加沙非常愤慨，埃尔多安在达沃斯高调反以，自然会为其政党加分。当埃尔多安从达沃斯返回伊斯坦布尔时，有大量民众在机场外举着标语欢迎他，埃尔多安俨然成了英雄。

埃尔多安的强硬姿态还是一个象征，即"冷战"后的土耳其重新寻找其国家定位的焦虑感。作为北约成员，土耳其曾是美国的盟友，是以色列的中东战略伙伴，长期以来一直寻求加入欧盟。冷战结束后，土耳其大大丧失了其对美国的原有战略意义，欧盟又以各种理由阻挠和拖延土耳其的入盟进程，这种挫折感刺激了土耳其人的民族主义情感，使土耳其成为一个民族主义倾向日益明显的国家，最终导致对欧美的反感与国内的政治伊斯兰联姻。民调显示，2005年后，支持加入欧盟的土耳其人从80%多下降到不足40%。有数据显示，土耳其长期是最具反美情绪的国家之一。有美国智库专家曾忧虑地提醒，应该密切注意土耳其这个伊斯兰民主的"样板"正在"变色"。

过去,土耳其在阿拉伯人主导的伊斯兰合作组织中没有任何软实力。但在21世纪,亨廷顿的预言似乎正在变成现实,即土耳其人要获得软实力,就只能"向东看",重返中东和中亚。土耳其前总统居尔曾说,土耳其在西方最多是"末狼",而在中东却有望成为"头羊",也就是领袖。作为具有伊斯兰主义背景的政治势力,正发党及其领导人很善于操控伊斯兰话题,这有利于土耳其在中东地区构建符合自身利益的政治秩序,建立威望,而巴以问题无疑是一个很好的切入点。"发飙"之后的埃尔多安,立刻被广大的阿拉伯穆斯林称赞为"伟大的领导人"以及"一个真正的朋友",埃尔多安因此也成了阿拉伯世界的英雄。

但这并不意味着土耳其将不再面向西方。作为传统上东-西之间的"桥梁"国家,土耳其在21世纪做的只是改变其过分关注西方而忽视周边及东方的做法,要同时重视其在中东地区尤其是周边国家的利益。埃尔多安在"发飙"之后就通过电话与佩雷斯和解,并且重申了其不反犹的立场。显然,土耳其绝对不想当哈马斯的"辩护律师"。土耳其仍然需要维持与以色列、美国和欧盟的关系。土耳其军方在埃尔多安"发飙"之后也表示,与以色列之间的军事技术合作不会受到影响。

其实,就在2009年达沃斯论坛之前不久,埃尔多安也曾在布鲁塞尔展现了他的强硬一面。2009年1月19日,埃尔多安开始其为期三天的布鲁塞尔访问,目的是商讨土耳其加入欧盟的谈判进程。2005年下半年开启的土耳其入盟谈判因为种种原因已处于搁置状态。但埃尔多安并未以低姿态向欧盟示好,反而在很多方面说了欧盟不愿意听的话。他还多次节外生枝地谈到巴以问题，甚至说是巴勒斯坦领导人阿巴斯要求以色列不宽恕哈马斯的。不过，这些话除了引起伊朗外交官和阿拉伯民众的赞扬外，并没有什么实际作用。在土耳其加入欧盟的谈判中，塞浦路斯问题可谓一个死结。在访问布鲁塞尔期间举行的一次演讲中，欧洲议会的塞浦路斯议员马里奥斯·马特萨奇斯（Marios Matsakis）打断了埃尔多安的演讲，并说土耳其"入侵"了塞浦路斯。埃尔多安当时勃然大怒，他大吼道："对你们所做的事情，我们在土耳其有很好的说法。但是，把它在这里说出来是不合适的。"

现在回顾起来，2009年埃尔多安在达沃斯论坛上的这场"发飙"，可能是21世纪土耳其外交风格转向的一个重要标志，也就是越来越深刻地打上了埃尔多安强硬的个人色彩。埃尔多安这些强硬态度都在宣示：土耳其是一个重要的国家，不容忽视或轻视；它不会再像过去一样"低声下气"地讨好欧美；土耳其要申张自己的主体性，要成为国家定位多元化的国家。

三、"新奥斯曼主义"与"战略纵深"

1. 厄扎尔的遗产

"向西"（欧化或西化）与"向东"（地区化）是土耳其对外战略选择的两条主线。土耳其处于东西方之间的特殊地理位置，决定了其先天具有"向东"或"向西"进行选择的命运与可能。这种选择受到内外两种因素的影响：在国内是国家统治精英的战略选择，在国外是国际形势的影响。在近代历史上，奥斯曼土耳其帝国是欧洲人眼中的"东方问题"，在此情势下，奥斯曼帝国晚期自保的战略选择，无论是泛伊斯兰主义还是泛突厥主义，都只能是"向东"的选择，这种选择主要是为了抵御西方的殖民主义野心。直到共和国建立，土耳其才具有了在东西方之间进行选择的相对自主性。

凯末尔党人是具有坚定西化倾向的现代主义精英。他们认为，当时的世界上只有一种先进（现代）文明，那就是欧洲文明，土耳其人要想生存和实现进步，就必须全面地学习西方与改革自我，采纳欧洲文明，建成一个世俗国家；同时要否定并切断土耳其人与中东-伊斯兰世界在制度和精神方面的联系。

冷战之前的土耳其执行的基本上是孤立主义和中立主义的外交策略。新成立的土耳其共和国面临来自西方的质疑和猜忌，尤其是苏俄曾大力支持土耳其的民族独立，土耳其在当时只能采取孤立主义策略。凯末尔意识到，一个和平与稳定的国际环境对于新土耳其是多么重要。1931年，他提出了著名的"国内和平、国际和平"（"Yurtta sulh, cihanda sulh"）的政策原则，实际上，至今土耳其也未背离这一原则。第二次世界大战期间，土耳其奉行中立政策，直到大战快结束，才审时度势加入同盟国阵营。在冷战格局下，土耳其成为美国遏制苏联军事力量南下的前哨。土耳其全面接受了"杜鲁门主义"和"马歇尔计划"，获得了美国大量的经济和军事援助，执行的是亲美、亲西方的外交路线。

冷战期间，直到20世纪80年代以前，主导土耳其外交的是军方和外交部，这两个部门主要由传统的凯末尔主义精英控制。这些精英认为，维护国家安全和独立的唯一选择就是与西方结盟。推动凯末尔党人与西方结盟的重要因素是传统的亲西方定位和持续的国内外威胁。冷战期间，土耳其政府认为，其内部威胁主要表现在三个方面：库尔德民族主义、政治伊斯兰和左翼激进政治运动。

凯末尔主义统治精英主导下的土耳其对外战略，似乎非常简单："自从凯末尔将土耳其领进现代世界，这个国家就偏向西方。他赶跑了苏丹，采用拉丁字母，废除了穆斯林哈里发制度。第二次世界大战后，土耳其在 1952 年加入了北约，支持西方对抗苏联的政策，渴望融入欧洲事务之中。像美国一样，土耳其也一贯支持以色列。也就是说，在很大程度上土耳其忽视了该地区的其他国家，其中大多数曾是奥斯曼帝国的一部分。"* 比如，在冷战的大部分时间里，土耳其与中东阿拉伯世界的关系呈现如下特征：（1）土耳其避免介入阿拉伯国家之间、阿以之间的纠纷，以及两伊战争这样的地区冲突；（2）历届政府较为成功地保持着与阿拉伯国家、伊朗和以色列之间友好但并不亲近的关系（唯一的例外是，土耳其与叙利亚之间因为边境省份哈塔伊的归属问题而不睦）；（3）除了在 1955 年加入《巴格达条约》外，土耳其对阿拉伯世界基本上持不积极的、低调的姿态；（4）土耳其是当时唯一一个承认以色列的伊斯兰国家。†

由世俗-民族主义的政、商、军、官、学精英集团主导的土耳其国家战略定位，只是到了图尔古特·厄扎尔时代才正式地受到挑战。厄扎尔的时代，既是土内政发生重要变化的时期，也是其对外战略调整的过渡时期。尤其在厄扎尔担任总统期间，正赶上冷战结

---

* "The Davutoglu Effect : All Change for Foreign Policy", *Economist*, Oct. 21st, 2010.
† Sabri Sayari, "Turkey and the Middle East in the 1990s", *Journal of Palestine Studies*, Vol. 26, No. 3 (Spring, 1997), pp. 44-56.

束以及第一次海湾战争的爆发，世界和地区局势的剧变，为土耳其对外战略的调整提供了前所未有的机遇。

从内政的角度来说，厄扎尔是土耳其第一个平民出身的国家元首。他的上台标志着，在融入全球化进程的过程中，土耳其的社会阶层已经发生了根本性的变化。厄扎尔时代的土耳其推行出口导向型发展战略，这造就了一个平民崛起的时代。由于参与全球化的世界分工，新的中产阶层在土耳其得到成长，正是他们借助已经比较成熟的土耳其民主政治机制，将厄扎尔推上了领导地位。也可以说，厄扎尔所代表的正是过去很长一段时间里在土耳其备受压抑的、被边缘化的社会阶层。

在外交方面，厄扎尔改变原有的政策，谨慎地探索、寻找新的可替代性选择，加强多边合作。厄扎尔寻求的，是土耳其能从对西方的依附性关系转变为与西方建立相互依赖的合作机制的可能性，并加强土耳其与中东国家包括伊朗的关系，强调土耳其在东西方之间的桥梁（köprü）作用。厄扎尔领导的土耳其执行的是多元化的多边外交战略，坚持东西方并重。

厄扎尔特别重视土耳其与中东伊斯兰国家的关系。在领导土耳其推行出口导向型经济战略的同时，厄扎尔强调传统价值观，更加重视中东-伊斯兰世界。厄扎尔的目标，是把土耳其变成伊斯兰世界的中心。在这一时期，土耳其积极地调停巴以冲突；在两伊战争中，土耳其持"积极中立"的态度，从两方面大量获益；土耳其还积极参加伊斯兰组织，并获得了巨大的影响力和支持；厄扎尔鼓励土耳其境内的伊斯兰宗教团体在东欧、巴尔干和中亚地区加强宗教活动；在第一次海湾战争时，厄扎尔批评了北约对待伊斯兰教的立场，并强调自身独特的价值观。*

在与西方的关系上,厄扎尔更加强调土耳其的主体性和自主性。为了提高土耳其在与西方讨价还价中的地位,厄扎尔谋求改变和提升土耳其在西方联盟中的角色,他强调,土耳其应同时与美国和欧共体加强关系,避免过于依赖其中的一方。在加入欧共体的问题上,厄扎尔并未将完全成员国地位作为最终目标,这是其与传统凯末尔主义精英的不同。厄扎尔主要是将欧共体视为土耳其的一个经济机遇。他其实很清楚,欧洲国家对土耳其有宗教和历史的偏见。厄扎尔也改变了与美国关系中过于强调军事方面的倾向,力图使土耳其与美国的关系实现多元化,更加强调经济、自由贸易和科技合作等内容。

这里以这么多笔墨写厄扎尔时代的战略转型,并非是厚古薄今,而是基于一个判断,即过去 20 年来埃尔多安及其领导的正发党,除了在行事风格上,并没有创造多少全新的事物,他们更多的是继承和执行了厄扎尔的路线。不了解厄扎尔时代,就很难深刻地认识埃尔多安主义†的土耳其及其外交政策。

2. 达武特奥卢:"战略纵深"

著名历史学家艾瑞克·霍布斯鲍姆(Eric Hobsbawm,1917—2012)将 20 世纪定义为"短暂的世纪",即以 1914 年第一次世界

---

* Muhittin Ataman, "Leadership Change: Özal Leadership and Restructuring in Turkish Foreign Policy", *Alternatives: Turkish Journal of International Relations*, Vol. 1, No. 1, (Spring 2002), p. 133.
† İhsan Yılmaz, *Kemalizmden Erdoğanizme: Türkiye'de Din, Devlet ve Makbul Vatandaş*, Istanbul: Ufuk Yayınları, 2015.

大战的爆发为延迟的开始,以 1991 年苏联的解体而提前结束。*按照这一逻辑,21 世纪的开端也就是"后冷战"时代的开始。从土耳其的角度看,"后冷战"时代有如下几个特点:(1)从东西方的冲突转变为南北问题;(2)民族与宗教问题成为新世纪冲突的核心因素;(3)世俗主义与宗教极端主义的冲突具有特殊地位;(4)两极世界转变为美国独霸的单极世界,在单极格局下,中等力量将获得更大的活动空间和自主性,对土耳其来说,就是要真正地开始从"消极中立"转变为一个积极的地区性角色。†

1993 年,厄扎尔在总统任上去世,厄扎尔时代开辟的内外战略新路线一度停止,凯末尔主义者重获权力,他们放弃了在中东地区的"平衡外交政策",从伊斯兰世界退缩,并与以色列建立起战略的、政治-经济的合作关系,在地区事务中重新回归到过去的那种亲西方路线。也就是说,后厄扎尔时代的土耳其短暂地回归了传统凯末尔主义时代在地区层面上的孤立状态。

然而,这只是一次短暂的回归。厄扎尔时代留下的重要遗产被正发党政府继承与发扬,并被更为系统地表述为当代土耳其的对外战略主张。理解这一问题的关键是要了解一个人,他就是土耳其的"基辛格式的外交家"、著名国际政治学者、外交部长(2009—2014)、总理(2014—2016)艾哈迈德·达武特奥卢。达武特奥卢生于 1959 年,受过良好的教育,本是一名从事国际政治研究的学者、教授。2008 年,笔者曾在一次国际会议上听他发言,他对于土耳

---

* [英]艾瑞克·霍布斯鲍姆、[英]安东尼奥·波立陶:《新千年访谈录》,殷雄等译,北京:新华出版社,2010 年,第 4 页。

† Ziya Öniş, "Turkey in the Post-cold War Era: in Search of Identity", in *Middle East Journal*, 49:1 (1995: Winter), p. 50.

其未来的思考学理性很强，有深远的历史视野，其为人则是温文尔雅。达武特奥卢的理论建树不少，著述颇多，在国际学界影响很大。2002年正发党上台执政后，达武特奥卢曾长期担任首席外交顾问。2009年他被时任总理埃尔多安任命为外交部长。2014年8月，埃尔多安当选为土耳其第一位民选总统，达武特奥卢顺势接任总理，成为埃尔多安的继任者。达武特奥卢说过，他非常赞赏厄扎尔及其时代，认为厄扎尔是一个有见解、有长远目光的人；他强调，土耳其在地缘政治中应该注意总结厄扎尔时代的经验与教训，重新发挥调停者的作用。

达武特奥卢可谓正发党政府外交政策的总设计师。他在2001年出版了一本著作——《战略纵深》(*Stratejik Derinlik*)*，该书虽然不是专门为正发党而写，但其为土耳其的外交战略规划的新路线图恰好赶上了正发党时代。达武特奥卢认为，土耳其共和国长期以来否定奥斯曼帝国的历史与遗产，以及土耳其与邻国之间的文化和文明联系；因此，安卡拉将自身与其周边世界孤立起来了。但是，那里仍然有一个世界等待着土耳其去发现和接触，而要这么做之前，土耳其首先必须转变思维，也就是土耳其需要更加独立、自主且自信，改变过去那种"危机驱动型外交"。这一战略思维的转变，伴随着正发党在2002年上台而开始。塔石珀纳尔（Ömer Taşpınar）称这一转变是从"凯末尔主义"到"新奥斯曼主义"（neo-Ottomanism）。"新奥斯曼主义，就是把土耳其界定为一个与其自身的穆斯林身份

---

* Ahmet Davutoglu, *Stratejik Derinlik*, İstanbul: Kure Yayinlari, 2009. 该书是一个战略家的思考，它不是给正发党的专门设计；只是后来因缘际会，它成了21世纪土耳其的国家战略指南。

能够和平相处的、'拥有伟大感和自信'的国家。"*"战略纵深"意味着要加强土耳其与伊斯兰国家的关系。达武特奥卢说:"土耳其与西方传统上的紧密关系,代表的是一种疏离过程";"自奥斯曼帝国末期以来,穆斯林一直在遭受不公平的待遇,正发党就是要纠正这一切。"[†]

达武特奥卢是一个反西方中心主义的学者和战略家。根据达武特奥卢的看法,西方人以自我为中心的视角不仅影响了他们的学术,而且还影响了他们的政治;或许,这在一段时期内是可以理解的,毕竟,西方确实曾经是历史的主要发动机,"但是,在一个中国已经逐渐崛起的时代,你再也不能用全然西方的范式来考虑世界了"。达武特奥卢主张,我们需要的是建立"一个可分享的全球政治秩序"。

亨廷顿曾把土耳其看成是一个无所适从的、身份撕裂的国家(torn country),[‡]而达武特奥卢认为,这恰恰是土耳其的优势,因为,它可以"讲两种文明的语言",可以与大马士革和耶路撒冷、德黑兰和华盛顿同时对话,由此,土耳其就是中东、高加索和巴尔干地区的一个有效的仲裁者与和平的缔造者。

达武特奥卢为土耳其新的对外战略设定了五个基本原则:(1)强调民主制度与国家安全是相互促进的,民主制是土耳其拥有的软实力;(2)与邻国的"零问题政策"(komşularla sıfır sorun

---

* Mustafa Akyol, "Footnotes to History from 'Turkey's Kissinger'", *Turkish Daily News*, November 1, 2008.
† Soner Cagaptay, "Turkey under the AKP: Neither a European nor a Regional Power (Part 2)", *Hurriyet Daily News*, October 10, 2010.
‡ [美]塞缪尔·亨廷顿:《文明的冲突与世界秩序的重建》,周琪等译,北京:新华出版社,1999年,第153—160页。

politikası）；（3）不仅与邻近地区发展关系，还要与更远的地区发展关系；（4）坚持多维度的外交政策，强调互补性而非竞争；（5）实践有节奏的外交，即强调对重要国际组织及其活动的参与，并在其中建立和强化土耳其的影响力，比如对非洲联盟和阿拉伯国家联盟的参与，介入伊核问题、阿以问题等。关于土耳其对中东的政策，达武特奥卢强调了四个基本原则：安全第一，强调对话，经济共荣，文化并存与多样性。*

达武特奥卢认为，当前世界正处于流动性日益增强的时代，人力资源和金融的流动超出了人们的想象。但同时，流动性的增强也使得文化的边界日益明显，各种边界在土耳其这里交会。在此情况下，土耳其必须找到自己的空间定位。达武特奥卢提出的定位是，土耳其必须成为一个"积极的角色"：一方面是自保，另一方面是要把上述空间条件充分考虑到。达武特奥卢强调，地缘政治既与内政密切相关，也与一些不可或缺的价值有关。土耳其的潜力在于用多元文明的软实力沟通欧盟与中东，这种实力是土耳其独有的，且土耳其必须使用这种实力促成未来合作之可能。当然，土耳其在其中也面临很多问题，包括长期和短期的。总之，21世纪是土耳其对外战略重新定位的时期。

我们尽管强调正发党时代与厄扎尔时代的延续性，但也不能否认，正发党时代也有其创新之处，这主要还不是指所谓的"新奥斯曼主义"，实际上这个词在厄扎尔时代就已经出现了，更为重要的是，土耳其开始突破过去的边疆国家和厄扎尔时代的桥梁国家的定

---

* Ahmet Davutoğlu, "Turkey' Foreign Policy Vision: An Assessment of 2007", *Insight Turkey*, Vol. 10, No. 1, 2008, pp. 79-84.

位，欲成为一个汇聚多方资源和优势的枢纽国家。

达武特奥卢强调说，21世纪的土耳其已经成为一个地区性的枢纽国家。达武特奥卢指出，冷战之前与之后土耳其的地缘政治地位发生了根本性的改变：在冷战期间的全球关系网地图上，土耳其被看成一个边疆国家，作为北约成员国，它是西方阵营遏制苏联阵营的南大门；冷战结束后，土耳其主要被看成一个沟通东西方的桥梁国家。进入21世纪以来，土耳其追求新的国家定位，逐渐成为一个枢纽国家，因为土耳其的地理位置使其具有多区域的身份，它是一个不能从某个单一区域的角度来界定的国家，既是欧洲又是亚洲国家，同时又通过东地中海接近非洲，具有可在几个区域同时发挥影响力的能力，故可以被界定为一个枢纽国家，而不能仅仅被视为一个沟通两端的桥梁国家或者边疆国家。另外，达武特奥卢指出，**奥斯曼帝国的文化和历史遗产也使土耳其成为一个枢纽国家。**[*]

达武特奥卢总结说，作为一个同时存在于中东、巴尔干、高加索、中亚、里海、地中海、波斯湾以及黑海的国家，土耳其应该抛弃其作为边疆国家的自我定位，并追求一个新的地位——不仅为自己，还要为邻近（周边）地区提供安全与稳定。也就是说，土耳其应该确保自身的安全与稳定，并通过扮演一个更为积极的、建设性的角色，来为其所处地区提供秩序、稳定与安全。达武特奥卢指出，自2002年以来，土耳其就已经开始在这样的一个新视野的基础上建构其对外战略，在他看来，土耳其的国家利益就在于能否恰当地运用其独特的地缘优势。

---

[*] Ahmet Davutoğlu, "Turkey' Foreign Policy Vision: An Assessment of 2007", pp. 78-79.

3. 土耳其的周边外交

正发党上台后，土耳其的外交呈现"向东转"、东西并重、多元平衡的特点，这实际上接续的是厄扎尔时代的传统。不同的是，在正发党时代，土耳其综合国力更强了，表现也更为积极和自信了，尤其是更加积极地参与地区秩序的构建。如我们在前文所言，2003年美国再次入侵伊拉克，萨达姆倒台，伊拉克成为一个什叶派占主导的、亲伊朗的国家，一个伊朗-伊拉克-叙利亚-黎巴嫩的"什叶派新月带"出现了，中东地区的地缘政治格局发生了重大变化。也是在这个背景下，土耳其被某些人推崇为一个"模式"。土耳其自身也不再满足于做一个桥梁国家，而是要成为一个地缘战略意义上的枢纽国家。这个时期，土耳其积极发展与周边国家的关系，比如，在2007年开始推行其所谓的"与邻国零问题政策"，旨在通过维持周边地区的稳定，来维护自身安全与利益。正是在这个背景下，发生了上一节讨论的2009年达沃斯论坛上埃尔多安"发飙"的情况。下面，让我们来简要看看正发党时代土耳其与周边不同势力之间的关系。

（1）**与俄罗斯的关系**。历史上深受帝俄戕害的国家，都留有很深的"恐俄症"，土耳其亦然。奥斯曼帝国与帝俄的多次"俄土战争"，绝大多数是土耳其人战败，他们失去了克里米亚、巴尔干和高加索的大片领土，人员损失惨重，土耳其历史上大约有三分之一的阵亡将士是在抵抗帝俄的过程中牺牲的。土耳其人长期相信，俄国的终极目标是夺取君士坦丁堡，控制博斯普鲁斯海峡。这种心态一直让土对俄深怀戒惧。

二战后，苏联要求在博斯普鲁斯海峡建立军事基地，这成为土耳其倒向西方阵营、加入北约的直接原因。当然，这不是说土俄没有建立过友好关系。历史的经验是，每当土耳其和西方的关系紧张时，土耳其就会以改善与俄关系作为平衡，这是土耳其惯用的手法。比如，在20世纪20年代，土耳其在凯末尔带领下进行民族独立运动期间，它面对的是协约国及其代理人的瓜分阴谋，而苏俄曾基于自身的利益支持土耳其人。土耳其共和国成立后，继续与苏联保持友好关系，从苏联得到了不少援助，这被后人称为"列宁-凯末尔同盟"。即使是以亲美著称的曼德列斯，在20世纪50年代末美土关系恶化之时，也一度转向苏联，与赫鲁晓夫达成领导人互访的意向，只是因为曼德列斯很快被军人推翻，访问才没有成行。但整体看，冷战期间的土苏关系还是从属于两大阵营的格局，土耳其是美国盟友，是遏制苏联的重要前哨。

在后冷战时代，土耳其的重要战略地位消失，土俄关系缓解，双方的经贸和能源关系加强。土耳其还是俄罗斯游客的首选目的地之一，仅2014年前往土耳其度假的俄罗斯人就有约320万，仅次于德国游客的数量。土耳其对俄罗斯的油气资源有较大依赖，俄罗斯也需要土耳其的市场和它作为"能源过道国"的作用，尤其是在俄能源输出因乌克兰危机而受到巨大影响的情况下，土耳其就显得更为重要。另外，在多个地区问题上土耳其与西方存在矛盾，也需要俄罗斯的支持。

2015年11月，土耳其在土叙边境击落了一架俄罗斯苏-24战机，土俄关系接下来长达半年陷入低谷。不过，埃尔多安还是主动"服软"，和莫斯科改善了关系。其背景主要还是土耳其在与西方的关系上遇到了一些问题，土又需要俄罗斯以平衡其与西方的关系，俄罗斯对土耳其的制裁也令土耳其承受了较大压力。在"伊斯兰国"、库尔德人等问题上，土也需要俄的支持。另外，哈萨克斯坦在土俄关系改善方面也发挥了调停作用。2016年的"7·15"未遂政变后，土俄关系走上快车道，俄罗斯在政变发生后第一时间就表达了对埃尔多安政权的支持。有一种说法是俄罗斯向埃尔多安提供了将要发生政变的紧急情报。之后，土耳其官方将击落俄战机一事归咎于领导核心在美国的"居兰恐怖主义势力"，说其意图破坏土俄关系。2016年8月9日，埃尔多安访问圣彼得堡，与普京会晤。土耳其提出赔偿遇难飞行员的家属，并谴责了"居兰恐怖组织及其背后的势力"。2017年，土耳其不顾美国的反对和制裁威胁，决定购买俄罗斯的S400防空导弹系统。在昔日的西方盟友看来，土耳其此举无异于"背叛"，这至今仍是土美关系中悬而未决的问题。

2018年4月，土耳其与俄罗斯合作建设的土首座核电站破土动工。埃尔多安和到访土耳其的俄罗斯总统普京在安卡拉以视频连线方式出席了开工典礼。2018—2020年，俄罗斯与土耳其之间的天然气管道项目"土耳其溪"的两条线路先后竣工，一线为通过黑海海底向土耳其供气的管道，二线为通过土耳其向欧洲南部供气的管道。在乌克兰危机和能源价格低迷的背景下，经济上严重依赖能源输出的俄罗斯，当然需要扩大出口，减少对途经乌克兰管道的依赖。除了"土耳其溪"，还有一条著名的"北溪-2"天然气管道项目，旨在铺设一条从俄罗斯经波罗的海海底到德国的天然气管道，这对德国尤为重要。但为了自己的页岩气能够抢占欧洲市场以及封堵俄罗斯，美国竟以"北溪-2"威胁欧洲能源安全，将会导致欧洲面临俄罗斯威胁为由，连续出台制裁措施，一些欧洲国家也随之向德国发难，致使该项目陷入僵局。这就更凸显了"土耳其溪"的重要性。土俄关系的改善也就可以理解了。

俄罗斯的战略眼界当然不只限于一个地区性国家，而是通常纠缠着与美、欧等势力的复杂关系。土耳其虽然是北约成员国，但在冷战后，其与西方关系出现了重要调整，这也是俄罗斯的一个重要机会。土耳其有地跨欧亚的特殊地缘优势，还是多年来经济发展迅猛的新兴经济体和中东强国，与其改善和加强关系，对长期遭受西方打压的俄罗斯来说，也有突围和化解自身困境的特殊意义。

（2）与叙利亚的关系。叙利亚问题是"阿拉伯之春"以来土耳其面临的最大对外问题之一，这除了历史因素之外，更重要的是土耳其曾误判了叙利亚阿萨德政权的命运，从而采取了激进的但又不得不回调的对叙利亚政策。当然，土耳其人也不是先知，随着地区形势的变化，他们重新调整自己的对叙利亚政策，也是可以理解的。土耳其以其穆兄会式的伊斯兰主义民主政治改造中东、重塑"阿拉伯之春"后的地区政治进程的野心，已经遭遇了不同程度的挫折，埃及和叙利亚的局势都没有按照土耳其的预想发展。

土叙关系在历史上有好有坏。叙利亚所在的沙姆地区曾经是以开罗为中心的马穆鲁克王朝的一部分。1516年，奥斯曼人在"冷酷者"苏丹塞利姆一世的领导下从马穆鲁克人手中夺取了叙利亚，次年，土耳其人消灭了马穆鲁克王朝。2013年5月，土耳其欲以苏丹塞利姆命名横跨博斯普鲁斯海峡的第三座大桥，就引发了其国内阿拉维派（属什叶派）和伊朗的批评，因为塞利姆一世曾残酷镇压奥斯曼帝国境内的什叶派，并征服了叙利亚，伊朗借此批评土耳其亲美反叙的立场。直到奥斯曼帝国灭亡，叙利亚一直是奥斯曼帝国的领土。之后，叙利亚成了法国的委任统治地。1939年，土耳其借纳粹崛起、法国需要拉拢土耳其的时机，从法国委任统治下的叙利亚夺走了其觊觎已久的、位于地中海东北的哈塔伊省，获得了重要的地中海良港和相对于叙利亚的地缘优势，叙利亚人至今对此耿耿于怀，将其视为耻辱。冷战开始后，叙利亚长期亲苏联，土耳其认为这是苏联在其背后插下的一根钉子，长期敌视叙利亚，甚至还在1957年陈兵土叙边界。此外，土耳其和叙利亚之间还长期围绕水资源问题发生争执，土耳其位于中东两河的上游，水源丰富，长期不顾处于下游的叙利亚和伊拉克的抗议，不断建造水坝和水力发电站。

在"与邻国零问题"的政纲推出后，土耳其与叙利亚一度交好。"阿拉伯之春"爆发后，土耳其改变了对叙利亚的政策。作为北约成员的土耳其，在与西方协调立场的同时，也预谋着巴沙尔下台后穆斯林兄弟会在叙利亚执政的"美好前景"，故坚持要求巴沙尔下台，遂与叙利亚当局彻底决裂。但事情并没有朝着土耳其所预期的方向发展。叙利亚已经成为土耳其外交中最尴尬的一环。土耳其处于多种窘境中：一是阿萨德政府主要依靠伊朗和俄罗斯的帮助度过了危机，基本上不会再面临被武力推翻的命运，土耳其则骑虎难下；二是在打击"伊斯兰国"的过程中，得到美国人支持的叙利亚库尔德人逐步壮大，其与长期被土耳其定性为恐怖组织的库尔德工人党关系密切，这被土耳其视为首要威胁；三是"伊斯兰国"利用72小时免签的伊斯坦布尔机场和土叙间多山的边境进行穿梭活动，曾在一段时期内对土耳其造成了严重的安全威胁；四是300多万叙利亚难民涌入土耳其，长期滞留，对土耳其的社会和经济造成了不可估量的影响。

在针对叙利亚的既定目标已然不可实现、新的问题和威胁丛生的局面下，土耳其后来不得不重新评估其原有的叙利亚政策。这一方面是要重新回到务实的轨道上来，另一方面也是为了应对美国、俄罗斯和其他国家的叙利亚政策，土耳其必须认真分析并找出最有利于自身利益的路线，否则，就只能在俄罗斯-伊朗与美国主导的叙利亚政策中被边缘化。

土耳其自己是搞不定叙利亚的。随着俄罗斯军队在 2015 年进入叙利亚（以被阿萨德政府邀请参加军事演习的方式），阿萨德政权得以"续命"。俄罗斯干预叙利亚，除了要保护其在叙利亚的海军基地外，还有支持伊朗-叙利亚力量克服西方围堵（包括乌克兰危机）的战略考量。之后，在巴沙尔去留的问题上，美国与俄罗斯立场日趋协调，也就是为巴沙尔在未来过渡政权中保留地位。这样，一直强硬坚持巴沙尔必须下台的土耳其，就必须调整立场。叙利亚是伊朗主导的"什叶派新月带"的关键环节，这也是伊朗及其外围力量不惜巨大代价支持阿萨德政权的原因。一度力主推翻阿萨德政权的土耳其，就不可能不跟俄罗斯和伊朗发生矛盾。在改善了与俄罗斯的关系后，土耳其增进了跟伊朗的沟通。2017 年，土成为致力于叙利亚问题和谈的"阿斯塔纳进程"的重要参与者和担保国之一，这增加了土耳其的话语权，尽管土和俄、伊的目标并不一致，但随着库尔德人力量在打击"伊斯兰国"的过程中日益壮大，土耳其的关注点开始更多地集中在库尔德问题上。在此过程中，土耳其也加强了与美国的协调。

在叙利亚境内，得到俄罗斯支持的阿萨德政权稳步收复失地，与土耳其及其支持的反政府武装冲突不断。但土耳其的关注点主要是库尔德问题。土耳其长期面临境内的库尔德分离主义挑战。库尔德人聚居于地跨土耳其、伊拉克、伊朗、叙利亚四国的地区，总人口达 3 000 多万，在土耳其的人口超过 1 500 万。自 20 世纪 60 年代以来，左翼倾向的库尔德工人党领导的武装斗争已经给土耳其历届政府造成了严重的困扰、损失和挑战，尤其是 1999 年库尔德工人党领导人奥贾兰被捕后，该党日益恐怖主义化，其与正发党政府的"和解进程"在 2015 年破裂。作为抗击"伊斯兰国"的重要力量，叙利亚库尔德人得到了美国的切实支持。随着叙利亚库尔德人的崛起，库尔德工人党有了新的活动空间，而土耳其将叙利亚库尔德力量与库尔德工人党视为一体，故毫不手软地在叙利亚开展针对库尔德武装的多次军事打击行动，而美国对土耳其行动的默许，使其被外界质疑是先利用然后又抛弃了库尔德人。土耳其先后发动了多次军事行动，巩固了其对叙利亚北部地区的控制，尤其是打击了叙北部的库尔德势力，主要军事行动有：2016 年 8 月到 2017 年 3 月的"幼发拉底之盾"行动、2018 年 1 月到 3 月的"橄榄枝"行动和 2019 年 10 月的"和平之泉"行动。

另外，也不排除土耳其有积极利用库尔德问题在叙利亚北部建立自身势力范围的深远考虑。可以说，土耳其把握时机，实现了在当地的战略目标，也就是打击了当地的库尔德势力，并在叙土边境的叙利亚一侧建立了一个安全隔离带，将其控制在自己或自己扶植的势力手中。在叙利亚北部，域外大国的意志并不强烈，特朗普抛弃了库尔德人，而俄罗斯也有其困难，对叙利亚的长期投入，已成为俄罗斯的沉重负担，这也是土耳其能够施展其"抱负"的条件。

（3）**与伊拉克的关系**。伊拉克和土耳其之间也存在某种历史

"宿怨"，其中最重要的应该是摩苏尔问题。这其实也是一个跟奥斯曼帝国及对帝国的记忆有关的问题。奥斯曼帝国时代的摩苏尔是一个省（vilayet），由三个地区构成：摩苏尔、基尔库克和苏莱曼尼耶，这大致相当于今天伊拉克北部库尔德人自治区的大部分领土。对很多持右翼民族主义立场的土耳其人来说，他们对历史上的摩苏尔有一种特殊的记忆和情感，也就是将其视为土耳其失去的领土。"一战"后，英国控制了摩苏尔省，遭到土耳其的强烈反对。后来，英国将摩苏尔合并到其委任统治地伊拉克，洛桑会议规定摩苏尔的归属以后由英国和土耳其谈判决定。土耳其方面声称对摩苏尔拥有主权的理由之一，是当地生活着大量的土库曼人。另外，当地丰富的石油资源也是英国和土耳其激烈争夺的重要因素。1926年，国际联盟将摩苏尔判给伊拉克。土耳其人和库尔德人都对这个结果不满，对国联的决定提出质疑。

从20世纪80年代的两伊战争到"伊斯兰国"的崛起，每逢伊拉克出现大动荡时，土耳其政府就会挑动摩苏尔问题，土耳其的极端民族主义者也会炒作摩苏尔问题，试图为土耳其干预伊拉克提供"历史合理性"。土耳其人对当地的土库曼人和石油一直耿耿于怀。在正发党时代，土耳其政府似乎也是在奥斯曼帝国的行政框架下看待所谓"摩苏尔问题"的。在反击"伊斯兰国"的过程中，土耳其曾于2015年底派兵进入伊拉克，意图参加收复摩苏尔的战役。实际上，土耳其关注的主要是库尔德人力量在当地的增强、土库曼人问题、逊尼派与什叶派的关系问题等等。土耳其的军事行动引发了土伊两国关系紧张，伊拉克指责土耳其只是为了自身利益、为了扩大本国势力而战。

但土耳其和伊拉克并非没有共识，其中最重要的仍然是库尔德问题。伊拉克中央政府与土耳其在遏制库尔德人的独立倾向方面有共同利益。最初，土耳其利用伊拉克库区在地缘上相对孤立的局面，积极开展同它的外交，从而与它达成了多项谅解，双方建立起较为密切的联系，这也便利了土耳其军方多次进入伊拉克北部进行跨境反恐，*土耳其也成为伊拉克库区经济和外交的重要出口。但是，2017年9月伊拉克库尔德人举行了独立公投，结果显示绝大部分库尔德人支持库尔德自治区独立，这对伊拉克中央政府以及土耳其、伊朗等邻国产生了重要影响，他们都强烈反对此次公投。土耳其和伊朗主要是担心本国库尔德人会效仿。为制裁库区，伊拉克中央政府联合土耳其、伊朗等采取了一系列惩罚措施，包括禁止国际航班直接起降库区埃尔比勒和苏莱曼尼亚两大机场，土耳其积极参与了对伊拉克库区的封锁。†伊拉克总理阿巴迪在2017年10月25日访问了土耳其，协调彼此立场。双方表示反对伊拉克库尔德自治区的独立公投，强调将维护伊拉克领土完整。之后，我们知道，伊拉克库区与中央政府的关系回到宪法轨道上来。

（4）**与欧盟的关系**。奥斯曼帝国曾两次兵临维也纳城下，长期统治东欧和巴尔干地区，给欧洲造成巨大的军事压力，是欧洲的梦魇。奥斯曼帝国衰落后，又长期以欧洲为榜样，进行了西方化的改革。但奥斯曼帝国始终是欧洲人的东方问题，直到"一战"后，奥斯曼帝国被彻底肢解，这一恩怨才算告一段落。但这并不意味着双

---

* 当然伊拉克库区也不是铁板一块，有的支持库尔德工人党，也有的反对，但就算是反对的，也不愿公开对同族人动手。
† 直到2019年初，土耳其才逐渐恢复了与伊拉克库区之间的国际航班。

方彻底捐弃前嫌或忘记过去。欧洲人尤其是东欧人和巴尔干人长期对奥斯曼土耳其帝国没有什么好印象，现在也没有大的改观。欧洲和土耳其之间，不只是经济和政治的问题，也是文化和历史记忆的问题。

土耳其不只是中东国家，其地跨欧亚的特殊位置也使其成为欧盟的邻国。加入欧盟是土长期奉行的一项战略，尽管欧盟曾经提出过"特殊成员国"的选项，但土耳其人并没有认领它。对土耳其内政来说，寻求加入欧盟会带来强势的外部制约，在这个问题上，土耳其不可能说什么独立自主和主权完整，它必须按照欧盟的各项标准和要求行事，同时也要接受欧盟的监督与评估。不过，对于土耳其内政来说，欧盟这个外部规定性力量成了新兴保守主义力量遏制传统凯末尔主义精英的有效手段：这些人擅长用欧盟标准对军队、国家官僚进行管控和调整。长期看，土耳其加入欧盟的机会很渺茫，但是，土耳其不愿意失去欧盟带给它的各种经济和政治上的利好。

在加入欧盟的问题上，欧洲的故意刁难、偏见，以及它不愿意接受土耳其为完全成员国，都极大地刺激了土耳其人的民族主义情绪。2004年，欧盟接纳了塞浦路斯，激怒了正发党以及土民众，这也是土耳其决心加强其与中东伊斯兰国家关系的一个重要因素。在2016年的未遂军人政变后，土耳其和欧盟国家围绕居兰问题出现了不和；在2017年的修宪公投之前，土耳其和欧盟一些国家之间发生言语冲突。其实，土耳其主要是想利用欧盟来挑动民族主义情绪，同时争取在欧盟境内有投票权的土耳其人赞成修宪。在欧洲难民危机过程中，土耳其和欧盟更是多次发生摩擦，在欧洲批评土耳其对叙利亚北部的武力政策时，土耳其也毫不示弱，甚至以难民进行威胁。在东地中海和利比亚问题上，土耳其与欧盟国家，尤其是法国和希腊，也是争吵不断。不过，就算有这么多问题，土耳其官方仍然时不时借机表示其加入欧盟的既定议程不会改变，土耳其还在努力争取，并积极进行各种改革；土耳其还会适时地选择和谈而不是一味对抗。对于土耳其加入欧盟的问题，美国长期以来也是支持的。

（5）与美国的关系。美国的国际地位和影响力决定了土美关系是土耳其最重要的对外关系，这与大多数国家都类似。尽管美国不是土耳其的周边国家，但美国长期在中东地区的巨大影响力，当然是土耳其不能忽视的。早在20世纪50年代，土耳其就加入了北约。整体看，尽管两国也有一些摩擦，但土耳其与美国是盟友关系，尤其是在冷战期间，由于土耳其特殊的地缘政治价值，土美关系基本上是密切和牢固的。但冷战后，土耳其的地缘政治价值降低了。近年来，美国在中东呈收缩态势，这使得中东的地区性大国格外活跃。土美关系处于调整时期，尤其是土耳其日益强调外交的多元性，也引起美国的焦虑和不安。

作为北约成员国的土耳其，极其重视与美国的关系。在伊拉克问题、伊核问题、叙利亚问题、"伊斯兰国"问题、库尔德问题、土俄关系等地缘政治问题上，土耳其的立场受到美国的重要影响。近年来，在土耳其购买俄罗斯的S400导弹防御系统、"7·15"未遂军人政变与居兰问题、土耳其因特朗普的制裁压力而被迫释放美国牧师布伦森等问题上，土美之间在政治、言语和经济制裁等方面较量并不少，但土耳其采取的一般都是两面态度，该强硬的时候强硬，该退让或协商的时候也很灵活。比如，就S400问题来说，一方面，土耳其坚持从俄罗斯购买，尽管依然讨价还价，但只要购买就是对俄罗斯示好，且能利用俄罗斯作为平衡其与西方关系的砝码；另一方面，土耳其还对美国表示，在 S400 的部署地点、情报共享以及是否完全投入使用等方面，仍然愿意与美国协商。土耳其甚至说过，可以把自己购买的 S400 视为北约敌国的武器，用以进行研究或测验，诸如此类的言论，不知俄罗斯会作何感想。

拜登上台后，表示要改善与土耳其的关系。比如，美国在 2021 年 3 月提出让土耳其主持阿富汗和谈，可能算是土美关系改善的信号。当然，这也反映出土耳其在阿富汗的影响力非同一般，很多阿富汗人在土耳其购买房产，阿富汗的乌兹别克族军阀杜斯塔姆与埃尔多安关系密切。拜登政府也提出关注土耳其的人权问题，反思特朗普后期抛弃叙利亚库尔德人的做法。这对土耳其来说当然是比较棘手的情况，但预计美国不会在这个方面有大的转变，对库尔德人不会有很大投入。在拜登胜选后，埃尔多安也表示要改善与美国的关系，并宣布要进行名为"人权行动计划"的两年期司法改革，表现出某种迎合美国民主党新政府的姿态，这应该也与土耳其的下次大选有关系。

（6）**与其他阿拉伯国家的关系**。在叙利亚问题、伊核问题、"伊斯兰国"问题上，沙特的外交具有非常突出的教派色彩，尤其是它与什叶派的伊朗长期拉锯。土耳其长期奉行一种"超越教派视野的地区外交策略"，故而在相关问题上明显地奉行理性主义和实用主义路线：既与沙特保持关系，也不疏远伊朗。

近年来，中东地区形势的变化使得土耳其对其南部形成的所谓"什叶派新月带"也高度警惕，不得不关心地区层面的教派问题。土耳其与沙特一度走近，尤其是在也门问题上，土耳其至少是在姿态上支持了沙特。但这不能说土耳其奉行的"超越教派视野的地区外交策略"发生了实质性改变。在地区的教派争斗方面,土耳其仍然在走平衡路线。

近年来,围绕卡舒吉事件*、卡塔尔危机、穆兄会问题,土耳其和沙特之间有着不可调和的矛盾,但没有走到激烈对抗的程度。此外,"阿拉伯之春"后,埃及在阿拉伯世界的地位下降,沙特地位相对上升,在地区层面更加活跃了,同为逊尼派大国,沙特和土耳其之间也潜存着在威望和影响力方面的竞争。

土耳其还军事干预利比亚,支持得到联合国承认的"利比亚民族团结政府"对抗埃及、沙特、俄罗斯等支持的利比亚国民军。在联合国斡旋下,利比亚冲突双方于2020年10月在日内瓦签署停火协议,决定实行"完全和永久"停火。2021年初,利比亚已经在组建过渡政府,与土耳其关系密切的德贝巴成为过渡政府总理,而沙特等国担心他受到土耳其的幕后操纵。卡扎菲死后的利比亚长期深陷东西两方势力的割据,原定在2021年底举行的利比亚总统选举也被推迟。无论是在叙利亚、利比亚还是卡塔尔问题上,土耳其与埃及、沙特等阿拉伯大国矛盾不断。阿拉伯媒体不断指责土耳其的地区大国野心,说其是某种"奥斯曼威胁"的回归,这说明,阿拉伯人也有深刻的关于奥斯曼帝国的记忆,不过,那并不美好。

随着特朗普下台,拜登上台,美国对亚洲的投入有增无减,其中东政策亦有所改变,加上疫情影响等原因,中东国家普遍地在寻

---

* 2018年10月,沙特著名记者贾迈勒·卡舒吉(Jamal Ahmad Khashoggi, 1958—2018)在沙特驻土耳其的伊斯坦布尔领事馆被害身亡,引起国际舆论强烈关注。2020年9月,卡舒吉案终审宣判:8人被定罪,其中5人被判处20年监禁,1人被判处10年监禁,另外2人被判处7年监禁。

求改善彼此关系。比如，沙特与伊朗选择缓和关系，还与卡塔尔和解并解除了对卡塔尔的封锁。在这种情况下，土沙关系自然也会更加缓和。2021年11月底，此前在利比亚等问题上龃龉不断的阿联酋与土耳其的双边关系得到了明显改善，阿联酋阿布扎比王储穆罕默德对土耳其进行了正式访问，打破了双方近10年的"冷战"状态。阿联酋将给因里拉迅速贬值而陷入金融困局的土耳其投资100亿美元，这对土耳其无异于雪中送炭，阿联酋也希望通过改善与土耳其的关系，在利比亚问题上以及在与伊朗对抗方面得到土耳其的支持。

四、历史地、客观地认识土耳其的地区政策

我们该如何来评价土耳其在地区问题上的做法与主张？过去的学者是如何评价这个问题的？土耳其政策界有什么提法？

首先，我们总结一下冷战结束之前的土耳其外交战略的特点。

（1）在凯末尔时代，土耳其外交奉行的可以说是一种消极的孤立主义政策。当时，奥斯曼帝国已经崩溃瓦解，新的国家刚刚建立，相对困难的内外局面、帝国的历史经验教训，这些都决定了土耳其选择消极孤立主义的外交政策。直到二战期间，土耳其都在小心翼翼地维持着这种政策。

（2）在二战结束前夕，土耳其根据对国际政治现实以及自身处境和未来的判断，积极地摆脱中立，快速加入战胜国阵营。当时战争形势已经明了，土耳其的这种选择并不是孤例，与不少国家一样，土耳其没放一枪就成了战胜国。土耳其主要是想融入战后的世界秩序，比如联合国的架构，不想被遗漏。当然，土耳其的选择也源于

对苏联某些动向的担忧和警惕。

（3）冷战期间，土耳其维持了一种积极与西方靠拢和结盟的政策。这既是由其地理位置决定的，也是出于它长期对俄罗斯/苏联的地区霸权野心的恐惧，并与美国的积极拉拢有关。此外，这也与土耳其内政中出现的反社会主义的潮流有关。这个时期，土耳其成为北约里一个比较特别的成员，也接受了大量的美国援助。当然，这并不是说在这个时期土耳其和美国所谓的"蜜月"关系就是一帆风顺的。

其次，我们看一下冷战结束后的情况。

冷战结束后，土耳其对于西方的地缘政治价值已经今非昔比。在这样的情况下，它的外交政策就必须调整。冷战后直到今天，土耳其的地区政策至少应该放在一个二三十年的时间跨度下来分析。

简单来说，这一时期土耳其外交上的特点，就是在继续维持与西方的优先关系，积极向欧盟靠拢的同时，走更加独立自主的道路，更加强调多边主义。土耳其的这种所谓独立自主的道路，与中国所追求的完全独立自主还是不一样的。因为，土耳其是一个北约成员国，又长期积极谋求加入欧盟，这两个外部机制对它的自主性有重要的限制和制约。同时，土耳其自身的综合实力也不够，它只能算是一个地区性强国。

内外两种因素的共同作用影响了土耳其的对外战略选择：内部是统治精英的转变，外部是土耳其所处国际环境和地区形势的变化。

概括来讲，建国90多年以来，土耳其国内政治的总体发展趋势，就是从凯末尔主义时代向后凯末尔主义时代的转变。这个转变的过渡时期就是20世纪80—90年代的厄扎尔时代。随着2002年正发党的上台，转变基本完成。这一转变的最明显之处是国家统治集团的改变，也就是，政权逐渐地从国家主义和精英主义的凯末尔党人手中，转移到强调自由主义、多元主义以及平民主义的保守主义政党手中。土耳其内政中的这一重要转变，影响到了其对外战略的选择，具体表现就是：从强调拥抱西方文明、进行世俗化和西方化，到更加强调对伊斯兰价值的认同，强调土耳其民族的政治和文化主体性，强调发展同中东阿拉伯国家之间的紧密关系，并谋求在中东地区事务中发挥更为积极的作用。

从外部形势的变化来看，对当代土耳其对外战略选择影响最大的是冷战的结束以及西方对土耳其态度的转变。冷战的结束意味着，土耳其对于欧洲的防卫作用下降，不再是西方阵营的边疆和前哨国家，这时，一个还没有真正进入欧洲俱乐部的土耳其，必然面临重建自身主体性和身份的问题。在加入欧盟的问题上，欧洲的故意刁难和偏见，以及它不愿意接受土耳其为欧盟的完全成员国，极大地刺激了土耳其人的民族主义情绪。2004年欧盟接纳了塞浦路斯，又激怒了正发党以及土耳其民众。这也是土耳其决心加强其与中东伊斯兰国家关系的一个重要因素。进入21世纪的土耳其，经历了一段较长时期的经济增长，综合国力提升明显，而欧盟陷入各种危机，这也促使土耳其反思其国家定位。

土耳其对外战略的转变，并不意味着它抛弃了传统上亲西方的定位。亲西方是土耳其对外战略的基本底色，这个底色目前并未发生本质性的改变。加入欧盟、与美国建立紧密且多元的双边关系，符合土耳其的经济和政治利益，仍是土耳其外交的主线。厄扎尔调整了土耳其向西的策略，但并没有忽视加强与欧洲和美国的关系，他强调土耳其的"桥梁作用",其目的是使土耳其能够与西方竞争,并争得西方的支持与合作,同时借助于这种合作来平衡土耳其国内坚持凯末尔主义的反对派。而厄扎尔主张的多元化外交,其实就是在亲西方的这个倾向之外,再加上伊斯兰主义倾向、地区倾向和东方倾向。这一点对当前的正发党政府来说也是一样的。

土耳其的"大国梦"受制于其有限的综合国力。从厄扎尔到正发党时代,土耳其在20多年间基本上完成了国家的重新定位以及对外战略的调整。这个调整里面还蕴含着土耳其的一个"大国梦",用达武特奥卢的话来说就是,土耳其首先要成为一个同时具备软硬两方面实力的地区性大国,进而再谋求成为一个全球性的力量。有一种对达武特奥卢的批评值得重视,即他可能过早地把土耳其看成了一个全球性的力量,比如,土耳其过于积极地介入阿以冲突、哈马斯问题、伊核问题等国际性的重要议程,并不一定符合土耳其的实际利益。土耳其的现实是,在未来很长一段时期内,只能是一个中等规模的地区性大国。

最后,我们需要重点关注一下正发党时代,因为正发党执政的时间比较长(2002年至今),可以作为一个相对独立的分析单位。

2011年"阿拉伯之春"之前,正发党的外交政策很显然以"零问题"为主导。大家现在提到"零问题"时,总是会嘲笑其名不符实。其实,很多土耳其人也在嘲笑政府的这个政策,说土耳其外交"零问题"变成了现在的"零朋友"。过去这些年,笔者在土耳其进行了多次调研,其实也很少遇到支持"零问题"政策的人,因为,笔者接触到的人可能很多都是相对偏向自由派的知识分子或持所谓中立立场的研究机构。

　　但是，所谓"零问题"政策的失败，不能被归结为埃尔多安政府外交政策的失败。因为，土耳其所处的中东地区或者说西亚-北非-高加索地区，其地缘政治的环境是变化迅速、多元而动荡的。"零问题"政策的失败，在笔者看来，并不是正发党外交政策的失败，而是土耳其根据对外部世界形势与格局变化的判断，不得不进行的调整。这种调整，在任何情况下都存在着不确定性，任何人处在那个位置上，领导那样一个国家，都不可能对中长期（比如10年后）的局势做出准确无误的判断。放弃"零问题"政策是一个自然变化的结果。

　　与"零问题"政策有关的一个重要人物是艾哈迈德·达武特奥卢，他既是著名的学者，也是政治家。我们已经讨论过他提出的两个重要概念，一个叫"战略纵深"，一个叫"枢纽国家"。这两者实质上是相似的，就是希望土耳其在冷战结束后的时代奉行更加主动的、多元的外交政策。

　　正发党政府奉行的其实是积极的务实主义外交战略，这与冷战结束以后土耳其改变自身的国家战略定位有密切的关系——不满足于仅仅做一个桥梁国家，而要向一个枢纽国家转变，寻求获取战略纵深。

　　从特定时间段的地区形势来看，"零问题"政策实际上也是符合这一外交战略的。因为在正发党执政初期，土耳其对于周围形势的判断，主要是要加强和周边国家的经济合作，这其实也是延续厄扎尔时代以来的政策。非常笼统地说，土耳其跟中国有着很相似的经济结构，比如也是长期实行出口导向战略，使得它需要寻求更为广大的消费市场以及更多的能源供应。作为一个能源贫乏但制造业比较发达的国家,土耳其走"零问题"外交的路子,当然对自己是有利的。

但是,自2011年之后,在中东地区的形势发生了巨大变化的局面下,土耳其的埃尔多安执政集团就算还想维持所谓的"零问题"政策,它可能做得到吗?

前面讲到,土耳其受到多种结构性条件的制约,以及它所处的(或追求加入的)各种国际组织对它的制约。在这些复杂的结构里,土耳其要应对复杂多变的地缘政治格局,就不可能一味固守某种理念,而必然要去寻求更为积极的、务实的做法。所谓"阿拉伯之春"发生了,突尼斯、埃及、叙利亚等国家的局势正在起变化,而且是天翻地覆的变化,土耳其该何去何从?它当然得看美国、欧洲或者俄罗斯怎么做、怎么想,土耳其的选择不可能是孤立的。它有一些积极表现,比如对叙利亚反对派的支持、对穆斯林兄弟会的支持。土耳其的积极政策是不是基于正确的判断呢?很明显,最近几年,无论是在叙利亚还是在埃及,土耳其都在吃它的一些所谓积极政策的苦果。但在叙利亚、利比亚,乃至阿富汗,土耳其并非没有收获,甚至可能收获还不小。虽然这些地方的形势不会完全按照土耳其所期待和预想的那样发展下去,但土耳其在这些地方的政策,就是在积极主动地把握充满了不确定性的现实,就算出现了这样那样的问题,又有什么可被嘲笑的呢?人们嘲笑它,无非是说土耳其"不自量力"。但如果你仔细去研究土耳其的力量,无论是陆军、海军还是军工产业,尤其是在中东国家当中对比的话,你就不会贸然做出判断了。

除了积极进取的现实主义之外,土耳其外交还有一个特点需要重视,那就是土耳其很喜欢使用现实的和历史的身份政治符号。这些符号包括所谓突厥的、伊斯兰的、奥斯曼帝国的、东-西方文明的等等,这些都跟土耳其自身所具有的深厚且复杂的历史资源有关。例如,2020年7月的圣索菲亚博物馆改成清真寺的问题,就是对这些历史符号、身份政治和记忆的调动与利用。在纳卡冲突中,土耳其积极支持其所谓"一个民族、两个国家"(tek millet, iki devlet)意义上的兄弟之国——阿塞拜疆,被认为是某种"泛突厥主义"的表现。*另外,土耳其的内政和外交很大程度上都打上了埃尔多安个人的烙印,他性格张扬,行事高调,得罪了不少国家。从土耳其的做法到说法,外界已经将土耳其的野心归纳为所谓"新奥斯曼主义"。外界可能更加重视土耳其人的说法和"调门儿",这很可能极大地影响了人们对土耳其一些战略意图的判断。

综观土耳其共和国近百年的历史,它的对外战略大体上经历了从与西方结盟、相对忽视东方到更加重视东方、东西并重的调整和转型。现在有些西方学者担忧的所谓土耳其正在脱离西方阵营,回归东方伊斯兰世界,这个判断是片面的。他们不能接受一个东西方并重的土耳其,对他们来说,一个现代的土耳其只能是亲西方的。这种观点显然过于简单,也过于西方中心主义。作为一个地区性的大国,在新的历史时期和现实形势下,土耳其寻求一种新的国家认同和对外战略定位,已经是不争的事实,也是无

---

* 秦彦洋:《历史恩怨与现实考量——土耳其为何在纳卡冲突中"一边倒"?》,"澎湃·百家号",2020年10月7日,https://m.thepaper.cn/baijiahao_9474762。

可厚非的。对我们来说，最为重要的是如何把握、理解和评估这一趋势。总之，不要被这些符号或说法误导，当前土耳其的领导人所追求的内外政策，其实就是一种"积极的务实主义"，因此，它总是灵活多变的。

附言

所谓的"新奥斯曼主义"

土耳其在内政和外交上的很多做法,经常被外界解读为要复兴奥斯曼帝国。这就是所谓"新奥斯曼主义"的问题。

历史地看,这些做法是土耳其在新形势下的一种自我调整。实际上,土耳其自冷战末期以来就在寻找新的国家定位。它原来是美国阵营抵御苏联的前哨,冷战的结束使土耳其失去了这样的地位。而且随着深度融入全球化,土耳其成为重要的出口导向型国家,它需要周边国家的原材料与市场。这样,土耳其当然越来越重视周边国家,尤其是中东伊斯兰国家,也包括巴尔干国家。由于这些地方曾经是奥斯曼帝国的领土,因而,早在20世纪末,这些战略和政策导向就在土耳其国内被冠以"新奥斯曼主义"之名。不过,"新奥斯曼主义"这个说法被西方叫得更响是在21世纪埃尔多安领导的正发党上台以后。

对于所谓的"新奥斯曼主义",笔者的基本看法可总结为以下几点:

(1) 21世纪的所谓"新奥斯曼主义"是继承自冷战末期的厄扎尔的遗产。

（2）它并不是土耳其自我标榜的意识形态或主张，更多是外人所贴的标签。

（3）土耳其之外的人一般关注的是其在周边地区的积极的外交和军事活动，将其过度解释为一种土耳其要恢复奥斯曼帝国的野心。

（4）土耳其对外的积极姿态有一个显著特征，就是更加关注伊斯兰世界，这反映出埃尔多安领导下的土耳其要成为伊斯兰世界领头羊的一种雄心，而这些地区也是其所谓"软实力"能够覆盖的地区。因而，跟宗教有关的敏感话题，比如巴勒斯坦问题、耶路撒冷问题、缅甸的罗兴亚人问题、欧洲难民问题等等，是这些年土耳其有意识加以操控的，这些都使得一些人认定土耳其在走疏远西方、回归伊斯兰的道路。而我认为，这代表了土耳其的多边主义外交政策，是土耳其摆脱向西方"一边倒"、谋求其地区大国地位的表现。

（5）在土耳其国内，它主要表现为对奥斯曼帝国极盛时代的怀念与肯定，尤其是要彰显奥斯曼帝国的胜利、伟大和荣耀，期望乃至煽动当代土耳其人以此为荣，使其在精神上恢复并达到所谓奥斯曼的水平。它包括在社会文化层面上的一些保守主义的举动，比如开放戴头巾的问题、领导人更多使用宗教话语进行政治动员，等等，而这些更加深了人们对土耳其所谓"伊斯兰化"、复兴奥斯曼帝国的印象，但目前这些举动仍局限于社会文化和价值观领域。

21世纪有一个很重要的全球性现象，即所谓新兴经济体的勃兴。土耳其也是一个重要的新兴经济体。这些新兴经济体挑战了西方主导的世界市场和国际秩序，当然，这个挑战也并非一帆风顺，目前看甚至困难重重。在土耳其国内，如何讲好自己的故事，并没有一个固定的版本，甚至还因为诸多分歧而难以定稿。但对一个有着丰富的帝国遗产和历史资源，又与周边龃龉不断的国家来说，土耳其的故事里最方便人们引用的就是伟大帝国的过去及相关记忆。所以，这个故事的主旋律就是对伟大帝国之过去的复兴。这样看来，圣索菲亚从博物馆被改回清真寺，也是这个主旋律的一部分。对外部来说，理解一个如此野心勃勃的土耳其，最方便的参照当然也是对过去的记忆，对阿拉伯人是如此，对希腊人是如此，对更广大的欧洲人也是如此。所以，"新奥斯曼主义"无非是贴在土耳其式伟大复兴身上的一个方便的标签罢了。

要了解土耳其，就需要了解其帝国遗产。帝国的遗产不是非物质文化遗产那类东西，而是思维上的。土耳其最近的外交和内政动向有很大的变化，至少在口头上如此：对美国摆出和解姿态；对埃及摆出和解姿态；继续推动加入欧盟；在东地中海问题上撤船并提出谈判；在国内进行司法、人权改革和经济改革。这些充分表现出土耳其的灵活性和务实性。

未来很难预测。围绕2020年圣索菲亚问题的争议所折射出的，主要是现代土耳其民族在身份和定位上的历史性变化与矛盾性，是变化了的土耳其现实政治对历史记忆的操控，是危机四伏的政客们捞取资本的把戏，也是西方文化帝国主义不断寻找素材、制造"他者"的惯常伎俩。当然，若说这些举动在某种意义上意味着土耳其意欲复兴奥斯曼帝国，则不只是高估了所谓的"新奥斯曼主义者"，也大大低估了奥斯曼帝国历史遗产的复杂性。

土耳其在对外战略中，善于使用"进两步退一步"的策略，也就是一开始积极进取，"拉满弓"，但限于自身力量，会随着形势的发展和对手的反应，再相应有所收缩。通过这种策略，土耳其会实现自身理性的目标。在利比亚、东地中海、纳卡等问题上，土耳其这方面的策略是非常清晰的。土耳其"插一杠子"之后，别人就不能不带它玩儿了。阿富汗就更是一个典型的例子，土耳其现在成了阿富汗唯一信任的第三方，美国也得认真对待土耳其。总之，土耳其的对外策略，实际上是很有经验的，不是蛮干，更不是所谓埃尔多安的"发疯"。土耳其毕竟跟西方相处多年，经验丰富，心态也不一样。从人才的角度来说，埃尔多安选用的也是比较懂西方的技术官僚，这批人还是能够摸得清对方的基本路数的。外界所谓土耳其的"新奥斯曼主义"外交，无非是其"积极的务实主义"的表现罢了。

第四部分

全球化、极端主义与世界秩序

引言

极端主义与现代性[*]

谈论极端主义问题，需要多个学科的视野。极端主义和恐怖主义，归根到底是一种"反政治"[†]。法国在 2015 年 11 月发生的一系列恐怖袭击事件，不是一群走投无路或者对社会不满的人绑架了人质要向"有关部门"提什么政治要求，而是极端分子对平民的赤裸裸的无情屠杀，是恐怖主义行为。

著名军事家克劳塞维茨（Carl Von Clausewitz，1780—1831）在 200 年前曾经说过："战争无非是政治通过另外一种手段的继续。"[‡]但与极端主义和恐怖主义的战争，不是为了争夺哪一个阵地或者哪一片领土，也不是这个文明圈和那个文明圈之间的冲突，而是不同价值观、秩序观和世界观之间斗争的外在表现。"9·11"的时候，

---

[*] 2014 年 11 月 16 日，北京大学历史与社会政策研究中心成立，借此机会，笔者召集并主持了首届"历史与社会"学术论坛，主题是"极端主义与世界秩序"。本文初稿写于 2015 年 11 月，是笔者对当时多名参会学者观点的综述，收入本书时又进行了修订和进一步发凡。相关报道参见董雨、周哲：《极端主义是现代性文明与传统文明间的冲突》，"澎湃·思想"，2014 年 11 月 23 日，https://m.thepaper.cn/newsDetail_forward_1279882。

[†] ［美］伊丽莎白·扬-布鲁尔：《阿伦特为什么重要》，刘北成、刘小鸥译，南京：译林出版社，2009 年，第 46—51 页。

[‡] ［德］克劳塞维茨：《战争论》（第一卷），中国人民解放军军事科学院译，北京：解放军出版社，2005 年，第 36 页。

美国总统小布什一再强调，反恐战争不是针对穆斯林的战争，而是对恐怖主义的攻击，"恐怖分子是他们自身信仰的叛徒，实际上，他们力图绑架伊斯兰教。美国的敌人不是我们的众多穆斯林朋友，也不是我们的众多阿拉伯朋友。我们的敌人是一个恐怖分子的激进网络，以及所有那些支持他们的政府"*。恐怖主义是有意识形态色彩的、针对平民的暴力活动。

（一）

现代性的文明（艾森斯塔特的定义†）与不同地域的传统文明之间的矛盾，是现代历史的重要内容。极端主义与现代化和全球化这两股世界潮流密切相关。现代化的社会影响，是源于西欧的现代性文明打碎了传统社会那种温情脉脉的依附性联系，造成了传统社会的不适应。对西方社会来说，由于现代性文明有"西方性"，接受它并不难，但是，对非西方社会来说，一来和它接触的时间比较短，二来它可能会被认定为"异族的"。所以，在现代性文明与悠久的传统文明的汇聚之处，才会产生某种极端主义思想——不管是以宗教还是以民族为名。这种极端主义当然可以被视为现代性的产物。从全球化的角度来说，不是过去简单强调的那种全球性的联系影响了人类社会，而是近代以来资本主义世界体系的形成和扩张意义上

---

* https://www.ruhr-uni-bochum.de/gna/Quellensammlung/13/13_freedomandfearatwar_2001.htm（获取于2021年12月27日）。

† S. N. 艾森斯塔特：《反思现代性》，旷新年、王爱松译，北京：生活·读书·新知三联书店，2006年。艾森斯塔特（Shmuel N. Eisenstadt, 1923—2010），以色列著名社会学家，新功能主义和现代化理论的重要代表人物之一。

的全球化对当下人类社会的处境影响深远。全球化的本质，就是资本主义政治-经济秩序的扩张，这一点是根本性的，也只有通过这个角度，极端主义与世界体系的关系才能被认知。

关凯指出，极端主义是一种绝对主义立场。最典型的就是宗教中绝对地排斥异教徒，无法理性谈判或沟通。极端主义复兴的21世纪初和被霍布斯鲍姆喻为"极端的年代"的20世纪有很多共同点，而现代性陷入了重重危机，为极端主义的复兴提供了诸多条件。在这种情况下，极端主义不一定只是个选项，而是代表了现代性危机和历史断裂之下的人的心理寄托与归属，这种诱惑特别针对年轻人。例如据报道，IS中有很多欧洲国家中上阶层的子女参与。

张新刚认为，另一种寓于现代性之中的极端主义也值得关注："人的信仰问题是现代国家无法管控的，这是对现代政治理论的很大威胁。在对现代性政治进行了入木三分的观察的韦伯看来，与世界的祛魅相伴的就是世界的理性化与理智化，这样的直接后果就是诸神之争。现代生活的特点是无聊、破碎，那么，如何追求美和神圣？恰恰是不美不善，成了我们的普遍状态。因此，韦伯说我们需要呼唤英雄甚至是超人，即在现代性的逻辑中本身就有对卡里斯马的呼唤。"这是应对现代性挑战时出现的新挑战，是对极端主义的诉求。张新刚接着指出，韦伯在1914年后对卡里斯马有了正面积极的评价。卡里斯马的出现有两个路径：一是像俾斯麦一样的政治领袖，二是在国家层面推动民族主义和普世主义扩张的道路。从德国的历史来看，应对现代极端主义挑战的两条道路都失败了。似乎只有英国比较成功，但这种成功很难复制。在其他国家，尤其是后发国家，包括当前的伊斯兰国家，德国经验仍值得检视。

高毅指出，极端主义似乎成了恐怖主义的别称，但实际上其所针对的不是一般意义上的国际社会，而是资本主义世界政治-经济意义上的世界体系。极端主义是反对这种体系的，只是恐怖主义的手段和方式带有极端主义和非理性的色彩。源自威斯特伐利亚体系的国际社会是讲求平等的，但平等只是以口号或理念的形式存在，而没有成为现实。沃勒斯坦（Immanuel Wallerstein，1930—2019）论述的世界体系是反国际体系的原则的，是分中心和边缘的。既有的世界体系过于强大，使边缘地区在反抗的绝望中出现了极端主义的情况。IS也宣称反对事实上的不平等现象，不能忍受"大压小"。解决这个问题的关键在于解决和改变世界体系的不公正性，建立新的国际政治经济秩序，把自由、平等和民主的原则以及威斯特伐利亚条约的理想真正落实。我们要区分宗教极端、极端宗教的概念，辨别宗教和极端主义的关系。相比于认为极端主义是从宗教中异化/退化出来的解释，也许"极端主义歪曲和利用了宗教"这种解释更符合现实。极端主义是现代性的产物，现代性问题的本质之一就是圣俗之争。流行的意见中将极端主义等同于恐怖主义是不贴切的。从法国史的角度看，恐怖主义是罪恶的，极端主义则未必，比如，近来有学者研究指出，法国大革命中也有极端主义的因素。

（二）

宗教极端主义源于一种对宗教文本的原教旨式的、不考虑具体情境的、拘于字面意思的理解。它往往被不恰当地等同于原教旨主义，不过两者的确有很多共性。其实，原教旨主义在各种思想流派中都存在，现代原教旨主义运动指的是，"起源于美国新教团体、后来贯穿整个20世纪的那些运动，以及后来首先是在伊斯兰，随后在犹太民族中出现的那些运动"。原教旨主义者的共同特征是：现实与他们擦肩而过，他们自认是某种教条的代言人，他们的很多宣传看起来常常是引经据典的，他们谴责的是同为信徒的大多数人竟然已经遗忘了根本性的信仰之主题。

作为一种"特殊类型的革新的乌托邦宗派主义"，原教旨主义建立在更早的宗教传统和历史经验之上（尽管是"各自的异端传统"），它的主张看起来与当代现实脱节，甚至似乎带有某种复古、反现代、反启蒙的特点。历史已经发展到人民主权的时代，可是，这在原教旨主义者看来，反而是人的僭越，是人的悖逆，是不合他们所谓的宗教法度的，是需要被批判或者被清理的。但原教旨主义仍然是"彻头彻尾的现代运动"，"是一种特殊类型的带有强烈雅各宾倾向的现代运动"，这主要体现为，"挪用了在所谓的大革命中形成的现代性政治规划的一个重要成分——雅各宾极权主义的、参与式的（participatory）、后来演变为极权主义的成分。……以某种尽管是悖论的方式，原教旨主义团体和体制同最极端世俗的、左派雅各宾运动和体制共同享有某些最重要的特征"。原教旨主义运动并不一定都诉诸暴力，有时只是一种主张，一种批判，但也有个别人主张运用暴力（或者说发动"圣战"）来清理这个他们不认可的、不符合其教义的世界。现代的大多数原教旨主义运动，"高度强调有意识的道德选择的重要性"[*]。

---

[*] 对原教旨主义运动的论述，参见 S. N. 艾森斯塔特：《反思现代性》，旷新年、王爱松译，第 285、287、288 页。

引言　极端主义与现代性

王旭认为，伊斯兰主义不等于极端主义，更不等于恐怖主义，但是其重要源头之一。西方有学者认为，毛杜迪*是一切恐怖主义和极端主义的源头，这是对毛杜迪的误解。实际上，毛杜迪是十分提倡"创制"的。他提出了神权民主的概念，对伊朗的霍梅尼影响很大。当前，关于巴基斯坦和阿富汗地区极端主义的形成，教派冲突、大国博弈、"主义"之争当然是重要原因之一，但是其根本原因在于该地区的政治边缘化、贫穷、政治压迫、文盲和各类宗教教育不健全等。尤其是普通穆斯林无法进入世俗学校的情况，更影响了广大穆斯林的世界观。正统的宗教学校本身不极端，但是问题在于，它很难接受多元知识。丁隆指出，萨拉菲主义是一种历史虚无主义，具有极强的排他性。萨拉菲主义视"圣战"为宗教功修。在"圣战"全球化的趋势之外，还有另一个本土化趋势，即"就地圣战"。

恐怖主义背后有某种精神的支撑，这是确定无疑的。对于精神在战争中的作用，克劳塞维茨说："物质的原因和结果不过是刀柄，精神的原因和结果才是贵重的金属，才是真正锋利的刀刃。"自由与繁荣诚然美好，但沉迷于自由带来的享受，而丧失了捍卫自由和安全的精神与政治意志，那"刀"也就不再锋利了。欧洲、北非、中东共享的是一个地中海世界的传统，它们之间的纠葛在历史上长期存在。穆斯林进入欧洲与十字军东侵，既是历史上发生的事实，更是不断被记载、书写、重构和唤醒的记忆，而现在，欧洲人关注的焦点则集中在移民问题上。

---

* 毛杜迪（Sayyid Abul Ala Al-Mawdudi，1903—1979），巴基斯坦著名伊斯兰学者、当代伊斯兰复兴运动的重要理论家之一。

总之，极端主义并不是与某一个族群或特定教派相关联的现象，而是对当下秩序的一种挑战。历史地看，极端主义也可谓是贯穿人类所谓"轴心文明"历史的一种独特现象。"伊斯兰国"，作为一个极端组织和恐怖主义组织，是既有秩序的不满者和破坏者，但不足以颠覆既有的社会和世界秩序，也不可能提供一套新的秩序方案。

第十三章

极端主义的政治-社会维度

一、IS 简史

最近一些年，中东局势出现了非常大的变化，其中最重要的就是"伊斯兰国"(IS)的出现、挑战及覆灭，如何认识 IS，对我们来说也是一种智识层面的挑战。我们到底该如何看待这个表面上看是恐怖组织，但又不只是一个恐怖组织的事物？在这一部分，借助于查尔斯·利斯特(Charles R. Lister)的《"伊斯兰国"简论》*这本书，笔者希望能够较为深入地阐明相关问题。

虽然"伊斯兰国"是在 2014 年后才成为国际关注的焦点，但是，如果不了解它的简短历史，包括其领导者经过几次战略转变，是不足以理解它的存在的。查尔斯·利斯特将"伊斯兰国"的缘起与发展追溯到 1999 年，也就是从扎卡维(Abu Musab al-Zarqawi)从约旦被释放开始。扎卡维辗转到了阿富汗投奔"基地"组织，又在"9·11"后回到伊拉克，借助于伊拉克乱局逐渐坐大。根据《"伊

---

* [美]查尔斯·利斯特：《"伊斯兰国"简论》，姜奕晖译，北京：中信出版集团，2016 年。

斯兰国"简论》以及相关的报道，笔者试将 IS 发展的时间线索梳理如下：

1988—1990 年："基地"组织崛起。

1999 年：扎卡维从约旦被释放（因持有武器和加入恐怖组织而被判刑）。

1999 年：扎卡维在阿富汗得到"基地"组织支持，建立"沙姆战士"（Jund al-Sham），很快更名为"统一与圣战组织"（Jamaat al-Tawhid wa al-Jihad），主要成员为巴勒斯坦人和约旦人。当年12月，"统一与圣战组织"策划袭击安曼拉迪松饭店及其他旅游景点，引发国际关注。被约旦挫败后，该组织转入地下活动，到"9·11"后美国入侵阿富汗之后恢复活动，并与"基地"组织和塔利班联手。

2001 年 12 月：扎卡维逃往伊朗，受到阿富汗武装组织在当地成员的支持；不久，扎卡维的核心骨干转移到了伊拉克北部。

2003 年 3 月：美国入侵伊拉克；此时"统一与圣战组织"在库尔德地区建立了基地，亦成为美国空袭的目标。

2003 年 8 月："统一与圣战组织"策划了三起恐怖袭击——汽车炸弹袭击约旦驻巴格达使馆，造成 17 人死亡；袭击联合国伊拉克援助团，造成 22 人死亡；袭击什叶派圣地纳杰夫的伊玛目阿里清真寺，造成 95 人死亡。"统一与圣战组织"借恐怖袭击表达了其意图：破坏美国占领，引发伊拉克教派冲突。

2004—2006 年："统一与圣战组织"日益壮大。2004 年 9

月，扎卡维宣誓效忠"基地"组织和本·拉登，"统一与圣战组织"更名为"美索不达米亚圣战基地组织"（亦被称为"伊拉克基地组织"）。但扎卡维的组织非常残暴，尤其是滥杀什叶派信徒，引起"基地"组织上层的不满，使双方关系紧张。

2005年：扎瓦西里*给扎卡维写信鼓励其在伊拉克筹建伊斯兰国家。

2006年1月5日："美索不达米亚圣战'基地'组织"与其他五个团体合并，形成"圣战者舒拉会议"（Majlis Shura al-Mujahidin），以协调在伊拉克的"圣战军"的行动。

2006年6月7日：扎卡维连同其精神顾问被炸死。5天后，"伊拉克基地组织"任命阿布·艾尤卜·马斯里（Abu Ayyub al-Masri）为新领导人。

2006年10月："圣战者舒拉会议"宣布成立"伊拉克伊斯兰国"（Islamic State in Iraq），领导人为阿布·奥马尔·巴格达迪（Abu Omar al-Baghdadi），由此，叛乱组织转变为一片领土的统治者。

2006年11月10日：阿布·艾尤卜·马斯里向阿布·奥马尔·巴格达迪宣誓效忠。但是，"伊拉克伊斯兰国"没有向"基地"组织宣誓效忠，双方渐行渐远；当年底，"伊拉克伊斯兰国"实现财务自足（依靠手段有赎金、勒索、石油走私），当年资产达2亿美元。

---

* 艾曼·扎瓦西里（Ayman Mohammed Rabie al-Zawahiri, 1951— ），埃及人，"基地"组织重要头目。

2007年初：伊拉克部落萨赫瓦委员会*开始以民兵形式抵抗"伊拉克伊斯兰国"，得到美国和当地安全部队的支持，成效显著。"伊拉克伊斯兰国"开始考虑打击不服从它的逊尼派团体和其他不服从的少数派群体。

2007年8月14日：雅兹迪派†聚居村落遭到"伊拉克伊斯兰国"发起的四次炸弹袭击，近800人死亡。

2007年9月13日："伊拉克伊斯兰国"暗杀了萨赫瓦委员会领导人。但"伊拉克伊斯兰国"随后遭到巨大压力，因为敌人层出不穷，外籍战斗人员亦离开"伊拉克伊斯兰国"。

2008年5月："伊拉克伊斯兰国"影响力下降，美国的悬赏金额也在急剧下降。

2007—2009年：在美国情报部门的支持下，伊拉克当地民兵重挫"伊拉克伊斯兰国"。从2008年初开始，因为遭遇巨大压力，"伊拉克伊斯兰国"退化为典型的恐怖主义组织，总部迁移到摩苏尔地区，权力开始集中到阿布·奥马尔·巴格达迪手中。其运作模式是：上层制定战略，地方长官负责执行和创收。

2009年6—8月：美军从伊拉克陆续撤离；安全职责转移到伊拉克军队手中，萨赫瓦委员会影响力迅速下降；"伊拉克伊斯兰国"开始恢复元气。

2009年8—12月："伊拉克伊斯兰国"在伊拉克多地尤其

---

* 萨赫瓦（Sahwa），意思是"觉醒"。
† 雅兹迪派（Yazidism）如今大约有100万人，它被认为是一种很古老且独特的一神教，靠其内部的圣人口传，该派在很多方面与中东地区的其他宗教，包括密特拉教、琐罗亚斯德教、伊斯兰教和犹太教存在共通之处。参见 Nadia Murad, *The Last Girl*, New York: Tim Buggan Books, 2017, pp. 5-6。

是巴格达发动多起恐怖袭击，在巴格达的三次袭击就造成至少382人死亡。

2010年初：因"伊拉克伊斯兰国"的42名高官中有34人被杀或被俘，"伊拉克伊斯兰国"开始策划袭击监狱并拯救其领导人，亦开始加紧宣传活动，重申"伊斯兰国"的合法性，比如，将阿布·奥马尔·巴格达迪说成是古莱什部落的一员。

2010年4月18日：阿布·奥马尔·巴格达迪和"伊拉克基地组织"头目阿布·艾尤卜·马斯里双双身亡。"伊拉克伊斯兰国"的继任领导人是阿布·伯克尔·巴格达迪（Abu Bakr al-Baghdadi），他也宣称自己来自古莱什部落，将自己的统治与先知在麦地那的统治相提并论，以申明自己的宗教合法性。

到2010年中期：由于什叶派马利基政府对萨赫瓦支持不力，"伊拉克伊斯兰国"恢复很快，且开始以高于当地政府薪水的酬劳吸引前萨赫瓦成员加入该组织。"伊拉克伊斯兰国"虽然在逊尼派的区域影响越来越大且越来越本地化，并善于从伊拉克安全机构获取情报，但到2010年底，该组织的领导人员损失惨重。

2011年："阿拉伯之春"发生，叙利亚陷入混乱。阿布·伯克尔·巴格达迪派亲信贾拉尼去叙利亚组建"伊拉克伊斯兰国"前线部队；8月，贾拉尼抵达叙利亚，开始组建"努斯拉阵线"，核心成员是阿萨德政权于2011年5月大赦时释放的"圣战"组织成员。

2011年8月15日："伊拉克伊斯兰国"作为恐怖组织的发展达到高峰，在扩张和袭击方面日趋专业化；伊拉克发生22起协同爆炸行动,削弱了伊拉克安全部队的士气。

2011年11月23日:大马士革发生恐怖袭击,40人死亡。

2012年1月23日:"努斯拉阵线"在叙利亚宣告成立,宣布对大马士革恐怖袭击负责。"努斯拉阵线"的袭击对象大部分是平民,因此被叙利亚反对派排斥。此时,"努斯拉阵线"已有成员2 000人。

2012年7月:"伊拉克伊斯兰国"发起"破墙"行动,解救被关押的组织成员和军事指挥官。

2012年9月:"伊拉克伊斯兰国"袭击提克里特监狱,解救了47名领导人。

2013年1月中旬:"努斯拉阵线"扩大战果,夺取了重要的军事设施,但仍被外界当成反政府派别。

2013年4月9日:"伊拉克伊斯兰国"宣布与叙利亚的"努斯拉阵线"联合,称"伊拉克和沙姆伊斯兰国"(ISIS)。宣布联合的原因,是巴格达迪力图收服"努斯拉阵线",因为它在叙利亚不服从"伊拉克伊斯兰国"。巴格达迪宣布"努斯拉阵线"属于"伊拉克伊斯兰国"的分支,但贾拉尼予以否定,"努斯拉阵线"保持独立。不过,ISIS在叙利亚的其他地区也有重要的活动和力量,比如"努斯拉阵线"中的外籍战斗人员都认同ISIS,ISIS在叙利亚北部和东部迅速扩张。

2013年7月:ISIS杀死一名叙利亚自由军的指挥官,ISIS在叙利亚主要是攻击反对派,目的是对其进行收编。

2013年7月21日:伊拉克的阿布格莱布监狱遭袭,500名囚犯逃脱。

2013年7月—2014年7月：ISIS发动"士兵收获行动"，以针对性攻击和恐吓（近距离的刺杀、暗杀和袭击等），削弱伊拉克安全部队的能力和信心，扩大了"伊拉克伊斯兰国"在逊尼派民众中的影响力。*

2014年1月：叙利亚的温和反对派开始团结起来打击ISIS，迫使其撤回拉卡。

2014年2月：ISIS宣布与"基地"组织"划清界限"。

2014年3月："定都"拉卡后，ISIS在伊拉克开始重新夺取对一些领土的控制权。

2014年6月10日：ISIS夺取摩苏尔。

2014年6月29日：阿布·伯克尔·巴格达迪自称为哈里发，将政权更名为"伊斯兰国"（IS），并宣称对整个伊斯兰世界拥有权威。

2014年9月：美国组建了一个包括英国、法国等54个国家和欧盟、北约以及阿盟等地区组织在内的国际联盟以打击IS。

自2015年开始，IS控制的地区逐渐缩小。

2015年11月13日：法国巴黎发生一系列恐怖袭击事件，造成至少132人死亡，300多人受伤。IS宣称对此次袭击负责。

2016年10月：伊拉克政府军发动收复摩苏尔的战役。

2017年7月9日：伊拉克政府军全面解放摩苏尔。

2017年11月3日：叙利亚政府军从IS手中收复代尔祖尔。

---

* 2011—2013年，"伊拉克伊斯兰国"完成了巨大的转变，成为一个有能力征服领土和统治领土的组织。

2017年11月21日：伊朗总统鲁哈尼宣布IS已经被剿灭。

2017年10月17日：由库尔德武装主导的"叙利亚民主军"夺取了IS在叙利亚的大本营拉卡。

2018年8月26日：阿富汗国家安全局发表声明说，IS阿富汗分支头目被打死。

2018年11月19日：叙利亚政府军发表声明，宣布已完全消灭叙南部的IS武装。

2019年10月9日：伊拉克军方发起打击IS残余武装的行动，共打死12名武装分子。

2019年10月27日：美军针对IS头目巴格达迪展开特殊抓捕行动，将其击毙；随后，巴格达迪被海葬。

2020年2月24—25日：伊拉克反恐部队在伊北部对IS残余分子发起清剿行动，打死39名武装分子。

2020年11月：伊拉克军方发表声明说，逮捕了IS武装行动总协调人。

2021年10月11日：伊拉克抓获了曾为巴格达迪副手的IS高级成员。

值得注意的是，IS善于利用或者说善于挑动本地不安定的局面。IS正是利用了伊拉克和叙利亚的乱局才得以立足，并在那里开疆拓土。在2011年后的"阿拉伯之春"背景下，反阿萨德政权的反对派势力迅速在叙利亚出现，削弱了中央政府的能力，IS敏锐地抓住了这个机会。在伊拉克，情况更是如此。IS领导人早就定下了策略，要通过挑动伊拉克逊尼派和什叶派之间的教派冲突，达到趁火打劫、浑水摸鱼的目的。伊拉克的形势，是由原来萨达姆时代逊尼派主导的政府转变为什叶派主导的政府，这造成原本得势的逊尼派中上层人物甚至整个伊拉克的逊尼派被排斥和被剥夺各种经济和政治利益，这也是 IS 能够利用的条件。尤其是，教派冲突愈演愈烈，对 IS 非常有利。IS 不仅利用了这一条件，还主动去挑拨、制造混乱，使得逊尼派越来越激进化，而推动激进化是用很残忍、恐怖的方式进行的。这些方式对"伊斯兰国"来说，是一种理智的策略，比如说，将什叶派作为他们头号的敌人，滥杀无辜，目的就是想使得掌权的什叶派报复逊尼派，结果就会引起逊尼派的反抗。所以，在我们看来是非理性的、残忍的杀戮（其残暴性甚至连"基地"组织都看不下去了），实际上是有一个冷酷的战略考虑的，也就是有利于他们利用混乱的局势发展和壮大自身。通过屠杀和袭击什叶派，以逊尼派为主的 IS 加剧了伊拉克本已趋于恶化的教派关系。

从前面的时间线索还可以发现，随着 IS 控制的地盘日益减少，它发动了更多的恐怖袭击。从 2016 年下半年开始，打击 IS 的行动可谓捷报频传，IS 控制的领土迅速缩小。在反恐形势看似大好的情况下，土耳其、伊拉克、孟加拉国、沙特等国先后发生了多次恐怖袭击，导致数百人丧生。这些恐怖袭击，有的是 IS 很快发表声明表示负责，而那些 IS 没有宣称负责的，也被当事国指控为 IS 所为。针对当时的这种情况，存在两种解读。一种观点认为，恰恰是在反恐战斗捷报频传的情况下，IS 选择了外围突破与报复，它越是搞自杀式的恐怖袭击，越是证明了其面临的惨败状况。另一种观点认为，不能将这两者作为因果关系来看，需要看到 IS 本身的特点与复杂性，它一方面是一个与"基地"组织有着很多相似性的恐怖组织，另一方面也有其独特性，突出表现为领土诉求以及在被其占领的土地上的"治理"行为。这些特点决定了它既要侵占与捍卫领土，又要实施恐怖袭击，两者并行不悖，所以，恐怖袭击的频发只是"伊斯兰国"获取政治资本的一种举动。

查尔斯·利斯特尤其强调了 IS 内部的治理问题，IS 占领一个地区后会进行管理，比如，IS 除了招募战士，还招募专家，如工程师、军官、教法学家等，来到其地盘搞建设。笔者曾经在一个访谈中提到，如果能够给予它一个固定的疆域，并形成"治理"，它就有可能国家化、理性化。当然，这种治理是基于伊斯兰教法的，即建立一个以他们理解的伊斯兰教法为根本法律的所谓"理想社会"。在全世界的穆斯林中，世俗生活是主流，也是趋势，但在叙利亚、伊拉克当年混乱、动荡的特殊条件下，IS 在一个时段内能够通过社会治理提供公共服务，比如说面包、更便宜的房子，当地人暂时就会接受它，这是查尔斯·利斯特提供的一个重要观察。所以说，IS 不只是一般意义上的恐怖组织，它还有过领土野心，是渴望取代民族国家的武装力量。

二、巴勒斯坦姑娘达琳的故事

艾琳娜·兰道（Elaine Landau）在《自杀式炸弹引爆者》[*]一书中，讲了很多不同的自杀式袭击的案例，其中令人印象最深刻的应该是女性自杀式袭击者。

---

[*] Elaine Landau, *Suicide Bombers: Foot Soldiers of the Terrorist Movement,* Minneapolis: Twenty-First Century Books , 2007.

对一些20多岁的穆斯林女性来说，未婚是她们所承受的传统社会压力的一个重要组成部分，这个压力结合其他的因素，会诱发一系列的个人问题（individual crisis），也是其成为自杀式袭击者的一个重要的原因。

实际上，这里面暗含了某些穆斯林传统社会的顽固问题，即对于当代的年轻女性来说，她们仍然要面临传统社会对于女性之附属性地位的要求。对于那些要求自立或独立的女性而言，她们如果出身于一个保守的穆斯林家庭（这种家庭无疑是很多的），而她们又渴望享有现代社会的女性地位，那么，这个张力就是巨大的。我们可以用达琳这个例子来说明。

22岁的巴勒斯坦人达琳·阿布·艾莎（Darin Abu Aisha）是一个聪明好学、成绩优异的女大学生，她对自己的人生有着清晰的规划，她有志于研究英语文学，希望研究生毕业后能够到一所大学任教。她在学校表现突出，甚至还上过当地电视台的节目，也算是个校园名人。

达琳很清楚，自己的命运有两个前景：一是按照自己的意愿追求学业和事业的成功，成为一个独立的女性；一是按照家庭的期待、父母的意愿，毕业后结婚生子，从此以家庭生活为中心，终老一生。达琳显然不想走第二条路。她很清楚，如果走第二条路，那么她的个人梦想就再也不可能实现了，传统穆斯林女性的角色就是她个人梦想的终结。但是，她的这个想法，以及拒绝了所有追求者的做法，引起了父母的担忧。在婚姻和个人前途的选择问题上，家庭和社区给了达琳特别大的压力。达琳很了解自己的文化与社会背景，她知道，自己的这个选择会让家人蒙羞，会被邻人和社区笑话，这是她很痛恨的。

达琳的姐姐说:"她总是说,在我们的社会,人际关系就像是钢制模版,我们被家庭浇筑进去,不允许我们从中自己解放自己,我们的传统所设定的那些杠杠太死板了。"随着压力越来越大,达琳也感到更加伤心和痛苦。她觉得自己活着没有丝毫意义了。

以上是达琳的个人问题。

另外,就是一次个人经历将她的个人问题与自身社会的处境结合起来了。达琳和自己的一个表兄过安检的时候,碰到一个抱着生重病小孩的母亲。安检排队的人很多,安检的人不让这位母亲快速通过,要求她必须等。看着小孩子奄奄一息的样子,达琳就上去跟士兵理论,结果以色列士兵不但没有听她的话,而且还打算戏弄她,说如果她让她的表兄吻一下,就让那个妇女过去。达琳辩解说让丈夫之外的男性亲吻自己是对穆斯林女性的侮辱,但士兵们不但没当回事,而且还扯掉了她的头巾。为了能够救下那个小孩,达琳让表兄亲了自己一下。士兵们确实遵守了自己的诺言,但是,达琳此举震惊了所有在场的穆斯林。

很快,难民营里的所有人都知道了边检站发生的事情。这是一件让家庭成员都感到耻辱的事。第二天,达琳的表兄就上门提亲——也不可能再有别的男人向她提亲。在这个情况下,达琳就不得不嫁给自己的表兄。

但是,达琳心如死灰。她虽然不讨厌这个表兄,但是从未想过要嫁给他。作为一个虔诚的穆斯林,达琳找到了摆脱困境的办法,一方面不让家庭蒙羞,另一方面也不嫁人,此外,还能反抗以色列的占领。她选择了当一个自杀式袭击者。

2002年2月27日，她在耶路撒冷的一个检查站引爆了身上的炸弹。

在这个案例中，我们可以看到，有多个因素使得达琳成为一个自杀式袭击者。首先还是传统的家庭和社区文化对现代女性的压力，这个压力是无形的，但又是巨大的，因为，每个人都无法选择自己的出身。在传统的穆斯林社区，包括难民营里面，时间长了，左邻右舍都互相认识。在家长里短的日常生活中，传统道德和伦理发挥着重要的纽带和约束作用，一个人要想做独立的、不同于传统要求的事情，是很难的。就算你自己离开了社区，但你的家还在那里，你的父母和亲戚还在那里，所以，这个压力和束缚不只是传统穆斯林社区作用于某个人的，而是会通过家庭的、邻里的以及亲属的关系，像风筝线一样牵连到个人身上，使得你即使离开了，也仍然无法摆脱。

或许在我们的社会中也会有人遇到这样的困境，但通常我们发现个人会选择自杀，而不是自杀式袭击；前者只是伤害自己，不涉及他人，但后者本质上是一种攻击性行为，自己当然也死掉了，但那是作为武器死掉的。从达琳的例子我们可以分析出来两个原因。首先是她对以色列士兵和以色列占领的痛恨，这种痛恨不是一般性的对异族统治的反应，而是基于自己的特殊经历。以色列士兵不只是戏弄了她，在他们看来，或许那只是个戏弄，但对达琳来说，那是一件伤害自己一生的事情，也是让家庭蒙羞的事情，所以，占领对于达琳来说就不再是抽象意义的，而是具体可感的伤害了。所以，她选择做自杀式袭击者，而且针对的对象就是以色列的边检站，这显然是一种报复行为。她没有选择只是自杀还有一个重要的原因：

如果仅仅自杀,只能让她摆脱一个困境,即不用嫁人,这显然无法洗刷家庭的耻辱,她死了,但因为她的缘故而使家庭在传统社区承受的耻辱,将永远陪伴她的家人,再也没有机会改变,而且可以想见,街坊邻里会怎样谈论她的家人。如果选择自杀式袭击,那么,她的所有目的就都实现了,更进一步,她可能还给家庭带来了荣耀,那就是,无论在信仰的意义上还是在民族解放的意义上,也就是无论在宗教还是在世俗的意义上,她都会成为"烈士","烈士"的家属自然是被人崇敬的。

三、所谓"伊斯兰恐惧症"

把伊斯兰世界视为铁板一块的"本质主义"认识途径是危险的。不只是很多西方人,宗教激进主义者也同样在使用均质化的伊斯兰世界概念。西方的"伊斯兰恐惧症"(Islamophobia)正带来西方世界右翼势力的兴起,并且因其导致不同群体间对立的加剧,或许会成为所谓"自我实现的预言"。对伊斯兰极端主义的批判,不应忽视来自穆斯林的内部视野。在现实意义上,我们需要突破基于世俗主义的价值预设,来思考如何建立一个让世俗人士和宗教信徒能够和谐相处的、基于宪制安排的新"创制"。

1. 两种认识论:本质主义和文化多元主义

"伊斯兰与现代化"已经被讨论了很久,有很多相关著作出版,但其实这在很大程度不是一个有效的提问方式,某种程度上可能还是个伪问题。

　　从认识论的角度说，关于伊斯兰（主义）大致存在两个认识路径。本质主义的路径，是指自觉或不自觉地预设其讨论的对象是同质的。在关于伊斯兰世界的研究中，这一路径的最典型代表被认为是伯纳德·刘易斯。他的很多言论被人批评，人们说他的观点背后预设了存在一个铁板一块的伊斯兰文明/世界。批判本质主义认识路径的人很多，代表人物是爱德华·萨义德，他在《报道伊斯兰》中直截了当地提到了两个人，第一个就是伯纳德·刘易斯，第二个是丹尼尔·派普斯（Daniel Pipes）。派普斯系刘易斯的学生辈，他曾提出著名的论断："没有温和的伊斯兰主义。"也因此，对他的批评和威胁不计其数，不过，他从来没有在这个问题上做过任何让步。

　　与本质主义相对的是多元主义，这也是目前看起来较多人坚持的立场。当然这里其实还涉及西方的所谓"政治正确"的问题。多元主义认为，不存在所谓同质化的伊斯兰世界。萨义德实际上是支持多元主义立场的。专门对"伊斯兰世界"这个概念做过剖析的是日本学者羽田正，其代表作《"伊斯兰世界"概念的形成》辨析了"伊斯兰世界"作为一个概念形成的整个过程和原因。他提出了从世界史教育——当然是日本的世界史教育——的角度来反思这个问题。这本书的观点也类似于萨义德的批判，即恰恰是西方的东方学/东方主义造就了一个均质化的伊斯兰世界的概念。但是羽田正更进一步指出，不能只怪西方人，伊斯兰原教旨主义者（Islamic Fundamentalists）也同样愿意使用这一概念，他们共同促成了对伊斯兰世界均质化、本质主义的理解。提出"伊斯兰恐惧症"的约翰·L.

埃斯波西托（John L. Esposito）更是强调要避免对穆斯林社会做僵化和简单化的理解。

2."伊斯兰恐惧症"：西方右翼势力的兴起

"伊斯兰恐惧症"的一个代表当数加拿大学者马克·斯坦恩（Mark Steyn，著名畅销书作家、政治评论员）。他的书《美国独行：西方世界的末日》认为：以传统欧洲为代表的西方已经没落，拯救西方的重任落在了美国身上。这本书用大量的数据和事实指出，西方国家尤其是欧洲，其高福利的民主制度已经不堪重负，而更为重要的一点是，其人口生育率的急剧下降，导致了严重的老龄化，出现了内生动力不足和经济增长乏力。所以，这不可避免地需要外来移民的支撑。问题在于，这里的移民主要就是穆斯林。马克·斯坦恩指出："穆斯林移民的到来和增加，因为文化和信仰的差异，改变欧洲的人口结构。尤其是他们可以利用人口优势，在某一些方面利用民主制度的设计和途径，改变欧洲的政治版图，由此产生了欧洲伊斯兰化和欧洲人逃离欧洲的现象。"这是本书的一个背景。作者担忧的是："不久的将来，西方将不可避免地走向衰亡，传统的西方文明终将败于伊斯兰文明之手。"马克·斯坦恩的书很受特朗普的推崇。

实际上，早在2008年的时候，梵蒂冈就注意到，穆斯林的人口数量在人类历史上首次超过了天主教徒。梵蒂冈的代表说："有史以来我们第一次不再是最多，穆斯林超越了我们。众所周知，穆斯林家庭继续生育许多孩子，而基督教家庭生育的子女越来越少。"

这是他们忧虑的重要方面，其实这也是伯纳德·刘易斯所深深担忧的——随着穆斯林人口的自然增长以及移民数量的迅速增加，再加上难民的涌入，欧洲的未来似乎已经岌岌可危了。不能否认，持类似观点的人确实很多。还有很多人因为所谓"政治正确"，而不能公开表达这种忧虑。他们会将这种感受、想法和心理寄托在一些所谓右翼政治力量的身上，从法国的勒庞到美国的特朗普，更不用说德国的所谓"新纳粹"，都在扮演这样的角色。

3. 对"伊斯兰恐惧症"的质疑

对于"伊斯兰恐惧症"提出的这些问题，该如何看待？目前来看，大致存在如下的质疑方式。

一是对统计数据获得的方式方法有疑问。比如，如何统计全世界的穆斯林人数？梵蒂冈的所谓天主教徒的人数，是在自己的教区内通过问卷调查的方式获得的，但穆斯林人口数据的获得没有这么"严谨"。

二是对"伊斯兰恐惧症"的预设进行了批评，这个预设也就是存在一个统一的、均质化的伊斯兰社会，这个社会的每个人都是理想意义上的穆斯林。多元主义对此的批判是这样的：对个体的穆斯林来说，他的年龄、性别、种族、肤色，这些身份（identity）不见得比他是一个穆斯林更为次要，而本质主义的认知使得外界只将他视为一个穆斯林，从而使他作为一个平面化的、僵化的形象被呈现，好像他只是作为一个理想意义上的宗教信徒活着，在方方面面都是沙里亚法（伊斯兰教法）的恪守者。多元主义认为这样的预设过于简化了。在今天这个以世俗主义为主要底色的世界上，个人对宗教和作为信徒的身份的理解是千差万别的。

三是对世俗化理论的重新反思。西方对过去的世俗化理论早已没有那么乐观了，其中的代表人物是彼得·伯格，他提出了世界的"非世俗化"问题，修正了过去那种认为随着现代化、理性化的发展，人的宗教情结必将淡化的世俗化理论。这个非世俗化的趋势，在东西方不同社会都能找到很多例证。这个理论上的变化，对于理解所谓伊斯兰教复兴问题提供了新的思路。比如，在探讨所谓土耳其的伊斯兰教复兴问题时，通常会出现所谓土耳其的世俗体制将被颠覆，土耳其将被重新伊斯兰化的担忧，但也有一种观点认为，土耳其只是在从法国模式的积极世俗主义向美国模式的消极世俗主义转变，而不是要放弃世俗主义。实际上，无论是在伊拉克还是在叙利亚，除了在IS一度盘踞的地方，世俗主义的底色并没有消退，以往的世俗化和现代化的历史进程也并没有被逆转。就算是在伊朗，人们对其所谓教权国家的理解现在也更为精细了。

再者，"伊斯兰恐惧症"认为基督徒和穆斯林之间（或所谓西方与伊斯兰世界之间）不可避免地要发生文明和文化的冲突，但其实这种冲突并没有大规模地发生，而只是局部地存在，且有更为复杂的原因，并不必然是宗教间的冲突；而更为大规模的、典型的冲突是存在于所谓伊斯兰世界内部的，因为教派、国家利益、地缘政治或极端与温和的差异而爆发的。

最后，从政策实践的角度来说，"伊斯兰恐惧症"那耸人听闻的结论，会给人们造成巨大的心理压力，尤其是在人们思考未来的时候。这会引发更大的恐惧心理，树立起心理屏障，阻碍本就不够充分的交流与交往，并加剧不同群体之间的对立，或许会导致出现所谓"自我实现的预言"。

4. 进一步解放思想

在当代社会，须重视各类宗教极端主义带来的挑战，不只是在人道主义、恐怖主义等方面的挑战，在思想上的挑战同样重要。之所以不能回避宗教极端主义的问题，关键就在于，不管是在古代帝国时代，还是在近代民族国家时代，宗教极端主义作为某种具有乌托邦色彩的纯洁化（purist）思想和运动的一种表现形式，是经常不断出现的。已有的研究大部分关注的是站在现代社会的角度进行的批判，但同样不可忽视的是穆斯林自身批判宗教极端主义的内部视角，这种书还是很多的，可惜国内的引介不够。

这也就提出了从多学科角度研究伊斯兰教以及伊斯兰国家现代变迁的重要性。离开了对宗教本身的关注，研究往往也会流于肤浅，尽管极端主义只是个别现象，但是它的不断出现，证明了现实社会与宗教理想之间巨大的鸿沟是常在的。对于不断出现的宗教激进主义对现实社会的批判和挑战，既有的学理和政策目前都难以有效地予以回应。就现实意义而言，无论是在一个以穆斯林为主的社会，还是穆斯林作为少数族群存在的社会，如何建立一个让世俗人士和宗教信徒能够和谐相处的基于宪制安排的新体制，是非常紧要的。在思考这个问题时，既要突破宗教极端主义的框架，又要突破某种基于激进世俗主义的价值判断——很多价值预设，难免妨碍人们解决实际问题的能力，甚至限制了人的想象力。我们需要解放思想,在打破这些框架的基础上,从制度史与思想史结合的角度,进一步充分地研究主要伊斯兰国家的政治变革进程。

四、极端主义的特殊性与普遍性

关于 IS 的极端主义和恐怖主义背后的深层次原因,除了地缘政治的、社会-经济的原因,也有历史的和宗教方面的原因。

恐怖主义袭击在欧洲、中东地区频发,需要分开来看。欧美的恐怖主义泛滥与其内部政治有密切关系。从其内部看,经济上恢复乏力,人民生活水平、社会福利降低,从而引发了将外来移民视为威胁的思潮和运动。所以,袭击、暴力事件不一定就是通常所说的恐怖分子干的,也可能是极端政治派别表达自己政治观点的一种方式。

这些年,欧洲自身政治经济发展也存在很大问题,这些问题也是二战后世界历史上的第二轮全球化(相对于 19 世纪英国主导的第一轮而言)深入展开以来所造成的,尤其是随着新兴经济体的上升加速,这些问题不可能一朝一夕得到解决。20 世纪 80 年代以来,第二轮全球化迅速发展。第二轮全球化走到今天,其结果就是:发达国家的金融和高新技术产业大发展,但制造业中产阶层萎缩,与此同时一些采取出口导向战略的新兴经济体崛起,而中东、非洲一些地带在全球经济体系中陷入断裂或塌陷。

欧美的民粹主义在上升,他们将矛头指向外来移民和新兴经济体的崛起,某种保护主义颇为盛行。在某些全球化秩序的塌陷地带,则出现了政治动荡、恐怖主义和重新划分疆界或势力范围的趋势。欧洲的难民危机，是中东-非洲塌陷地区的动荡外溢的结果，已经引发欧洲的政治危机，欧洲也在大幅增加安全预算。全球性大国和日趋活跃的地区性大国，又在这些热点地区进行多层面博弈，在保护主义、全球疫情的影响下，经济增速放缓的新兴经济体也面临自己的多种内部问题。这是我们这个时代的特征。

20多年前，美国政治学者本杰明·巴伯（Benjamin Barber）提出了一个主张，说人类社会已经进入一个新的时期，其特征是："吉哈德对抗麦当劳世界"（Jihad vs. McWorld）。[*]在这里，"麦当劳世界"指的是全球化和跨国公司对政治进程的控制，代表的是消费主义的资本主义；"吉哈德"原系阿拉伯语"奋斗"的意思（现通常被翻译为"圣战"），作者借用这个词指代以特定的传统或传统价值为基础的宗教或部落原教旨主义，表现为极端民族主义、极端宗教正统论以及神权政治等。巴伯认为，这两股力量针锋相对，但又奇怪地纠缠在一起，正在撕裂世界，瓦解民主制及其所依赖的民族国家。

进一步来说，就是资本主义市场与技术的全球化击穿了民族国家的疆界，造成了一种"多孔化"的局面，削弱了民族国家的政治控制与治理能力，而全球化又使得快餐文化冲击和瓦解传统价值，将世界上的不同人群驱赶到统一、乏味又缺少规制的市场上。这自然会激起传统力量的反应，人们急于在这个日益失去意义的世界上

---

[*] Benjamin Barber, *Jihad vs. McWorld*, New York: Ballantine Books, 1995.

维护自己的身份、价值与认同,所以,种族的、宗教的、族群的或部落的归属并不会就此消失,反而带着对全球化的仇恨卷土重来,而这又不可避免地将政治撕裂为更小的单元,但小的政治单元能够通过排除掉"外来者"获得一种团结感和对身份的保护。

换句话说,在全球化时代,认同/身份政治也成了日常生活的核心问题。不只是很多极端主义、恐怖主义现象可以放在这个框架里进行解读,就连特朗普当选美国总统、欧洲的右倾化、英国人公投退出欧盟等等,都在某种程度上与此因素有关。

另外,我们还需要重视极端主义产生和发展的原因。一位研究宗教救赎运动的学者曾经指出,探讨那些范围广、影响深的宗教运动,只从经济-社会原因着手,是远远不够的,必须对其宗教上的传统、主张和诉求有深刻的理解,才能认清其本质。循此理路,对于IS这种有着宗教背景、打着宗教旗帜的极端主义现象,我们如果对其宗教性的主张不熟悉,则易陷入所谓穷困潦倒、走投无路者被其吸引的片面认识。2016年以来,孟加拉国发生了多次恐怖袭击事件,参与者多为当地"富二代""官二代",更不必说"基地组织"的前头目本·拉登原为阿拉伯富豪。*

在中东历史上,长期存在激进或极端的宗教主张和实践。比如,7世纪时在阿拉伯人中出现的哈瓦立吉派,这一派中就有一股崇尚暴力的极端势力,认为只有自己对伊斯兰教的理解是唯一正确的,并强行推广自己的宗教主张。18世纪时出现于阿拉伯半岛上的瓦哈

---

* 具体可以参见〔美〕劳伦斯·赖特:《末日巨塔——基地组织与"9·11"之路》,张鲲、蒋莉译,第三、四章。

比派,被当时奥斯曼帝国的宗教人士称为当世的哈瓦立吉派;在20世纪70年代,埃及有一个宗教极端组织也被埃及媒体称为当世的哈瓦立吉派;而在当代,还有穆斯林学者称IS为当代的哈瓦立吉派。[*]尽管今天在阿曼的哈瓦立吉派分支并非极端主义教派,但人们不断使用哈瓦立吉派作为参照的说法,也部分地说明了极端主义现象的某种历史延续性。

极端派尽管是非常小的异端性派别,但是,由于它们可能在行动上崇尚暴力,在思想主张上过于狭隘和极端,它们对穆斯林社会本身会有巨大的冲击。穆斯林学者告诉我们,在约1 400年前,先知穆罕默德在"圣训"里面就提到会出现这样一些人,根据一些穆斯林学者总结,这些人共有八个特点:

牙齿新生而稚嫩(指年轻人);
心智愚蠢轻狂;
口诵《古兰经》却未用心领会;
在宗教上走极端;
对宗教的无知和错误解读;
惯于争执和巧言狡辩;
枉断他人背信,枉杀无辜之人;
剃光头(指的是以独特的方式区分自己和他人)。

可见,先知在1 000多年前就曾警告后世穆斯林,要警惕内部

---

[*] Shaykh Muhammad Al-Yaqoubi, *Refuting ISIS*, second edition, Virginia: Sacred Knowledge, 2016.

可能出现的极端主义派别。历史上其他的宗教或文明传统中也出现过类似的情况。只不过由于地缘政治格局、历史与世界发展的趋势等原因,中东地区有了更为适合的土壤,也更为突出。

为什么中东地区存在较多的以伊斯兰教为旗号的极端主义和恐怖主义?当然,这跟中东地区的地缘形势关系密切。中东地区处在东西方之间的中间地带;如果从地中海的角度看,中东又是跟基督教世界、欧洲紧密关联的地方。历史上伊斯兰帝国比较强大时,都是相对比较统一的时候,长期以来给基督教世界和欧洲造成了巨大的压力,无论是前期的阿拉伯帝国还是后来的奥斯曼帝国。所以,西方长期认为中东地区穆斯林的统治是一个威胁,即后来所谓的"东方问题"。今天的中东局面是100多年前奠定的,100多年前的第一次世界大战解决了所谓"东方问题",瓜分了奥斯曼帝国,也出卖了阿拉伯人的利益。

所以,这是一个在近代民族国家建设和现代化的进程中还没有安定下来的地区。阿拉伯民族分属20多个国家,这种形势是基于100多年前的政治安排形成的,是西方主导的政治格局的划分所造成的后果。实际上,中东地区无论是在部落、民族还是在宗教的意义上,现在仍然处于分裂中,因此,这里长期存在较为激烈、紧张的冲突。无论是相对于传统帝国时代的辉煌,还是跟现代的发达世界相比,当地的现状是令人倍感屈辱的,容易形成滋生极端主义的土壤。

人类是在冷战结束而恐怖主义威胁出现的背景下进入21世纪的。本·拉登的灭亡丝毫没有减弱恐怖主义的威胁。这越来越强化了一种认知,即越是高度发达的现代化的社会,也越是高风险的社会。提出"风险社会"概念的德国社会学家贝克曾指出,与传统社会中人们主要面临自然风险不同,现代社会的风险有一个重要特征,那就是风险的"人化",即越来越多的风险是由人及其活动本身制造出来的。随着全球化的发展,风险也日益全球化,恐怖主义就是一个典型。"伊斯兰国"就非常善于使用先进的技术和全球化的传播手段,比如,运用社交媒体进行宣传和招募,据研究过这些问题的学者说,其宣传品的"洗脑"水平很高。极端主义和恐怖主义对人类的威胁将长期存在。

第十四章

欧洲的中东移民问题

一、中东与欧洲关系的"倒叙史"

我们需要在一个历史的长时段视野下回顾中东伊斯兰世界和欧洲的关系。我们看一下地中海的地图就会明白，它实际上是很狭窄的一片水域。地中海的南北两岸之间相距较近，西边直布罗陀海峡更是狭窄，从利比亚到西西里岛也是很近的。我们说的欧洲文明/西方文明、非西方文明/东方文明显然不是严肃的学术术语，但我们笼统地接受了这种表达，而且这种表达无形中给了我们一个心理上的距离，但打开地图一看，在一些节点上，文明的边界并非总是清晰的，而且物理上的距离又特别近。欧洲难民危机就非常形象地说明了这一点。笔者想用倒叙历史的方式先梳理一下历史上的穆斯林与欧洲的大致关系，以几个重要的时间节点为线索。

北非和叙利亚的很多地方都曾是法国的殖民地。二战结束后不久，法国著名思想家亚历山大·科耶夫（Alexandre Kojève，1902—1968）曾设想了所谓的"拉丁帝国"，想将西班牙、意大利、法国这样的拉丁国家团结起来。与此同时，他也建议应该将这些国家在地中海南岸的前殖民地囊括进来（详后）。*当然，后来欧洲的一体化没有这么走，而是以法德和解为基础的，并且显然是排斥了地中海南岸。在20世纪40年代中期的历史背景下，没有今天所谓的穆斯林问题，那个时候人们考虑的是殖民地和宗主国之间的关系。所以，有学者评论科耶夫的时候曾说，如果他的那个拉丁帝国实现了的话，今天所谓的"穆斯林问题"可能就会很不一样。

我们今天讨论欧洲难民危机前，不妨把眼光先穿越到100多年以前。"一战"之前发生了1912—1913年的巴尔干战争，这是巴尔干各民族联合起来反抗他们的宗主——奥斯曼帝国的战争。这场战争造成了一个重要后果，就是大量穆斯林从欧洲的大撤退。数十万乃至上百万的欧洲裔穆斯林被从欧洲驱逐，这些人来到伊斯坦布尔，又辗转到了小亚细亚。他们的后裔成为今天土耳其人口中相当重要的一部分，被称为巴尔干土耳其人（Balkan Türkler）。这里面，最典型的一个例子就是土耳其国父穆斯塔法·凯末尔的家庭经历。凯末尔的故乡在今天希腊的马其顿地区，他显然是出生在今天土耳其领土之外的，甚至在革命年代，有人便想以他不是出生在土耳其领土上为由反对他。严格说，他可能算是个希腊人。巴尔干战争期间，凯末尔的母亲和其他家人历经磨难逃亡到伊斯坦布尔，全家才算团聚。西方的历史学家经常描写土耳其人统治的残暴，却很少提到穆斯林在那场战争期间所经历的被杀戮和驱逐的苦难。跟今天比起来，100多年前穆斯林难民逃亡的目的地是不一样的，但他们都是为了逃离战乱，寻求安定和平的生活。

---

* ［法］科耶夫等：《科耶夫的新拉丁帝国》，邱立波编译，北京：华夏出版社，2008年，第20—33页。

谈及近代史，我们就必须重点讲一下最后一个伊斯兰帝国——奥斯曼帝国和欧洲的关系。奥斯曼帝国和欧洲的关系不是两个宗教世界或文明之间的关系，它首先是个政治关系，是不同王朝之间的关系。将其放在文明的意义上来叙述，显然是后世的建构。实际上，历史上奥斯曼帝国在很长时期里是参与西方事务的，这说起来有点儿像今天土耳其人在欧洲踢足球，奥斯曼帝国与欧洲的王朝除了竞争，也有类似于"合纵连横"的关系。从军事扩张的角度来说，1683年是个重要的节点。这一年，奥斯曼军队第二次围攻维也纳失败，被历史学家看作它在欧洲扩张的极限。从奥斯曼的军事扩张角度来说，大概在16世纪上半叶它就已经达到了鼎盛。巴尔干及其以东都是奥斯曼的领土，这是今天我们所说的东南欧。较早赢得独立的是希腊，那也是到19世纪30年代了。更不用说更多的欧洲地区是在20世纪初才真正地从奥斯曼帝国独立出来的。

再向前追溯的话，1683年以前，对于欧洲人来说心理上影响最大的应该是1453年。那一年君士坦丁堡陷落。土耳其人2012年时拍了一部电影叫《征服1453》（*Fetih 1453*），说的就是"征服者"苏丹穆罕默德二世，他实际上实现了先知穆罕默德在世时就提出的征服君士坦丁堡的梦想。1453年，对欧洲人来说，当然是一个噩梦的开始，它象征着十字军运动以来基督教世界最严重的一次失败，对于欧洲意识/认同的形成具有非常重要的影响，因为欧洲现在有了一个强大的"他者"，有一个建构自我的参照物了。1453年，对土耳其人来说是一个扩张的胜利时刻，同时也是一个帝国建设新阶段的开始。伊斯坦布尔的建设从1453年征服延续到现在，它还曾被评为"欧洲文化之都"，并且还在不断地申办奥运会。今天，在很多方面伊斯坦布尔都很接近欧洲标准。

1453年，对穆斯林和欧洲的关系来说，留下一个具有象征性意义的地方，这就是我们不止一次提到过的著名的圣索菲亚大教堂。1453年征服以后，欧洲人听说这次征服造成圣索菲亚门前血流成河。逃出去的人散播了这样的说法。但土耳其人并不想毁掉这座城市，实际上他们要将这个地方当成自己的地方，因此从各地吸引和征调大量的科学家、工匠、知识分子、商人来搞建设。圣索菲亚教堂没有被破坏，而是被改造成了清真寺。土耳其人没有改变它的格局和结构，而是将其整修加固，在教堂外面竖起了伊斯兰的宣礼塔。东正教对于宗教图像是很崇尚的，不知情的人以为教堂里的图像都被捣毁了，实际上不是这样的，它们只是被覆盖了，因为伊斯兰教不允许偶像崇拜。1935年，土耳其政府把圣索菲亚改成博物馆，不再当作宗教场所，让所有的人都可以来参观。圣索菲亚原来的穹顶画反映的是基督教的世界观，就是天空四个角是由四个天使托起来的，所以它原来画着特别形象、特别美的四个天使。1453年之后，穹顶画被灰泥覆盖，后来为增进跟欧洲的亲和力，土耳其人清除了一个角上的覆盖层，露出了一个完整的天使。某种程度上这也是穆斯林和欧洲关系的一种缩影。2020年，圣索菲亚被改回清真寺，其所挑动的当然是传统上基督教欧洲与伊斯兰中东的敏感关系和历史记忆。据说，裸露出来的基督教画像被以特殊技术手段做了视觉上的处理，如果去参观，仍然可以看到那些露出来的镶嵌画。

前边说的是地中海东部的情况，我们再来看15世纪时西部的情况。不得不说，这里正好存在一个相反的过程，简言之，在西南欧的西班牙地区，存在700年的穆斯林势力逐渐被基督徒的"再征服运动"驱逐，到15世纪末最终完成。当然，这个过程中发生的事情包括对非基督徒的驱逐，其中包括很多犹太人，他们逃到了奥斯曼帝国的萨洛尼卡和伊斯坦布尔，成为勃兴的奥斯曼帝国的建设者。伊斯兰帝国历来对犹太教徒、基督徒这些"有经人"有相对宽容的制度设计。新帝国要吸引大量的专业技术人才，比如有财政、医学等方面专长的犹太人。伊斯坦布尔有很多的犹太人墓群，还有犹太社区，它们成为这座城市重要的风景线。很多土耳其的文学作品都包含犹太社区、犹太姑娘的意象。

奥斯曼帝国不是一个纯粹意义上的伊斯兰帝国，它所继承的遗产既有伊斯兰的，也有波斯的和拜占庭的，不管是在制度还是在文化上都是如此。即使在军事上，它的海军、外交等也很倚重基督徒。

所谓奥斯曼帝国阻断了地中海贸易商路，这样的带有西方中心主义的、集想象与建构于一身的陈词滥调，早已被学术研究证伪。与其这样说，毋宁说是奥斯曼帝国改变了地中海贸易的格局，而编造这样一个伪命题且该命题能够长期被人信奉，反映的恰恰是西方对伊斯兰世界的长期敌意。在奥斯曼帝国控制下，地中海贸易仍然在发展，而且英国人也参加进来了。现在叙利亚的阿勒颇很有名，但主要是跟近几年的战乱有关，但它历史上是奥斯曼帝国的重要商贸城市，除了伊斯坦布尔，它的地位与开罗、大马士革不相上下，而且一度还超越了大马士革。阿勒颇以地毯贸易闻名，这吸引了英国商人。

再往前追溯，就是很重要的一个时期，即11—13世纪十字军运动的200年。这是基督教历史上披着极端宗教狂热外衣的政治性和军事性运动。运动规模很大，持续时间很长，宗教的狂热、对圣城耶路撒冷的再征服和对战利品的追求纠缠在一起。这个运动实际上对两方面的影响都是比较大的，当然负面的影响大家可能相对清楚，比如加深了彼此的敌对，以及"圣战"的军事化和暴力化相互加强了。但它也还是有些正面影响的，比如，当时有一些欧洲人来到伊斯兰世界的时候，发现伊斯兰世界正处于鼎盛繁荣的时期。那个时候的阿拔斯王朝代表了当时的"现代性"。伊斯兰世界的经济、政治、医学、科技和文化都很发达。并不统一的伊斯兰世界在当时代表了人类文明发展的新高度，其不同的地区都存在着自由的"思想市场"，从东边的布哈拉、撒马尔罕，到中东的大马士革、开罗、亚历山大，再到西边的安达卢西亚，穆斯林统治的地盘上出现了文化的大繁荣。甚至在十字军到来之前，就已经有欧洲人发现了这一点。波斯、希腊、罗马、埃及、中亚、印度甚至中国的文化与文明遗产在伊斯兰世界交汇，产生了丰富的思想和文化成果，这被一些历史学家称为"早期启蒙运动"。从天文、物理、代数、几何、医学、法律等多方面看，伊斯兰世界的学术都非常先进，多个地方的统治者都支持学术的进步。比如哈里发曼苏尔、迈蒙，都是非常有名的学者型统治者。他们建立图书馆，组织研究院，招聘人才。学者们的翻译、注释、研究等工作，产生了对后世影响深远的成果。欧洲人也是在这个基础上推进到近代科学的，虽然他们刻意要掩饰这种继承关系。

如果再往前推，就要说到穆斯林的扩张了。在一神教的体系里，伊斯兰教崛起较晚。610年先知才受到启示，632年先知去世时，阿拉伯人基本上已经统一起来。之后，阿拉伯的伊斯兰帝国迅速崛起当时，北边萨珊波斯帝国和拜占庭帝国之间的争斗已经使这两个帝国十分疲敝，所以阿拉伯人崛起的时候没有遇到多大阻力，推进速度非常快。到了732年就发生了图尔战役，也就是法兰克人阻挡了穆斯林进一步北上，使他们止步于西班牙；几乎同时，穆斯林在东边到达了中亚。

今天的地中海周边，都曾属于基督教世界。我们从一个典型的时间点来看，比如1071年，此时讲突厥语族语言的游牧部落开始大规模地进入小亚细亚。1071年，在小亚细亚东部发生了曼齐刻尔特（Manzikert）战役，这次战役是塞尔柱人赢了，他们撕开一个口子，之后就有大量游牧民进入小亚细亚。塞尔柱人是刚刚皈依伊斯兰教的，没有那么正统。他们刚进入小亚细亚的时候，那里大量的人口是希腊裔基督徒，有很多教堂，而塞尔柱人就直接去教堂，基督徒出来了他们就进去礼拜，很"和谐"。所以说，伊斯兰化是有一个缓慢过程的。1071年后，小亚细亚出现了一个民族再生成的过程，也就是讲突厥语族语言的游牧民与当地人融合，这就出现了早期的土耳其人。但是，直到"一战"结束时，实际上爱琴海周围基本上还是希腊人为主的。凯末尔革命胜利后，希腊和土耳其之间发生了一起十分悲剧性的事件，这就是所谓民族大交换，简单来讲，就是穆斯林被逐出希腊，东正教徒也要从土耳其去希腊那边。民族交换时区分不同的民族，就是以宗教作为标准的。现当代历史上，希腊和土耳其的关系绝大部分时间是不好的，这段关系在今天的一个重要缩影就是围绕塞浦路斯问题的长期纷争。这里面胶着的是土耳其（穆斯林）与欧洲（希腊基督徒）的关系。

从历史的角度，我们粗略地回顾了伊斯兰世界和欧洲之间的表面关系。二者其实没有一条明确的界线，它有很多部分是重合的、反复变化的，是犬牙交错的，今天也还是这个样子。这对欧洲的影响也很复杂。今天我们看到的欧洲一体化，是从法、德两国在二战后和解开始的，然后发展到欧共体，再到欧盟这样一个过程。欧洲的一体化是从经济性的考虑开始的，慢慢继续走向了制度、金融、法律和文化的一体化构建。在这个过程的背后有一个均质性的假定，但是已经日益遭到异质性的挑战，这个异质性当然也包括穆斯林后裔和移民的存在以及不断增长。这种情况造成的所谓"伊斯兰恐惧症"，势必对欧洲未来的发展造成冲击。近些年来，欧洲移民和难民问题的加剧，恐怖袭击、文化冲突也威胁着欧洲，这些问题不断地暴露在世人面前，不断地考验着，也改变着欧洲。

二、面纱头巾之争的背后

2004年2月10日，法国国民议会一审以494票赞成、36票反对和31票缺席的结果通过了《面纱头巾法》，禁止女学生在公立初中和高中佩戴伊斯兰头巾，同时强迫学生摘除大十字架和犹太人的小帽等属于明显宗教标志的服饰。不过，这一法案不适用于私立中学，也不适用于海外的法国学校。该法案将于当年3月递交参议院投票表决，并于当年9月正式实施。这只是法国的内政问题，而且算不上是重大事件，然而，从实际影响来看，这个问题得到了世界的广泛关注。

1. 交锋：不同立场间的碰撞

欲对一个事件进行客观评述，必须公平对待不同立场。在法国《面纱头巾法》这个问题上，至少存在两种声音：法国政府及支持者的声音、反对者的声音。

首先，从法国政府角度看，这个立法的动机至少有两个。

第一，为了维护所谓的世俗主义原则。法国有关方面认为，在学校等公共场合佩戴明显的宗教饰物，是一种宗教信仰的过度张扬，也是在现代世俗社会有意或无意地强制传播宗教习俗，这有悖于现代文明。法国民政部长弗朗索瓦·菲永（François Fillon）在议会辩论时说，法国必须坚持维护世俗主义国策，保护法国固有的价值观。法国最大的中左翼政党——社会党（Parti socialiste），也支持在学校中反对宗教意识的动议。他们说，应当尽快帮助移民融入法国世俗社会，而为了体现法国教育的非宗教性质，必须排除任何宗教的影响，尤其是穆斯林的影响。

第二，为了避免宗教冲突。法国的主流宗教是天主教，按照相关法律的规定，十字架、《圣经》、祷告等都不得在学校出现。21世纪初，法国有500万穆斯林。作为一个具有明显宗教标志的群体，他们与宗教相关的言行也应在法律的管辖范围之内。因此，天主教徒要求政府与法律一视同仁，这也就是大多数人支持该立法的重要原因。法国政府的考虑是，如果出于不良意图和动机，佩戴明显的宗教饰物，必然导致宗教间的纷争和冲突。

还有观点认为，此举是当时的法国总统希拉克为了在2004年3月的法国地方选举中从"国民阵线"手中拉回更多选票采取的策略。

从法国的主流社会舆论看，民意调查显示，多数意见支持政府的禁令，并呼吁穆斯林民众给予理解和保持理智。

再从反对者的立场来看。了解时事的人应该不会忘记，2004年1月17日，法国首都巴黎和一些欧洲和中东国家发生了示威游行，反对法国政府计划实施的禁止穆斯林妇女在公共场所戴面纱和头巾的法律。当年1月31日，数千名锡克人也在巴黎市中心举行游行示威，抗议法国政府准备实行的法律，因为被禁止的宗教象征饰物中包括锡克族男子的头巾。这些持反对立场的人到底如何看待宗教饰物立法呢？

首先，许多反对党指出，政府颁布反伊斯兰教的政策将"导致严重的后果"，破坏法国自由与民主的光辉传统，取笑于世人。他们要求法国政府慎重考虑对穆斯林采取扼制的政策，声明说这是赤裸裸的种族和信仰歧视。有的穆斯林和人权组织认为，自1789年《人权宣言》公布以来，法国就赋予人民宗教信仰的自由，穆斯林女性有权决定自己是否戴头巾，戴头巾并没有妨碍他人，也没有影响其他人的信仰。

其次，在西方的穆斯林妇女对头巾有一些比较集中的看法，如有人认为，妇女戴头巾显得庄重高雅。有西方穆斯林认为，戴头巾是妇女尊严和纯洁的一种象征，戴头巾的妇女更能体现出其人格高尚的一面。还有一种观点说，西方社会的妇女时常与其他女性处于竞争的状态，尤其是那些结了婚的女性，她们时常担心丈夫被其他女人吸引，而这导致西方每两个家庭中就有一个家庭的成员与他人保持着不合法的关系。家庭成员对其家庭的不忠行为最终给家庭妇女造成的伤害是最大的，故伊斯兰教所倡导的妇女服饰在一定程度上赋予穆斯林妇女尊严和纯正的价值观,也加强和巩固了穆斯林的家庭基础。

可见,反对者与支持者之间存在两个分歧。一是民主与自由之争:支持者认为,法律之下各宗教平等,那么穆斯林就应该和天主教徒一样受到世俗法的制约;反对者认为,法国是一个信仰自由的国家,对穆斯林戴头巾进行限制,违背了宗教自由原则。二是世俗与宗教之争:官方认为,宗教饰物在公共场合的出现是对世俗主义原则的违背;而信教人士认为,佩戴头巾在穆斯林文化和社会中发挥着重要作用。

明了双方立场之后,我们应如何看待这些不同的立场呢?至少,我们应该问:为什么会存在这两种立场?除此之外,是否还存在其他的问题?下文就是对这些疑问的更深入探讨。需要说明的是,由于法国最大的少数宗教派别是伊斯兰教,而且《面纱头巾法》主要涉及的也是穆斯林,因此,下面的分析是以法国穆斯林作为案例的。

2. 世俗主义:《面纱头巾法》的历史逻辑

法国官方一直强调其维护世俗主义的基本立场。所以,如果不了解法国世俗主义的特征,我们就无法对法国政府的所作所为有比较深刻的认识。而这就需要回顾法国世俗政治与宗教之间在历史上的恩恩怨怨。

1789年,法国大革命一开始就对天主教会发动进攻,废除了教会什一税和教士的免税特权,通过了没收全部教产的法令,规定教士由教徒选举产生，当选教士应宣誓效忠宪法，神职人员薪金由国家支付，不再向罗马教皇缴纳税金等。《人权宣言》关于人生而自由平等的天赋人权概念给宗教信仰自由定下了基调。1791年宪法正式宣布宗教信仰自由，实际上承认了新教徒和犹太教徒享有同等的政治权利（**此时当然还不存在伊斯兰教问题**），确立了教会财产归国家所有并永远由国家支配的原则。但是，激进的大革命一度曾使天主教下层教士和普通信徒受到过分的压抑。拿破仑执政后，分别调整了对新教徒和犹太教徒的政策，肯定了信仰自由，承认天主教为"法国大多数人的宗教"，但把它置于受国家供养、由国家管辖、听国家命令的从属地位。

1833年的《基佐法》开始推行世俗的初等教育。1850年的《法卢法》又承认天主教管理教育的权利，教会学校享有国家的津贴。1881—1886年的《费里法》建立了普遍的公立学校的国家津贴。第三共和国初期，反天主教情绪因德雷福斯事件而日趋强烈，激进共和派力主政教分离。1901年，法国颁布《宗教团体法》，规定一切宗教团体须经政府认可，否则将予以解散并没收其财产。1904年，法国又禁止教士充任教师，因而封闭了教会学校。1905年，法国通过了由白里安提出的著名的《政教分离法》，宣布共和政府不承认也不补贴任何官方宗教，要求教会应该自治自立，且不受国家干涉，该法适用于天主教、新教和犹太教。该法规定，非宗教组织开设的学校一律奉行世俗原则，学生和教师可以保持自己的宗教信仰，但不得以"炫耀"的方式表达和宣扬，不能进行传教布道，不能用自己的信仰影响他人。当时制定这个法律，是为了实现教育与宗教的分离，主要是减弱天主教对教育的影响。此后，法国以普通法律规定的集会自由原则管理宗教仪式，允许教堂自由开放。至此，法国完全实现了政教分离。

现在，法国人提到自己的世俗主义时，往往忽视了200多年来世俗主义发展的历史过程。法国的世俗化不是和平的牧歌，它是法国人民艰难达成的妥协。需要注意的是，1905年通过的法律，就其本身而论，基本目的不是支持法国的宗教自由，而是要在公共领域把天主教和其他少数宗教派别置于同等地位，借此削弱其影响。这个法律实际上意味着，宗教信仰被限制在私人领域。1905年后的数十年中，主要宗教——天主教与犹太教——已经与世俗政治达成了**不稳定的和平**。这就是法国社会的世俗主义现状。

法国世俗主义的重要特征，是国家对宗教的控制和监护。法国现代历史表明，宗教是在世俗政治权力的不断打压、排挤、限制之下渐渐退出政治舞台的。世俗政治对宗教具有绝对权威，世俗政治对宗教的干预是有历史延续性的。这就是法国颁行《面纱头巾法》的深层历史原因。横向比较来看，与法国有相似的世俗主义模式的是土耳其。

19世纪法国著名的思想家托克维尔在考察了美国之后，写下了《论美国的民主》这一影响广泛的名著。他曾经做过一个对比："在法国，我看到宗教精神与自由精神几乎总是背道而驰的；而在美国，我却发现两者是紧密配合，共同统治着一个国家的。"在此书出版一个多世纪之后的今天，这个问题似乎仍然相当尖锐。托克维尔认为，美国是一个宗教与自由民主相辅相成的国家。同样是政教分离，但美国社会基本上是宗教不干涉政治，政治也不干涉宗教。托克维尔看到，在美国，教士没有公职，不参与国家管理，立法机构也没有他们的代表。托克维尔赞赏这样的政教关系,并断言美国模式将渐渐在全球普及。然而,托氏的预言没有实现。在作为现代民主制度发源地的法国,宗教自由与民主政治之间仍然存在着紧张关系。从全球来看,即使是在美国,宗教的影响力也并未减弱,宗教团体以不同形式对政治发挥影响,并有加强之趋势。这或许是新世纪重要的全球性课题。

3. 一个少数族群的抗争

穆斯林对法国头巾法的抗议,不仅是宗教问题,更是一个少数群体与主流社会的关系问题。在民主社会中,宗教成了少数族群表达自己的政治诉求与寻求文化认同的重要工具。与政治权力相比,宗教团体属于"弱势群体",无论从种族、身世还是情感等方面来看,宗教成为实用的工具都具有自身的合理性。

在21世纪初,据估计,法国6 000万人口中有500万穆斯林,伊斯兰教显然已经是法国仅次于天主教的第二大宗教。[*]但是,对大多数法国原住民而言,接受这一现实却非常不易。在法国,关于伊斯兰教的争论也很多,但是,它们自始至终是把穆斯林作为一个社会问题来看待的。有人还经常这样问:穆斯林能适应法国社会吗?显然,这个疑问的背后有一个预设,即伊斯兰价值观与西方价值观本质上是不相容的,穆斯林被看作一个"危险阶层"。

法国的现代穆斯林移民大多来自北非和撒哈拉以南非洲的法国

---

[*] 到2021年,法国的6 500多万人口中,穆斯林的比重是7%—9%,https://worldpopulationreview.com/countries/france-population(获取于2021年12月31日)。

前殖民地。早期北非移民的困境在于对法国殖民主义的记忆。那个时期，即使是被给予法国国籍的北非人，也并不被看作法国人，除非他们首先宣布放弃伊斯兰教。

二战后是穆斯林移民法国的高峰，他们的到来打破了法国社会的平静。按照西方学者的看法："它（伊斯兰教）在公共领域和私人领域的划分上引起了新的混乱，并导致宗教自由与政治宽容之间新的论战。"1989年的"伊斯兰教头巾"事件就是这一论争的例证。可以说，20世纪后半期，伊斯兰教的到来激发了长期以来在世俗政治表面下酝酿着的古老的宗教激情。

概括而言，法国主流社会与穆斯林少数派之间的关系，就是世俗主义与新的外来宗教之间的关系。借助法国著名社会学家布迪厄（Pierre Bourdieu，1930—2002）的概念，在法国这个世俗主义已经占据绝对主导的"场域"，主流社会也形成了其特定的"惯习"，那就是遵循世俗主义的要求，按照世俗主义的原则行事。作为少数派别的穆斯林要想真正融入法国社会，要过的第一关就是世俗主义！

法裔穆斯林也不是铁板一块。他们之间在文化与社会层面都有很大的差异。他们根据民族、年龄、性别和社会背景，以不同的方式信仰伊斯兰教。

对第一代北非移民而言，宗教认同与民族认同是一致的。例如，定居在法国的阿尔及利亚人，他们不但按照阿尔及利亚风俗行事，还强调伊斯兰教在阿历史上的特殊意义。一般而言，来自北非的穆斯林一方面认同自己的宗教，另一方面无法忘记在对抗法国殖民统治的过程中伊斯兰教所扮演的重要角色，而且这两方面紧密相连。所以，他们根本没有想到自己会在法国永久地定居下来。由于同样的原因，他们不乐意获得法国国籍，认为这么做就是对自己祖国反殖民运动的背叛。即使到了今天，年纪比较大的北非穆斯林仍怀抱着回归祖国的希望。对他们而言，对伊斯兰教的持久认同是防止被同化的重要保证。因此，他们需要在日常生活中履行伊斯兰教的教义。这些人自然是反对强制性的世俗主义的。

对后来在法国出生的青年穆斯林来说，他们的宗教信仰又是什么状况呢？限于篇幅，这里只做一个简单的概括。青年穆斯林已经不再像其父辈一样对家乡有什么感情，他们在法国接受世俗教育，认同民主与自由的价值观，甚至还经常批评北非国家的某些做法。因此，他们也不被阿拉伯世界认同。法国的一些穆斯林青年开始认真地信仰伊斯兰教，但是，他们的信仰已经与父辈的做法非常不同，他们认为自己信的是"真正的伊斯兰教"。他们从阿拉伯国家的知识分子那里获得帮助，并向他们请教。但他们这么做纯属个人选择。对他们而言，伊斯兰教只是提供了一个归宿，此外，他们还通过这种形式的团结和皈依，表达他们对社会不公的抗议。这些人虽然是少数，但是，他们的数量却在逐渐增加。他们发展出了一种新的政治认同：在认同自己是法国人的同时，又不重视自己的法国国籍。例如，他们认同法国的价值观，但是对法国殖民主义的历史有不同的看法。这些人倾向于把政府的立法看作对个人选择的干预。

国外有学者注意到，面对 500 万的穆斯林，法国公民发现，国内的伊斯兰教势力已经成为公共生活的很大威胁，它从三个方面动摇了原有的平衡，即国家团结、对宗教多元主义的尊重和思想自由三者的平衡。对穆斯林而言，多元主义不再意味着平等，相反，穆斯林渴望在两个方面保持政治上的平衡，即对其特有种族和文化的认同，以及在整个国家中保持政治与文化上的凝聚力。但是，法国的政治家与人民都还没有就上述问题做好充分的准备，大多数公民仍然认为法国的团结应建立在对民族与国家的忠诚之上。他们害怕任何有关多元主义的全国性争论，因为那会导致国家由于意识形态的差异而分裂，会加强极右翼的"国民阵线"——它企图利用种族主义和仇外心态赢得选民的支持。

在法国出生的大部分穆斯林正试图调和宗教与现代性，他们渴望医治存在于其父辈记忆中的殖民创伤，他们力图在实践中使法国成为对穆斯林和其他人而言比较好的归宿。只有当世俗的法国市民在理论上接受新穆斯林在实践中的努力，新的公民意识才会在整体上惠及整个国家。

总体而言，法国穆斯林在社会中处于边缘地位，这促使他们在法庭、学校、媒体和街道上做斗争。因此，法国伊斯兰教的兴起，是在一个多元社会中，穆斯林作为宗教少数派的自我意识觉醒的结果，而主要不是国际上宗教激进主义影响的结果。[*]认识到这一点，对法国人是重要的，对世界上所有关注这一事件的人也同样是重要的。

4. 穆斯林在西方：被误解的历史

细心的人会发现，头巾事件只是法国的一个内政问题，却引起了世界如此"过分的"关注，这个事件所反映出来的问题，其意义

---

[*] 据欧洲议会研究中心发布的报告，从2011年到2016年，有约5 000名欧盟国家公民前往伊拉克和叙利亚加入"伊斯兰国"，其中法国人数最多，达近2 000人。但他们并非都是有穆斯林文化背景的青年。

或许已经超出事件本身,这就是整个西方世界对穆斯林、对伊斯兰教的认识问题。

国家政策往往是特定舆情的反映。在大多数法国原住民眼中,穆斯林是"外来户",不同的宗教信仰把穆斯林与原住民区分开来。基督教与伊斯兰教的交往历史可以追溯到 1 000 多年以前,但对这段历史的认识却存有争议。一个比较流行的看法是所谓的"文明冲突论"。西方把伊斯兰教定性为一个陌生的宗教,即使它现在已经在大多数西方社会扎根,但仍被认为是完全不同于基督教和犹太教的。西方把伊斯兰教理解为有暴力倾向的宗教,这种死板的、"简化"的看法现在仍然是西方人理解伊斯兰世界的基础。例如,亨廷顿在其著作《文明的冲突与世界秩序的重建》中,就把伊斯兰激进主义看成后冷战时代的新威胁。沿着类似于亨廷顿的思路,西方人普遍认为,伊斯兰教是不安定的穆斯林地区暴力频仍的重要原因。可以说,这种论调充满了西方式的偏见。

后冷战时代是一个全球化普遍展开的时代。国际政治中的思潮往往影响到对国内问题的理解。人民网的一篇评论认为,"9·11"之后,"美国以反恐为由,不断加大对伊斯兰和阿拉伯国家的压力,要求一些国家远离'基地'组织,并断绝对'基地'组织分子的庇护和财政援助……欧洲国家作为美国的战略盟友和穆斯林移民众多的地区,也不同程度地采取了一些相应的措施,诸如限制增建新的清真寺,要求穆斯林周五聚礼日的宣讲用当地语言或将宣讲稿预先呈报审查,等等"。*一些伊斯兰国家也认为,法国政府的做法是屈

---

* 朱梦魁:《法国的宗教饰物禁令为何引发争议》,原刊于"人民网·人民时评",https://news.sina.com.cn/o/2004-02-13/00431786284s.shtml(获取于 2021 年 12 月 22 日)。

从美国单边主义的结果。不过，这个问题尚不能下定论，只是推测而已。在对待伊拉克战争的问题上，法国一开始跟美国唱反调，结果在战争结束后尝到了苦头，也主动缓和了与美国的关系，头巾法当时在多大程度是受到这个因素的影响不十分明了。

笔者想到了 2003 年辞世的萨义德。这位巴勒斯坦裔的美国著名学者，以其对东方学的研究，深刻地揭示了西方对伊斯兰世界的荒谬"想象"与建构。东方学的逻辑是假设东方为停滞的、无历史的存在，是愚昧与落后的代表，它要研究为什么东方不像西方那样发达，东方主义是帝国主义和西方妄自尊大的产物。而这一逻辑的先驱者就是英国人与法国人，现在美国人拿到了接力棒。但这并不意味着英国与法国对东方的看法就发生了根本的变化。头巾事件反映的事实就是，东方特别是伊斯兰世界和伊斯兰教在西方的眼里是崇尚暴力的，是落后的，是与西方价值观格格不入的。这仍然是东方主义的逻辑！

全球化时代的趋势是全球联系加强，同时多元并存。西方价值观尽管影响深远，但各民族、各文明的悠久传统不会在全球化的过程中被统统"化"掉。不承认这一点，就否定了文化发展的规律。正如萨义德所言，东方主义的逻辑不会消失，但同样，对西方中心论的挑战也会日益强大。这是一个走向多元化的时代，正如马克思所言："一切坚固的东西都烟消云散了。"

三、《查理周刊》事件

2015 年的开端并不平静。1 月 7 日上午 11 点半，两名恐怖分子袭击了法国巴黎的《查理周刊》总部，造成12人当场死亡、10人重伤的惨剧，而袭击者大喊"我们为先知复仇了！"的口号。《查理周刊》事件遭到包括广大穆斯林在内的许多团体、个人和官方的强烈谴责。谴责和难过的同时，我们仍然需要追问：为什么会发生这样的悲剧？概言之，巴黎恐怖袭击事件的发生，既有普世性的宗教原因，也有深刻的源于法国社会自身的特殊原因。

1. 先知的至高地位

我们先稍微跟《查理周刊》事件拉开一点距离，从先知穆罕默德在广大穆斯林心目中的崇高地位说起。这是作为非穆斯林需要了解的。先知穆罕默德作为真主的使者，尽管是普通人，但他的地位是至高无上的。因为《古兰经》的语言深奥难懂，并不易被所有人学习，所以，穆斯林就非常重视先知的一言一行（先知的言行被记录在"圣训"里），认为模仿先知是成为虔诚穆斯林最有效的方法。穆斯林必须念诵的"清真言"里，第二句话就是"穆罕默德是真主的使者"。这一切都表明，先知在穆斯林的心目中地位极高，非常神圣，不容侵犯。这一点对于非穆斯林来讲，很难感同身受。但有一个比喻的说法：对先知的任何不敬、侮辱和攻击，对虔诚的穆斯林个人来说就像针对他们至爱的亲生父母一样。

以前还有两个例子：一个是2005年的丹麦卡通事件，另一个是更早的作家拉什迪（Ahmed Salman Rushdie，1947—）事件。这两个事件中，先知穆罕默德都受到了侮辱和攻击，也引起了伊斯兰世界长期的愤怒。《查理周刊》作为法国著名的讽刺漫画杂志，不止一次刊登过讽刺宗教人物（包括先知穆罕默德）的漫画。2011年，它就曾因刊登穆罕默德的漫画遭到燃烧弹袭击。2015年初的恐怖袭击发生前不久，《查理周刊》又刊登了先知穆罕默德的漫画，再次亵渎了伊斯兰的圣人。另外一点，就算不是漫画，类似做法也违反了伊斯兰教反对偶像崇拜的原则。这些都会引起穆斯林的普遍不满。

2. 言论自由与尊重他者

说以上这些并不是为恐怖袭击辩护，只是为了客观地寻找事件发生的原因。实际上，我们需要讨论两个事情：一是事实层面的，即先知地位很高、很重要及其原因；二是理论层面的，即在言论自由和尊重他人的信仰／价值之间存在张力，以及应该如何处理这个问题。

大多数人都赞同要尊重他人的信仰和价值，认为这个世界是多元的，不能只有一个价值体系，否则就成了极权主义。但我们不妨进一步追问："如果一群人把活埋女婴作为自己的价值，或者不尊重女性权利，更有甚者，比如，曾经在媒体上被争论过多次的某些地方对女性的残忍的'割礼'，也都貌似是以一个所谓的价值体系为基础的。在这种情况下，还要不要以尊重他人的文化、信仰或价值作为借口而袖手旁观、置之不理呢？"这个追问把一些人之前几乎一致地要求尊重他人信仰和价值的主张给"打散"了，大家又开始普遍地谴责那些现实中或假设里的"不文明"做法。进一步的追问也就自然地会出现，即，你凭什么来断言什么是文明的、什么是不文明的，以及你又凭什么来裁决哪些是应该被尊重的信仰或价值，哪些是不应该被容忍的"陋习"?这个问题好像最后把大家逼到了一个死角。

实际上,这里肯定难以寻出终极的、唯一的答案。来自不同文明和价值体系的人,对此很难形成完全一致的意见。毕竟,人类社会很复杂,有关人类社会的各种学术和思想是百家争鸣的,横向上是多块状的、多元的,纵向上是历史的、变动不居的。社会治理不是一个工程学的问题,因为人不是机器。

3. 在一元与多元之间

不过,古往今来的普遍情况是"一元之下的多元",即总有一个标准,然后才有这个标准允许之下的多样性。如果这个标准被打破,那么,某个社会就必然陷入混乱,陷入价值冲突的旋涡里。古代社会有"华夷之辨",有信徒和异端之分,这里面当然有核心、有标准。现代社会也是一样,自由、平等、法治、民主等都已经成为被普遍接受的价值、原则或制度。但这些华丽的词语背后不是没有张力的,比如在政治理论中,自由和民主之间是有矛盾的。现在也没有任何一个国家敢说彻底解决了类似的问题,也没有一种完美的制度存在,人类社会都是在不断摸索着前进的,有时候还要"进两步,退一步"。在神学的体系中,也有这样的认知:人随时随地都可能被魔鬼(撒旦)诱惑,但神也赋予了人提升自己位阶的潜能,人生的意义就在于通过奋斗、意志,不断地去克服邪恶的诱惑,走上正途。既然人有原罪,且还可能会不断地上魔鬼的当,又怎么能期盼在此世建立完美的社会呢?

现在回过头来看不同信仰和价值体系之间的差异这个问题。从唯物论的角度出发，差异的出现有历史的和地理环境差异的原因，也就是人与人以及他所生存的环境之间互动的结果。不过，在过去，不同文明之间的交流和碰撞，其程度不如今天，因为在过去，技术手段很有限，人们无法瞬间获得远方的信息，能够长距离迁徙和流动的人也非常少。大部分人的生活半径很小，基本上是处在自己文化的圈子里，一旦走出，就在当地长期地处于绝对少数的地位。

据记载，成吉思汗的孙子蒙哥汗即位时，世界上不同信仰的使者来觐见，大汗让他们放下武力，完全以平等的身份进行自由辩论，到最后，其实谁也没有说服谁。大汗也没有倾向于伊斯兰教、佛教或者基督教，反而又重申了自己的萨满信仰。这个故事告诉我们，要进行所谓的自由辩论，仍然需要有一个权威的存在，这很重要，不管它是世俗的，还是宗教的。在这个方面，我们或许不能太书生气了。

4. 法国的情况

在前面的章节中，我们提到，法国有大量穆斯林移民，但法国不是一个伊斯兰国家，它有自己世俗的政治体制和政治文化。世俗主义分为两种，一种是积极的世俗主义，一种是消极的世俗主义，积极的世俗主义典型的是法国、凯末尔主义的土耳其，消极的世俗主义是英国和美国的模式。积极的世俗主义干涉包括服饰、佩戴物、宗教物品在内的公民的信仰行为，消极的世俗主义尊重公民的信仰自由，不干涉公民的宗教活动。这几年，向消极世俗主义模式的转变似乎成了一个趋势。法国的积极的世俗主义模式，是常引发争议的，尤其是随着宗教信仰自由、人权等话语和公民意识的兴起，法国的世俗主义模式在虔诚的保守穆斯林那里是颇受非议的。土耳其在埃尔多安的领导下也在逐渐地走向消极世俗主义的模式。

前文已经对法国穆斯林的情况做了比较详细的解说，在这一小节我们仅做概括性的描述，并稍做补充。

19世纪以来，法国在中东、西非和北非取得了大量殖民地，法国在这些地区，尤其是在阿尔及利亚、摩洛哥、突尼斯这三个国家大力发展殖民文化教育，并构建宗主国和殖民地紧密的文化联系。二战以后，法国迎来了"辉煌30年"的经济增长，并采取相对宽松的移民政策。而曾经的殖民地国家在独立后迎来了无法为其经济所消化的人口增长。因此，这些地区的年轻人开始大规模移民法国，在法国的大城市构建自己的移民社群，比较典型的是巴黎的黎巴嫩人、西非黑人社区、马赛的阿尔及利亚人社区等。

这些移民与法国当地人自然有争抢资源的冲突，并且他们的出生率比当地人要高。这造成了"数量优势下的恐惧"。并且，2008年金融危机以后法国经济不振，年轻人失业问题严重，移民中有严重的暴力犯罪问题。移民和本地人的冲突加剧。典型例子是巴黎因黎巴嫩人和西非黑人的偷盗而被称为"巴黎斯坦"，而阿尔及利亚足球队冲进世界杯后，马赛发生了阿尔及利亚人骚乱。

关于全球伊斯兰主义的发展，美国学者皮特·曼达威尔（Peter Mandaville）很重视从全球性因素与地方性因素之间的互动这个视角来解释问题。全球化不光是加强了物质和人力的流动，而且还形成了以全球性的资本主义经济活动为基础的世界格局，其中任何一个要素的流动，往往都会具有全球性意义。在中东地区发生的事件，对于法国的穆斯林来说，在物质时间上是同步的，在理念时间上却是不同构的，在空间上更是异质的。反过来，在法国发生的事件也是如此。这里就容易出现时空的扭曲和冲突，表现为内部冲突以及内外互动。

5. 警惕"报道"

每一次恐怖袭击所引发的舆论冲击，往往会强化既有的偏见。这种偏见笔者称之为对穆斯林或伊斯兰教的"选择性报道"。用爱德华·萨义德的双关性术语就是"遮蔽伊斯兰"（covering Islam）。它造成的后果就是对广大伊斯兰世界存在的更为广泛的、非暴力的、和平的、建设性的诉求和运动的有意或无意的忽视。不久前，一个穆斯林朋友说，极端主义和恐怖主义是全世界共同的敌人，它们不只是某个宗教或某个民族的问题，而是个普遍性的问题，只不过，有着穆斯林背景的极端主义和恐怖主义尤其引人注目。在他看来，能够最终战胜这种极端主义和恐怖主义的力量是存在于伊斯兰世界内部的，只有那些爱好和平、尊重生命、严于律己、宽以待人的更为广大的温和穆斯林，才是极端主义的最大对手。

四、法国"9·11"启示录

在 2015 年的 G20 峰会上，世界上的重要国家似乎已经因为 2015 年 11 月 13 日晚上法国发生的"空前的"恐怖袭击，而改变了对IS的模棱两可的态度，决心在共识的基础上发动对IS的进一步打击。与此同时，作为对巴黎恐怖袭击的一种报复性反应，法国出动了更多军事力量，打击在叙利亚的IS的重要目标，借此在这个民众悲愤的时刻彰显某种意志。

关于恐怖主义是对全人类的共同挑战这个问题，美国总统奥巴马当时说："这是针对全人类和共同价值观的袭击。"这句话应该是真诚的。在美国的"9·11"事件发生之后，当时的美国总统小布什是这么说的："他们恨的是这里展现的有目共睹的事实——一个民主选举的政府，而他们的政府却是自封的。他们仇恨我们的自由——我们的宗教自由、言论自由、投票自由、结社自由、持有不同意见的自由。"应该说，小布什的这种认识（恐怖分子痛恨民主、自由）在西方世界很有典型性。这应该是对"文明冲突论"的最好注脚——现代文明与某种全盘否定其合法性的极端主义意识形态之间的冲突，有人认为这就是文明和野蛮之间的较量。这是一种精致化的"文明冲突论"，细究应该是"三观不合"——这里姑且将极端主义亦视为一种特殊观念的表达。当然，对亨廷顿"文明冲突论"的庸俗化、简单化释读，说世界上存在的几个文明圈之间，必定会发生文明的冲突，这倒是更容易理解，也更有利于"挑事儿"。

巴黎发生的"空前的"恐怖袭击，让人震惊和痛心。但除了谈论恐怖主义的威胁有多大，讨论恐怖主义出现的普遍原因以及探讨法国的少数族裔问题之外，或许同样重要的是，在谴责、惊慌和恐惧之余，我们如何能够相对冷静地、在一个更为宏大和深远的现实与思想背景下思考它。

1. 欧洲的价值危机

在巴黎恐怖袭击不久前，当代法国政治哲学家伊夫-夏尔·扎卡（Yves-Charles Zarka）教授在北京大学做了一场公开演讲，他谈到了欧洲的三个危机：经济危机、新型恐怖主义的威胁与难民危机。他说的新型恐怖主义其实就是针对2015年初的《查理周刊》事件，他的发现是恐怖主义在法国已经"内化"，也就是说，不再只有外来的恐怖分子对法国乃至欧洲造成威胁；更严重的是，不管出身哪个社群的年轻人，都可能通过社交媒体被极端主义意识形态"洗脑"，从而既在欧洲内部搞恐怖主义，又会到叙利亚、伊拉克去参加 IS 的"圣战"。扎卡教授认为，这才是欧洲正在面临的新型恐怖主义威胁。据一些消息来看，巴黎发生的恐怖袭击仍然符合扎卡教授的所谓内化说，是外来的 IS 成员与法国境内的恐怖分子合作造成的。

扎卡教授关于新型恐怖主义的定义，倒是没有引起我太大的兴趣，更为重要的其实是他对这种现象的解释。他认为新型恐怖主义与欧洲的文化衰落有密切的关系：欧洲在近代以来为全世界提供了"普世价值"（启蒙、自由、平等、进步、民主、博爱等等），然而，现在的欧洲却受困于文化多元主义和相对主义，相对主义使得欧洲失去了捍卫"普世价值"的意志，进而失去了自己的政治意志。我对扎卡教授的话的理解是，多元主义使欧洲人丧失了其原本坚持的目标和意志，陷入某种虚无主义的状态里了。这个状态，对欧洲的年轻人而言，最终就是生命和生活意义的丧失；一个不再能够为自己的青年提供价值的欧洲，自然容易成为极端主义意识形态渗透的目标。

扎卡教授的政治哲学论述,在逻辑上没有问题,也可以解释法国社会年轻人的虚无主义。但从社会现实层面来说,这种所谓的"普世价值"和政治意志丧失,显然不只是欧洲一地的问题,尤其是他对年轻人状态的说法更不是欧洲仅有的。世界还全球性地进入"小清新"的时代,青年们越来越趋向于这个样子。无论老一辈接受与否,问题也只能在这个现实的基础上前瞻性地、精致地、技术性地应对与克服,慨叹什么欧洲价值的丧失与衰落,更多像是今不如昔式的怀旧,或者是老气横秋的愤世嫉俗。一次"空前的"暴恐袭击是否能够唤回人们对传统欧洲价值的重新拥抱,唤回业已沦丧了的政治意志,真的很难说。说欧洲走向文化多元主义是一种倒退,更是很难让人接受,毕竟文化多元主义的时代是对之前的那个普世主义、进步主义时代的超越,是与后现代和后工业社会阶段相对应的。二战之后的欧洲,相对于以前被说成是衰落的;但从实际历史进程看,它所经历的是一个逐渐走向科耶夫所谓的"普遍均质国家"的过程。

2. 对欧盟理想的挑战

法国发生的暴恐事件加上欧洲当下的难民危机,集中突显了欧洲面临的挑战,有人自然会由此联想到欧洲的衰落。当然,欧洲的衰落已经是一个世界历史的常识了。20世纪的两次世界大战葬送了欧洲自近代以来的优势地位,成就了两个新的"帝国"——美国和苏联。第二次世界大战以后,欧洲与美国绑在一起,防务主要依靠美国主导的北约。欧洲也是在美国的马歇尔计划援助下实现了经济复兴。同时，欧洲开启了一个超越民族国家的一体化进程，以法、德和解为基础开始形成欧共体，进而发展为现在的欧盟（EU）。

70多年前，也就是第二次世界大战刚结束的时候，俄裔法国哲学家科耶夫向戴高乐政府提交了一份"法国国是纲要"。[*]其中，科耶夫深入分析了当时的世界局势，他指出，世界已经开始进入由加盟国家构成的"帝国"的时代，英美同盟（潜在的成员还有同样信奉新教的德国）、苏联就是这样的帝国，在此局面下，作为天主教国家的法国将何去何从？科耶夫提出了由法国牵头，拉上西班牙、意大利共建"拉丁帝国"的构想，并预想将这些国家在非洲的殖民地纳入其框架，进而期待能够吸引拉丁美洲的国家。一个以法国为首的拉丁帝国，对于确保法国的政治和文化延续性是至关重要的，这个新拉丁帝国将保持由法国主导的合理的军事力量，但它不会强大到与美、苏集团对抗，只足以自保。一般认为，欧洲共同体的思想就是从科耶夫这里滥觞的。所不同的是，解除了武装的德国没有加入英美集团，而是成为欧洲共同体（欧盟）的支柱之一，法、德和解也被传为佳话。科耶夫的帝国论确实有前瞻性。

作为一个左翼政治哲学家，科耶夫还提出了著名的"普遍均质国家"这一概念。在与施特劳斯的对话中，科耶夫陈述了其历史决定论立场：暴力性的集体斗争甚至残暴的专政时期，仅仅是历史进程在其朝向乌托邦不可阻挡的迈进时必不可少的经历，科耶夫称此乌托邦为"普遍均质国家"。在普遍均质国家中，以社会实现了

---

[*] ［法］科耶夫等：《科耶夫的新拉丁帝国》，邱立波编译，第3—57页。

普遍的和解为前提，每位公民会被承认为自由和平等的，不再有进一步暴烈的政治斗争的需要。在此理想状态下，人们的需求将得到普遍的满足，社会批判，尤其是哲人对社会现状的批判也将变得不再必要，哲学家的任务就是解释现实、反映现实。"人类不再行动，即不再通过浴血奋战、通过创造性劳动来否定和改变自然以及社会现状"，也就是说，历史自此终结了。

科耶夫指出，僭政或帝国不是实现普遍均质国家的手段。他提出，要通过国家间的法律整合或一体化，由此产生某种超国家的宪政秩序，形成单一而明确的法权概念所渗透和联合的社会，才能实现他所谓的普遍均质国家。到那时，施密特意义上的政治和国家将不复存在，所有的经济、社会关系，甚至那些传统上被看作主权国家间的关系，均将由司法来规范。

尽管在最终的意义上，普遍均质国家的到来需要漫长的时间，但欧盟的发展历程与趋势，似乎契合了科耶夫的这个预想。欧共体虽然不是拉丁帝国，但欧盟看起来就反映了走向普遍均质国家的趋势。实际上，欧共体和欧盟在不同程度上都符合科耶夫的设想。欧洲一体化的进程看起来非常快。现在欧盟已经有28个成员国，还有一些国家（包括土耳其）正处于入盟谈判的过程中。欧元区的建成以及2009年《里斯本条约》取代《欧盟宪法条约》被全体成员国批准通过，曾让人们对欧洲一体化的新阶段感到兴奋和乐观，就像科耶夫对历史发展所持的乐观态度一样。

在普遍均质国家里，人们是一种什么样的状态呢？根据科耶夫的理论，这一最终秩序的居民根本不是畜生，不是虚无主义者或者玩世不恭的自命不凡者，而是公民、工人、家庭成员，他们有着与其各自的角色相称的权利和义务，其真正人性意义上的心满意足是通过工作上的被承认和家庭中的爱而实现的。最终秩序将是超自由目标的实现，人治完全被法治取代。*在欧洲，这样一种个人自足的状态是存在的，对宏大叙事的关注已然被"白左"和"小清新"取代。对扎卡教授来说，这反映出了欧洲普遍的虚无主义。

也正是这样的欧洲，暂时地也是突然地遭到了极端主义和内化的恐怖主义的挑战。虽然这个挑战不足以否定欧盟走向普遍均质国家的趋势，但确实，穆斯林问题在欧洲日益突出，伊斯兰主义在实践中利用多元主义保护自身在欧洲立足的同时，又要在欧洲的土地上坚持自身价值的普世性——穆斯林因为日常禁忌较多，所以在与欧洲主流社会的接触中出现了难以融入的问题。比如，法国共和主义的世俗主义模式对宗教实行干预性管制，穆斯林的宗教符号多次与法国的世俗主义要求发生冲突。法国世俗主义的精神内核也是普世主义的，对一切宗教一视同仁；与此同时，对穆斯林传统的尊重又符合坚持多元主义的价值。随着穆斯林人口的增加，穆斯林传统中所带有的多种禁忌必然与更为世俗化和开放的法国现代性相冲突。也就是说，欧洲在走向普遍均质国家的过程中，如何将异质的伊斯兰文化纳入现代的普遍均质的秩序之中，是一个后现代社会所面临的经典现代化问题。

科耶夫并不是完全忽视了伊斯兰世界。只是，当下这些问题在70多年前的科耶夫眼里，还不是什么挑战，他不但预想了拉丁帝国与伊斯兰世界的和解，而且还将非洲的原殖民地纳入拉丁帝国的框

---

* 霍斯、弗洛斯特：《普遍均质国家的合理性》，载［法］科耶夫等：《科耶夫的新拉丁帝国》，邱立波编译，第 384 页。

架。在当代学者看来，这至少是一种解决所谓"伊斯兰问题"的不同思路。还有人认为，这比"文明冲突论"的视角独特得多，不过，这个时代的形势要比科耶夫时代复杂得多。

倒是科耶夫的一个思想"对手"施密特注意到了比较独特的问题。刘小枫曾提及施密特于1963年发表的《游击队理论》，认为其是对科耶夫普遍均质国家设想的一个反驳：

> 科耶夫预言世界性的"普遍均质国家"终将到来，施密特却预言，经列宁和毛泽东创造性地发展了的现代游击战不久将进入国际范围内的"恐怖与反恐怖怪圈"——如今所谓的"恐怖分子"，很可能就是后现代的游击队员。欧元在欧盟十二国流通，证明科耶夫的社会主义理想一定程度上在欧洲实现了；晚近的国际事件却证明，施密特的政治观察在世界范围应验了。[*]

也就是说，科耶夫的帝国论与普遍均质国家学说，是基于对传统民族国家能力之有限性（尤其是希特勒德国经验）的观察。然而，他的这个观察是在没有面临异质的文明（伊斯兰）因素融入欧洲社会的情况下，在没有恐怖主义和极端主义等非传统安全因素的背景下做出的。他的脑子里是大帝国竞争的问题。北约的体制对于防卫苏联包括现在的俄罗斯或许是有效的，但是面对非传统安全问题，面对异质文化存在并扎根于欧洲却难以融入的问题，人们是不能够用核武威慑或者导弹防御体系来对付的。

---

[*] 刘小枫：《拣尽寒枝》，北京：华夏出版社，2007年，第172—173页。

但现在意识到这一点（"9·11"事件之后这一点是越来越清晰的）并不晚，因为，从1 000多年来基督教欧洲与伊斯兰中东之间互相勾嵌的关系来看，这是欧洲首次开始认真面对这个问题。如果我们将地中海视为一个区域单位，这个非传统的安全威胁对所有的政治体来说都是新的，只是欧盟有它独特的难处，比如它在边界管理上的困难，但这个问题在技术和成本核算上都不是没有办法解决的。

扎卡教授很强调欧盟的一个悖论：主权归成员国，边界却属于欧盟。显然，欧盟成员国的主权是残破的，因为它们控制不了自己的边界（民族国家也不见得就能控制得了自己的边界）。面对当前的难民危机，欧盟的一些国家只好筑墙防御，这似乎有某种象征意味：暂时的再民族国家化过程。其实，这只是无奈之举，难民来得太快太多了，准备不足而已。从马基雅维利开始，欧洲的近代思想家们长期都是将主权国家或民族国家视为捍卫安全、繁荣的重要单位，因为它在特定的边界内完全拥有自由发展自身的国家能力。如何加强自身的能力将是欧盟下一步需要思考的问题，但未来不应该是分裂然后退回民族国家。

若难民危机促使了欧盟一体化的倒退，那可能才是欧洲政治意志的丧失。在面临难民危机时，欧洲的政治家们扬言不能退缩，不能看到欧盟往回走，尤其是德国坚定接收难民，倒是给了人一定的信心。科耶夫当然不会认为走向普遍均质的国家很容易，那无疑是任重而道远的事情。

从经济上说，难民的到来有助于缓解欧洲人口老龄化和劳动力短缺的问题；从政治和文化（意识形态）上说，难民移动的路线和目的地不正是对追求更美好（且不同于本来之）生活的明白无误的表达吗？恐怖分子或许痛恨欧洲的民主与自由，但难民却以暂时失去体面甚至是生命的代价去拥抱之！为什么难民不选择俄罗斯？以现在的外交格局来看，那里是更好的归宿，从土耳其转道俄罗斯也很容易。联合国还对土耳其提出了表扬，说它的难民接待水平、难民帐篷等设施是令人满意和舒适的——土耳其一国就接纳了300多万叙利亚难民！留在土耳其的人，大部分是愿意等待自己国家安定后再回国的，而有更高追求和能力的可能就辗转到欧洲去了。或许，欧洲暂时提不出什么更好的应对难民与移民问题的政策，但因此而唱衰或幸灾乐祸也是不足取的。

3. 欧洲何去何从？

美国在21世纪的头10年里对中东地区采取了大规模的所谓民主改造计划，尤其是第二次海湾战争打破了中东地区长期的政治格局。在这个过程中，共享意识形态的欧洲国家在北约框架下与美国一道在中东地区采取了积极干预的政策，但欧洲与美国颇为不同的是，美国享有极佳的远距离地缘优势，看一看地图：美国远在"天边"，欧洲却与中东、北非共享一个并不宽阔的地中海世界，所谓难民危机就是这种地缘结构带来的问题之一。不得不说，地中海区域视野的丧失，也是欧洲的一个问题。

2008年以来的全球金融危机对欧洲造成了巨大的冲击，欧元区的信用一步步遭遇侵蚀，尤其是希腊债务危机的爆发，更是让欧盟雪上加霜；英国作为"异数"不但没有加入欧元区，而且退出了欧盟；葡萄牙的经济也出了很大问题。

随着 2011 年"阿拉伯之春"席卷西亚、北非很多欧洲前殖民地国家，欧洲内部的恐怖主义威胁和来自前殖民地的穆斯林难民给欧洲带来了巨大的挑战。其中最重要的一点就是文化融入的问题。诚如扎卡教授所提到的，新移民带来的是另一种文化和秩序，他们不但没有融入法国的世俗体制，还与这个体制产生了冲突与深深的裂痕，这是欧洲知识分子们非常担心的事情，更不必说欧洲白人生育率的连续降低，穆斯林生育率的居高不下，再加上恐怖主义和社会冲突的威胁，这些为欧洲政治的向右转提供了更多的助力，从德国的"新纳粹"到法国的勒庞，都是这股向右转势力的代表。2015 年发生在法国的恐怖屠杀，已经引发了更多的穆斯林和法国主流社会之间的冲突。如此继续下去，欧洲社会的分裂将不断加深。

一个跟美国绑在一起的欧洲，在东、南两个方向都陷入了困境：东边因乌克兰问题与俄罗斯较劲，双方关系陷入僵局，这也是俄罗斯后来坚决在叙利亚采取单独行动的原因；欧洲国家在南边对利比亚、叙利亚的干预，制造出更多的问题和麻烦，甚至威胁到欧洲自身的安全与稳定。欧洲难民危机与中东地区局势的关系，似乎也在提示，欧盟与美国、俄罗斯的关系也已经到了一个新的时刻。在 2015 年 G20 峰会之前，德国总理默克尔连续访问了土耳其和中国。

冷战结束后，在核武平衡的格局下，地缘政治格局的重组、中国等新兴经济体的崛起，以及气候政治、恐怖主义、全球疫情等非传统安全威胁的上升，等等，都是理解当前世界格局必须予以考虑的因素。欧盟内部一体化进程困难重重，外部还仍然延续着冷战的大致架构。欧洲面对的是一个日益复杂化的地中海世界。

有挑战才有发展,古人云:"穷则变,变则通,通则久。"这正适合欧盟的现实。如何重新严肃地思考加强内部团结、边界管控,提升反恐和社会治理能力,重新反思欧美关系、欧俄关系,是欧洲议事日程上的大事。当然,如果欧洲还抱着像对土耳其那样非常功利的而非战略的态度*处理这一切,将是十分短视的。

---

* 典型的表现就是,因为在难民问题上有求于土耳其,欧盟就入盟谈判临时给了土耳其一些口头上的恩惠,并许以重金。

第十五章

全球化与中东的冲突

一、全球化与"文明的冲突"

今天,"逆全球化"被谈论得越来越多,这与冷战结束到 21 世纪初各界都在大谈全球化是很不一样的。曾经被认为是全球化主要推动者的美国,现在竟以筑墙和保护主义而闻名。当然,关于全球化,向来存在不同的声音,在以前,诸多领域开始欢庆所谓"全球化时代"来临时,也有人表现得很冷静,他们说:全球化是一个陷阱。而在文化领域,自 20 世纪 90 年代初以来,亨廷顿的"文明冲突论"就影响很大,特别是"9·11"事件后,亨廷顿的理论再次风靡全球。

1. 认识"全球化"

全球化的定义有很多。社会学从人类互动增强的角度来定义全球化,即人类集团之间的联系随着社会发展而逐渐加强,最后形成全球性联系的过程。政治经济学将全球化定义为英国资本中心出现之后资本中心和资本外围的关系，全球化过程不仅是经济过程，也是政治过程。有人说全球化是一种公共物品，是文化的传播。还有人认为全球化是全球网络的金融、信息、资本乃至思想跨越国境，使市场变成了世界市场。

全球化问题至少包含两个层次：一是作为客观过程的全球化，二是人们对这个客观存在过程的认知。

德国哲学家雅斯贝尔斯提出了"轴心时代"的概念，认为在公元前 500 年前后，人类至今赖以构建自我意识的世界几大文化模式（中国、印度、西方）大致同时确立起来，古希腊、以色列、印度和中国几乎同时出现了伟大的思想家，他们都对人类关切的问题提出了独到的看法。但是，这些地域的不同文化都是独立发展出来的，而且没有互相影响，也就是说，那个时候肯定谈不上全球化问题。

全球化是一个基于空间的概念，在根本意义上，它指的是人与人之间、地区与地区之间的联系不断加强。有人认为全球化的起点可以追溯到封建社会，但是，只有到了近代和现代，全球联系才发生了真正质的改变。"在 14、15 世纪，现代商业制度建立起来，世俗教育的新标准和活动被引入大学，地球上曾是孤立的社会通过大海联系了起来。"[*]第一次世界大战之前的二三百年，由于西方的工业革命、科技革命和政治革命，西方（主要是西欧）借助于先进技术，将自身的物质与精神文明传播至整个世界。这次全球化浪潮的动力是交通成本的降低。冷战之后，全球化的动力是通信成本的降低，同时，冷战终结，军事和意识形态构架的解体，也构成了全球化发

---

[*] ［美］威廉·麦克高希：《世界文明史——观察世界的新视角》，董建中、王大庆译，北京：新华出版社，2003 年，第 2 页。

展的基本格局和环境。在这一阶段,全球政治、经济、文化的接触、交流和碰撞呈现出前所未有的规模。

对全球化的评价,是"仁者见仁,智者见智"。戴维·赫尔德（David Held）等人认为,以对全球化的存在和前途的态度为标准,现有的西方全球化理论可以被划分为三大类:极端全球主义者、变革论者和怀疑论者。极端全球主义者认为全球化已经带来了新的历史时期,各种传统的制度和体制在经济全球化面前或者已经过时,或者正在失去存在的基础,市场成为决定和解决一切问题的力量。极端全球主义者的典型或许是《历史的终结与最后的人》一书的作者福山。变革论者多来自社会学领域,如吉登斯、贝克等人,他们把全球化当作一个社会变迁过程,认为它起源于西方,同时也是一个不可抗拒的自然过程。怀疑论者的代表有汤普森、赫斯特、韦斯等人,他们力图通过历史比较的方法来证明全球主义者对全球化的判断犯了夸大事实和有意误导公众的错误。[*]

吉登斯认为,全球化是一个综合性的发展过程。吉登斯指出,全球化主要是一种经济现象,但不仅仅是一种经济现象,全球化实际上是空间和时间的转变,它不是一个单一的过程,而是各种过程的复合。"总的说来,全球化是一个范围广阔的进程,它受到政治与经济两种影响的合力推动……它不仅仅是当前政策的背景:从总体上讲,全球化正在使我们所生活的社会组织发生巨变。"[†]

但是,经济的全球化是否一定导致文化和价值的全球化呢?对

---

[*] ［英］戴维·赫尔德等:《全球大变革:全球化时代的政治、经济和文化》,杨雪冬等译,北京:社会科学文献出版社,2001年。
[†] ［英］安东尼·吉登斯:《第三条道路》,郑戈译,北京:北京大学出版社,2001年,第36页。

于这一个问题，许多学者提出了质疑。有人认为，苏联和纳粹德国的失败，是一种在世界范围内强力推行某种特定的文化、信仰、意识形态、政治经济制度的作为的失败，是在世界范围内强力推行和制造一种"同质化"的时间和高度"同质化"的空间的"全球化"行为的失败，是强力制造统一的"现代世界历史"行为的失败，这是"总体性的现代性方案"失败的一个方面。同时，持此观点的学者认为，对这类"现代性"方案的坚持，却并没有因为这些失败而告终。因为，今天正是资本主义要建立统一的国际分工体系，正是全球资本主义在一如既往地推行这个"未完成的方案"。*

特别值得一提的是《全球化陷阱》†这本书，作者运用大量的实证材料证明，目前人们所倡导和信奉的全球化理念，只不过是一个以经济一体化为表象的政治陷阱。作者认为，全球化是由于人们有意识推行追求既定目标的政策所造成的结果，这个陷阱的设计者就是美国。

此外，国内有学者认为："所谓统一的世界市场，似乎并没有真正彻底突破现代人类多元文化之间的心理阈限和民族信仰的封锁线，而给予全球化理论以深厚可靠的文化支持……全球化可能（但不必然）不只是一个经济陷阱和政治陷阱，而且还可能是一个文化陷阱！"‡

---

* 韩毓海：《我们是否要接受一个同质化世界？》，香港：《二十一世纪》，1999年8月号，第54期。
† ［德］汉斯-彼得·马丁、哈拉尔特·舒曼：《全球化陷阱》，北京：中央编译出版社，2001年。
‡ 万俊人：《全球化的另一面》，《读书》，2001年1月。

2. 全球化对弱势文化的影响

一种文化的强弱,主要取决于经济和政治实力的强弱。全球化对弱势文化的影响至少有两个方面:一是全球化把资本主义文化推广到全球,引起商品化、市场化,对弱势文化造成了很大的冲击;二是全球化激起了文化本土化。

发达国家的资本主义文化的扩张形成了对各弱势文化群体的强大冲击。不仅是发达的资本主义文化冲击发展中国家的本土文化,而且,这种现象同样发生在西方发达国家之间,主要表现在美国文化对其他地区本土文化的冲击。

那么,资本主义文化扩散的实质是什么呢?汤林森认为,资本主义文化的重点是"消费的行为过程与经验的'商品化'"。"即使是捍卫资本主义体系的人也都同意,作为一个经济体系,资本主义的文化'目标'就是消费。"[*] 同时,笔者认为,西方资本主义文化的另一个特点是其市场主义的原则,即由于市场机制在经济领域取得了巨大的成功,所以市场原则扩展到了所有的社会和政治领域,使市场价值侵入了原本由非市场价值主宰的领域,如人际关系、政治、法律、教育、科学、文学、艺术和医学等领域。也就是说,市场价值颠覆了社会价值。所以,资本主义文化的扩散,实质上就是消费主义文化与市场主义的扩张,这将使所有的文化体验都卷入商品化与市场化的旋涡之中。

在文化上,全球化带来的是西方化或者美国化的冲击。但是,

---

[*] [英]汤林森:《文化帝国主义》,冯建三译,上海:上海人民出版社,1999年,第2—3页。

以同一化为原则的全球化,在现实中却激起了一种寻求特殊性、地域性和差异性的现象,甚至引发了文化乃至文明间的冲突。弱势文化可能采取的态度一般会有如下几种:拒绝现代化和西方化;接受两者;接受前者,拒绝后者。现代化会引起传统社会的文化反应,而全球化在世界范围内已经引起了一场文化和宗教复兴运动,如"印度化",东亚的"亚洲化"、"斯拉夫化"、"伊斯兰化",等等。尤其是宗教文化复兴直接表现为对宗教价值观的肯定,以至于有人指出,世界的非世俗化是20世纪末占主导地位的社会趋势之一。

亨廷顿认为:"80年代和90年代,本土化已成为整个非西方世界的发展日程。"在世界一体化进程中,激起本土化与文化和宗教复兴的原因至少有如下两个。第一,全球化过程中,经过一段时期的经济发展,后发国家已经具备了较强的经济、政治实力,大多都出现了本土化倾向,因为,"硬的经济和军事权力的增长会提高这些国家的自信心、自负感,并使它们更加相信与其他民族相比,自己的文化或软权力更优越,还会大大增强该文化和意识形态对其他民族的吸引力"。"当非西方社会经济、军事和政治能力增长时,它们就会日益鼓吹自己的价值、体制和文化的优点。"[*]第二,人不同于一般的动物,不会仅仅满足于吃饱喝足,相反,一旦生理需要得到了满足,其他"高级需要"便会随之而来。人是社会性动物,需要相互交流,需要得到同类的爱和承认,也需要去关心和爱别人。人还需要认同,需要过有组织的团体生活,并且在这种集体生活中实现

---

[*] 〔美〕塞缪尔·亨廷顿:《文明的冲突与世界秩序的重建》,周琪等译,第89—91页。

自己的价值。在现代化进程中，生活于传统村落中的人（大多为青年人）离开原来的生活区域进城打工，没有了精神的慰藉。当他们受到不公正的待遇时，这种精神需求就更加强烈了。

这些需要正是宗教满足的。信仰、交往、安全和正义是人类正当的、合理的需要，也是任何一个健康的社会必不可少的组成要素，而且随着社会的发展，人们对它们的需要将日益强烈。这些需要只能被满足，不能被消除。本土文化和宗教的复兴是有其社会学意义上的合理性的。在国际政治尤其是中东和平进程中，面对以美国为首的西方霸权和强大的以色列，穆斯林社会以其传统的宗教价值为号召，掀起了伊斯兰复兴运动，运用非常规手段力图改变不合理的地区与国际政治秩序。

3. 全球化会引起文明冲突吗？

亨廷顿首次阐述"文明的冲突"观点是在1993年夏，当时，美国《外交》季刊发表了他的文章《文明的冲突？》。他在该文中提出：正在出现的全球政治的主要和最危险的方面将是不同文明集团之间的冲突。该文一出，舆论大哗，触动了各个文明中的人们的神经。一时间，新奇、愤怒、恐惧和困惑此起彼伏。正是基于这篇文章所引起的争论，亨廷顿才写了《文明的冲突与世界秩序的重建》这本书，旨在对文章中所提出的问题进行更充分、深刻和详尽的论证。

那么，为什么这本书会引起如此广泛的关注呢？毕竟，文明的冲突并不是什么新鲜事情。这还要看到冷战结束这一时代背景。20

世纪 90 年代初苏联的解体标志着近半个世纪的两霸权互相制衡这一世界格局的结束，这至少产生了两个影响：一、对美国而言，突然失去对手让其无所适从，急需重新找到靶子，为自己维持世界霸权找借口；二、原先两极格局下所掩盖着的矛盾突然爆发出来，民族冲突、反美情绪日益高涨。这一切都需要一种新的国际关系理论架构来解释。"文明冲突论"正切合了国际政治发展的新趋势。对美国而言，这无疑是一个很好的工具。

其实，不少人对亨氏的理论存在很大的误解，如有人这么说："亨廷顿是主张文明冲突的。"但亨氏恰恰是在提醒人们避免文明冲突，绝非主张文明冲突。亨廷顿并不是没有意识到人们对他的误解，他曾总结说："文明的冲突是对世界和平的最大威胁，建立文明之上的国际秩序是防止世界大战的最可靠的保障。"为了避免发生文明的冲突，亨廷顿提出了三个原则：避免原则——"在即将到来的时代，要避免文明间的大战，各核心国家就应避免干涉其他文明的冲突"，这"是在多文明、多极世界中维持和平的首要条件"；* 共同调解原则——核心国家要通过谈判来遏制或制止不同文明的国家间或集团间的断层线战争；共同性原则——在多文明的世界里维护和平，"各文明的人民应寻求和扩大与其他文明共有的价值观、制度和实践"。†

"9·11"事件后，亨廷顿的理论再次引领世界思潮，他的书长期在各大学的图书借阅榜上名列前茅。从文化的角度来看，全球化不可能是资本主义的西方文化取代各民族的传统文化，而应是一个在承认

---

* ［美］塞缪尔·亨廷顿：《文明的冲突与世界秩序的重建》，周琪等译，第 366 页。
† 同上书，第 370 页。

特殊性基础上寻求共性的过程。它的实现不仅有赖于科技发展为人类提供的更为有效的交流途径，更有赖于全球不平等问题的解决。

二、被边缘化的巴以问题

2021年5月中旬，控制加沙地带的哈马斯与以色列国防军之间发生了激烈的冲突，*造成大量平民伤亡，以及数十亿美元的经济损失。据报道，引发这次冲突的一个重要导火索，是在东耶路撒冷的某个区，一些犹太人和巴勒斯坦人争夺房产所有权，法院判决房产归犹太人，强行让巴勒斯坦人搬出去；另一个导火索是，斋月期间，以色列警察不让穆斯林进入清真寺，引发了激烈的警民冲突。其实，东耶路撒冷问题，首先是主权问题。按照联合国决议，东耶路撒冷是巴勒斯坦国的首都，但实际控制权在以色列人的手里。

近百年来，提到中东局势，最重要的就是巴以问题，也就是巴勒斯坦的阿拉伯人与以色列的犹太人之间的冲突。但实际上，目前看，如此激烈的巴以冲突，也并未引发多大的影响，作为中东地区核心问题的巴以问题，已经被边缘化了。这一切是怎么发生的呢？这一部分将简要分析巴以问题的历史、现状及其特征。

1. 历史与宗教

巴勒斯坦这块地方只有2万多平方千米，却承载着历史上最深

---

* 哈马斯与以色列国防军之间的战争，是不对称战争。以色列技术水平高，哈马斯的火箭弹便宜且落后。高科技的参与、精准打击等预示了未来战争的残酷性和非人化。

重的宗教、族群和政治恩怨。犹太民族非常古老，他们很早就生活在巴勒斯坦地区，他们信仰的犹太教有 3 000 年的历史。阿拉伯人也是历史悠久的民族。7 世纪初阿拉伯穆斯林崛起后，耶路撒冷在 7 世纪中叶就被穆斯林控制了，之后虽然有过短暂的十字军王国，但直到 20 世纪初，耶路撒冷大部分时间都处在伊斯兰帝国的控制之下。犹太人说他们是巴勒斯坦最早的主人；而穆斯林对此的观点是，犹太人的主体早在近 2 000 年前就离开了，1 000 多年来是阿拉伯人住在这里。这两个主张很难协调。

耶路撒冷是犹太教、基督教和伊斯兰教共同的圣城。宗教差异并不必然导致冲突。在奥斯曼帝国，犹太人没有遭到迫害，反而是欧洲有长期反犹排犹的传统。在 15 世纪，犹太人宁愿移民到奥斯曼帝国。当时影响比较大的犹太人定居地不在巴勒斯坦，而是马其顿的萨洛尼卡和奥斯曼帝国首都伊斯坦布尔。在奥斯曼帝国时代，萨洛尼卡成为一个犹太人口超过半数的港口城市，而且很繁荣。犹太人纷纷往奥斯曼帝国移民，但没有出现阿拉伯人和犹太人之间的冲突。

2. 犹太复国主义

真正造成问题并引发冲突的，是犹太复国主义（Zionism，也译作锡安主义）。

犹太复国主义在 19 世纪出现，是世俗的民族主义。对犹太人而言，要建立一个独立的犹太国家，单从思想上接受起来也不容易。一部分犹太人认为，面对不断被迫害的局面，要想有所改变，就要建立自己的国家，保护犹太人的安全。犹太复国主义者考虑建立犹太国家的时候，并不是必须选择巴勒斯坦，他们也曾经考虑过阿根廷或非洲等地。还有另外一部分人持相反的主张，这是犹太人中长期流行的观念，即认为犹太人在全世界的大流散和遭受的苦难，是上帝对他们作为上帝选民的考验，犹太人之所以是犹太人，就是要接受这种命运，就是要安于流放，等待救赎，如果人为地去建立一个犹太国家，相当于"僭越"，违反了神的旨意。

在20世纪初政治局势的催化下，犹太复国主义日益壮大，越来越多的人支持回到以色列。1917年11月，英国外交大臣阿瑟·贝尔福（Arthur James Balfour，1848—1930）致函英国犹太复国主义者联盟副主席罗斯柴尔德，信中说："英王陛下政府赞成在巴勒斯坦建立一个犹太人的民族之家，并愿尽最大努力促其实现；但应明确理解，不得做任何事情去损害目前巴勒斯坦非犹太人的公民权利和宗教权利，或者损害其他国家犹太人所享有的权利和政治地位。"这封信后来被称为"贝尔福宣言"。宣言得到包括美国在内的协约国主要国家的赞成。"一战"后，巴勒斯坦成为英国的委任统治地。

"贝尔福宣言"为犹太复国主义者在巴勒斯坦建国提供了依据，也埋下了犹太人和阿拉伯人之间纠纷和冲突的祸根，对中东局势产生了深远影响。越来越多的犹太人来到巴勒斯坦购买和开垦土地。在以色列建国前，两个族群就已经发生过多次冲突。英国在1939年停止批准犹太人移民，限制犹太人购买阿拉伯人的土地，考虑建立阿拉伯国家，犹太人可以高度自治。但犹太人仍不断到来（偷渡）。二战后，犹太人移民更多。到此时，矛盾已经很难解决。英国人把问题交给了联合国。1947年11月，联合国通过181号决议，决议规定在巴勒斯坦建立两个国家，一个是犹太人的国家，一个是阿拉伯人的国家。就面积来说，犹太人的国家相对大一点点，是 1.5 万平方千米，而阿拉伯人的国家是 1.1 万平方千米。

3. 中东战争

1948 年 5 月 14 号，以色列宣布建国。但是，广大阿拉伯国家不同意。在以色列宣布建国的第二天，第一次中东战争就爆发了。以色列当时非常破败，人口也少，但竟然战胜了阿拉伯联军。1956 年，第二次中东战争爆发，以色列总理本-古里安采取先发制人的手段，以极小代价取得了巨大胜利。1967 年的"六日战争"是第三次中东战争，阿拉伯国家联盟通过了对以色列的"不承认、不谈判、不和解"的原则，以色列实施先发制人的打击，取得了重大胜利，几乎占领了 181 号决议分给阿拉伯人的全部领土。1974 年的第四次中东战争中，以色列先是遭受埃及和叙利亚先发制人的联合打击，损失较大，而后情况发生逆转，以色列进行了有效反击，后来双方根据联合国的停火协议终战，第四次中东战争以平局结束。在第四次中东战争期间，为了打击以色列及其支持者，石油输出国组织的多个伊斯兰国家采取提价、减产乃至禁运等手段，将石油作为打击对手的武器；短期内世界石油价格猛涨，触发了二战后最严重的全球经济危机，也就是第一次石油危机，危机持续了三年，对发达国家造成了严重冲击。

第四次中东战争影响深远，双方都意识到冲突和战争无法解决问题。1977 年 11 月，作为阿拉伯国家领袖的埃及做出惊人之举，总统萨达特前往以色列访问（这等于承认了以色列的存在），成为第一个访以的阿拉伯国家领导人。1978 年，在美国的撮合下，埃及与以色列达成《戴维营协议》（Camp David Accords），1979 年双方正式签订了和平条约。1982 年，以色列正式把西奈半岛归还给埃及。埃及的举动被其他阿拉伯国家视为背叛，阿拉伯联盟发生严重分裂，埃及一度被驱逐出阿盟。不过，《戴维营协议》最终是推动了中东和平的发展。此后，阿拉伯国家同以色列的关系开始由对抗转向对话。1994 年，约旦与以色列签署和平协议。2020 年，在美国的主持下，阿联酋和巴林与以色列签署了《亚伯拉罕协议》，与以色列化敌为友，巴以问题再次被搁置。

4. 巴以和谈

1967 年的第三次中东战争后，以色列基本上占领了巴勒斯坦的全部阿拉伯人地区。1988 年，巴勒斯坦全国委员会宣布成立巴勒斯坦国，可是巴勒斯坦国没有疆界，没有领土，只是形式上单方面宣布建国，相当于成立了一个流亡政府。中国以及世界上 100 多个国家（包括联合国）都承认巴勒斯坦国。在这个意义上说，巴勒斯坦建国问题，实际上，就是如何把已经宣布成立的国家予以实体化的问题。在实体化实现之前，巴勒斯坦就只是一个有部分管辖地的、形式上的国家。宣布成立巴勒斯坦国后，阿拉法特（Yasser Arafat，1929—2004）决定与以色列进行和谈。

从 1991 年开始，巴以双方开始了断断续续的和平谈判，先是确定了谈判的基本原则——"土地换和平"，即以色列通过归还它在历次中东战争中占领的阿拉伯人领土，来换取与阿拉伯人的和平相处。1993 年，双方达成了《奥斯陆协议》，以色列允许巴勒斯坦阿拉伯人在两个地方实现一定的自治，一是加沙（Gaza），二是杰里科（Jericho）。1994 年，阿拉法特、以色列总理拉宾（Yitzhak Rabin，1922—1995）和外交部长佩雷斯获得诺贝尔和平奖。此后，巴勒斯坦自治范围逐渐扩大，以军陆续从约旦河西岸包括希伯伦在内的 7 座主要城市撤出，将它们交由巴勒斯坦控制。1995 年，主张巴以和平的以色列总理拉宾被犹太激进分子刺杀身亡，和平进程被打断。

到 2000 年，巴勒斯坦人的实际控制区是约旦河西岸与加沙地带（靠近埃及西奈半岛的一块飞地），总共只有 2 000 多平方千米。

拉宾之后，以色列强硬派长期掌权。最重要的以色列强硬派是利库德集团（Likud）的领导人沙龙（Ariel Sharon，1928—2014），他做过以色列国防部长，后当选为总理。2000 年，沙龙强行进入东耶路撒冷圣殿山上的阿克萨清真寺（Masjid Aqsa），引起穆斯林的愤怒，造成了巨大冲突。

由于在耶路撒冷的归属、犹太人定居点、巴勒斯坦难民回归、巴以边界划定等关键问题上分歧太大，至今巴以双方仍然没有达成永久性和平协议。

5. 隔离与封锁

1967 年以后，以色列开始在被占领的阿拉伯土地上修建犹太人定居点。开始时，定居点集中在约旦河西岸，以色列内政部统计数据显示，从1972年至2008年，约旦河西岸地区的犹太人定居点人口从1 182人增加到了28.58万人，东耶路撒冷定居点的人口已达到将近20万人。加沙地带也是以色列修建犹太人定居点的主要地区之一。犹太人定居点一般都有以色列军队保护。犹太人定居点当然威胁到了巴勒斯坦人的利益。

2005年，以强硬闻名的沙龙实施了一项"单边行动计划"，就是主动拆除加沙地带的定居点，将以色列人全部撤出，结束了对加沙地带38年的占领，另外，以色列也从约旦河西岸的4个地方撤出，这些地方只保留了一些大型犹太人定居点。乍一看，以色列的这一举动令人费解，在没有遭遇什么挫败的情况下，它为什么会主动撤出呢？

据研究，这主要是因为以色列出现了一种担忧，简单说，就是在人口统计学上，大面积的实际控制区也造成了一个负担，以色列实际上控制了大量的阿拉伯人口，而被占领土上的阿拉伯人口增长迅速。以色列担心，假以时日，以色列的人口中，阿拉伯人将超过犹太人，以色列非常担心自己成为下一个南非。根据统计，在2005年以色列撤离加沙地带之前，在以色列控制的土地上约有1 050万人口，其中51%为犹太人，49%为阿拉伯人。而考虑到巴勒斯坦人的出生率高于犹太人，以色列人口的结构不久后将发生改变。这才是沙龙提出并实施单边行动计划的原因。

出于同样的原因，以色列还采取了另外一项措施，就是修建隔离墙，把巴勒斯坦人与犹太人分离开来。2002年6月，以色列决定沿"绿线"（即1967年第三次中东战争前的实际控制线）修建一段长约600千米的"安全隔离墙"，隔离墙将约旦河西岸大约10%的巴勒斯坦领土圈入以色列一侧。

2007年，哈马斯全面控制加沙地带。以色列与哈马斯是死敌。为打击哈马斯，以色列对加沙地带进行了全面封锁。其方式是在加沙地带外围修建10米高的厚重水泥墙，每隔十几米就建一座岗楼，隔离墙以外300米是安全隔离区，凡闯入者就会被无情射杀。对加沙地带靠地中海一侧，以色列仅允许当地渔民在距海岸线3千米的范围内捕鱼，相比于国际标准，这一范围非常小，以军舰可以对越线的渔船开火。以色列的封锁造成加沙地带严重的人道主义灾难，巴民族权力机构主席阿巴斯将加沙地带形容为一所巨大的"监狱"。

6. 各自的"内政"

巴以问题为什么难解？关键是，巴以问题已经成为哈马斯和法塔赫之间政治斗争的一部分，也成为以色列内部政治斗争的一部分。

阿拉法特的巴勒斯坦民族解放运动（Palestine National Liberation Movement，即法塔赫）*实际上承认了1947年的联合国决议。1987年，亚辛（Ahmed Yassin，1937—2004）创立了伊斯兰抵抗运动（Islamic Resistance Movement，即哈马斯），它不承认联合国决议，不承认以色列的存在以及以色列建国的权利，要让以色列从地球上消失，认为阿拉伯人应该在地中海东岸一直到约旦河西岸的土地上建立一

---

* 1959年，法塔赫成立于科威特。1965年，法塔赫开始武装反对以色列占领。法塔赫主张在整个"巴勒斯坦土地上建立一个以耶路撒冷为首都的民主国家"。法塔赫在巴勒斯坦的影响力越来越大。1969年，阿拉法特当选为巴解组织执委会主席。20世纪80年代后，随着局势的发展，法塔赫的立场逐渐趋于温和、务实，主张承认以色列的存在，并在"以土地换和平"的原则基础上和平解决阿以冲突。

个完全独立的、推行伊斯兰教法的阿拉伯伊斯兰国家。哈马斯代表了巴勒斯坦对以色列强硬的一派。亚辛曾经有一句名言,他说以色列人只能够听得懂人肉炸弹。同情巴勒斯坦的人特别是很多穆斯林往往认为哈马斯是反以英雄,亲以色列的西方人士往往认为哈马斯是恐怖组织。

2000年,哈马斯在以色列实施的"定点清除"中遭到重创。此后,哈马斯在表示不放弃武装斗争的同时,开始参与政治。2006年1月,哈马斯在选举中一举击败主导巴政坛将近半个世纪的法塔赫,获得多数席位。哈马斯单独组建的政府遭到以色列和一些西方国家的抵制,陷入危机。尽管哈马斯与法塔赫曾短暂联合组阁,但彼此的分歧和冲突不断。尤其是哈马斯一直保持着准军事力量,并经常与法塔赫领导的安全部队发生冲突。

2007年6月,哈马斯夺取了加沙控制权。民族联合政府被解散,阿巴斯领导法塔赫在约旦河西岸组建了过渡政府。法塔赫对加沙基本没有了控制力和影响力。此后,双方关系长期处于紧张状态。哈马斯和法塔赫的政治理想不同,美国、以色列等又将哈马斯列为恐怖组织。哈马斯控制下的加沙地带,有360多平方千米,人口有200多万。哈马斯有自己独立的军事民兵组织,在外部深受伊朗的支持和影响。不过,哈马斯与法塔赫拥有反对以色列吞并的共同目标,因此,双方10多年来也多次接触,寻求和解,只是,因为政治理想和政治利益的分歧,在政治上彼此仍然是竞争对手。所以,今天的巴以问题不是巴以两方的冲突,而是哈马斯、法塔赫和以色列三方之间的关系。

在2021年巴以冲突前,以色列两年内搞了四次大选,内塔尼亚胡组阁失败，还面临腐败案指控。无论是内塔尼亚胡个人，还是右翼的利库德集团，在政治上都非常有危机感。另外，在20世纪80年代以后，尤其是拉宾被刺杀以来，凡是想在以色列政界有所作为，能被以色列老百姓所接受的政党和政治人物，只能在巴以问题上采取强硬态度。以色列除了用技术手段确保自身的安全、扩大定居点、加强对阿拉伯人的控制之外，在相关问题上越来越强硬已经成为一种政治文化。巴以问题对双方来说，既是国际问题，又是内政问题，还是涉及双方情感的历史、民族和宗教问题。

对2021年巴以冲突的升级，除了警民冲突、房产纠纷，我们需要进一步考虑其他因素：首先是双方的内政，利库德集团，尤其是内塔尼亚胡个人和政党问题重重，他们急于摆脱政治危机，而在以色列的强硬民意之下，在巴以之间发生冲突的时候对巴勒斯坦人采取强硬态度，就是内塔尼亚胡在政治上得分的一个便捷方式，虽然内塔尼亚胡后来还是没有成功组阁。2021年，巴勒斯坦本来也要选举，哈马斯和法塔赫之间的逻辑也是一样的，尤其是哈马斯为了摆脱困局，方式之一就是刺激以色列对其进行更多的打击，换取在阿拉伯人、巴勒斯坦人中的更多支持。不过，巴勒斯坦大选最终被推迟了。

进入2021年，中东地区正在出现多个和解迹象：沙特和伊朗表达了缓和关系的态度，土耳其和埃及，沙特和卡塔尔也在进行和解。普遍的看法是，在2011年"阿拉伯之春"后，巴以问题已经不再是阿拉伯国家重点关心的问题，也不是中东问题的核心了。"阿拉伯之春"后，阿拉伯国家各有各的麻烦，巴以问题在中东格局里已经被边缘化了。

三、处决尼米尔：沙特与伊朗的角力

2016年新年伊始，沙特阿拉伯就在1月2日宣布处决了47名危害国家安全的罪犯，其中有3个人属于什叶派。而在这3个人中有一个相当有争议的人物，他就是谢赫·尼米尔·尼米尔（Sheikh Nimr al-Nimr），他曾在伊朗受过教育，是一个什叶派宗教人士，同时也是沙特著名的持不同政见者，对沙特王室多有批评，数次入狱，在沙特的什叶派民众（占总人口约10%）中颇有影响。2014年10月，因支持沙特反政府示威者，沙特当局以其在沙特国内寻求"外国干预"等罪名，判处尼米尔死刑。据西方学者透露，2015年11月，在沙特媒体暗示可能会对尼米尔实施死刑后，美国曾提醒沙特这将引起严重后果，因为伊朗对尼米尔非常重视，全世界的什叶派民众亦对此非常关注。但最终，沙特并未听劝。尼米尔被执行死刑之后所引发的事情，并非出人意料：沙特在伊朗的使领馆被攻击，在伊拉克巴格达新建的沙特使馆亦被袭击，在沙特本土、南亚地区和也门等地发生了什叶派民众的抗议和骚乱。随后，沙特宣布与伊朗断交，引发巴林、苏丹、阿联酋等国与伊朗断交或降低外交关系级别。影响随后进一步扩大：沙特和伊朗往来的民航被禁飞，伊朗宣布禁止2016年的朝觐，并要追究2015年朝觐中什叶派信徒死亡的问题……显然，沙特和伊朗之间的矛盾由此公开化和表面化了，这为本已动荡不安的复杂的中东局势平添了新的变数。

对于沙特和伊朗之间最近出现的紧张关系，通常存在一种看法，说这既是长期以来两国或两大民族（波斯与阿拉伯）作为地区性重要力量在地缘政治上博弈的表现，又是逊尼派和什叶派这两大

伊斯兰教派历史性冲突的延续与激化。不过，历史地看，沙特和伊朗之间的关系并不是这么简单。

1. 所谓"教派冲突"

所谓沙特代表的逊尼派和伊朗代表的什叶派之间由来已久的教派冲突问题，并不像一般人想象的那么有持久性、那么严重，更不是说不同教派必然要发生冲突。教派问题在伊斯兰早期历史上出现的时候就是源于政治分裂，时至今日，主要也还是政治问题。历史上，什叶派作为少数派，长期处于"在野"地位，具有较强的悲情意识和反抗精神。11世纪末，什叶派中还形成过以暗杀闻名、后来被蒙古人消灭的阿萨辛派。16世纪初，伊朗兴起的萨非帝国，以什叶派为国教。从那时起到现在，伊朗一直是什叶派主导的国家。现在，伊朗8 000万人口中90%以上都是什叶派。与萨非王朝长期处于竞争关系的是土耳其人创立的奥斯曼帝国，后者奉行的是逊尼派。在奥斯曼帝国统治时期，逊尼派在中东也不似今天这般四分五裂。

通常人们也会将沙特与伊朗之间的矛盾说成是阿拉伯人与波斯人两大民族之间长期博弈的延续。这需要一点解释。如本书前文所述，阿拉伯人崛起于7世纪，也就是伊斯兰教创立之后。在这之前的1 000年时间里，波斯人可是地中海世界的大玩家。在7世纪后半叶，波斯的萨珊帝国被阿拉伯大军征服，伊朗这块土地遂开始了一个长期的伊斯兰化过程。自8世纪中叶开始的阿拔斯王朝虽然是个阿拉伯帝国，但波斯人在其创立和发展的过程中都发挥了至关重要的作用，况且阿拔斯王朝定都巴格达，此处本就属于波斯文化圈。波斯文化不只是在阿拔斯王朝，还在奥斯曼帝国、蒙古帝国的不同部分、印度的莫卧儿帝国以及中亚的不同王朝中都发挥过巨大且深远的作用，这也是今天伊朗人民族自豪感的一部分。从民族意识的角度来说，伊朗人向来自视甚高，将阿拉伯人视为"蛮族"。在16世纪奉什叶派为国教之后，伊朗人越发愿意强调与大多信奉逊尼派的阿拉伯人的区别，称自己信奉的什叶派是一种经历过本土化的宗教。但不管怎么说，这样的一种民族意识并不必然成为当下矛盾的直接原因。

2. 沙特与伊朗的分分合合

从现代史的角度看，沙特和伊朗的关系时好时坏，它们并不会因为前述的教派或民族意识问题而必然发生冲突。沙伊关系受多方面因素的影响，至今也经历了一波三折的变化。

首先，在二战后的一段时期里，沙特和伊朗的关系并不差。伊朗的巴列维王朝与沙特等海湾国家同属君主政体，尤其是它们都对美国很倚重。伊朗是美国的盟友，沙特与美国长期以来更是维持了一种"特殊"关系，简单来说就是美国确保沙特王室的安全，沙特保证与美国站在一边，尤其是在地区利益和能源问题上与美国保持一致。在这个时期，沙特和伊朗在意识形态和对外关系上具有共同利益，基本上可以说这段时期伊朗与沙特的关系是和缓发展的。当然，这并不是说伊朗与包括沙特在内的海湾阿拉伯国家没有矛盾，它们在岛屿归属和海域划界方面确实存在利益纠葛，但这些问题大部分获得了妥善解决。

其次，1979年霍梅尼领导的伊朗伊斯兰革命对于伊朗和沙特的关系是一个重要的转折点。伊朗革命提出了"不要东方也不要西方"的口号,它一方面反对君主政体,另一方面强调输出革命,尤其是利用每年朝觐进行革命宣传,对沙特造成了严重的干扰和威胁。尤其是伊朗为了突破国际和地区层面上对它的制裁与封锁,非常看重各伊斯兰国家的什叶派,对他们进行团结和拉拢,还经常煽动他们闹事。伊朗的什叶主义路线对它与逊尼派统治的国家之间的关系产生了不良影响,伊朗也由此被说成是一个奉行教派扩张主义的国家。

伊朗革命,尤其是其意识形态输出,加深了沙特的不安全感。沙特对美国承诺的保障逐渐失去了信心。当然,这并不是说沙特要摆脱美国,双方在军事和经济领域的合作仍然很密切,只是沙特的对外政策日趋"自主"。为了对抗伊朗的影响,作为逊尼派大国,沙特一方面加强对瓦哈比主义(沙特的国家意识形态)的支持,另一方面组建了海湾合作委员会来遏制伊朗。沙特视周边海湾国家为自己安全的屏障。例如小国巴林,其王室是逊尼派的,但民众超过一半是什叶派,沙特对巴林的稳定是非常关切的,还时不时帮助巴林"维稳";对位于自己南部的也门(逊尼派和什叶派人口各占一半),沙特也非常重视,自1962年至今,只要有必要,沙特就会干预也门事务。在两伊战争期间,沙特还支持伊拉克对抗伊朗。1988年沙特和伊朗断交。

再次,后霍梅尼时代,沙特和伊朗的关系一度得以调整和改善。在霍梅尼去世和两伊战争结束后,20世纪90年代初,伊朗开始调整其内政外交。伊朗在第一次海湾战争中就保持了中立立场,并迅速恢复了两伊战争期间与沙特断绝的外交关系,它与其他海湾国家之间的关系也得到了改善。这也是伊朗经历了革命的激情之后国内务实派势力逐渐上升的反映（霍梅尼之后的两位伊朗总统都属于务实派和温和派）。1997年，哈塔米当选伊朗总统之后，伊朗与沙特之间的关系得到了进一步改善。比如，1997年12月，沙特王储阿卜杜拉亲王出席了在德黑兰举行的第八届伊斯兰会议组织（2011年6月改名为伊斯兰合作组织）首脑会议，这次会议尤其强调了伊斯兰世界的团结；1999年年中，哈塔米又率团访问了沙特，推动两国关系进一步发展，强调两国要在各领域加强合作，共同维护地区的和平与稳定。

由上可知，很难说教派冲突或民族/国家博弈一直支配着沙特和伊朗之间的关系，它们之间既有竞争又有合作，既有紧张也有缓和。伊朗长期以来都是当之无愧的中东地区大国和强国，在经济、人口和军事实力上处于优势地位，而沙特在体量上是无法与伊朗抗衡的，尤其是在军事实力上，二者不是一个级别。说沙特与伊朗长期在中东地区争夺主导权，这种观点似是而非。不要忘了，逊尼派统治的大国和强国中过去有伊拉克，现在还有埃及和土耳其，它们虽然各因自身问题而暂时陷入困境，但不管怎么说，沙特并不是中东地区最强大的逊尼派国家，也并非一直有跟伊朗抗衡或争夺主导权的野心。

3. 伊朗的重新崛起

那么，现在沙特和伊朗之间的角力非常突出，这又是怎么发生的呢？这还要回到21世纪初，回到美国的角色以及中东地区格局的变化上。

21世纪初，对中东局势影响最大的当数"9·11"事件。"9·11"事件后新保守主义主导了美国的对外战略，美国先是干掉了伊朗东部阿富汗的塔利班，之后又推翻了伊朗西部伊拉克的萨达姆，从而使伊朗在东西两个方向上面对的威胁大为减轻。小布什政权也将伊朗视为"邪恶国家"，推行所谓"大中东民主计划"，伊朗感受到了新的威胁。与此同时，伊核问题自21世纪初以来也成为美国制裁伊朗的新议题。伊核问题的扩大化使得伊朗的周边国家感到了威胁，伊朗也因此受到新的制裁。但不管怎么制裁，伊朗的政权看起来还是稳固的，相反，很多逊尼派国家反而显得脆弱，尤其是2011年以来"阿拉伯之春"席卷中东，多个逊尼派国家出现了政权更迭，伊朗反而未受波及。

奥巴马自2009年上台以来，正赶上严重的全球性金融危机，同时中国成长为世界第二大经济体。美国处于相对衰落期。美国学者注意到了奥巴马与小布什的不同，小布什相信军力可以左右政治结果，而奥巴马的对外政策工具则是耐心和外交努力。奥巴马因其"柔性"外交受到批评，就像小布什因"穷兵黩武"而受到批判一样。在2015年，奥巴马通过外交努力取得了四项重要的成绩：（1）达成伊核协议；（2）与古巴恢复外交关系；（3）达成全球气候变化协议；（4）与亚洲签订了一项新的贸易协定。布鲁金斯学会外交政策项目主任布鲁斯·琼斯说："奥巴马通过耐心和不懈的外交努力把主要精力放在了可以取得的成绩上，他确实付出了很多努力。但是出于同样的原因，奥巴马政府常常低估军力是一种可以左右政治结果的重要因素，而动用军力肯定能够在叙利亚奏效。"

奥巴马政权上台伊始，就开始反思和调整小布什政府的中东政策，并考虑把战略的重心转移到亚太地区。奥巴马当局与伊斯兰世界和解的信号在2009年6月4日的开罗大学演讲中已经表露无遗。

奥巴马在演讲中说："我来到这里是要在美国和伊斯兰世界之间寻求一种以共同利益和相互尊重为基点的新开端——基于美国和伊斯兰教并不相互排斥、不必相互竞争的真情。不仅如此，它们相互重合，拥有一些共同原则——公正与进步的原则、宽容的原则与全人类都有尊严的原则。"奥巴马呼吁结束周而复始的"怀疑和争议"。对于伊朗，他在演讲中表示，伊朗应该保有和平利用核能的权利，但同时应该更多地参与到核不扩散协议中来。

就在美国寻求与伊斯兰世界和解并逐渐从中东抽身的过程中，出现了伊拉克的教派矛盾、叙利亚危机、"伊斯兰国"问题以及库尔德人问题。中东地区发生的动荡也使美国意识到，以政权更迭为目标的政策不但对伊朗没有效果，而且肯定会引发更多的混乱。这是奥巴马当局考虑改变对伊朗政策的重要背景。同时，伊朗本身也有和解的意愿，长期的制裁和低迷的油价已经使伊朗陷入严重的经济困难，温和派的哈桑·鲁哈尼在2013年6月当选为伊朗新总统，也为伊朗调整其对外政策、解决伊核问题提供了新的契机。在上述背景下，才出现了现在备受注目的伊核协议。

4. 沙特对伊朗的担忧

从沙特的角度来说，它希望能够维持中东地区的平衡，沙特并不是非要做地区的主导国家，它的核心利益在于维系海湾阿拉伯国家的稳定以及它在那里的影响力，并确保自己内部的王室统治的安全与社会秩序的稳定。但是，过去这些年来，伊朗的变化使得沙特感受到了威胁。首先，一个欲拥有核武器的伊朗本身就是个大威胁。

2005—2013年艾哈迈迪·内贾德担任伊朗总统期间在核武器等问题上高调的不妥协姿态，更是加深了人们的担忧。为了遏制伊朗的核野心，沙特很早就表示愿意与以色列合作，比如早在2010年沙特就曾表示愿意向以色列提供飞机过境通道，以便以色列轰炸伊朗。*其次，2003年，逊尼派的萨达姆政权倒台后，通过伊拉克遏制伊朗的平衡局面被打破了，伊拉克在民主化之后变成了一个什叶派主导的脆弱国家，伊朗在伊拉克进而在中东地区的影响力迅速上升，这是沙特等海湾国家特别担心的。因此，当2011年叙利亚（人口大多数是逊尼派，但统治集团是什叶派）发生危机后，沙特、卡塔尔等逊尼派国家坚决支持叙利亚反对派，力主推翻什叶派的阿萨德政权。在叙利亚，伊朗自然是支持阿萨德政权的，沙特和伊朗在叙利亚问题上的立场是针锋相对的；在对也门的政策上，道理也是一样的。这个时期还有一个因素，那就是逊尼派大国埃及也发生了政治动荡，国力衰落，这使得沙特的地位在中东相对凸显出来，担当起逊尼派国家领头羊的角色。土耳其虽然是地区强国，但在教派问题上一直坚持平衡策略和"超脱姿态"，避免过度卷入教派冲突。

一个即将崛起的伊朗对沙特等国家来说也是严重的威胁。随着伊核协议的达成，以美国为首的西方国家为伊朗"松绑"，使伊朗

---

* 据伊朗法斯通讯社的报道，以色列和沙特阿拉伯已经开始合作开发新的网络战武器，用于监视并破坏伊朗的核项目。法斯通讯社还透露，据与沙特特勤局关系密切的可靠"线人"的情报，2013年11月24日，沙特间谍主管沙特王子班达尔·本·苏丹和以色列摩萨德主管塔米尔·帕尔多在维也纳会谈，商议"双方在针对伊朗核项目的情报和破坏行动方面的合作事宜"。"此次会谈上提出的议案之一是开发出一款比Stuxnet蠕虫病毒更具破坏力的恶意软件，以监视并破坏伊朗核项目。"仅一周前，阿拉伯媒体曾报道，班达尔王子在特拉维夫会见了以色列总理内塔尼亚胡及法国总统弗朗索瓦·奥朗德，讨论美国和伊朗之间的外交关系问题。内塔尼亚胡呼吁美国和法国政府反对同伊朗的协议。他认为，伊朗的核项目直接威胁到了以色列。

有了复兴的可能。本就极具潜力的伊朗被认为是全球最后一个大型新兴经济体，其与西方关系的"正常化"必然带来实力和影响力的上升。地区国家将不得不调整政策，适应一个重返国际舞台的伊朗。土耳其也一度紧锣密鼓地加强与沙特和以色列的关系，这背后不能不说有着对伊朗的担忧。那些紧随沙特与伊朗断交的国家也以自己的实际行动表达了自己的立场和关切。

沙特自身并无单独遏制伊朗的实力，眼见奥巴马治下的美国也日益靠不住了，沙特自然要想更多的办法来应对。沙特当然不会不知道处决尼米尔会引发什么样的反应和后果，尽管沙特一直强调这是它的内政问题，不容外国干涉，但是，很显然，沙特这么做也是要释放一个对外的信号：过去这些年来，伊朗及什叶派在中东地区的扩张，已经令沙特忍无可忍，如果美国不调整其对伊朗的"纵容"政策，沙特将拉起自己的队伍"单干"。

5. 沙特–伊朗关系影响中东局势

沙特和伊朗关系的恶化，对于中东地区的动荡尤其是反恐形势来说，有一定的不利影响。沙特和伊朗在打击"伊斯兰国"这个问题上尽管各怀心思（比如，沙特支持叙利亚反对派推翻阿萨德政权，而伊朗要维系阿萨德政权），但至少在表面上是趋于一致的：沙特本国受到所谓"伊斯兰国"的多次威胁和袭击，伊朗要支持受到"伊斯兰国"威胁的伊拉克的什叶派政权和叙利亚的阿萨德政权。两国"撕破脸"，对反恐形势会产生一定程度的不利影响。

此外，教派问题被当作政治工具和大国博弈的手段，会使得宗教问题越来越带有非理性色彩。尤其是在不同宗派杂处的地区，在地区和国家层面上的政治博弈，自然也会波及社区层面上人与人之间的关系，引发具有"族群冲突"性质的社会矛盾，挑战地方社会的安定、秩序与治理。

历史地看，沙特长期对外输出瓦哈比主义，伊朗支持黎巴嫩真主党，它们各执一词，各有各的道理，但都对地区乃至更大范围的局势产生了复杂的影响。现在，伊朗说沙特处决尼米尔是"中世纪般的野蛮行为"，与"伊斯兰国"无异；沙特指责伊朗"支持恐怖主义、在中东制造骚乱和推行教派主义"。其中的是是非非，又哪里容易说得清。

> 补记：2021年初，随着美国总统拜登上台，中东局势开始发生新的变化，变化包括土耳其与埃及、沙特与伊朗、卡塔尔与沙特等开始接触，力图修复或改善双边关系。实际上，早在2020年下半年，伊朗就曾经表示过希望能够缓和与沙特的关系，希望彼此能够团结。从现实来说，沙特当然也有跟伊朗改善关系的需要，沙特近些年来陷入也门这个泥潭，而伊朗对也门的什叶派胡塞武装有决定性影响力，改善与伊朗的关系，有利于沙特及早结束也门危机，实现和平。对伊朗来说，它当然也希望沙特能够支持伊核协议。2017年，沙特等多国曾以卡塔尔干涉巴林等国内政、支持恐怖主义、与伊朗过从甚密等为理由，宣布与卡塔尔断交，并对卡塔尔实施制裁和封锁。土耳其则因支持卡塔尔而与沙特关系紧张。2018年，记者卡舒吉进入沙特驻土耳其伊斯坦布尔领事馆后遇害，土耳其称其死于政治

谋杀，该事件令两国关系继续恶化。2020年沙特商人开始抵制土耳其商品，导致两国之间的贸易额断崖式下跌。2021年4月，土耳其总统发言人卡林表示，土耳其正在寻求修复与沙特的关系。这些中东地区重要国家之间关系改善迹象的出现，主要是因为彼此对峙往往是两败俱伤，长远看对彼此都没有好处，加上新冠疫情的冲击，相互都打不动或无力斗下去了。

四、美国"斩首"苏莱曼尼[*]

2020年1月3日，美国对伊拉克巴格达国际机场发动空袭，击毙伊朗最高层军事将领、伊斯兰革命卫队下属"圣城旅"指挥官卡西姆·苏莱曼尼。美国政府称此次空袭旨在阻止苏莱曼尼策划的袭击，是美方的自卫行动。伊朗和伊拉克对美方的举动表示强烈谴责。综合分析来看，这是最近30年来美国对伊朗最沉重的打击，无疑加剧了华盛顿与德黑兰之间的紧张，显示出特朗普政权不只是在经济上对伊朗实行"极限施压"的制裁，而且，只要时机合适，还将利用自身的情报、技术和军事优势，对伊朗实施"斩首"式军事打击，对伊朗高级领导层造成更大的威胁和压力，其目的都是要使伊朗现政权屈服，而不是走向"热战"，因为，与伊朗发生战争并不是特朗普政权的战略追求。美方此举不似临时行动，而是一次统筹于美国中东整体战略之下、经过充分准备和论证的"极限施压"的一部分。

---

[*] 秦彦洋博士为本节查阅了相关资料，特此感谢。

1. 苏莱曼尼其人

苏莱曼尼 1957 年 3 月 11 日出生于伊朗的一个贫困农民家庭，早年做过建筑工人。1979 年伊朗伊斯兰革命爆发后，他追随伊朗宗教领袖霍梅尼，并加入了伊斯兰革命卫队。两年后他被派往前线，与入侵的伊拉克军队作战。他迅速脱颖而出，并被任命为旅长，在此过程中，他展现了极高的领导和情报侦察才能。2003 年美军入侵伊拉克，苏莱曼尼被委任为"圣城旅"武装力量的负责人，组织大量人力和财力建立了一支新的亲伊朗部队，其影响的范围从黎巴嫩、叙利亚、伊拉克延伸到也门（这一范围也被称为伊朗的"什叶派新月带"）。

2011 年，苏莱曼尼晋升少将（伊朗颁授的最高军衔），被认为是伊朗军界实权人物。作为一名颇有能力的强硬派代表人物，他在伊朗内政外交上的话语权和影响力可以说甚至在鲁哈尼总统之上，仅次于哈梅内伊，这使其在政治上也颇有争议。而在伊朗，最高领袖的主要政治责任就是要平衡国内的强硬派与温和派。

2. 美国的动机

美国针对苏莱曼尼发动斩首式袭击，是有着充分情报和军事准备的"极限施压"行为，总体上统筹于特朗普时代美国对伊朗和中东的战略之内。

美军这次行动是针对美国驻伊拉克机构遇袭事件的非对称报复。近年来，伊拉克成为美国与伊朗对抗的主战场。萨达姆政府倒台后，占人口多数的什叶派在伊拉克新政府中的影响力显著上升。

伊朗借此机会及时填补权力真空，它与美国的利益争斗愈演愈烈。2019年12月以来，伊拉克境内的多起小型冲突都有美国和伊朗博弈的影子。12月最后一周，什叶派民兵武装"人民动员军"对美军基地发动火箭弹袭击，造成1名美军承包商死亡，多人受伤。美国认为是伊朗在背后授意了此次袭击，并随即空袭"人民动员军"多处设施，造成25人死亡。12月31日，伊拉克民众冲击美国驻伊拉克大使馆，一度造成美国驻伊拉克大使和使馆工作人员撤离，使馆随后宣布暂停所有公共领事活动。事后，美国总统特朗普指责伊朗策划了这一"袭击"。与此同时，美国紧急派增援部队保护驻伊拉克使馆。苏莱曼尼遇袭事件是2018年5月美国退出伊核协议以来事态发展的高潮，特朗普以"极限施压"取代了欧洲人的谈判策略。伊朗自2019年夏季以来回以"极限抵抗"：袭击波斯湾油轮、沙特石油设施和美国在伊拉克境内的目标等。

美国希望以情报能力和军事科技能力支撑的"后现代战争"对反美力量进行威慑。2020年1月3日，苏莱曼尼正是在巴格达机场与"人民动员军"高层接洽时被炸死的。本次空袭美国仅使用了2~3枚无人机载火箭弹，打击目标准确锁定于苏莱曼尼的车队，"开战即终战"，并未对机场其他设施和无关人员造成伤害。与海湾战争以来美国在中东的历次军事行动相比，本次袭击显示了美国在军事无人机、卫星定位、精确制导方面的优势，揭开了未来信息化、数字化、智能化"后现代战争"的一角，其特征是不针对敌国人民，不以整体军队为对手，依靠先进技术和情报系统支撑，以"斩首"目标领导人或轰炸其他战略标的为目标。苏莱曼尼亡于旦夕之间，警示也震慑着伊朗的指挥者、决策者，他们不得不慎重考虑如何开展报复行动。

美国希望通过击杀苏莱曼尼来遏制什叶派联盟的崛起。考虑到苏莱曼尼在伊朗军事体系中的极端重要性，美军的目的绝不仅是报复和威慑那样简单。在后"9·11"时代，苏莱曼尼及其领导的"圣城旅"在中东多国积蓄力量，暗中助力伊拉克、叙利亚、黎巴嫩亲伊朗的什叶派势力上升。苏莱曼尼早已成为美国在中东的眼中钉。美国此次空袭得手，沉重打击了伊朗境外军事活动的指挥力量，震慑了中东地区多个亲伊朗民间武装，一定程度上会使所谓"什叶派新月带"的发展受挫。

美国为打击伊斯兰革命卫队做了充分准备与铺垫。回顾 2019 年的美国与伊朗关系，打击伊朗高层将领不是临时决定，而是有着完善的美国国内反恐法律作为铺垫。2019 年 4 月，美国将伊朗伊斯兰革命卫队及其下属的"圣城旅"认定为"恐怖组织"，这是美方首次正式把一国的国家武装力量列为"恐怖组织"并施加制裁。因此，美国对苏莱曼尼的行动适用于美国的反恐法律，特朗普以所谓治外法权为法律依据开展行动，在美国国内的制度层面阻力不大。

3. 事件的后续

针对苏莱曼尼的暗杀行动极大触怒了伊朗国内的强硬派，也使伊拉克什叶派武装的坚定分子更加团结。但伊朗不愿意同美国进行直接的军事对抗，因为那将给予美国打击伊朗更多的借口，伊朗难以应对美国的军事优势，美国也并不寻求与伊朗进行正面的战争。伊朗短期内的最优选择是充分利用国际舆论，为抗衡美国极限施压争取国际社会支持。伊朗也可能选择诸多方式实施有限度的报复。伊朗还进一步降低了履行核协议相关条款的力度,在核问题上做文章。但整体上,对伊朗来说,它其实是选择了最明智的方式,一方面在国内表现悲情,另一方面就是耐心等待美国大选的结果。拜登上台后,美对伊政策在某种程度上回归到奥巴马时代,主要表现就是双方重新致力于伊核谈判,伊朗偶尔也会释放某种和解信号。

不容忽视的是,苏莱曼尼在伊朗国内也有争议。一是他作为实权派军事领导人,对政治兴趣很大,对哈梅内伊也造成了很大的压力,所谓"功高盖主",此前哈梅内伊已经调整了国内军事领导布局;二是苏莱曼尼的政治活动和影响力,让伊朗的部分职业军官感到不安;三是苏莱曼尼所代表的激进主义势力,让伊朗国内的温和派也备感压力。因此,苏莱曼尼之"斩首",使得伊朗国内的强硬派和激进派受挫,也部分地改变了伊朗国内的政治格局与氛围。

苏莱曼尼事件预示了未来国家间冲突的新形式,即以"后现代战争"的方式"斩首"关键人物,从而代替全面战争。美国军事技术的进一步发展,使精准打击和"斩首"行动不再是纸上谈兵,"百万军中取上将首级"变得简单易行(至少对军事强国来说)。在传统战争中,将国家、民众与领导人割裂开来进行打击几乎是不可实现的,战争优势方通常需要战胜敌国的国家机器后,才能推翻敌对领导人的政权。2003年的伊拉克战争中,美军地面部队自南向北攻入巴格达,直至捕获萨达姆之后,美国才正式宣布推翻了萨达姆政府。在不远的将来,当定点清除和"斩首"行动在技术上更加纯熟后,军事强国的优势将更加明显,弱势一方的防卫能力可能会更加脆弱,国际秩序将面临新的挑战。

结语

从世界历史看"后IS时代"的中东

随着"伊斯兰国"作为一个有疆土诉求的极端主义实体在形式上走向覆亡,关于"后IS时代"的讨论越来越多。其实,这个话题从未停止。人们关注的首先是安全,比如,数万参加恐怖组织的人员可能回流本国;还关注过去数年的动荡给当地带来的破坏,以及即将开展的经济、社会与政治重建。在本书的结语部分,作为一个世界近现代史的研究者,我想从世界历史尤其是百年中东史的视角,回溯和讨论一些更为根本性的问题。"世界史",既是过程,也是方法和视角。"后IS时代"的中东,在实践上,是重回世界历史进程,在认识上,也需要回到世界史视野。

IS所引发的挑战遮蔽了对一些历史性问题的讨论。IS是一个短期内带来巨大冲击的现象,在传播技术日益发达的时代,它自会受到最密集的关注。但问题是,这类突发事件被连续报道吸引了人们的视线,而那些更重要、更根本性的问题则被忽视了。在所谓"后IS时代",我们还需要回到对这些问题的关注。

要认识"后IS时代"的中东,我们必须把关注的重点从突发性恐怖主义活动转移到更为重要的问题上来,也就是转移到中东在世界近现代历史上的经济、政治、社会与文化的转型与发展问题上来。

近代以降,西方崛起带来的挑战是普遍的与全球性的。穆斯林社会也不断出现多种主动探索自身历史命运的思潮与实践,其所留下的历史经验和教训,必须被认真反思。中东社会在世界历史进程中的变迁,必须在尊重中东人民主体性的前提下来阐释和理解。简言之,这些变化首先要在"价值无涉"的意义上被承认为一个史实,然后才能在世界史的过程与视野中被理解。

百年来,中东地区动荡不断。"一战"后,奥斯曼帝国解体,在帝国主义与民族主义的影响下,阿拉伯世界四分五裂,这样的局势延续至今。这不只是阿拉伯人的分裂,也是部落和教派意义上的碎片化。因而,阿拉伯诸国的民族-国家建设基础薄弱,主张阿拉伯统一的泛阿拉伯主义,也已在20世纪就失败了。阿拉伯世界的碎片化局面,与其所处的连接东西方之重要地缘位置,亦不无关系。这里自古以来就是兵家必争之地,而现代工业社会所必需的丰富化石能源所带来的财富效应,又使当地经常处在世界冲突的前沿,难以摆脱外来势力的操控与影响,从英、法到美、苏,莫不如此。

自面对西方崛起之挑战起,围绕如何实现复兴与富强,穆斯林精英们也提出过很多方案,大致有两种思潮:一是西方化的世俗主义;二是不同形式的伊斯兰主义。19世纪中叶,奥斯曼帝国的变革就是不彻底的西方化,后来的凯末尔主义、阿拉伯社会主义等也都是走西化的世俗主义道路,坚持国家对宗教的控制。

伊斯兰主义大致可分两种:一是现代主义的,如19世纪60年代出现的"青年土耳其党人",19世纪与20世纪之交的阿富汗尼(Sayyid

Jamal al-Din al-Afghani, 1838/1839—1897) 与阿卜杜 (Muhammad Abduh, 1849—1905) 师徒等; 二是传统主义的, 如瓦哈比主义、苏丹马赫迪起义等。到 20 世纪, 穆斯林兄弟会、霍梅尼的伊朗也是走现代主义道路的, 沙特长期是传统主义的。伊斯兰现代主义的特征是, 追求现代社会的物质进步, 对西方的政治制度也力主接轨、吸收、改造和创新, 但在文化上坚持伊斯兰价值观。瓦哈比主义则将落后的根源归于偏离了伊斯兰的正道, 认为宗教被外来势力破坏, 主张搞伊斯兰净化运动, 摆脱异文化的影响。此外, 还有极端主义, 如"基地"组织、IS 等, 此为极端型伊斯兰主义, 不被大部分穆斯林接纳, 在伊斯兰主义的光谱中处于边缘, 但因其极端行动而更受关注。

伊斯兰现代主义影响更大。其典型代表是穆斯林兄弟会, 它最早出现在埃及, 在中东各国, 如摩洛哥、突尼斯、叙利亚、卡塔尔等很有影响, 土耳其的正发党也是穆兄会式的。"土耳其模式"以前是历史学家们所津津乐道的凯末尔主义模式, 但在 21 世纪, 已经变成了穆兄会式的正发党模式。现实的变化将日益改变人们对历史的认识和解释。

各种世俗主义因其外来性而在当地难以"接地气", 从而缺乏广泛的群众基础。泛阿拉伯主义、阿拉伯社会主义的失败以及数次与以色列之间的中东战争的失败, 都促使穆斯林尤其是阿拉伯人不断反思与西方有关的理念和实践模式。尤其在半个多世纪前 (1967 年) 的第三次中东战争中遭遇失败后, 阿拉伯人对原有发展理念的坚持难以为继。很显然, 以色列作为一个小国的胜利和成功, 对阿拉伯人是极大的刺激: 犹太人既坚持自身宗教和传统, 又很强大; 而阿拉伯人不断从外面贩卖来的各种济世方案都被证明是无效的。

社会主义在阿拉伯国家及之后在苏联的实践受挫后，西方的影响日增，但对阿拉伯下层民众普惠不足。伊斯兰教一向注重平等，伊斯兰主义组织的基层动员能力强，因而它们很快成为对西方影响和本国政治不满者的代言人。另外，冷战以来美国支持了不同版本的逊尼派伊斯兰主义去对抗苏联——尤其是在苏联入侵阿富汗之后，此亦伊斯兰主义发展的重要原因。伊斯兰主义在中东地区实践的顶点，应该是2011年发生的所谓"阿拉伯之春"。

伊斯兰主义的发展使世俗主义被重新定义了。穆兄会在埃及执政时，埃尔多安访问埃及期间强调了他理解的世俗主义，其侧重点与历史上的凯末尔主义颇为不同。凯末尔主义的世俗主义强调将国家和政治从宗教中剥离出来，最大程度上将宗教的影响在各个领域予以弱化和边缘化；埃尔多安强调的世俗主义说的是国家要平等对待不同信仰，其深意是，强调穆斯林的信仰在威权主义的世俗化模式下未获平等对待，戴头巾的权利等宗教信仰自由未被充分尊重。埃尔多安在穆兄会通过选举上台的背景下讨论世俗主义，是有这样一个历史语境的。

伊朗是被西方过度污名化了的国家。它在体制上的摸索和创新，尚未被充分严肃地对待和讨论。伊朗的创新可能是一个综合性的创新，然而因其什叶派属性，很难在逊尼派世界被复制。伊朗的制度设计吸纳了伊斯兰主义与世俗主义的多重因素，使激进世俗主义和宗教极端主义无法实质地挑战它。伊朗基于什叶派的体制创新及其成效，对逊尼派而言也是一种根本性的挑战。

IS不只是个恐怖组织，它在意识形态上提出的挑战以及能吸引包括很多非穆斯林在内的人从世界不同地区前来加入，本身就值得研究。它的领土诉求和社会治理的理念，也需要注意。宗教极端主义对人类社会的挑战，既不新鲜也不会轻易消亡。美国入侵伊拉克（及其对相关责任的罔顾）和"阿拉伯之春"给中东地区带来的危机，为 IS 崛起提供了适宜的土壤。IS 目前的失败并不意味着极端主义威胁的消失。极端主义具有影响力的原因很多，包括意识形态灌输、国家失败、专制主义、西方化、经济与社会不公等等。极端主义存在的最大理由，就是它那饱满状态的宗教理想和总难以让人满意的复杂现实之间的距离，而这个距离是始终存在的。

1967 年以来，穆斯林社会经历的变革，是世界历史的一个重要组成部分，穆斯林精英对自身的现代变革有很多认真的探索。世俗主义的很多模式已经失败或正在遭遇挑战，伊斯兰主义上升并普遍化为日常政治的一部分。这说明，一方面，穆斯林社会在积极探索其现代道路，另一方面，他们的探索具有伊斯兰特色。在今天的穆斯林社会，那些没有任何伊斯兰色彩的政治方案越来越难以立足。

"阿拉伯之春"既是伊斯兰主义实践的顶点，又是对伊斯兰主义的某种检验。埃及的穆兄会和突尼斯的伊斯兰复兴运动党，都在革命后获得了巨大支持。不过，穆兄会很快就被埃及军方推翻，并被宣布为恐怖组织。复兴运动党在突尼斯的支持率也出现了下滑，2014 年，该党失去多数地位，2016 年，该党通过新的政纲，提出要弱化宗教色彩，成为"公民政党"，走"政教分离"之路。在 2019 年的大选中，复兴运动党在突尼斯议会的 217 个席位中获得 52 席，再次成为议会的最大党。

埃及和突尼斯的这些情况是不是说明伊斯兰主义在"阿拉伯之春"之后失败了呢？埃及的情况颇类似于1980—1997年的土耳其，就是军方干预，压制伊斯兰主义，但正发党在2002年的上台，说明伊斯兰主义在土耳其仍然有很强的生命力，正发党以保守民主政党的定位长期在土耳其政坛一党独大。突尼斯发生的变化说明复兴运动党也在走某种类似于土耳其（正发党）的模式，而不能说是伊斯兰主义的失败。

对"后IS时代"的中东，一个大致的历史判断就是，无论是穆兄会的、复兴运动党的还是IS的伊斯兰主义，它们虽然遇到了挫折，但在社会层面的影响力并未减弱。西方模式也早已不是唯一的标准，因而，对中东穆斯林社会来说，重新寻找出路是很重要的。我们提到的重回世界历史，意思就是中东穆斯林社会的现代化仍处于未完成状态。在"后IS时代"，经济重建、社会发展与国家建设的道路和大政方针问题，再次回归现代化的普遍世界历史进程，那就是既要现代性，又不想失去伊斯兰色彩。

中东很多国家的收入长期依赖能源出口，产业畸形发展。冷战时代，中东产油国不只是获得了巨大的能源收入和利润，而且也通过石油输出国组织等机制提升了对能源的生产和交易的控制力，从而具备了对发达经济体的巨大影响力。当然，这也是以美国为首的发达国家长期要控制中东的重要原因。

美国长期是中东石油的主要进口国。在2005年，美国原油和成品油净进口处于峰值时，平均净进口量超过1 200万桶／天。2009年美国的原油日均进口总量为901.3万桶，到2013年下降为773万桶，此后，这一数值基本维持在780万桶左右。美国从欧佩克国家的原油进口呈明显的下降趋势，2009年美国从欧佩克国家的日均进口量为435.5万桶，到2018年，这一数值下降到了268.9万桶。随着"页岩革命"的发生，2010年以来，美国的原油产量迅速增加。根据美国能源信息署（EIA）公布的数据，从2008年6月到2019年6月的11年间，美国的平均原油产量从511万桶/天增加到1 220万桶/天，增加了一倍多。2020年，美国原油产量为1 130万桶/天。2021年前五个月美国原油日均产量为1 100万桶。而美国原油出口量也从2008年的2.7万桶/天增加到2018年的234万桶/天，增加了85倍多。2021年前五个月，美国日均出口原油289.1万桶，比2020年同期减少16%。2015年12月，美国已正式解除了长达40年的原油出口禁令。2019年，美国一度在短期内成为石油净出口国，当年美国原油产量占到了全球的17.9%。

"页岩革命"助推了美国的经济增长与就业。美国石油出口量大增也重塑了世界能源版图。早在2016年3月，就有报告指出，美国的能源独立将是全球能源格局转变、更多可再生能源得到应用、页岩油开采影响扩大的体现。在加速的转变中，可再生能源将是最大的赢家。不过，短期内美国仍将维持较大规模的石油进口，因为，美国国内产出的原油与炼油厂所需的原油在质量上不匹配。

与此同时，2017年中国的日均原油进口量为840万桶，首次超过美国的790万桶，成为全球第一大原油进口国。除了俄罗斯，沙特、伊朗、伊拉克、阿曼、阿联酋等中东国家长期是中国主要的石油进口来源国。从欧佩克国家进口的原油占2017年中国原油进口总量的56%，这一数值在2012年是67%。现在，中国进口原油的一半来自中东地区。

从原油价格的角度来说，2008—2014年，国际油价处于高位，每桶均价在100美元左右。从2015年开始，国际油价大幅下跌，至今国际油价平均维持在60多美元一桶。尤其是2020年，受新冠肺炎国际疫情等因素的影响，油价下跌幅度很大，一度跌破10美元，当年平均价为41.96美元。近些年来，由于原油价格持续低迷，很多能源公司面临诸多财务困难。*

原油价格在低位徘徊将不可避免地对产油国产生重大影响。随着美国的"页岩革命"以及新能源的推广，随着各国对全球气候变暖和节能减排的更加重视，人类对化石能源的依赖将逐渐减少。† 短时段内，一些特殊的地缘政治事件或全球性经济变动，还是可能继续推高油价，但是，长期看，低油价将成为常态。而对高度依赖化石能源出口的中东国家（以及其他国家）来说，它们不仅要面对严重的财政收支困难，其国内政治-社会关系和外交都可能不得不转型。整体来看，在此趋势下，从中长期来说，中东地区在全球地缘政治中的战略地位还将继续下降，但因中东地区处于欧、亚、非三洲的要冲，宗教问题、民族矛盾突出，人口增长快且相对年轻化，其将面临的治理危机及溢出效应，或许才是未来中东问题之肯綮。

---

* 21世纪初，投资者还乐观地认为，随着时间的推移，化石燃料储备只会变得更具价值，尤其是随着中国、印度和其他发展中国家能源需求的飙升，全球油价在2008年一度升至每桶140美元以上，石油公司股价也迎来大幅度上涨，传统能源企业经历了一轮大幅度扩张。
† 在2021年"两会"上，"碳达峰""碳中和"首次被写入中国政府工作报告。"碳达峰"是指我国承诺2030年前，二氧化碳的排放不再增长，达到峰值之后逐步降低。"碳中和"是指企业、团体或个人测算在一定时间内直接或间接产生的温室气体排放总量，然后通过植树造林、节能减排等形式，抵消自身产生的二氧化碳排放量，实现二氧化碳"零排放"。

从地缘政治的角度看，冷战后，影响"大中东"地区格局的域内力量，主要来自阿富汗-伊朗-伊拉克-叙利亚-土耳其这一北部板块，这里曾经是冷战时代两极格局下阻挡苏联南下的地带。冷战后，从地区性大国博弈的角度来说，土耳其和伊朗各自构成一极。尤其是伊拉克、叙利亚和埃及等曾经的阿拉伯强国相继衰落之后，阿拉伯世界陷入碎片化与重重危机，阿拉伯民族所主导的中间板块阿拉伯半岛以及南部板块北非，都处于下降状态，而作为中东的北方板块，土耳其和伊朗长期居于优势地位，尤其是土耳其的角色格外引人注目，这不免使人联想到历史上奥斯曼帝国和波斯萨非帝国竞争的时代。因此，一些阿拉伯国家要么与土耳其走近（如卡塔尔），要么与伊朗走近（如也门、叙利亚、伊拉克）。另一方面，从"9·11"事件到"伊斯兰国"的崛起，搅动"大中东"地区的极端主义力量、冲突性力量主要是在阿富汗-伊拉克-叙利亚，这里是中东的不稳定之弧，其向东延伸到中亚、南亚和中国西部边疆地区，而向西则延伸到阿拉伯半岛和北非地区，并辐射到欧洲。冷战后，中东地区北部板块的重要性和上升势态，也可以从近些年来巴以冲突日益被边缘化的现实中反映出来。

不过，近年来，伴随着美国在中东地区持续的战略收缩、俄罗斯深陷乌克兰危机以及 IS 的覆灭，土耳其东南部、叙利亚和伊拉克北部的紧张局势趋缓，拜登上台后，美国与伊朗也重新坐回了谈判桌，埃及、阿联酋与土耳其缓和了关系，沙特与伊朗的关系也有缓和的迹象，更不必说多个阿拉伯国家与以色列改善了关系，巴勒斯坦当局与以色列也开始加强互动。当前，中东地区的焦点在红海地区，而不是在北部的叙利亚和伊拉克一带。从更大范围来看，可以说，红海就是"印太"（Indo-Pacific）的西部边界。

参考书目

《古兰经》,马坚译,中国社会科学出版社,2003年。

爱德华·萨义德:《报道伊斯兰》,阎纪宇译,上海译文出版社,2009年。

爱德华·萨义德:《东方学》,王宇根译,生活·读书·新知三联书店,1999年。

本尼迪克特·安德森:《想象的共同体》,吴叡人译,上海人民出版社,2003年。

伯纳德·刘易斯:《现代土耳其的兴起》,范中廉译,商务印书馆,1982年。

伯纳德·路易斯:《中东:自基督教兴起至二十世纪末》,郑之书译,中国友谊出版公司,2004年。

董正华:《世界现代化进程十五讲》,北京大学出版社,2009年。

董正华:《追寻现代世界的足迹》,社会科学文献出版社,2020年。

菲利浦·希提:《阿拉伯通史》,马坚译,新世界出版社,2008年。

哈全安:《土耳其通史》,上海社会科学院出版社,2014年。

哈全安:《中东国家史》,天津人民出版社,2016年。

金宜久主编:《伊斯兰教史》,江苏人民出版社,2006年。

金宜久、吴云贵:《伊斯兰与国际热点》,东方出版社,2002年。

杰里·本特利、赫伯特·齐格勒:《新全球史:文明的传承与交流》,魏凤莲等译,北京大学出版社,2007年。

凯马尔·H.卡尔帕特编:《当代中东的政治和社会思潮》,中国社会科学出版社,1992年。

劳伦斯·戴维森:《从瓦解到新生:土耳其的现代化历程》,张增健、刘同舜译,学林出版社,1996年。

林佳世子:《奥斯曼帝国:五百年的和平》,钟放译,北京日报出版社,2019年。

罗宾·多克:《伊斯兰世界帝国》,王宇洁、李晓瞳译,商务印书馆,2015年。

罗荣渠主编:《各国现代化比较研究》,陕西人民出版社,1993年。

罗荣渠:《现代化新论——世界与中国的现代化进程》(增订本),商务印书馆,2017年。

佩里·安德森:《绝对主义国家的系谱》,刘北成、龚晓庄译,上海人民出版社,2001年。

彭树智主编:《伊斯兰教与中东现代化进程》,西北大学出版社,1997年。

萨义德·侯赛因·纳速尔:《伊斯兰教》,王建平译,上海古籍出版社,2008年。

塞缪尔·亨廷顿、彼得·伯杰主编:《全球化的文化动力:当今世界的文化多样性》,康敬贻等译,新华出版社,2004年。

塞缪尔·亨廷顿:《文明的冲突与世界秩序的重建》,周琪等译,新华出版社,1999年。

西蒙·蒙蒂菲奥里:《耶路撒冷三千年》,张倩红、马丹静译,民主与建设出版社,2014年。

小阿瑟·戈尔德施密特、劳伦斯·戴维森:《中东史》,哈全安、刘志华译,东方出版中心,2010年。

昝涛:《现代国家与民族建构——20世纪前期土耳其民族主义研究》,生活·读书·新知三联书店,2011年。

Adam J. Silverstei, *Islamic History: A Very Short Introduction*, Oxford University Press, 2010.

Caroline Finkel, *Osman's Dream: The History of the Ottoman Empire*, Basic Books, 2005.

Habib Boulares, *Islam: the Fear and the Hope*, Zed Books Ltd, 1990.

J. Landau, ed., *Atatürk and the modernization of Turkey*, Westview Press, 1984.

Jonathan A.C. Brown, *Muhammad: A Very Short Introduction*, Oxford University Press, 2011.

Kevin Reilly, *Worlds of History: A Comparative Reader*, 3rd Edition, Bedford/St. Martin's, 2007.

Maribel Fierro, ed., *The New Cambridge History of Islam*, Cambridge University Press, 2011.

Peter Mandaville, *Global Political Islam*, Routledge, 2007.

Soner Cagaptay, *The New Sultan: Erdogan and the Crisis of Modern Turkey*, I. B. Tauris, 2017.